ADAM · BASTIN · CLOSE · LOUSBERG

ESPACE MATH

4

de boeck

La collection ESPACE MATH

Espace Math 3	*Manuel*
Espace Math 3	*Cahier d'exercices + Coffres à outils de géométrie*
Espace Math 3	*Corrigé*
Espace Math 4	*Manuel*
Espace Math 4	*Cahier d'exercices + Formulaires*
Espace Math 4	*Corrigé*
Espace Math 5ᵉ/6ᵉ	*Théorie (4 périodes/semaine)*
Espace Math 5ᵉ/6ᵉ	*Coffre à outils + Activités + Exercices (4 périodes/semaine)*
Espace Math 5ᵉ/6ᵉ	*Corrigé (4 périodes/semaine)*
Espace Math 5ᵉ/6ᵉ	*Analyse & Trigonométrie (6 périodes/semaine)*
Espace Math 5ᵉ/6ᵉ	*Géométrie & Compléments (6 périodes/semaine)*
Espace Math 5ᵉ/6ᵉ	*Coffre à outils + Activités + Exercices (6 périodes/semaine)*
Espace Math 5ᵉ/6ᵉ	*Corrigé. Analyse & Trigonométrie (6 périodes/semaine)*
Espace Math 5ᵉ/6ᵉ	*Corrigé. Géométrie & Compléments (6 périodes/semaine)*

Pour le Luxembourg

Espace Math 54	*Manuel (4 périodes/semaine)*
Espace Math 56	*Manuel (6 périodes/semaine)*
Espace Math 64	*Manuel (4 périodes/semaine)*
Espace Math 66	*Manuel (6 périodes/semaine)*

Pour toute information sur notre fonds, consultez notre site web: **www.education.deboeck.com**

Dessins : Éric Dutilleux

© Groupe De Boeck s.a., 2001
Rue des Minimes 39 – B 1000 Bruxelles

5ᵉ édition
7ᵉ tirage 2010

Imprimé en Belgique

Dépôt légal: 2001/0074/193

ISBN 978-2-8041-3864-6

Avant-Propos

Les objectifs du nouveau programme de quatrième s'articulent principalement autour de quatre thèmes.

1° Accorder une place importante à la **géométrie**, grâce

— aux problèmes de *lieux* et de *constructions planes*;

— aux *constructions* relatives à l'incidence et au parallélisme dans *l'espace*;

— à l'utilisation des nouveaux *outils analytiques* et *vectoriels*.

Le but est d'atteindre une maîtrise du «*savoir démontrer*».

2° Mettre en place les notions fondamentales de **trigonométrie** comme outil d'investigation dans l'*étude des triangles* et comme instrument de *calcul en physique*.

3° Aboutir par l'**algèbre** à l'étude des *fonctions* et à la représentation de leur *graphique*. Les techniques algébriques doivent être dominées afin d'être utilisées dans :

— le *calcul polynomial*,

— le *calcul en géométrie analytique* (droites, cercles, paraboles).

Ces techniques sont prolongées dans une étude des *trinômes du second degré* et des *fonctions du second degré*.

4° Poursuivre l'étude des **statistiques** et aborder celle des **probabilités** (très élémentaires) en raison de leur utilité dans la vie quotidienne. L'objectif est avant tout de bien interpréter les *données*, de réaliser les *calculs* nécessaires afin de faire apparaître leur pertinence et leurs limites.

Pour ce traitement des données, on pourra avoir recours aux *calculatrices* et aux *ordinateurs*, afin d'éviter des calculs fastidieux.

Ce cours est partagé en douze unités.

Chaque unité propose des **activités** aux élèves.

Les **notions** théoriques sont dégagées des démarches effectuées lors de ces activités d'approche.

De nombreux **exercices** sont répartis dans la deuxième partie du manuel en plusieurs séries :

— **exercices pour appliquer** qui ont pour but de fixer les notions et d'assurer le savoir-faire de base;

— **exercices en cas de nécessité** à l'intention des élèves qui ont besoin de s'exercer plus longuement pour fixer une notion;

— **exercices pour aller plus loin** destinés à ceux qui sont en quête de situations plus élaborées;

— **exercices «venus d'ailleurs»** qui sont des énoncés puisés dans les listes de questions posées aux examens d'entrée en Facultés Polytechniques des universités de Bruxelles, Mons, Liège et Louvain-la-Neuve, ainsi qu'aux examens du Jury Central des géomètres-experts-immobiliers.

Poursuivant le travail entrepris au premier degré et en troisième, ce manuel veut être avant tout un outil souple et efficace pour les enseignants et pour leurs élèves, dans deux domaines de prédilection :

— *la pédagogie des situations* qui confronte l'élève à des activités qu'il doit organiser personnellement ou en équipes;

— *l'enseignement en spirale* qui ne veut pas épuiser d'emblée le contenu global des notions rencontrées et qui procède par touches progressives.

Nous avons développé cette année les «*Petits bouts d'histoire*» parce que nous somme convaincus, avec Monsieur Michel Ballieu, professeur et auteur d'articles sur l'histoire des mathématiques, qu'«*il est important d'humaniser la discipline en la remplaçant dans son contexte historique, afin que nos jeunes élèves soient conscients de l'utilité et de la nécessité même du cours de mathématique*». Nous le remercions de nous avoir autorisés à nous inspirer de ses articles.

Dans les activités et dans la partie des exercices, le sigle ⓒ renvoie au **cahier d'exercices**. Ce dernier reprend les tableaux et dessins du manuel à compléter par les élèves soucieux de ne pas perdre de temps en recopies stériles.

Il comporte aussi un tiré-à-part regroupant des **formulaires** d'*algèbre*, de *géométrie analytique*, de *trigonométrie* et d'*analyse*.

Nous tenons à remercier les Éditions de Boeck et leurs collaborateurs pour l'accueil réservé à cet ouvrage et pour leur travail accompli avec rigueur.

Notre reconnaissance va également à Éric Dutilleux et à Freddy Goossens pour les dessins qu'ils ont réalisés; ces illustrations éclairent et agrémentent le texte mathématique.

Saint-Bonnet-le-Froid, le 25 juin 1997

Les auteurs

La **3ᵉ édition** comporte des corrections ponctuelles ainsi que la conversion des francs belges en euros.

Dans la **4ᵉ édition**, nous avons introduit la notion d'*intervalle centré en un réel* (page 51) et modifié la définition de *maximum* et de *minimum* (page 54); l'exercice 85 (page 249) a été précédé d'un énoncé introductif, les exercices 101 et 103 (page 252) ont été permutés; l'énoncé de l'exercice 267 (page 285) a été complété; dans les exercices 408 (page 319), 409 et 410 (page 320), on ne demande plus de démontrer les lieux proposés, cette démarche —prévue en 6ᵉ— dépasse très souvent les exigences d'un cours de quatrième.

Dans cette **5ᵉ édition**, nous avons modifié la définition de *fonction périodique* (page 54); le dessin n°9 de l'exercice 150 (page 264); l'énoncé de l'exercice 554 (page 345) et de l'exercice 556, 4) (page 352).

Le **corrigé des exercices** a été réalisé d'après la 5ᵉ édition 2001.

Table des matières

1 COMPLÉMENTS DE CALCUL ALGÉBRIQUE

ACTIVITÉS

1 La firme « TOUTENDRWA », installe des citernes de forme parallélépipédique.
ⓒ

a) *Une citerne cubique d'une contenance de 8000 litres vient d'être installée. Quelles sont ses dimensions ?*

b) *Dans le catalogue de cette firme, on trouve un choix de dimensions.*

En voici un extrait dont on a gommé certaines mesures. On te demande de retrouver les mesures effacées.

Dimensions en cm			Lien entre les dimensions	Contenance en litres
l	*h*	*p*		
100	150	200	*rien*	
		300	*h = l*	5 800
			p = h = l	9 261

2 Voici quelques équations :

1) $x^2 = 7$ 3) $x^4 = 14\,641$ 5) $x^6 = -3$

2) $x^3 = 2\,197$ 4) $x^5 = 32$ 6) $x^7 = 1$

Résous-les en n'omettant aucune solution !

3 Dans un manuel d'utilisation d'une calculatrice, on trouve, parmi d'autres, les informations suivantes :

Pour calculer	Frapper successivement
7^2	7 $\boxed{x^2}$
$\sqrt{19}$	19 $\boxed{\sqrt{}}$
4^7	4 $\boxed{y^x}$ 7 $\boxed{=}$
$\sqrt[5]{2}$	2 $\boxed{y^x}$ 5 $\boxed{1/x}$ $\boxed{=}$

Décris la manière d'utiliser cette calculatrice pour obtenir le résultat des opérations suivantes :

1) 5^7 *2)* $\sqrt[7]{6}$ *3)* $-\sqrt[3]{5}$ *4)* $\sqrt[4]{5^7}$

4 Tu sais que l'expression $\sqrt{a}$ représente un réel sous une condition.

a) *Quelle est cette condition ?*

b) *Détermine la (les) condition(s) d'existence de chacune des expressions suivantes :*

1) $\sqrt{3a}$ *3)* $\sqrt{a+2}$ *5)* $\sqrt[3]{b}$

2) $\dfrac{\sqrt{7}}{a+2}$ *4)* $\dfrac{1}{\sqrt{3a-6}}$ *6)* $\dfrac{\sqrt{a+2}}{a}$

5 Tu sais probablement qu'un numéro de compte en banque se compose de douze chiffres répartis en trois groupes :

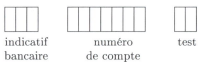

indicatif   numéro   test
bancaire   de compte

Ce que tu ne sais sans doute pas, c'est que le « nombre test » est le reste de la division entière du nombre formé par les dix premiers chiffres (indicatif bancaire + numéro bancaire) par le nombre 97.

Pour que tout ceci soit bien compris, voici un exemple : un hypothétique numéro de compte étant 061 6631031 91, on effectue la division de 0616631031 par 97 :

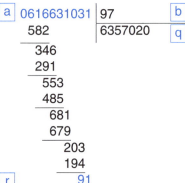

et le reste est bien le nombre test 91.

a) Recherche (papa, maman, tonton, tantine, mamy, papy, ...) 5 numéros de compte et effectue la vérification du nombre test.

b) Quels sont les nombres qui ne peuvent jamais apparaître en tant que nombre test ? (Il n'y en a que trois !) Justifie !

c) Écris une égalité liant le nombre a (les 10 premiers chiffres), le diviseur b (97), le quotient entier q et le reste r (le nombre test).

d) Les nombres suivants sont-ils des numéros de compte possibles ? Pourquoi ?

000 0000034 35   248 0105960 67

340 123456 23   220 1340672 98

N O T I O N S

1.1 RACINES CARRÉES

DÉFINITION

> Le nombre u est une **racine carrée** du nombre réel a
>
> si et seulement si
>
> $$u^2 = a$$

PROPRIÉTÉS

On sait que le carré d'un nombre est toujours un nombre positif. On sait aussi que deux nombres opposés ont même carré.

Ces deux faits et la définition prouvent les propriétés qui suivent :

[1] **Aucun nombre strictement négatif n'admet de racine carrée.**

[2] **0 admet une seule racine carrée : 0.**

[3] **Tout nombre strictement positif admet deux racines carrées opposées.**

NOTATIONS ET VOCABULAIRE

1. Lorsque a est un nombre positif,

    . on note $\sqrt{a}$, **la racine carrée positive de a;**

        $-\sqrt{a}$, **la racine carrée négative de a;**

    . on lit **radical a**, l'expression $\sqrt{a}$;

        moins radical a, l'expression $-\sqrt{a}$.

2. L'expression qui se trouve sous le signe $\sqrt{}$ se nomme **radicand.**

1.2 OPÉRATIONS SUR LES RADICAUX D'INDICE 2

PROPRIÉTÉS

1 **Si $a \in \mathbf{R}^+$ et $b \in \mathbf{R}^+$, alors $\sqrt{ab} = \sqrt{a}\sqrt{b}$**

1) <u>Données:</u>   a et b sont des réels positifs.

2) <u>Thèse:</u> $\sqrt{ab} = \sqrt{a}\sqrt{b}$

3) <u>Outil:</u>   la définition de racine carrée.

4) <u>Démonstration</u>

$\sqrt{a}\sqrt{b}$. *est un réel positif* comme produit de deux réels positifs;

         . *a son carré égal à* ab car

$$\left(\sqrt{a}\sqrt{b}\right)^2 = \sqrt{a}\sqrt{b}\sqrt{a}\sqrt{b}$$
$$= \sqrt{a}\sqrt{a}\sqrt{b}\sqrt{b}$$
$$= \quad a \qquad b$$

$\sqrt{a}\sqrt{b}$ est donc la racine carrée positive de ab.

2 **Si $a \in \mathbf{R}^+$ et $b \in \mathbf{R}_0^+$, alors $\sqrt{\dfrac{a}{b}} = \dfrac{\sqrt{a}}{\sqrt{b}}$**

1) <u>Données:</u>   a et b sont des réels positifs et b est non nul.

2) <u>Thèse:</u> $\sqrt{\dfrac{a}{b}} = \dfrac{\sqrt{a}}{\sqrt{b}}$

3) <u>Outil:</u>   la définition de racine carrée.

4) Démonstration

$\dfrac{\sqrt{a}}{\sqrt{b}}$

- *est un réel positif* comme quotient de deux réels positifs;
- *a son carré égal à* $\dfrac{a}{b}$ car

$$\left(\frac{\sqrt{a}}{\sqrt{b}}\right)^2 = \left(\frac{\sqrt{a}}{\sqrt{b}}\right)\left(\frac{\sqrt{a}}{\sqrt{b}}\right)$$

$$= \frac{\sqrt{a}\sqrt{a}}{\sqrt{b}\sqrt{b}}$$

$$= \frac{a}{b}$$

$\dfrac{\sqrt{a}}{\sqrt{b}}$ est donc la racine carrée positive de $\dfrac{a}{b}$.

3 **Si a est un réel quelconque, alors** $\sqrt{a^2} = |a|$

1) Données: a est un réel

2) Thèse: $\sqrt{a^2} = |a|$

3) Outil: la définition de racine carrée.

4) Démonstration

$|a|$ | *est un réel positif*, par définition;
| *a son carré égal à* a^2, puisque $|a|^2 = a^2$.

Ainsi, le réel $|a|$ est la racine carrée positive de a^2.

Pour appliquer 1 à 4.

1.3 **RACINES CUBIQUES**

Le symbole de la racine cubique fut créé vers 1525 par le mathématicien allemand Christoff Rudolff. Le symbole actuel est apparu en France au 17ᵉ siècle.

DÉFINITION

Le nombre u est une **racine cubique** du nombre réel a

si et seulement si

$u^3 = a.$

PROPRIÉTÉ

On sait que le cube d'un nombre et ce nombre ont le même signe.
Ce fait et la définition prouvent la propriété qui suit :
Tout nombre admet une racine cubique.

NOTATIONS ET VOCABULAIRE

1. Lorsque a est un nombre réel,
   - on note $\sqrt[3]{a}$, **la racine cubique de a** ;
   - on lit **racine cubique de a**, l'expression $\sqrt[3]{a}$.
2. L'expression qui se trouve sous le signe $\sqrt[3]{}$ se nomme **radicand**.

Pour appliquer 5 à 9.

1.4 RACINES D'INDICE n

DÉFINITION

> Le nombre u est une racine nième du nombre réel a
>
> si et seulement si
>
> $u^n = a.$

PROPRIÉTÉS

- **Si n est pair**, on sait que la nième puissance d'un nombre est un nombre positif. Dans le cas d'une puissance paire, deux nombres opposés ont même nième puissance.

  Ces deux faits et la définition prouvent les propriétés qui suivent :

[1] Si n est pair, aucun nombre strictement négatif n'admet de racine nième.

[2] 0 admet une seule racine nième : 0.

[3] Si n est pair, tout nombre strictement positif admet deux racines nièmes opposées.

- **Si n est impair**, on sait que la nième puissance d'un nombre et ce nombre ont le même signe.

  Ce fait et la définition prouvent la propriété qui suit :

[4] Si n est impair, tout nombre admet une racine nième.

NOTATIONS ET VOCABULAIRE

Si n est pair,

1. lorsque a est un nombre positif,

- on note $\sqrt[n]{a}$, **la racine nième positive** de a;

  $-\sqrt[n]{a}$, **la racine nième négative** de a;

- on lit **racine nième de a**, l'expression $\sqrt[n]{a}$;

  moins racine nième de a, l'expression $-\sqrt[n]{a}$.

2. L'expression qui se trouve sous le signe $\sqrt[n]{}$ se nomme **radicand**.

Si n est impair,

1. - on note $\sqrt[n]{a}$, **la racine nième de a**;

- on lit **racine nième de a**, l'expression $\sqrt[n]{a}$.

2. L'expression qui se trouve sous le signe $\sqrt[n]{}$ se nomme **radicand**.

1.5 EXPOSANTS FRACTIONNAIRES

DÉFINITION

> Si n est un entier non nul,
>
> si p est un naturel distinct de 0 et 1,
>
> pour tout **réel strictement positif a**, on écrit $a^{\frac{n}{p}} = \sqrt[p]{a^n}$.

Il faut remarquer que la définition d'exposant fractionnaire d'un nombre **exige que ce nombre soit strictement positif**.

EXEMPLES

$$1296^{\frac{1}{4}} = \sqrt[4]{1296} = 6$$

$$8^{\frac{2}{3}} = \sqrt[3]{8^2} = \sqrt[3]{64} = 4$$

$$8^{-\frac{5}{3}} = \frac{1}{8^{\frac{5}{3}}} = \frac{1}{\sqrt[3]{8^5}} = \frac{1}{\sqrt[3]{32768}} = \frac{1}{32}$$

PROPRIÉTÉS

Les propriétés des puissances vues pour les exposants entiers sont étendues et admises pour les exposants fractionnaires :

Si r et s sont des rationnels non nuls,

si a et b sont des réels strictement positifs,

$$a^r \cdot a^s = a^{r+s} \qquad (a^r)^s = a^{rs} \qquad (ab)^r = a^r b^r$$

$$\frac{a^r}{a^s} = a^{r-s} \qquad \left(\frac{a}{b}\right)^r = \frac{a^r}{b^r}$$

EXEMPLES

$2^{\frac{1}{2}}2^{\frac{3}{4}} = 2^{\frac{1}{2}+\frac{3}{4}} = 2^{\frac{5}{4}} = \sqrt[4]{2^5} = \sqrt[4]{32}$

$\left(3^6\right)^{\frac{1}{2}} = 3^{\frac{6}{2}} = 3^3 = 27$

$(8 \cdot 125)^{\frac{1}{3}} = 8^{\frac{1}{3}}125^{\frac{1}{3}} = 2 \cdot 5 = 10$

$\dfrac{\sqrt{3}}{\sqrt[6]{3^2}} = \dfrac{3^{\frac{1}{2}}}{3^{\frac{2}{6}}} = 3^{\frac{1}{2}-\frac{1}{3}} = 3^{\frac{1}{6}} = \sqrt[6]{3}$

UTILISATION DE LA CALCULATRICE

 Puisque les **racines nièmes de nombres réels strictement positifs** s'écrivent comme des puissances fractionnaires, leur calcul peut s'effectuer au moyen de la touche puissance :

$\boxed{y^x}$ ou $\boxed{x^y}$ ou $\boxed{\wedge}$

suivant les calculatrices.

Pour calculer $\sqrt[5]{24}$ (égal à $24^{\frac{1}{5}}$), on frappe 2 4 $\boxed{y^x}$ 5 $\boxed{\frac{1}{x}}$ $\boxed{=}$ et on lit 1.888175023...

EXTENSION AUX RÉELS NÉGATIFS

Les **exposants fractionnaires** ne sont **définis** que pour des **réels strictement positifs**.

Dans l'optique de l'utilisation de la calculatrice pour le calcul des **racines nièmes** de **réels strictement négatifs**, des **simplifications d'écriture** peuvent cependant se faire.

Il faut alors respecter les **règles** suivantes qui ne font appel qu'à l'utilisation de puissances fractionnaires de **réels strictement positifs**.

> **Pour transformer une racine nième** lorsque n est un naturel non nul, p un naturel distinct de 0 et 1, et a un **réel strictement négatif**,
>
> on écrit :
>
> $\sqrt[p]{a^n} = |a|^{\frac{n}{p}}$, lorsque **n est pair**;
>
> $\sqrt[p]{a^n} = -|a|^{\frac{n}{p}}$, lorsque **n est impair** et **p est impair**;
>
> rien du tout , lorsque **n est impair** et **p est pair**.

EXEMPLES

$\sqrt[6]{(-2)^4} = |-2|^{\frac{4}{6}} = |-2|^{\frac{2}{3}} = 2^{\frac{2}{3}}$ puisque $\sqrt[6]{(-2)^4} = \sqrt[6]{16} = \sqrt[6]{2^4} = 2^{\frac{4}{6}} = 2^{\frac{2}{3}}$

$\sqrt[5]{(-2)^4} = |-2|^{\frac{4}{5}} = |-2|^{\frac{4}{5}}$ puisque $\sqrt[5]{(-2)^4} = \sqrt[5]{16} = \sqrt[5]{2^4} = 2^{\frac{4}{5}}$

$\sqrt[5]{(-2)^3} = -|-2|^{\frac{3}{5}} = -2^{\frac{3}{5}}$ puisque $\sqrt[5]{(-2)^3} = \sqrt[5]{-8} = -\sqrt[5]{8} = -\sqrt[5]{2^3} = -2^{\frac{3}{5}}$

$\sqrt[6]{(-2)^3}$ ne se simplifie pas puisque $\sqrt[6]{(-2)^3} = \sqrt[6]{-8}$ qui n'est pas un réel.

Pour appliquer 10 à 18.

1.6 DIVISION EUCLIDIENNE DE POLYNÔMES

VOCABULAIRE

1. Écrire que les **polynômes** A(x) et B(x) sont **égaux**, A(x) = B(x), c'est exprimer que leurs valeurs numériques sont égales pour toute valeur prise par la variable.

2. Effectuer la **division euclidienne** du polynôme A(x) par le polynôme B(x), c'est déterminer les polynômes **quotient Q(x)** et **reste R(x)** tels que $\left| \begin{array}{l} \text{A(x) = B(x) . Q(x) + R(x)} \\ \text{degré R(x) < degré B(x)}. \end{array} \right.$

Le polynôme A(x) est appelé **dividende**;

le polynôme B(x) est appelé **diviseur**.

DISPOSITION PRATIQUE

Pour diviser un polynôme A(x) par un polynôme B(x),

on **réduit** et on **ordonne** les polynômes;

on **complète** éventuellement le polynôme A(x);

on **effectue la division comme en calcul écrit** et on **arrête** lorsque le **reste a un degré inférieur à celui de B(x)**.

EXEMPLE

Soit à diviser $6x^5 - 3x^4 - x^3 - x^2 + 3x + 7$ par $3x^2 + 4$.

DIVIDENDE   DIVISEUR

$$
\begin{array}{r|l}
6x^5 - 3x^4 - x^3 - x^2 + 3x + 7 & 3x^2 + 4 \\
\underline{-(6x^5 \qquad\;\; + 8x^3)} & \overline{2x^3 - x^2 - 3x + 1} \\
\quad -3x^4 - 9x^3 - x^2 & \text{QUOTIENT} \\
\quad \underline{-(-3x^4 \qquad\;\; - 4x^2)} \\
\qquad\qquad -9x^3 + 3x^2 + 3x \\
\qquad\qquad \underline{-(-9x^3 \qquad\; -12x)} \\
\qquad\qquad\qquad 3x^2 + 15x + 7 \\
\qquad\qquad\qquad \underline{-(3x^2 \qquad +4)} \\
\qquad\qquad\qquad\qquad 15x + 3 \\
\end{array}
$$

RESTE

$6x^5 - 3x^4 - x^3 - x^2 + 3x + 7 = (3x^2 + 4)(2x^3 - x^2 - 3x + 1) + 15x + 3$

Soit à diviser 25497 par 17

$$
\begin{array}{r|l}
25497 & 17 \\
\underline{-17} & \overline{1499} \\
84 \\
\underline{-68} \\
169 \\
\underline{-153} \\
167 \\
\underline{-153} \\
14 \\
\end{array}
$$

$25497 = 17 \times 1499 + 14$

9

PROPRIÉTÉ

Lors de la division du polynôme A(x) par le polynôme B(x), le degré de A(x) est égal à la somme des degrés de B(x) et du quotient Q(x).

1) <u>Donnée</u>: $A(x) = B(x) . Q(x) + R(x)$

2) <u>Thèse</u>:   degré $A(x)$ = degré $B(x)$ + degré $Q(x)$

3) <u>Outil</u>:   la définition et le degré d'un produit.

4) <u>Démonstration</u>

Comme   degré $R(x)$ < degré $B(x)$,

il est clair que   degré $R(x)$ < degré $[B(x) . Q(x)]$

et donc   degré $[B(x) . Q(x) + R(x)]$ = degré $[B(x) . Q(x)]$

Dès lors, puisque $A(x)$, d'une part, et $B(x) . Q(x) + R(x)$, d'autre part, sont deux façons d'écrire un même polynôme, il vient :

$$\text{degré } A(x) = \text{degré } [B(x) . Q(x) + R(x)]$$
$$= \text{degré } [B(x) . Q(x)]$$
$$= \text{degré } B(x) + \text{degré } Q(x).$$

Pour appliquer 19.

1.7 DIVISION PAR x – a

VOCABULAIRE

1. Dans le cas où le diviseur est un polynôme de la forme $x - a$, on peut reformuler ce qui a été dit en général : effectuer la **division euclidienne** du polynôme A(x) par le polynôme $(x - a)$, c'est déterminer les polynômes **quotient Q(x)** et **reste R(x)** tels que $\left|\begin{array}{l} A(x) = (x - a) . Q(x) + R(x) \\ R(x) \text{ est constant. On note alors le reste par r.} \end{array}\right.$

EXEMPLE

En divisant $x^2 - 5x + 7$ par $x - 2$, on obtient $x - 3$ comme quotient et 1 comme reste. En effet, $x^2 - 5x + 7 = (x - 2)(x - 3) + 1$.

2. Le polynôme A(x) est **divisible par (x – a)** lorsque le reste de la division est égal à 0, c'est-à-dire lorsque **$A(x) = (x - a) . Q(x)$.**

Le polynôme A(x) **se factorise** alors en produit de $(x - a)$ et du quotient.

EXEMPLE

Le polynôme $x^4 - 5x^3 + 3x^2 + 9x - 6$ est divisible par $x - 2$
puisque $x^4 - 5x^3 + 3x^2 + 9x - 6 = (x - 2)(x^3 - 3x^2 - 3x + 3)$.

PROPRIÉTÉ

Le reste de la division du polynôme $A(x)$ par $x - a$ est la valeur numérique de ce polynôme en a. (Loi du reste)

En effet, si on divise $A(x)$ par $x - a$, il vient, pour tout réel x :

$$A(x) = (x - a) \cdot Q(x) + r$$

Mais alors, en particulier, si $x = a$:

$$A(a) = (a - a) \cdot Q(a) + r$$
$$= 0 \cdot Q(a) + r$$
$$= r$$

Cette propriété se reformule aussi de la manière suivante :

le polynôme $A(x)$ est divisible par $x - a$ lorsque $A(a) = 0$.

EXEMPLES

$x^3 - x^2 - 4$ est divisible par $x - 2$ puisque $2^3 - 2^2 - 4 = 0$.

$x^3 - x - 3$ n'est pas divisible par $x - 2$ puisque $2^3 - 2 - 3 = 3 \neq 0$.
Le reste de la division de $x^3 - x - 3$ par $x - 2$ est 3.

À QUOI CELA VA-T-IL SERVIR ?

Simplifier des expressions algébriques comme

$$\frac{x^3 - 3x^2 - x + 3}{x^2 - 3x + 2}$$

Comme $1^3 - 3 \cdot 1^2 - 1 + 3 = 0$, $\quad x^3 - 3x^2 - x + 3$ est divisible par $x - 1$
et se factorise en un produit dont un facteur est $x - 1$.

Comme $1^2 - 3.1 + 2 = 0$, $\quad x^2 - 3x + 2$ est divisible par $x - 1$
et se factorise en un produit dont un facteur est $x - 1$.

Ainsi,

$$\frac{x^3 - 3x^2 - x + 3}{x^2 - 3x + 2} = \frac{(x - 1)(x^2 - 2x - 3)}{(x - 1)(x - 2)}$$

- Conditions d'existence : $x \neq 1$ et $x \neq 2$.
- Conditions de simplification : $x \neq 1$.

et, si $x \neq 1$, alors l'expression se simplifie en $\dfrac{x^2 - 2x - 3}{x - 2}$.

DISPOSITIONS PRATIQUES

Pour diviser un polynôme par x − a, deux méthodes (et une variante) peuvent s'utiliser.

1) La méthode générale

On utilise la disposition pratique rencontrée dans l'étude générale de la division des deux polynômes :

Soit à diviser $x^3 - x^2 + x - 9$ par $x - 2$

$$
\begin{array}{r|l}
x^3 - x^2 + x - 9 & \underline{x - 2} \\
\underline{-(x^3 - 2x^2\ )} & x^2 + x + 3 \\
\quad x^2 + x & \\
\quad \underline{-(x^2 - 2x)} & \\
\qquad\quad 3x - 9 & \\
\qquad\quad \underline{-(3x - 6)} & \\
\qquad\qquad\quad -3 & \\
\end{array}
$$

Le **quotient** est $x^2 + x + 3$ et le **reste** est -3.

2) La méthode des coefficients indéterminés

On utilise l'égalité qui décrit la division par x − a :

A(x) = (x − a) . Q(x) + r

où r est constant.

On détermine le degré de Q(x).

On écrit le polynôme Q(x) avec des coefficients littéraux et on effectue le calcul de (x − a) . Q(x) + r.

On égale les coefficients des mêmes puissances de x, puisque A(x) et le polynôme qui vient d'être obtenu sont deux écritures du même polynôme.

On résout le système obtenu.

Soit à diviser $x^3 - x^2 + x - 9$ par $x - 2$

$x^3 - x^2 + x - 9 = (x - 2) . Q(x) + r$

avec r constant.

$$\text{degré A(x)} = 1 + \text{degré Q(x)}$$
$$3 = 1 + \text{degré Q(x)}$$
$$\text{degré Q(x)} = 3 - 1 = 2$$

Soit, dès lors, $Q(x) = mx^2 + nx + p$

$(x - 2) . Q(x) + r = (x - 2)(mx^2 + nx + p) + r$
$$= mx^3 + (n - 2m)x^2 + (p - 2n)x + r - 2p$$

$x^3 - x^2 + x - 9 = mx^3 + (n - 2m)x^2 + (p - 2n)x + r - 2p$

$$
\begin{cases}
1 = m \\
-1 = n - 2m \\
1 = p - 2n \\
-9 = r - 2p
\end{cases}
$$

$$
\begin{cases}
m = 1 \\
n = -1 + 2m \\
p = 1 + 2n \\
r = -9 + 2p
\end{cases}
$$

| m = 1 | n = 1 | p = 3 | r = −3 |

Le **quotient** est $x^2 + x + 3$ et le **reste** est -3.

Variante : la règle de Horner (William Georges, 1786–1837)

Cette règle est une disposition simplifiée de la méthode des coefficients indéterminés.

On écrit sur une première ligne les coefficients du polynôme ordonné et éventuellement complété.

Avec le même exemple et les mêmes notations que ci-dessus, il vient :

c.-à-d.

$m = 1$ $m = 1$

$n = -1 {}^{+2}m$ $n = -1 {}^{+2} \times 1 = 1$

$p = 1 {}^{+2}n$ $p = 1 {}^{+2} \times 1 = 3$

$r = -9 {}^{+2}p$ $r = -9 {}^{+2} \times 3 = -3$

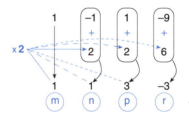

On complète le tableau comme indiqué ci-contre.

Disposition pratique :

	1	−1	1	−9
2		2	2	6
	1	1	3	−3
	quotient			reste
	x^2	+x	+3	

Pour appliquer 20 à 28.
En cas de nécessité 29 et 30.
Pour chercher 31 à 40.
Pour aller plus loin 41.
Venus d'ailleurs 42 à 51.

UN PETIT BOUT D'HISTOIRE

QUELQUES JALONS DU CALCUL À TRAVERS LES SIÈCLES

Dès le début de l'humanité, l'être humain a eu besoin de calculer pour *dénombrer* et pour *faire du commerce*. Au fil des siècles, l'évolution du calcul a été étroitement lié au progrès des mathématiques.

Dans l'**Antiquité grecque**, Platon (428–348 av. J.-C.) et Euclide (3e s. av. J.-C.) considérèrent le calcul d'un point de vue très pratique.

Archimède (287–212 av. J.-C.) perfectionna le système de numération. Avec lui, le calcul acquit une place théorique. En arithmétique, il s'était particulièrement illustré par la découverte d'une méthode de calcul du *nombre* π qui consiste à déterminer le rapport approché de la longueur du cercle à son diamètre (voir ci-après, pages 17, 18 et 245).

Platon

Euclide

Archimède

Simon Stevin

Les connaissances de l'Antiquité grecque furent transmises, au **Moyen-Âge**, aux mathématiciens arabes. Nous reparlerons plus loin de l'apport d'un Al-Kharāwizmi (9e siècle) dans le calcul des solutions d'une équation.

Ils sont férus d'*algèbre* et de *trigonométrie*, outils essentiels de leurs préoccupations astronomiques.

Au 15e siècle, le développement du commerce et de la navigation, la découverte des Amériques nécessitèrent de nouveaux instruments de calcul. C'est ainsi qu'un de nos compatriotes Simon Stevin, dit Simon de Bruges, (Bruges 1548–La Haye 1620) contribua largement à l'essor du calcul pratique : il établit, à l'intention des commerçants et des banquiers, des tables pour le *calcul des intérêts*; il répandit l'usage des *fractions décimales*.

À la **Renaissance** et jusqu'au 19ᵉ siècle d'autres mathématiciens célèbres apportèrent au calcul le fruit de leurs géniales découvertes.

En voici une galerie de portraits :

John Napier, dit Neper, écossais (1550–1617), inventeur d'un procédé génial de calcul : les logarithmes.

Isaac Newton, anglais (1642–1727), inventeur avec Leibniz du calcul différentiel.

Wilhem Leibniz, allemand (1646–1716), célèbre pour le développement du calcul différentiel.

Carl Friedrich Gauss, allemand (1777–1855), auteur d'un Traité sur la théorie des nombres. Célèbre par ses découvertes en d'autres domaines des mathématiques et des sciences.

Charles Babbage (1791–1871), mathématicien anglais, constructeur de machines à calculer, considéré comme le « père de l'informatique ».

Au 19ᵉ siècle, les sciences — en particulier, la physique — se trouvèrent embarrassées par le défaut de progrès en matière de calcul.

Il faudra attendre le milieu du 20ᵉ siècle pour voir apparaître, avec les *ordinateurs*, de nouvelles méthodes de calcul particulièrement performantes. Le *calcul numérique* et l'*informatique* devinrent des sciences autonomes au service des autres sciences.

La grande révolution du calcul pratique et efficace fut marquée par la commercialisation vers 1970 des *calculatrices scientifiques* et ensuite *programmables*. Désormais, le calcul est à la portée de tous.

2 CERCLES ET ANGLES

ACTIVITÉS

1
ⓒ

On donne un cercle de centre O et de rayon r.

Sur le cercle on détermine un arc de longueur r.

Au lieu de mesurer l'angle au centre en degrés, on choisit une nouvelle manière de procéder : l'angle au centre qui intercepte l'arc de longueur r est l'angle de mesure 1.

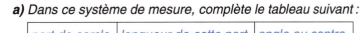

a) *Dans ce système de mesure, complète le tableau suivant :*

part de cercle	longueur de cette part	angle au centre
$\overset{\frown}{AB}$	r	1
cercle entier		
$\frac{1}{2}$ cercle		
$\frac{1}{4}$ de cercle		
$\frac{1}{8}$ de cercle		
$\frac{3}{4}$ de cercle		
$\frac{1}{7}$ de cercle		
$\frac{1}{n}$ de cercle		

b) *Réponds à la question posée en **a)** si le rayon est 1.*

Quel lien établis-tu entre les résultats consignés dans les deux dernières colonnes ?

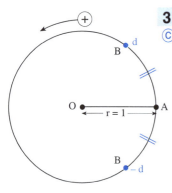

2 Un mobile M se déplace sur le cercle de rayon r, au départ de A, dans le sens de la flèche.

a) Quelle distance a-t-il parcouru s'il s'arrête en

B, après avoir effectué un tour complet mais pas deux;

D, après avoir effectué deux tours complets mais pas trois;

E, après avoir effectué cinq tours complets mais pas six;

F, après avoir effectué huit tours complets mais pas neuf ?

b) Détermine, sur le cercle, le point en lequel le mobile M s'arrêtera s'il a parcouru une distance de

$$\frac{25\pi r}{12} \quad ; \quad \frac{7\pi r}{2} \quad ; \quad \frac{13\pi r}{8} \quad ; \quad \frac{29\pi r}{8} \quad ; \quad \frac{13\pi r}{12} \quad .$$

*c) Réponds aux questions posées en **a)** et **b)**, si le rayon est 1.*

3 Dans le plan, on donne le cercle de centre O et de rayon 1 ainsi que le sens
ⓒ de parcours « positif » sur ce cercle.

Au départ de l'origine A, le point mobile M parcourt le cercle aussi bien dans le sens positif que négatif. Il s'arrête en un point B.

Si M a parcouru, sur le cercle, une distance égale à d

• dans le sens positif, on dit que B est représenté par le réel d;

• dans le sens négatif, on dit que B est représenté par le réel −d.

a) Détermine le point du cercle représenté par

$$\frac{\pi}{2} \quad ; \quad -\frac{\pi}{2} \quad ; \quad \frac{3\pi}{4} \quad ; \quad -\frac{5\pi}{3} \quad ; \quad \frac{7\pi}{6} \quad ; \quad -\frac{5\pi}{6} \quad ; \quad \frac{7\pi}{2} \quad ; \quad \frac{19\pi}{6} \quad .$$

b) En tenant compte des points placés sur le cercle ci-contre, complète le tableau :

point	A	B	C	D				
réel	0	$\frac{\pi}{4}$			π	$-\frac{\pi}{4}$	$-\frac{\pi}{2}$	$-\frac{3\pi}{4}$

c) Quels sont tous les réels qui représentent A ? B ? C ? D ? E ? F ? G ? H ?

d) Dessine le point du cercle représenté par

1) $\frac{\pi}{6} + 2k\pi$ *(k entier);*

2) $\frac{\pi}{3} + 2k\pi$ *(k entier);*

3) $-\frac{\pi}{6} + 2k\pi$ *(k entier).*

4 Dans le port d'Amsterdam, il y a un bateau amarré au quai.

L'extrémité de sa cheminée est à 20m du niveau de la mer. Curieusement, un satellite géostationnaire est à la verticale de cette cheminée à une distance de 36 000 km de la surface de la Terre.

Tout le monde admet que le rayon terrestre est de 6000 km.

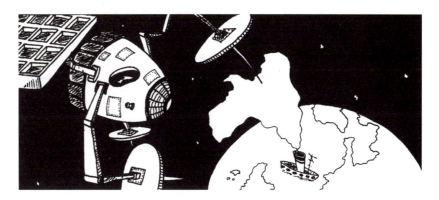

La Terre a tourné sur elle-même durant une heure.

Quelle est la distance parcourue dans l'espace par un point de la coque du bateau situé au ras de la mer, par un point du sommet de la cheminée, par un point du satellite, si on considère comme seul déplacement la rotation de la Terre sur elle-même ?

5 Tu as déjà rencontré le **nombre** π utilisé dans les activités précédentes.
ⓒ Tu en connais sans doute plusieurs décimales.

Cette activité a pour but de mettre en place une méthode de calcul de ces décimales qui s'inspire de celle des Anciens mais utilise des techniques récentes.

L'idée des Anciens se base sur les deux constatations :

1) la circonférence d'un cercle est comprise entre le périmètre d'un polygone inscrit et celui d'un polygone circonscrit à ce cercle;

2) la différence entre ces trois longueurs est d'autant plus petite que le nombre de côtés des polygones est grand.

Pour la facilité des calculs, nous considérerons des polygones réguliers inscrits et circonscrits ayant même nombre de côtés[1].

---

[1] Un polygone est **inscrit à un cercle** lorsque ses sommets sont des points du cercle.

Un polygone est **circonscrit à un cercle** lorsque ses côtés sont tangents au cercle.

Un polygone est **régulier** lorsque ses côtés ont même longueur et ses angles, même amplitude.

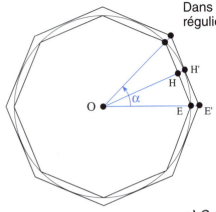

Dans la figure de référence ci-contre, les polygones sont des octogones réguliers.

a) Quelle est l'amplitude de l'angle α ?

b) Détermine la longueur $\overline{HE}$ et la longueur $\overline{H'E'}$ en fonction du rayon r du cercle et de nombres trigonométriques, bien choisis, de l'angle α.

c) Détermine une formule qui donne le périmètre des deux octogones en fonction du nombre de côtés, du rayon, de nombres trigonométriques, bien choisis, de α.

d) Reprends la même démarche pour des polygones réguliers de 16 côtés; de 32 côtés; de 360 côtés.

e) Consigne, dans le tableau suivant les résultats numériques obtenus pour un cercle de rayon 1 :

nombre de côtés	périmètre du polygone inscrit	circonférence du cercle	périmètre du polygone circonscrit
n = 8		2π	
n = 16		2π	
n = 32		2π	

6 Dans un repère orthonormé du plan, on donne le cercle de centre O et de rayon 1.

Ⓒ

Sur ce cercle, on donne le point B de coordonnée (a,b) qui détermine l'angle orienté α.

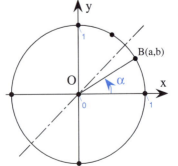

Soit D, le symétrique de B par rapport à l'axe des ordonnées;

E, le symétrique de B par rapport à l'axe des abscisses;

F, le symétrique de B par rapport à la première bissectrice des axes du repère;

G, le symétrique de B par rapport à l'origine du repère.

a) Place les points D, E, F,G sur le cercle.

b) Quelle est la coordonnée de chacun de ces quatre points ?

c) Quel est l'angle orienté déterminé par chacun de ces points ?

NOTIONS

VOCABULAIRE

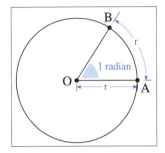

1. Un **angle d'un radian** est un angle au centre d'un cercle qui intercepte un arc de longueur égale au rayon du cercle.

L'angle $\widehat{AOB}$ est un angle d'un radian.

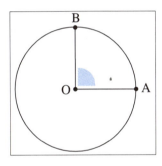

2. Un angle a **plusieurs mesures** en radians : elles diffèrent entre-elles d'un multiple entier de 2π.

L'angle $\widehat{AOB}$ a pour mesures en radians $\dfrac{\pi}{2} + 2k\pi$, $(k \in \mathbb{Z})$.

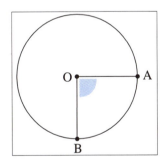

3. La **mesure principale** d'un angle en radians est le réel qui mesure cet angle et qui appartient à $]-\pi, \pi]$.

La mesure principale d'un angle qui mesure $\dfrac{7\pi}{2}$ est $-\dfrac{\pi}{2}$,

puisque $\dfrac{7\pi}{2} = 4\pi + \left(-\dfrac{\pi}{2}\right)$ et $-\dfrac{\pi}{2} \in \,]-\pi, \pi]$

PROPRIÉTÉ (admise)

En radians et dans un cercle de rayon 1, tout angle au centre et l'arc intercepté ont même mesure.

CONVERSION

degrés	180	d
radians	π	r

Comme l'angle plat a une amplitude de 180 degrés ou de π radians, la conversion d'un système à l'autre se fait par la simple proportionnalité donnée par le tableau ci-contre dans lequel le même angle mesure d degrés ou r radians.

Certaines calculatrices possèdent une touche de conversion.

- L'angle qui a comme mesure 18 degrés a aussi une mesure de $\dfrac{\pi}{10}$ radians,

  puisque $\dfrac{180}{\pi} = \dfrac{18}{r} \quad \Rightarrow \quad r = \dfrac{\pi}{10}$

- L'angle qui a comme mesure $\dfrac{\pi}{5}$ radians a aussi une mesure de 36 degrés,

  puisque $\dfrac{180}{\pi} = \dfrac{d}{\frac{\pi}{5}} \quad \Rightarrow \quad d = 36$

2.2 CERCLE TRIGONOMETRIQUE ET ANGLES ORIENTES

VOCABULAIRE

1. Un **angle orienté** est un angle dont l'un des côtés est le **côté origine** et l'autre côté est le **côté extrémité**.

EXEMPLE

Les demi-droites [AB et [AC déterminent deux angles orientés :

- l'un de sommet A, de côté origine [AB, de côté extrémité [AC, que l'on représente indifféremment par :

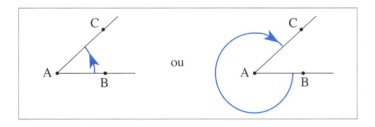

- l'autre de sommet A, de côté origine [AC, de côté extrémité [AB, que l'on représente indifféremment par :

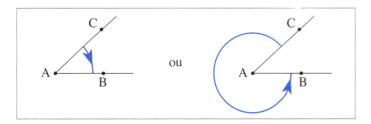

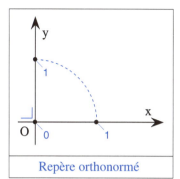

Repère orthonormé

2. Un **repère orthonormé** du plan est un repère dont les **axes** sont **perpendiculaires** et dont les unités sont d'**égale longueur** sur chaque axe.

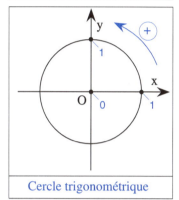

Cercle trigonométrique

3. Dans un repère orthonormé, le **cercle trigonométrique** est le cercle

- **centré à l'origine du** repère,
- dont le **rayon** est **1**,
- **orienté positivement** dans le sens antihorloger.

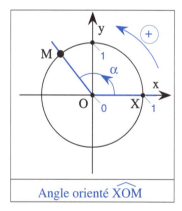

Angle orienté $\widehat{XOM}$

4. Dans le cercle trigonométrique, tout angle orienté a pour **origine** la demi-droite [OX.

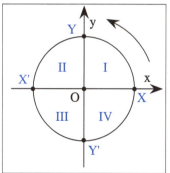

5.

Les angles compris entre	sont appelés
– l'angle nul et l'angle droit $\widehat{XOY}$	**angles du 1er quadrant**
– l'angle droit $\widehat{XOY}$ et l'angle plat $\widehat{XOX'}$	**angles du 2e quadrant**
– l'angle plat $\widehat{XOX'}$ et l'angle droit $\widehat{XOY'}$	**angles du 3e quadrant**
– l'angle droit $\widehat{XOY'}$ et l'angle nul	**angles du 4e quadrant**

PROPRIÉTÉ

Tout point du cercle trigonométrique détermine un seul angle orienté et tout angle orienté détermine un seul point du cercle trigonométrique.

Cette propriété, particulièrement évidente, est illustrée par la figure ci-dessous.

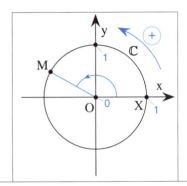

Pour appliquer 52 à 61.

$M \in \mathbb{C} \iff M$ détermine le seul angle orienté $\widehat{XOM}$

2.3 NOMBRES TRIGONOMETRIQUES D'UN ANGLE ORIENTE

DÉFINITIONS

Dans un repère orthonormé du plan, si le point M est l'unique point du cercle trigonométrique déterminé par l'angle orienté α, alors

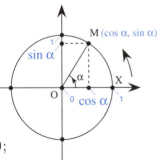

- le **cosinus de** α, noté $\cos \alpha$, est l'abscisse de M;

- le **sinus de** α, noté $\sin \alpha$, est l'ordonnée de M;

- la **tangente de** α, notée $\tan \alpha$, est le rapport $\dfrac{\sin \alpha}{\cos \alpha}$, si $\cos \alpha \neq 0$;

- la **cotangente de** α, notée $\cot \alpha$, est le rapport $\dfrac{\cos \alpha}{\sin \alpha}$, si $\sin \alpha \neq 0$.

REPRÉSENTATIONS GRAPHIQUES

1. Les définitions données ci-dessus permettent aisément de donner une représentation graphique de $\cos\alpha$ et de $\sin\alpha$ suivant la position de M :

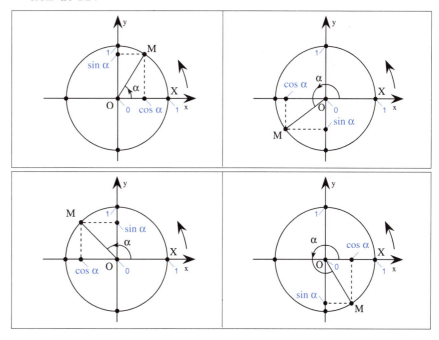

2. Pour obtenir une représentation graphique de la tangente de α, on trace la droite t, tangente au cercle trigonométrique au point de coordonnée $(1, 0)$.

On admet alors que $\tan\alpha$ est l'ordonnée du point T d'intersection de t avec OM :

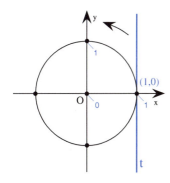

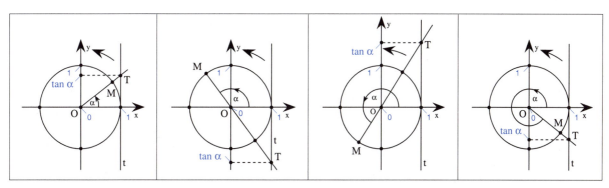

Les esprits avancés et éveillés pourront tenter de démontrer ce fait.

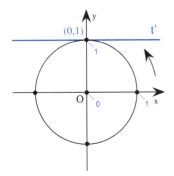

3. Pour obtenir une représentation graphique de la cotangente de α, on trace la droite t$'$, tangente au cercle trigonométrique au point de coordonnée $(0, 1)$.

On admet alors que cot α est l'abscisse du point T$'$ d'intersection de t$'$ avec OM :

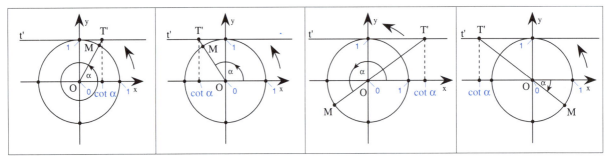

Les esprits avancés et éveillés pourront tenter de démontrer ce fait.

PROPRIÉTÉS

$\boxed{1}$ **Tout angle orienté a un cosinus et un sinus.**

Seuls l'angle droit positif et l'angle droit négatif n'ont pas de tangente.

Seuls l'angle nul et l'angle plat n'ont pas de cotangente.

En effet,

- tout point du cercle trigonométrique a une abscisse et une ordonnée;
- seuls l'angle droit positif et l'angle droit négatif ont un cosinus nul;
- seuls l'angle nul et l'angle plat ont un sinus nul.

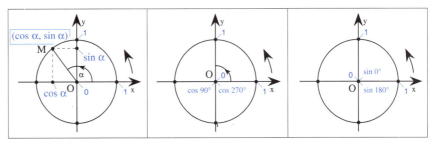

2 **Quel que soit l'angle orienté α,**

$$-1 \leqslant \cos \alpha \leqslant 1$$

$$-1 \leqslant \sin \alpha \leqslant 1$$

$$\cos^2 \alpha + \sin^2 \alpha = 1$$

En effet,

- tout point du cercle trigonométrique a une abscisse et une ordonnée comprise entre -1 et 1;

- tout point du cercle trigonométrique est à la distance 1 de l'origine du repère et cette distance est la longueur de l'hypoténuse d'un triangle rectangle dont les deux autres côtés ont pour longueur $|\cos \alpha|$ et $|\sin \alpha|$.

Par l'égalité de Pythagore, on obtient $\cos^2 \alpha + \sin^2 \alpha = 1$.

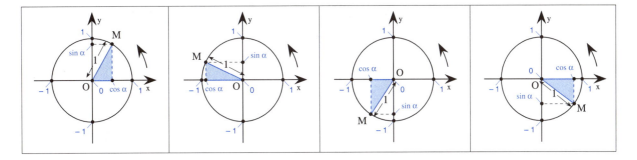

SIGNE

Voici le signe des nombres trigonométriques d'angles orientés suivant les quadrants :

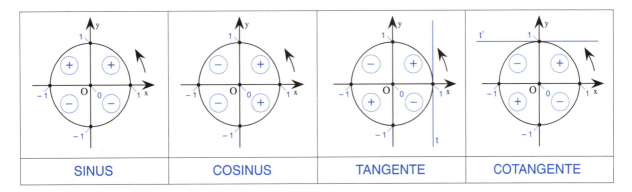

| SINUS | COSINUS | TANGENTE | COTANGENTE |

Pour appliquer 62 à 67.

2.4 ANGLES ASSOCIES

VOCABULAIRE

1. Les angles x et $(\pi - x)$ sont appelés **angles supplémentaires**.

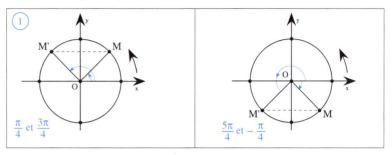

2. Les angles x et $(-x)$ sont appelés **angles opposés**.

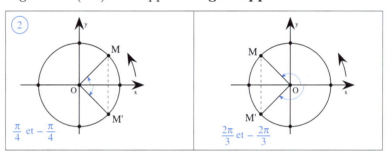

3. Les angles x et $(\frac{\pi}{2} - x)$ sont appelés **angles complémentaires**.

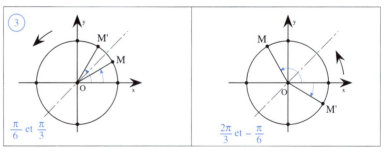

4. Les angles x et $(\pi + x)$ sont appelés **antisupplémentaires**.

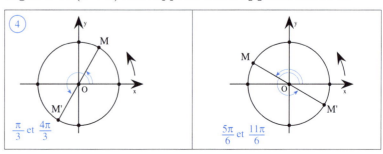

PROPRIÉTÉS

Les figures ci-dessous éclairent suffisamment les propriétés :

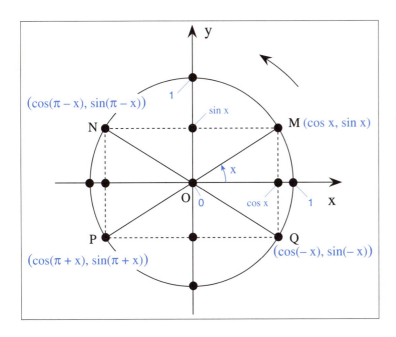

Angles supplémentaires
$$\cos(\pi - x) = -\cos x$$
$$\sin(\pi - x) = \sin x$$

Angles opposés
$$\cos(-x) = \cos x$$
$$\sin(-x) = -\sin x$$

Angles antisupplémentaires
$$\cos(\pi + x) = -\cos x$$
$$\sin(\pi + x) = -\sin x$$

On en déduit, par calcul :
$$\tan(\pi - x) = -\tan x$$
$$\cot(\pi - x) = -\cot x$$

$$\tan(-x) = -\tan x$$
$$\cot(-x) = -\cot x$$

$$\tan(\pi + x) = \tan x$$
$$\cot(\pi + x) = \cot x$$

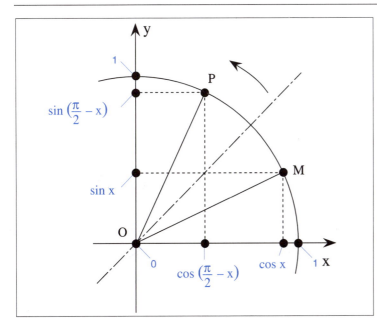

Angles complémentaires

$$\cos(\frac{\pi}{2} - x) = \sin x$$

$$\sin(\frac{\pi}{2} - x) = \cos x$$

On en déduit, par calcul :

$$\tan(\frac{\pi}{2} - x) = \cot x$$

$$\cot(\frac{\pi}{2} - x) = \tan x$$

Pour appliquer 68 à 70.

2.5 ANGLES ET ARCS

VOCABULAIRE

Ce court vocabulaire complète celui qui a été introduit en troisième à propos de cercles, d'arcs, de cordes, d'angles inscrits, d'angles au centre et de quadrilatères.(EM3, page 98)

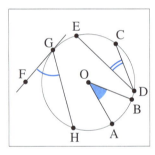

1. Tout angle dont le sommet appartient à un cercle, dont un côté est tangent au cercle et dont l'autre côté coupe le cercle est appelé **angle tangentiel de ce cercle**.

$\widehat{ABC}$ est un angle tangentiel du cercle.

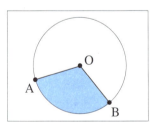

2. Un angle au centre d'un cercle (un angle inscrit à un cercle, un angle tangentiel d'un cercle) **intercepte** l'arc compris entre ses côtés.

$\widehat{AOB}$ intercepte l'arc $\overset{\frown}{AB}$;

$\widehat{CDE}$ intercepte l'arc $\overset{\frown}{CE}$;

$\widehat{FGH}$ intercepte l'arc $\overset{\frown}{GH}$.

3. Un **secteur circulaire** est une partie de disque comprise entre deux rayons.

La partie de cercle comprise entre [OA] et [OB] est un secteur circulaire.

4. Un quadrilatère est **convexe** lorsqu'il est situé entièrement dans un même demi-plan par rapport à chaque droite comprenant un de ses côtés.

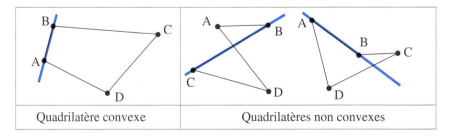

| Quadrilatère convexe | Quadrilatères non convexes |

PROPRIÉTÉS

Dès la troisième, nous avons rencontré des propriétés liant angles et cordes interceptées d'un cercle. (EM3, pages 98 à 101).

Nous pouvons reformuler ces propriétés en utilisant l'expression « arc intercepté ».

Ainsi la propriété :

Dans tout cercle, des angles au centre de même amplitude interceptent des cordes de même longueur.

se reformule :

Dans tout cercle, des angles au centre de même amplitude interceptent des arcs de même longueur.

Si $\widehat{AOB} = \widehat{COD}$,

alors $\overset{\frown}{AB} = \overset{\frown}{CD}$.

Voici la reformulation d'autres propriétés rencontrées en troisième :

- **Dans tout cercle, des angles au centre qui interceptent des arcs de même longueur, ont même amplitude.**

Si $\overset{\frown}{AB} = \overset{\frown}{CD}$,

alors $\widehat{AOB} = \widehat{COD}$.

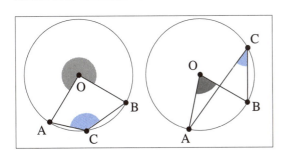

- **Dans tout cercle, l'amplitude d'un angle au centre est double de celle de l'angle inscrit interceptant le même arc.**

Si l'angle au centre $\widehat{AOB}$ et l'angle inscrit $\widehat{ACB}$ interceptent le même arc $\overset{\frown}{AB}$,

alors $\widehat{AOB} = 2\widehat{ACB}$.

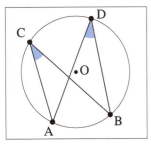

- **Dans tout cercle, deux angles inscrits qui interceptent le même arc, ont même amplitude.**

Si les angles inscrits $\widehat{ACB}$ et $\widehat{ADB}$ interceptent le même arc $\overset{\frown}{AB}$,

alors $\widehat{ACB} = \widehat{ADB}$.

Voici quelques propriétés qui complètent celles déjà connues :

1 **Dans tout cercle, des angles inscrits interceptant la même corde et situés de part et d'autre de cette corde, ont une somme égale à deux droits.**

1) Dessin et données:

- un cercle de centre O;
- une corde [AB] de ce cercle;
- les points C et D de ce cercle, situés de part et d'autre de la corde [AB].

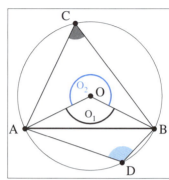

2) Thèse: $\widehat{ACB} + \widehat{ADB} = 2$ droits

3) Outil: dans tout cercle, l'amplitude d'un angle au centre est double de celle de l'angle inscrit interceptant le même arc.

4) Démonstration
$$\widehat{O_1} = 2\widehat{ACB}$$
$$\widehat{O_2} = 2\widehat{ADB}$$

Or, $$\widehat{O_1} + \widehat{O_2} = 360°$$

soit, $$2\widehat{ACB} + 2\widehat{ADB} = 360°$$

ou enfin, $$\widehat{ACB} + \widehat{ADB} = 180° = 2 \text{ droits.}$$

2 **Dans tout cercle, l'amplitude d'un angle au centre est double de celle de l'angle tangentiel interceptant le même arc.**

1) Dessin et données:

- cercle de centre O;
- angle tangentiel $\widehat{BAC}$;
- angle au centre $\widehat{AOC}$.

2) Thèse: $\widehat{AOC} = 2\widehat{BAC}$

3) Outil: diverses propriétés d'angles.

4) Démonstration

$$\widehat{AOC} + \widehat{OCA} + \widehat{CAO} = 2 \text{ droits} \qquad \text{(somme des angles d'un triangle)}$$
$$\widehat{BAC} + \widehat{CAO} = 1 \text{ droit} \qquad \text{(perpendicularité de la tangente et du rayon)}$$
$$\widehat{CAO} = \widehat{OCA} \qquad \text{(angles à la base d'un triangle isocèle)}$$

On déduit : $$\widehat{AOC} + \widehat{OCA} + \widehat{CAO} = 2\widehat{BAC} + 2\widehat{CAO}$$

ou encore $$\widehat{AOC} + 2\widehat{CAO} = 2\widehat{BAC} + 2\widehat{CAO}$$

ou enfin $$\widehat{AOC} = 2\widehat{BAC}.$$

3 **Dans tout cercle, l'amplitude d'un angle dont le sommet est intérieur au cercle est plus grande que celle de l'angle inscrit interceptant le même arc.**

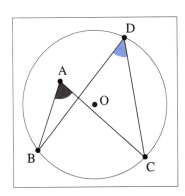

1) <u>Dessin et données</u>:

- cercle de centre O;
- A un point intérieur au cercle;
- D un point du cercle;
- des angles de sommet A ou D interceptant un même arc $\overset{\frown}{BC}$.

2) <u>Thèse</u>: $\widehat{BAC} > \widehat{BDC}$

3) <u>Outil</u>: diverses propriétés des angles.

4) <u>Démonstration</u>

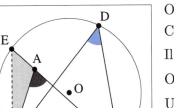

On trace la droite CA qui coupe le cercle en E.

Comme A est intérieur au cercle, A est compris entre C et E, sur CE.

Il en résulte que l'angle $\widehat{BAC}$ est extérieur au triangle BAE.

On déduit : $\widehat{BAC} = \widehat{BEA} + \widehat{EBA}$ (car $\widehat{BAC} + \widehat{BAE} = 2$ droits $= \widehat{BEA} + \widehat{EBA} + \widehat{BAE}$).

Une conséquence est alors $\widehat{BAC} > \widehat{BEA}$

ou encore $\widehat{BAC} > \widehat{BEC}$.

Comme $\widehat{BEC} = \widehat{BDC}$ (angles inscrits interceptant un même arc),

on a $\widehat{BAC} > \widehat{BDC}$.

4 **Dans tout cercle, l'amplitude d'un angle dont le sommet est extérieur au cercle est plus petite que celle de l'angle inscrit interceptant le même arc.**

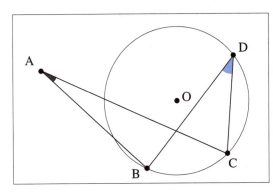

1) <u>Dessin et données</u>:

- cercle de centre O;
- A un point extérieur au cercle;
- D un point du cercle;
- des angles de sommet A ou D interceptant un même arc $\overset{\frown}{BC}$.

2) <u>Thèse</u>: $\widehat{BAC} < \widehat{BDC}$

3) <u>Outil</u>: diverses propriétés des angles.

4) Démonstration

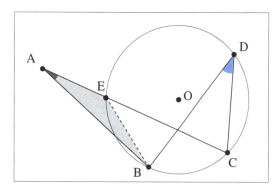

La droite CA coupe le cercle en E.

Comme A est extérieur au cercle, E est compris entre C et A, sur CE.

Il en résulte que l'angle $\widehat{BEC}$ est extérieur au triangle BAE.

On déduit : $\widehat{BEC} = \widehat{BAE} + \widehat{ABE}$
(car $\widehat{BEC} + \widehat{BEA}$ = 2 droits = $\widehat{BAE} + \widehat{ABE} + \widehat{BEA}$).

Une conséquence est alors $\widehat{BEC} > \widehat{BAE}$

ou encore $\widehat{BEC} > \widehat{BAC}$, soit $\widehat{BAC} < \widehat{BEC}$.

Comme $\widehat{BEC} = \widehat{BDC}$ (angles inscrits interceptant un même arc),

on a $\widehat{BAC} < \widehat{BDC}$.

⁵ **Le lieu des points d'où un segment donné [AB] est vu sous un angle donné α est constitué de deux arcs de cercle sous-tendus par la corde [AB] et symétriques par rapport à la droite AB, à l'exception des points A et B.**

Ce lieu porte le nom **d'arcs capables de l'angle α construits sur le segment [AB].**

Pour prouver l'exactitude de cette propriété, on montrera que

- **de tout point de la figure décrite, le segment [AB] est vu sous un même angle α;**
- **de tout point hors de la figure, le segment est vu sous un angle différent de α.**

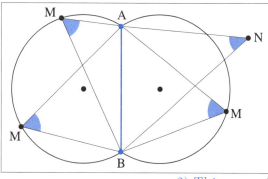

1) Dessin et données:

- le segment [AB];
- deux arcs de cercle sous-tendus par [AB] et symétriques par rapport à la droite AB;
- M un point quelconque d'un de ces arcs distinct de A et B;
- N un point non situé sur l'un des arcs.

2) Thèse:

$\widehat{AMB}$ garde la même amplitude, quel que soit l'emplacement de M;

$\widehat{ANB}$ n'a pas même amplitude que $\widehat{AMB}$.

3) Démonstration

La première partie de la thèse est une conséquence immédiate
- de la propriété vue en troisième et reformulée page 31 :

  dans tout cercle, deux angles inscrits qui interceptent le même arc, ont même amplitude.
- de la symétrie de la figure.

La deuxième partie de la thèse est une conséquence immédiate des propriétés 3 et 4 ci-dessus.

6 **Si un quadrilatère convexe est inscrit à un cercle, alors la somme de deux angles opposés égale deux droits.**

On dit aussi :

une condition nécessaire pour qu'un quadrilatère convexe soit inscrit à un cercle est que la somme de deux angles opposés égale deux droits.

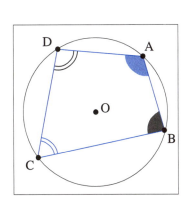

1) Dessin et données:
  - un cercle de centre O ;
  - un quadrilatère convexe ABCD inscrit au cercle.

2) Thèse: $\widehat{A} + \widehat{C} = \widehat{B} + \widehat{D} = 2$ droits.

3) Outil: la propriété 1.

4) Démonstration

$\widehat{A} + \widehat{C} = 2$ droits et $\widehat{B} + \widehat{D} = 2$ droits.

(angles inscrits qui interceptent la même corde, dont les sommets sont situés de part et d'autre de la corde)

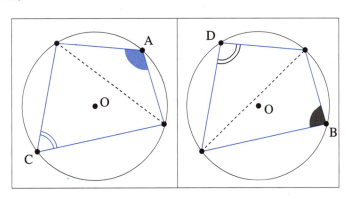

7 Si la somme de deux angles opposés d'un quadrilatère convexe égale deux droits, alors ce quadrilatère est inscrit à un cercle

On dit aussi :

une <u>condition suffisante</u> pour qu'un quadrilatère convexe soit inscrit à un cercle est que la somme de deux angles opposés égale deux droits.

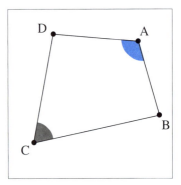

1) <u>Dessin et données</u>:
- un quadrilatère convexe ABCD;
- $\widehat{A} + \widehat{C}$ = 2 droits.

2) <u>Thèse</u>:   un cercle comprend A, B, C, D.

3) <u>Outils</u>:   la propriété 1;

l'arc capable d'un angle construit sur un segment.

4) <u>Démonstration</u>

On trace :
- le cercle passant par B, C, D;
- un point M de ce cercle situé de l'autre côté de BD par rapport à C;
- l'angle $\widehat{BMD}$.

$$\widehat{BMD} + \widehat{BCD} = 2 \text{ droits} \quad \text{(propriété 1)}$$

et $\widehat{BAD} + \widehat{BCD} = 2$ droits   (données)

On déduit : $\widehat{BMD} = \widehat{BAD}$,

dès lors, M et A sont sur un même arc de cercle dont [BD] est une corde   (arc capable sur [BD]).

Les points A, B, C, D sont donc sur un même cercle.

8 La tangente en un point d'un cercle est perpendiculaire au diamètre passant par ce point.

La perpendiculaire à un diamètre d'un cercle en une de ses extrémités est tangente au cercle en ce point.

Ces propriétés ont été démontrées dans EM2, pages 146 et 147.

CONSTRUCTIONS

1) Construction d'arcs capables d'un angle aigu

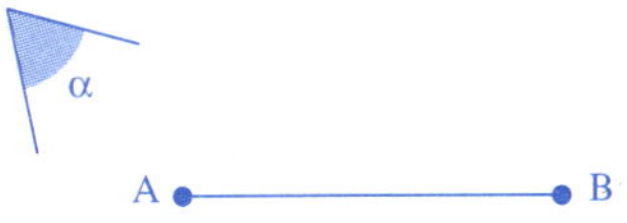

	Pour construire les arcs capables d'un angle aigu α sur [AB], on procède de la manière suivante : Données | l'angle α aigu, | le segment [AB].
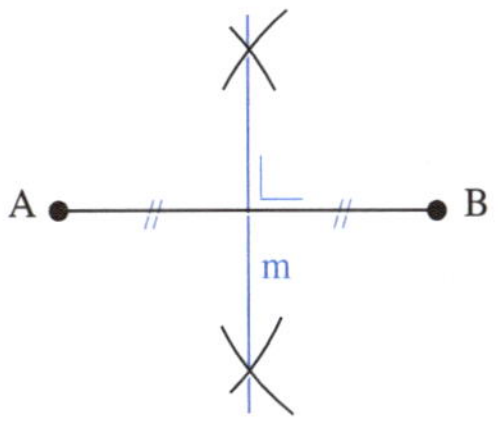	On trace la médiatrice m de [AB].
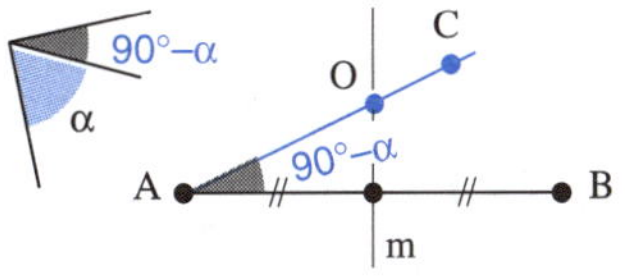	Par A, on trace la demi-droite [AC telle que $\widehat{BAC} = 90° - \alpha$. Cette demi-droite coupe la médiatrice de [AB] en O.
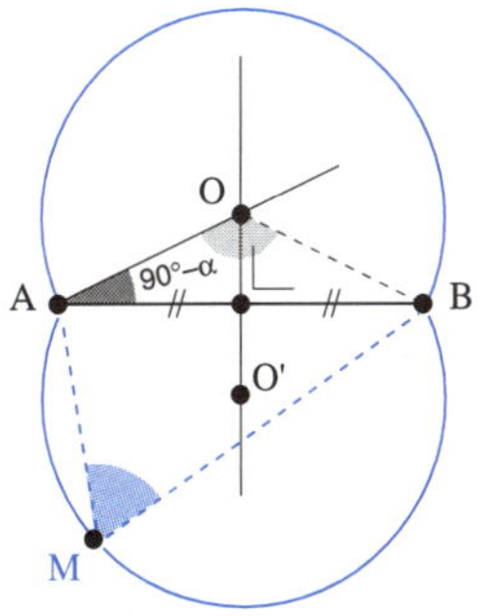	On trace l'arc de cercle de centre O et de rayon $\overline{OA}$, ainsi que son symétrique par rapport à AB, comme dans la figure ci-contre :

On a bien obtenu le lieu cherché.

En effet, le triangle AOB est isocèle puisque $\overline{OA} = \overline{OB}$.

On en déduit alors

$\widehat{AOB} = 180° - 2(90° - \alpha)$

$\qquad = 2\alpha$

et $\widehat{AMB} = \alpha$, *M étant un point des arcs construits (*M $\neq$ A *et* M $\neq$ B*).*

M est donc un point du lieu.

2) Construction d'arcs capables d'un angle obtus

Pour construire les arcs capables d'un angle obtus α sur [AB], on procède de la manière suivante :

Données | l'angle α obtus,
le segment [AB].

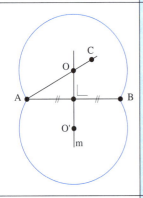

On construit les arcs capables de l'angle $180° - \alpha$

$$\widehat{BAC} = 90° - (180° - \alpha)$$
$$= 90° - 180° + \alpha$$
$$= -90° + \alpha.$$

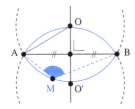

Les arcs capables demandés sont formés par les deux autres parties de cercles (propriété $\boxed{6}$, page 35).

$\widehat{AMB} = \alpha.$

M est donc un point du lieu.

Pour appliquer 71 à 85.
En cas de nécessité 86 à 89.
Pour chercher 90 à 105.
Pour aller plus loin 106 à 109.
Venu d'ailleurs 110.

UN PETIT BOUT D'HISTOIRE

LA TRIGONOMÉTRIE AU FIL DES SIÈCLES

Dans EM3 (pages 102 et 104), nous avons évoqué les étapes de l'invention de tables trigonométriques. Voici quelques précisions sur l'évolution de la notion de sinus d'un angle orienté.

La trigonométrie est née dès la haute Antiquité grecque, indienne, babylonienne et chinoise. Elle vit le jour avec les premières préoccupations des hommes pour *l'astronomie*.

Un astrolabe du 13ᵉ siècle

- À **Babylone**, on voit apparaître l'unité d'angle : le degré.

- Chez les **Grecs**, la trigonométrie, essentiellement au service de l'astronomie, n'étudie que les cordes qui sous-tendent des arcs de cercle.

  Plusieurs savants et philosophes grecs s'intéressèrent à l'étude des triangles et de leurs angles :

  — l'astronome Hipparque de Rhodes (180–125 av. J.-C.) qui divisa le cercle en 360 degrés, chaque degré en 60 minutes, chaque minute en 60 secondes. C'est à lui que l'on attribua l'invention de l'*astrolabe*, instrument utilisé autrefois pour observer la position des astres et déterminer leur hauteur au-dessus de l'horizon.

  — le mathématicien Ménélaüs d'Alexandrie (fin du 1ᵉʳ siècle après J.-C.), initiateur de la *trigonométrie sphérique*.

  — l'astronome, mathématicien et géographe Claude Ptolomée d'Alexandrie (90–168), auteur du très connu « *Almageste* » qui comprend un traité complet de trigonométrie rectiligne et sphérique. Cette œuvre nous a été transmise par les Arabes.

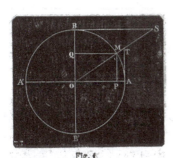

Dessin extrait d'un manuel de trigonométrie du siècle dernier

- C'est probablement en **Inde** que, vers le 4ᵉ siècle de notre ère, les savants utilisèrent pour la première fois l'idée de sinus en parlant de la *demi-corde de l'arc double* (il s'agit de la corde [PM] et du double de l'arc $\overset{\frown}{AM}$)

  Les cordes d'un cercle se nomment *linae inscriptae*. C'est pour ce motif, semble-t-il, qu'on appela d'abord les sinus *semisses inscriptae* (la corde [PM] était appelée « semi-inscrite » au cercle) et que l'on écrivit, en abrégé, *s. ins.* ou, par après, *sinus*.

ÉLÉMENS

DE GÉOMÉTRIE,

CONTENANT

LES TRIGONOMÉTRIES RECTILIGNE ET SPHÉRIQUE,
LES ÉLÉMENS DE LA GÉOMÉTRIE DESCRIPTIVE ET
LES RÉCIPROQUES OU INVERSES DE LA GÉOMÉTRIE.

DEUXIÈME ÉDITION,

PAR J.-G. GARNIER,

*Membre de l'Académie royale de Bruxelles, Professeur
de Mathématiques à l'Université de Gand, et ancien
Professeur aux Écoles polytechnique et royale militaire
de France, etc.*

GAND,

Chez J.-N. HOUDIN, IMPRIMEUR-LIBRAIRE DE L'UNIVERSITÉ.

1818.

CHAPITRE XI.   121

CHAPITRE XI.

De la Trigonométrie rectiligne.

La *trigonométrie* dite *rectiligne* a pour objet la résolution des triangles rectilignes. Dans cette branche de la Géométrie, on cherche à substituer le calcul aux constructions géométriques qui, à raison de l'imperfection des instrumens, donnent toujours des résultats erronés ; cependant, comme ici on est obligé de joindre les mesures graphiques au calcul, les résultats ne sont pas entièrement à l'abri de l'erreur.

Les figures qu'on se propose de mesurer sur la surface de la terre, ne sont pas rigoureusement rectilignes, à cause de la courbure de la surface terrestre ; les côtés de ces polygones sont des arcs de grands cercles, ou plus rigoureusement des arcs d'ellipse, en observant que la terre n'est pas parfaitement sphérique : mais lorsqu'on ne considère que des figures de peu d'étendue, telles que nous les supposerons dans ce titre, il est permis de regarder leurs côtés comme des lignes droites, vu leur extrême petitesse par rapport au rayon terrestre : et comme le triangle rectiligne est l'élément des figures rectilignes, il suffira de considérer ces sortes de figures.

Extraits d'un traité paru à Gand en 1818

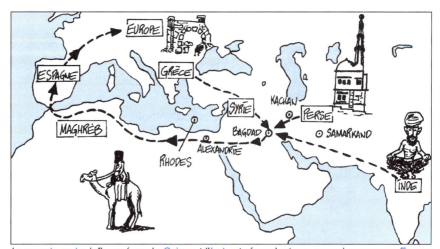

Le monde arabe influencé par la Grèce et l'Inde et répandant ses connaissances en Europe via le Maghreb et l'Espagne

(À suivre . . . après l'unité 6).

3 FONCTIONS

ACTIVITÉS

1 La température extérieure de ce 12 juillet à Norbertville est donnée par le graphique suivant :

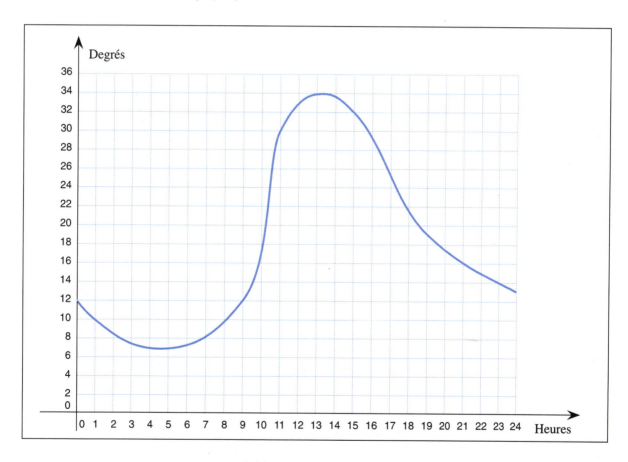

a) À quelle(s) heure(s) la température était-elle de 30° ?

b) Quelle était la température à 5h, 9h, 12h, 15h, 19h ?

c) La santé de Jean Tousse n'est pas des meilleures : il ne peut sortir que lorsque la température extérieure est comprise entre 22° et 28°.

À quels moments de la journée a-t-il pu sortir ?

2 Voici un extrait d'un tableau publié dans le numéro 390 de *Test-Achat Magazine* concernant les presse-fruits :

MARQUE et type	Capacité de jus (ml)	Longueur du cordon (cm)	Rangement du cordon	Couvercle	Languettes mélangeuses	oranges	pample-mousses	citrons	Facilité d'emploi	Nettoyage	APPRÉCIATION GLOBALE	PRIX (€) de — à —
	DESCRIPTION					RÉSULTATS DES TESTS Pressage de						
BRAUN MPZ 22	n	96		X		⊞	–	–	+	☐	+/☐	22 – 30
BRAUN MPZ 6	350	114	X		X	⊞	+	☐	☐	☐	+	13 – 17
BRAUN MPZ 7	600	115,5	X	X	X	+	⊞	⊞	☐	☐	+	18 – 25
KRUPS 292	350	117			X	+	+	⊞	+	☐	+	17 – 22
MOULINEX K 76	600	110			X	⊞	+	-	⊞	☐	+	17 – 18
NOVA JU 101	500	105	X			☐	☐	+	+	☐	☐	14 – 20
PHILIPS HR 2791	600	118	X	X	X	☐	☐	+	+	+	+/☐	21 – 22
PHILIPS HR 2793	1000	118	X		X	☐	–	+	+	+	+/☐	35 – 37
ROWENTA KA 44	400	76		X		☐	☐	☐	+	☐	☐	22 – 26
SEB 830802	400	77		X		☐	☐	☐	+	☐	☐	20 – 25
SEVERIN CP 3550	250	120	X	X	X	☐	☐	☐	+	+	+/☐	17 – 18
UFESA ME 210	500	126	X	X	X	+	+	☐	+	+	+/☐	17 – 19

a) *Dresse, dans un repère, un graphique qui donne, pour chaque appareil, la fourchette des prix pratiqués.*

b) *Trouve-t-on un presse-fruit à prix unique ?*

c) *Le graphique dessiné est-il celui d'une fonction ? Pourquoi ?*

3 Voici quelques fonctions définies par une formule mathématique ainsi que leur nom :

la fonction identique $\qquad\qquad$ $f_1(x) = x$

la fonction valeur absolue $\qquad\quad$ $f_2(x) = |x|$

la fonction carré $\qquad\qquad\qquad$ $f_3(x) = x^2$

la fonction cube $\qquad\qquad\qquad$ $f_4(x) = x^3$

la fonction racine carrée positive $\quad$ $f_5(x) = \sqrt{x}$

la fonction racine cubique $\qquad\quad$ $f_6(x) = \sqrt[3]{x}$

la fonction inverse $\qquad\qquad\qquad$ $f_7(x) = \dfrac{1}{x}$

a) *Pour chacune de ces fonctions, construis le graphe cartésien en procédant comme suit :*

  . *dresse un tableau de valeurs du type*

x	0
f(x)	

en n'oubliant pas, le cas échéant, des valeurs négatives de x, ni des valeurs non entières;

  . *reporte, dans le plan muni d'un repère, les points de coordonnée (x, f(x)) et relie-les par une « courbe régulière ».*

b) *Explique pourquoi il s'agit de fonctions.*

c) *En quels réels chacune de ces fonctions est-elle définie ?*

  Dans chaque cas, décris l'ensemble de ces réels.

d) *Quelles sont les fonctions dont le graphique comporte un (des) élément(s) de symétrie ? Précise cet(ces) élément(s) de symétrie.*

4 À Équilatèrville, Joseph est à la fois facteur, cafetier, épicier, bourgmestre,
ⓒ policier, banquier, ...

Sa maison qui est aussi bureau de poste, café, épicerie, maison communale, poste de police, agence de banque, ... est située en A.

La distance entre A et B est de 2 km de même que celle entre B et C et entre C et A.

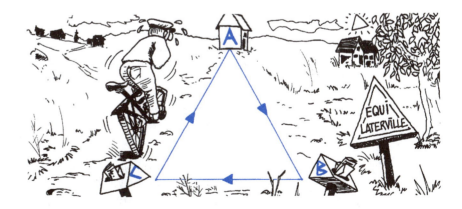

Chaque jour, Joseph fait la tournée d'Équilatèrville pour distribuer le courrier : partant de A, il passe par B et C avant de revenir chez lui. Il repart ensuite pour ses livraisons de boissons. Une troisième tournée se fait ensuite pour fournir légumes, fruits, café, conserves, etc. Le voilà ensuite reparti pour chacun de ses autres emplois.

a) Complète le tableau suivant en tenant au moins compte des six emplois décrits dans l'énoncé.

nombre x de km parcourus par Joseph depuis son départ	distance y déterminée sur **la route**, en km, séparant Joseph de son domicile
0	
1	
2	
3	
4	
5	
6	
7	
8	
9	
⋮	

b) Trace le graphe cartésien de la fonction décrite par ce tableau.

c) Ce graphique présente des points de hauteur maximale et des points de hauteur minimale.

Quelles sont les abscisses dont l'image est │ la plus grande ?
│ la plus petite ?

d) Décris les parties de l'axe des abscisses sur lesquelles les abscisses et les ordonnées varient │ dans le même sens;
│ en sens opposés.

e) Le graphique que tu viens de tracer semble se répéter de manière suivie : il reprend les mêmes variations.

Quelle est la plus petite partie de l'axe des abscisses, d'origine O, sur laquelle il suffirait de connaître le graphique pour pouvoir le reproduire complètement ?

5 La fonction f définie en tout réel de [−2, 3] est donnée par son graphe carté-
Ⓒ sien :

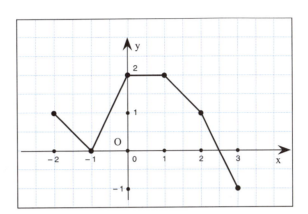

Voici quatre fonctions associées à la fonction f :

$f_1(x) = f(x) + 2$ $f_2(x) = f(x) - 1$ $f_3(x) = 2\,f(x)$ $f_4(x) = -3\,f(x)$

a) *Complète les tableaux suivants :*

x	−2	−1	0	1	2	3
f(x)						
f(x) + 2						

x	−2	−1	0	1	2	3
f(x)						
f(x) − 1						

x	−2	−1	0	1	2	3
f(x)						
2 f(x)						

x	−2	−1	0	1	2	3
f(x)						
−3 f(x)						

b) *À partir des valeurs trouvées dans les tableaux précédents, détermine, dans le même repère, le graphe cartésien des fonctions f et f_1.*

c) *Décris comment tu passes du graphe cartésien de f à celui de f_1.*

d) *En quels réels les fonctions f et f_1 sont-elles définies ? Dans chaque cas, décris l'ensemble de ces réels.*

e) *Reprends les mêmes démarches que celles qui sont décrites en **b)**, **c)**, **d)** pour les couples de fonctions f et f_2, f et f_3, f et f_4.*

6 Voici la fonction $f(x) = \sqrt{x}$.

On définit les fonctions suivantes à partir de f :

$f_1(x) = f(x + 1);$ $f_2(x) = f(2x);$ $f_3(x) = f(x - 2);$ $f_4(x) = f(-2x).$

a) *Détermine la formule mathématique qui définit chacune de ces différentes fonctions.*

b) *Après avoir éventuellement dressé les tableaux de ces différentes fonctions, trace, dans le même repère, le graphe cartésien de f et de f_1.*

c) *Décris comment tu passes du graphe cartésien de f à celui de f_1.*

d) *En quels réels les fonctions f et f_1 sont-elles définies ? Dans chaque cas, décris l'ensemble de ces réels.*

e) *Reprends les mêmes démarches que celles qui sont décrites en b), c), d) pour les couples de fonctions f et f_2, f et f_3, f et f_4.*

7 Une fourmi se déplace sur un cercle en fil de fer, de centre C, de rayon 1,
ⓒ à partir du point O, dans le sens positif donné :

Jean l'observe et décide de dessiner un graphique qui donne **la position** de la fourmi par rapport au diamètre CO du cercle **en fonction du chemin** qu'elle a **parcouru** sur le cercle.

Il a imaginé de procéder comme suit :

• il a choisi un repère d'origine O,

— dont l'axe des abscisses comprend le diamètre CO,

— dont l'axe des ordonnées, passant par O, est, perpendiculaire à l'axe des abscisses :

- au moyen d'une ficelle, il a mesuré avec grande exactitude la longueur L du cercle et a reporté, à partir de O, sur l'axe des abscisses, le segment [OA] de longueur L;

- il a divisé le cercle en deux, quatre, huit, seize, ... parties égales;

- il a découpé le segment [OA] de longueur L en deux, quatre, huit, seize, ... parties égales, afin de repérer, sur l'axe des abscisses, les diverses longueurs des arcs de cercle mis en évidence lors du découpage du cercle :

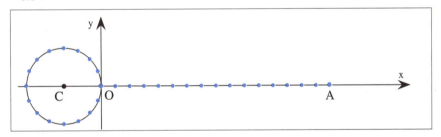

- à chacune de ces abscisses, il a associé la hauteur atteinte par la fourmi sur le cercle.

Voici le résultat partiel de son procédé :

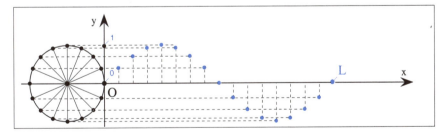

a) Trace le graphe cartésien de la fonction imaginée, par Jean, lorsque la fourmi effectue le premier tour. À cet effet, relie les points obtenus par une courbe « régulière ».

b) *À partir de ce qui vient d'être fait, complète le graphique lorsque la fourmi fait un deuxième tour, un troisième tour, un quatrième tour, ... sur le cercle, dans le sens donné.*

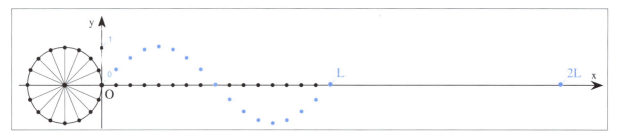

c) *Ce graphique présente des points de hauteur maximale et des points de hauteur minimale.*

Après avoir déterminé la valeur numérique de L, détermine les abscisses dont l'image est la plus grande, la plus petite.

d) *Décris les parties de l'axe des abscisses sur lesquelles les abscisses et les ordonnées* | *varient dans le même sens;*
varient en sens opposés.

e) *La graphique que tu viens de tracer semble se répéter de manière suivie : il reprend les mêmes variations.*

Quelle est la plus petite partie de l'axe des abscisses, d'origine O, sur laquelle il suffirait de connaître le graphique pour pouvoir l'obtenir complètement ?

f) *En te référant aux nombres trigonométriques d'un angle orienté, que représente la fonction qui vient d'être décrite ?*

8 Reprends la même démarche que dans l'activité précédente, à partir d'un
Ⓒ cercle de rayon 1, en liant, cette fois, la longueur de l'arc parcouru à l'ordonnée du point T défini dans la figure suivante :

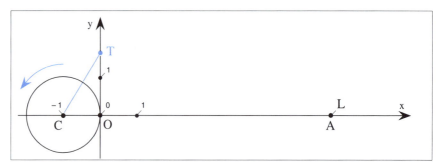

a) *Trace le graphe cartésien de cette fonction lorsque la fourmi, effectue le premier tour.*

Complète le graphique lorsque la fourmi fait un deuxième tour, un troisième tour, ... sur le cercle, dans le sens donné.

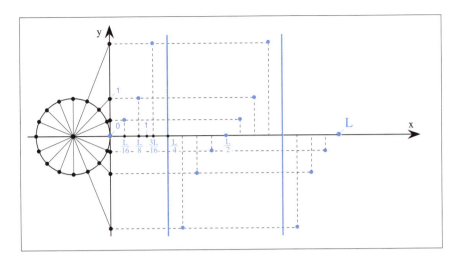

b) *Décris les parties de l'axe des abscisses sur lesquelles les abscisses et les ordonnées* | *varient dans le même sens;*
varient en sens opposés.

c) *Toutes les abscisses ont-elles une image ?*

Quelles sont les éventuelles abscisses qui n'auraient pas d'image ? Explique !

d) *Le graphique que tu viens de tracer semble se répéter de manière suivie : il reprend les mêmes variations.*

Quelle est la plus petite partie de l'axe des abscisses, d'origine O, sur laquelle il suffirait de connaître le graphique pour pouvoir l'obtenir complètement ?

e) *En te référant aux nombres trigonométriques d'un angle orienté, que représente la fonction qui vient d'être décrite ?*

9 On appelle f, la fonction décrite dans l'activité **7** .

On définit $f_1(x) = f(-x)$ et $f_2(x) = f_1\left(x + \dfrac{\pi}{2}\right)$.

a) *Trace le graphe cartésien de ces fonctions.*

b) *Décris les parties de l'axe des abscisses sur lesquelles les abscisses et les ordonnées du graphe cartésien de f_2* | *varient dans le même sens;*
varient en sens opposés.

c) *Quelles sont les éventuelles abscisses qui n'auraient pas d'image par f_2 ? Explique.*

d) *Le graphique de f_2 semble se répéter de manière suivie.*

Quelle est la plus petite partie de l'axe des abscisses, d'origine O, sur laquelle il suffirait de connaître le graphique pour pouvoir l'obtenir complètement ?

e) *En te référant aux nombres trigonométriques d'un angle orienté et aux liens entre angles associés, que représente la fonction f_2 ?*

NOTIONS

3.1 GENERALITES SUR LES FONCTIONS

VOCABULAIRE

1. Une correspondance entre des éléments de deux ensembles porte le nom de **relation** entre ces deux ensembles.

Les éléments du premier ensemble qui ont un (des) correspondant(s) dans le second ensemble sont les **antécédents**.

Les éléments du second ensemble qui sont correspondant(s) d'élément(s) du premier ensemble sont les **images**.

Dans l'activité **2**, une relation est décrite entre un ensemble de presse-fruits et l'ensemble des prix pratiqués.

Les antécédents sont les presse-fruits.

Les images sont les prix.

2. Une **fonction** est une relation pour laquelle chaque **antécédent** n'a qu'**une seule image**, c'est-à-dire pour laquelle chaque élément de l'ensemble de départ possède **au plus une** image.

L'ensemble des antécédents d'une fonction f porte le nom de **domaine** de la fonction f. On le note **dom f**.

On dit d'une fonction qu'elle est **définie sur I** lorsqu'elle est **définie en tout point de I**.

EXEMPLES

Voici le graphe cartésien d'une fonction définie sur [-2,4] :

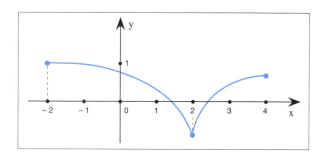

Voici le graphique d'une relation qui n'est pas une fonction :

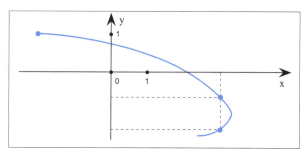

3. Il sera souvent question d'intervalles de réels ou de demi-droites de réels. Une remise en mémoire s'impose !

Dans le tableau qui suit,

- a et b sont des réels donnés;
- la condition posée sur les réels x définit une partie de $\mathbb{R}$ dont on donne l'écriture et la représentation :

Les quatre premières parties de l'ensemble des réels décrites ci-contre, sont des **intervalles de réels**.

Les quatre dernières parties, sont des **demi-droites de réels**.

Condition	Écriture	Représentation
$a < x < b$	$]a;b[$	
$a \leqslant x < b$	$[a;b[$	
$a < x \leqslant b$	$]a;b]$	
$a \leqslant x \leqslant b$	$[a;b]$	
$a < x$	$]a; \rightarrow$	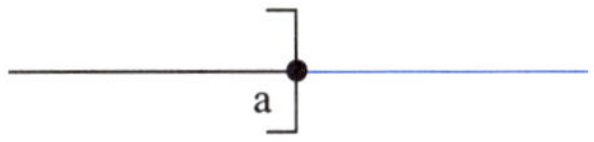
$a \leqslant x$	$[a; \rightarrow$	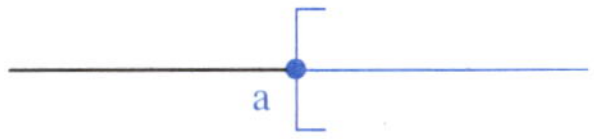
$x < b$	$\leftarrow; b[$	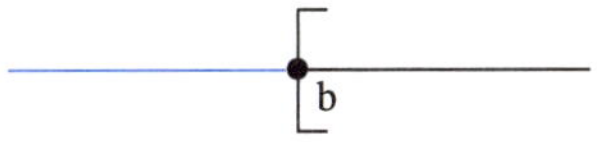
$x \leqslant b$	$\leftarrow; b]$	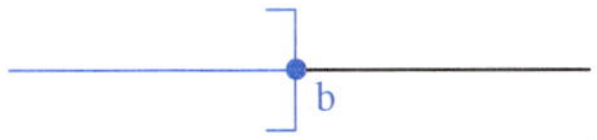

Voici quelques autres parties remarquables de réels :

Écriture	Dénomination	Représentation
$\{k\}$	l'ensemble comprenant le seul élément k	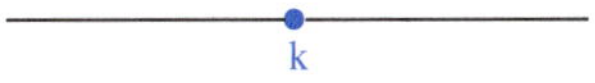
$\mathbb{R} \setminus \{k\}$	l'ensemble des réels privé du réel k	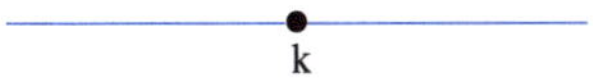
$\mathbb{R} \setminus \{a,b\}$	l'ensemble des réels privé des réels a et b	
$[a;b] \cup]c, \rightarrow$	la réunion de l'intervalle $[a;b]$ et de la demi-droite $]c, \rightarrow$	
$]a-r;a+r[$	l'intervalle ouvert centré en le réel a et de rayon r $(r > 0)$	

4. Une fonction est **croissante** sur un intervalle ou une demi-droite I de son domaine, lorsque x_1 et x_2 étant des éléments quelconques de I, si $x_1 < x_2$, alors $f(x_1) \leqslant f(x_2)$.

Une fonction est **décroissante** sur un intervalle ou une demi-droite I de son domaine, lorsque, x_1 et x_2 étant des éléments quelconques de I, si $x_1 < x_2$, alors $f(x_1) \geqslant f(x_2)$.

Une fonction est **strictement croissante** sur un intervalle ou une demi-droite I de son domaine, lorsque, x_1 et x_2 étant des éléments quelconques de I, si $x_1 < x_2$, alors $f(x_1) < f(x_2)$.

Une fonction est **strictement décroissante** sur un intervalle ou une demi-droite I de son domaine, lorsque x_1 et x_2 étant des éléments quelconques de I, si $x_1 < x_2$, alors $f(x_1) > f(x_2)$.

EXEMPLE

La fonction représentée ci-dessous est

$\bigg|$ strictement croissante sur $[-2, 1]$ et sur $[4, 5]$
 strictement décroissante sur $[-5, -2]$ et sur $[3, 4]$
 croissante et décroissante sur $[1, 3]$

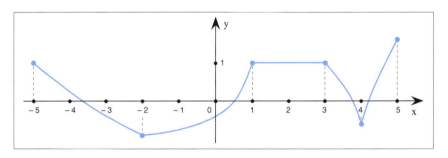

5. Le réel a est une **racine** de la fonction f lorsque l'image du réel a par f est nulle.

Graphiquement, le réel a est une racine de f lorsque a est l'abscisse d'un point de l'intersection avec l'axe des x du graphe cartésien de f.

6. Une fonction est **paire** lorsque son graphe cartésien admet, dans un repère orthonormé, l'axe des ordonnées comme axe de symétrie.

En d'autres mots, f est paire lorsque, x étant un élément quelconque de son domaine, $f(-x) = f(x)$.

Une fonction est **impaire** lorsque son graphe cartésien admet, dans un repère orthogonal, l'origine du repère comme centre de symétrie.

En d'autres mots, f est impaire lorsque, x étant un élément quelconque de son domaine, $f(-x) = -f(x)$.

EXEMPLES

• Voici le graphe cartésien d'une fonction paire :

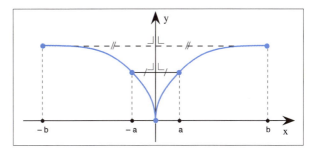

• Voici le graphe cartésien d'une fonction impaire :

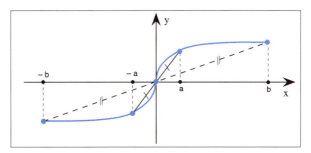

• La fonction définie par $f(x) = 3x^4 - 5x^2 - 17$ est paire car, si x est un réel quelconque,

$$f(-x) = 3(-x)^4 - 5(-x)^2 - 17$$
$$= 3x^4 - 5x^2 - 17$$
$$= f(x)$$

• La fonction définie par $f(x) = 3x^5 - 5x^3 - 7x$ est impaire car, si x est un réel quelconque,

$$f(-x) = 3(-x)^5 - 5(-x)^3 - 7(-x)$$
$$= -3x^5 + 5x^3 + 7x$$
$$= -f(x)$$

• La fonction définie par $f(x) = 3x^4 - 5x^3$ n'est ni paire ni impaire car, si x est un réel quelconque,

$$f(-x) = 3(-x)^4 - 5(-x)^3$$
$$= 3x^4 + 5x^3$$

Cette expression n'est, pour certaines valeurs de x, ni égale à f(x), ni à −f(x).

7. Une fonction admet un **maximum en a**

ssi il existe un intervalle ouvert I centré en le réel a tel que,

pour tout x de dom f ∩ I, on ait $f(x) \leqslant f(a)$.

Une fonction admet un **minimum en a**

ssi il existe un intervalle ouvert I centré en le réel a tel que,

pour tout x de dom f ∩ I, on ait $f(x) \geqslant f(a)$.

EXEMPLE

La fonction dont voici le graphe cartésien admet un maximum en −1 et un minimum en 3 :

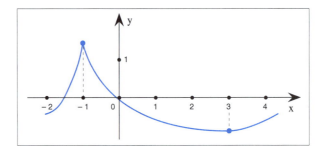

8. Une fonction définie dans $\mathbb{R}$ et dont les images sont aussi dans $\mathbb{R}$ est appelée **fonction numérique d'une variable réelle.**

Dans la suite de ce cours, seules ces fonctions seront évoquées.

On **note** habituellement :

$f : x \to f(x)$, $g : x \to g(x)$, …   lorsque la variable est x;

$f : t \to f(t)$, $g : t \to g(t)$, …   lorsque la variable est t.

9. Une fonction numérique d'une variable réelle est **périodique, de période p** non nulle, si quel que soit le réel x :

$$f(x + p) = f(x)$$

EXEMPLE

Voici le graphe cartésien d'une fonction périodique de période 3 :

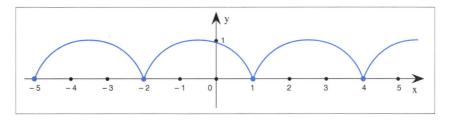

Pour appliquer 111 à 132.

3.2 FONCTIONS USUELLES

Pour tout ce qui suit, le repère du plan est orthonormé.

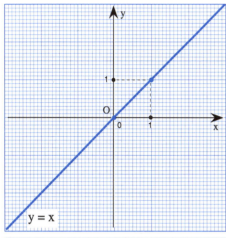

a **La fonction identique**

Il s'agit de la fonction $x \rightarrow x$.

Voici son graphe cartésien !

La fonction identique est impaire, son domaine est $\mathbb{R}$.

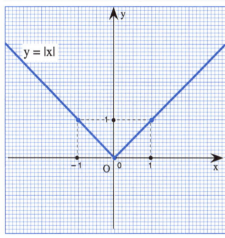

b **La fonction valeur absolue**

Il s'agit de la fonction $x \rightarrow |x|$.

Voici son graphe cartésien !

La fonction valeur absolue est paire, son domaine est $\mathbb{R}$.

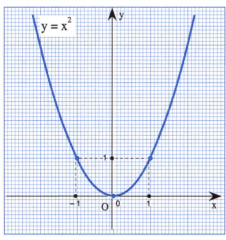

c **La fonction carré**

Il s'agit de la fonction $x \rightarrow x^2$.

Voici son graphe cartésien !

La fonction carré est paire, son domaine est $\mathbb{R}$.

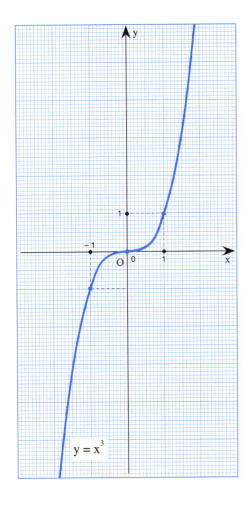

$$y = x^3$$

d **La fonction cube**

Il s'agit de la fonction $x \rightarrow x^3$.

Voici son graphe cartésien !

La fonction cube est impaire, son domaine est $\mathbb{R}$.

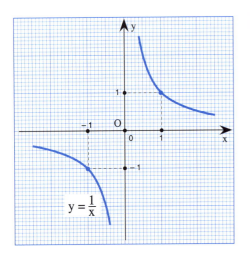

$$y = \frac{1}{x}$$

e **La fonction inverse**

Il s'agit de la fonction $x \rightarrow \dfrac{1}{x}$.

Voici son graphe cartésien !

La fonction inverse est impaire, son domaine est $\mathbb{R}_0$.

f **La fonction racine carrée positive**

Il s'agit de la fonction $x \rightarrow \sqrt{x}$.
Voici son graphe cartésien !

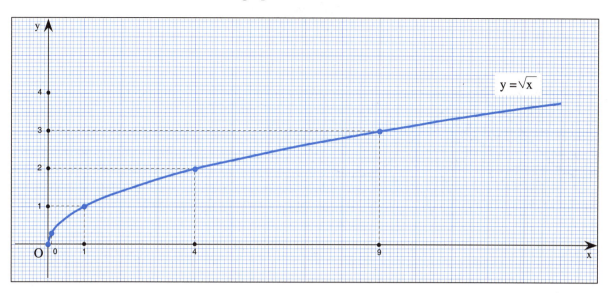

La fonction racine carrée positive n'est ni paire ni impaire et son domaine est $\mathbb{R}^+$.

g **La fonction racine cubique**

Il s'agit de la fonction $x \rightarrow \sqrt[3]{x}$.
Voici son graphe cartésien !

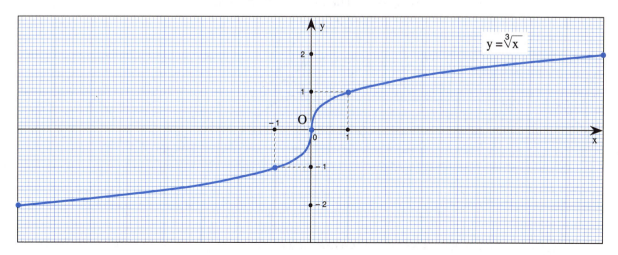

La fonction racine cubique est impaire et son domaine est $\mathbb{R}$.

h **La fonction sinus**

Il s'agit de la fonction $x \to \sin x$.

Le sinus d'un réel est le sinus de l'angle orienté qui est mesuré en radians par ce réel.

Voici son graphe cartésien !

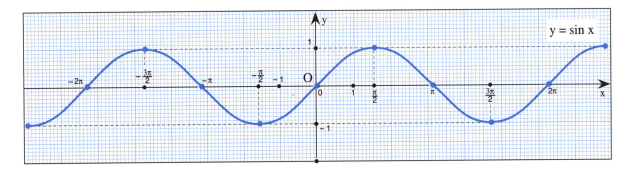

La fonction sinus est impaire, périodique de période 2π et son domaine est $\mathbb{R}$.

i **La fonction cosinus**

Il s'agit de la fonction $x \to \cos x$.

Le cosinus d'un réel est le cosinus de l'angle orienté qui est mesuré en radians par ce réel.

Voici son graphe cartésien !

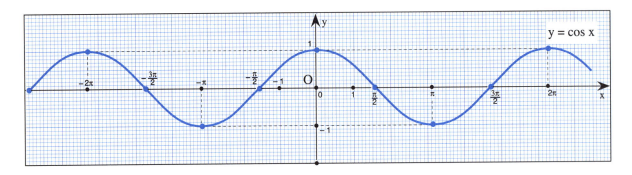

La fonction cosinus est paire, périodique de période 2π et son domaine est $\mathbb{R}$.

j La fonction tangente

Il s'agit de la fonction x → tan x.

La tangente d'un réel est la tangente de l'angle orienté qui est mesuré en radians par ce réel.

Voici son graphe cartésien !

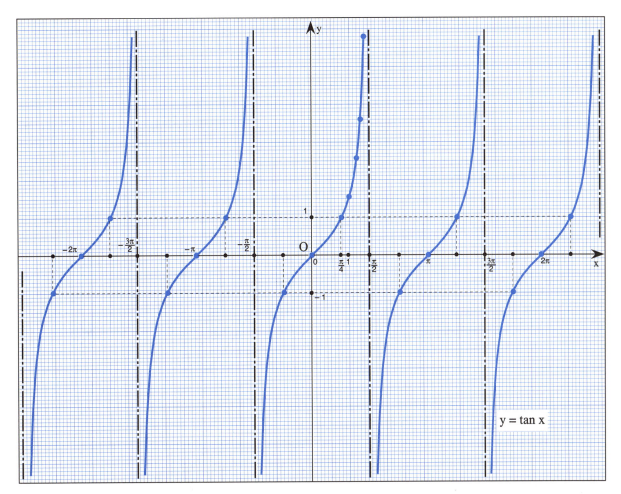

La fonction tangente est impaire, périodique de période π et son domaine est $\mathbb{R}$ privé des multiples impairs de $\dfrac{\pi}{2}$.

Pour appliquer 133 à 135.

3.3 FONCTIONS ASSOCIEES (manipulations)

Il est possible, dans certaines circonstances, d'éviter la construction, point par point, du graphe cartésien d'une fonction. Nous détaillons ci-dessous quelques situations.

1) **Pour construire le graphe cartésien de la fonction**

$$g : x \rightarrow f(x) + k$$

au départ du graphe cartésien de la fonction

$$f : x \rightarrow f(x),$$

il suffit d'**ajouter k à toutes les ordonnées** du graphe cartésien de la fonction f.

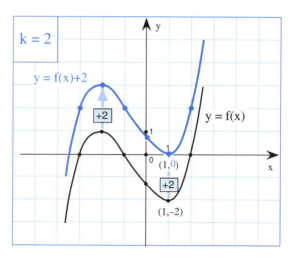

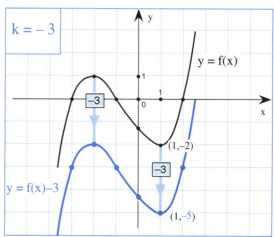

2) **Pour construire le graphe cartésien de la fonction**

$$g : x \to k\,f(x)$$

au départ du graphe cartésien de la fonction

$$f : x \to f(x),$$

il suffit de **multiplier par k toutes les ordonnées** du graphe cartésien de la fonction f.

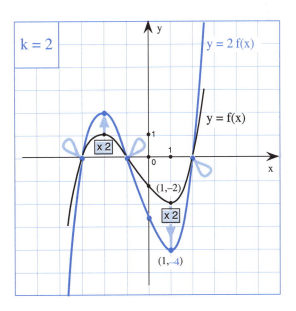

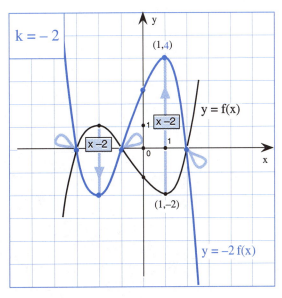

3) **Pour construire le graphe cartésien de la fonction**

$$g : x \rightarrow f(x + k)$$

au départ du graphe cartésien de la fonction

$$f : x \rightarrow f(x),$$

il suffit de **soustraire k à toutes les abscisses** du graphe cartésien de la fonction f.

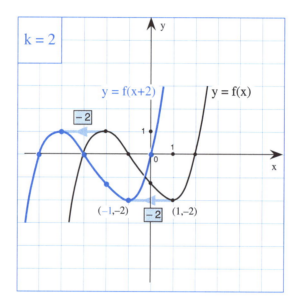

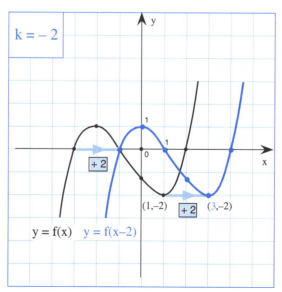

4) **Pour construire le graphe cartésien de la fonction**

$$g : x \rightarrow f(kx)$$

au départ du graphe cartésien de la fonction

$$f : x \rightarrow f(x),$$

il suffit de **diviser toutes les abscisses** du graphe cartésien de la fonction f **par k**.

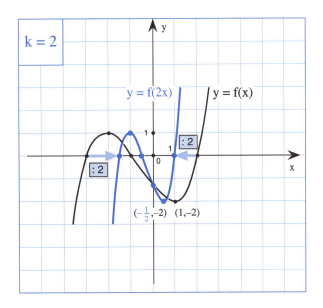

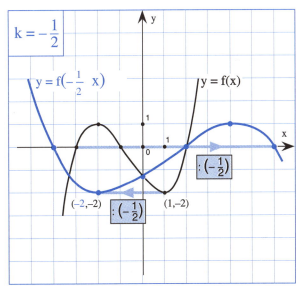

5) **Pour construire le graphe cartésien de la fonction**

$$g : x \rightarrow |f(x)|$$

au départ du graphe cartésien de la fonction

$$f : x \rightarrow f(x),$$

il suffit • de **garder** la partie du graphe cartésien de f située **au dessus de l'axe des abscisses**;

• de **remplacer** la partie du graphe de f située **en dessous de cet axe par son symétrique** par rapport à cet axe.

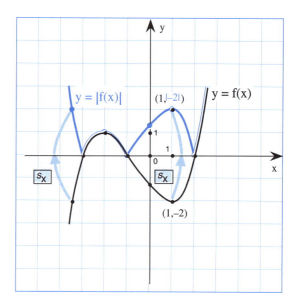

Pour appliquer 136 à 150.
Pour chercher 151 à 164.

UN PETIT BOUT D'HISTOIRE

ÉVOLUTION DE LA NOTION DE FONCTION

Pierre de Fermat

Dans l'Antiquité et chez les Arabes, la notion de *fonction* est sous-jacente à certaines de leurs préoccupations mathématiques. L'explicitation de cette notion, son vocabulaire ainsi que ses représentations graphiques sont absentes jusqu'au 17e siècle.

Le français Pierre de Fermat (1601–1665) s'intéressa, un des premiers, aux *minimums* et aux *maximums* de fonctions. On verra plus loin (Unité 5) combien il contribua aux travaux de son compatriote René Descartes (1596–1650) à propos de l'invention de la *géométrie analytique*. Étape décisive dans l'approche de la notion de fonction : la mise en place d'un lien performant entre les *fonctions* et les *courbes* qui les représentent.

Wilhem Leibniz

L'allemand Wilhem Leibniz (1646–1716) introduisit le vocabulaire des fonctions.

Le suisse Leonhard Euler (1707–1783) fixa définitivement la notion de fonction et la nota f(x). C'est aussi grâce à lui qu'aux *nombres trigonométriques* (sin x, cos x, tan x, cot x) furent associés des fonctions, appelées *fonctions trigonométriques* ou *fonctions circulaires*.

Depuis lors, au 19e siècle et au 20e siècle, le concept de fonction n'a cessé de se préciser et d'enrichir l'*analyse mathématique*.

Leonhard Euler

Jacques Hadamard

Ainsi donc, pendant des millénaires, on utilisa la notion de fonctions sans en réaliser une théorie.

Ce n'est qu'à l'aube du 18e siècle que le concept de fonction et ses théories révolutionnèrent l'esprit des Mathématiques :

> « L'être mathématique ne fut plus le nombre : ce fut la loi de variation, la fonction. La mathématique n'était pas seulement enrichie de nouvelles méthodes, elle était transformée dans son objet ».
>
> (Jacques Hadamard, mathématicien français, 1865–1963)

4 DROITES

ACTIVITÉS

1
© Un nouveau livre vient de paraître :

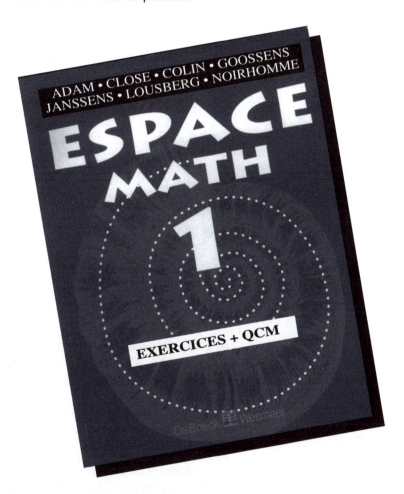

Les conditions de vente sont les suivantes :

- l'exemplaire se vend 5 €, TVA comprise;
- chaque commande fait l'objet de frais forfaitaires de port et d'emballage évalués à 1 €.

Généreux à l'approche des fêtes de fin d'année, l'éditeur propose une ristourne de 2 € sur chaque commande, quel qu'en soit le montant.

La fonction qui lie le nombre d'exemplaires commandés au prix de la commande hors ristourne est notée f;

la fonction qui lie le montant de la commande au montant de la ristourne est notée g.

a) *Détermine la formule qui définit chacune de ces fonctions.*

Dans quel ensemble chacune d'elles est-elle définie ?

Remplis les tableaux suivants (au moins six valeurs) :

x	
f(x)	

x	
g(x)	

Après avoir gradué les axes du repère cartésien donné ci-dessous, reportes-y les points dont les coordonnées sont déterminées par les tableaux ci-dessus :

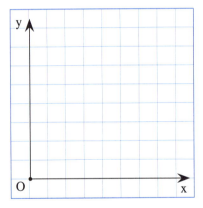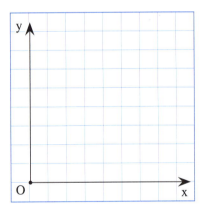

b) *Dans chacune des représentations obtenues ci-dessus, relie, de manière «régulière», les points dessinés.*

Caractérise chacun des graphiques que tu viens d'obtenir.

S'agit-il de graphique de fonctions ?

Dans quel ensemble chacune d'elle est-elle définie ? Détermine l'équation de chacun de ces graphiques.

c) *Francis, éternel farfelu, prétend que le montant de la commande dépend du montant de la ristourne.*

Dresse le tableau de la correspondance décrite par Francis (au moins six valeurs) :

ristourne	
commande	

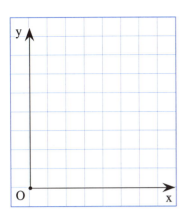

Gradue les axes du repère ci-contre et portes-y les points trouvés dans le tableau.

d) Dans la représentation obtenue ci-contre, relie, de manière « régulière », les points dessinés.

Caractérise le graphique que tu viens d'obtenir.

S'agit-il de graphique d'une fonction ?

Détermine l'équation de ce graphique.

e) Reprends les équations des trois graphes cartésiens qui ont été dessinés dans cette activité. Donne la formulation d'une équation dont les trois précédentes seraient des cas particuliers.

2 Je circule sur l'autoroute Bruxelles-Ostende. Mon papa conduit la voi-
ⓒ ture … et je trouve le temps long !

Aussi, j'observe le compteur kilométrique et je chronomètre. Voici une partie de mon relevé, entre la borne ⏢10⏢ et la borne ⏢20⏢ :

t (en secondes)	0	40	80	120	160	200	…	400
e (en kilomètres)	10	11	12	13	14	15	…	20

a) Complète ce tableau, sachant qu'aucune accélération ni décélaration ne s'est faite sur le parcours.

b) L'espace parcouru e est-il proportionnel au temps t ? Pourquoi ?

c) L'espace parcouru est-il proportionnel au temps "à une constante près" ?

d) Trouve une formule qui donne l'espace parcouru en fonction du temps.

Gradue les axes du repère ci-dessous et dresses-y le graphe cartésien de la fonction dont tu viens de découvrir la formule :

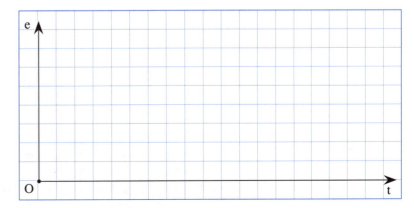

Caractérise ce graphe cartésien.

e) *Évalue la vitesse moyenne entre les bornes* ☐ 10 ☐ *et* ☐ 20 ☐ .

Comment la caractérises-tu ?

Représente la fonction qui donne cette vitesse à partir du temps dans le repère suivant, après avoir gradué ses axes :

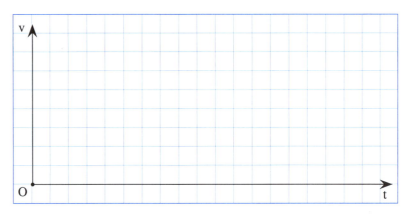

Caractérise ce graphe cartésien.

3 Lors d'un essai, un TGV acquiert une vitesse qu'il conserve pendant 10 ⓒ secondes. Avant d'effectuer le relevé, le TGV avait parcouru 60 m.

Voici le relevé de l'espace parcouru en fonction du temps :

t (en secondes)	0	1	2	3	4	5	6	7	8	9	10
e (en mètres)	60	160	260	360	460	560	660	760	860	960	1060

a) *Détermine la formule qui donne l'espace parcouru en fonction du temps.*

Gradue les axes du repère ci-dessous et portes-y les points donnés dans le tableau :

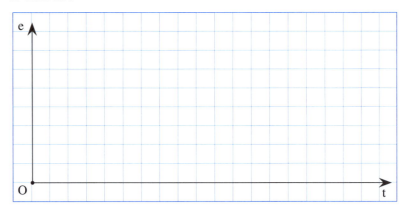

b) *Dans la représentation obtenue ci-dessus, relie, de manière « régulière », les points dessinés.*

Caractérise le graphique que tu viens d'obtenir.

S'agit-il de graphique d'une fonction ?

Détermine l'équation de ce graphique.

c) *Quelle est la vitesse du TGV pendant les 10 secondes d'essai ?*
Représente-la dans le repère suivant, après avoir gradué ses axes :

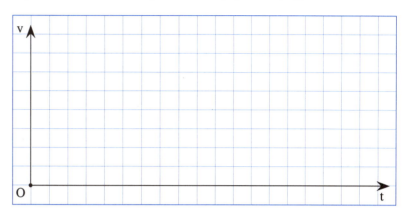

4 Ton professeur écrit au tableau l'équation

$ax + by + c = 0$ où │ x et y sont les inconnues,
                        │ a, b, c sont des réels fixés.

a) *Trace, dans le plan cartésien, le graphique défini par cette équation lorsque*

1)	a = 3	b = −1	c = 6
2)	a = 2	b = 4	c = 3
3)	a = 6	b = −2	c = 0
4)	a = 0	b = 2	c = −4
5)	a = −3	b = 0	c = −6
6)	a = −2	b = 0	c = 0
7)	a = 0	b = 3	c = 0
8)	a = 0	b = 0	c = −2
9)	a = 0	b = 0	c = 0

b) *Caractérise la nature de chaque graphique.*

c) *Dans quels cas ce graphique est-il celui d'une fonction ?*

d) *Lorsqu'il s'agit d'une droite, transforme l'écriture de l'équation pour en dégager, le cas échéant, le coefficient angulaire ou pente de la droite.*

NOTIONS

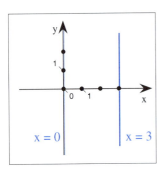

x = 0   x = 3

VOCABULAIRE (repris de troisième)

1. **Une droite parallèle à l'axe des ordonnées, dont l'équation est x = t, n'a pas de coefficient angulaire.**

   Si t = 0, la droite est l'axe de ordonnées;

   si t ≠ 0, la droite est distincte de l'axe des ordonnées.

2. **Une droite non parallèle à l'axe des ordonnées, dont l'équation est y = kx + t, a un coefficient angulaire k.**

   Si k = 0, la droite est parallèle à l'axe des abscisses;

   si k ≠ 0, la droite n'est parallèle à aucun axe;

   si t = 0, la droite passe par l'origine;

   si t ≠ 0, la droite ne passe pas par l'origine.

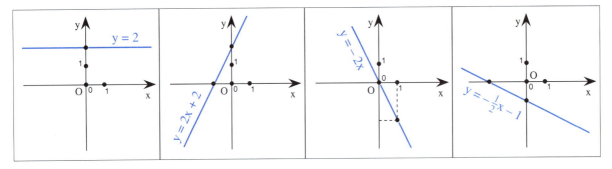

PROPRIÉTÉS

1 **Dans un repère du plan, l'équation ax + by + c = 0, où a et b ne sont pas tous deux nuls, est celle d'une droite.**

1) <u>Données:</u> $ax + by + c = 0$ avec $(a, b) \neq (0, 0)$.

2) <u>Thèse:</u> $ax + by + c = 0$ est l'équation d'une droite.

3) <u>Démonstration</u>

- **Si b = 0,** alors $a \neq 0$ et on a $ax + c = 0$, c'est-à-dire $x = -\dfrac{c}{a}$ ou $x = h$, qui est l'équation d'une droite parallèle à l'axe des ordonnées, comme tu l'as vu en troisième.

- **Si b ≠ 0,** on obtient successivement $by = -ax - c$,
  $y = -\dfrac{a}{b}x + \left(-\dfrac{c}{b}\right)$; soit finalement, $y = kx + t$, qui est l'équation d'une droite non parallèle à l'axe des ordonnées, comme cela a été dit en troisième (EM3, p. 132).

2 **Dans un repère du plan, toute droite a pour équation**
$$ax + by + c = 0,$$
où a et b ne sont pas tous deux nuls.

1) <u>Données</u>: d est une droite.

2) <u>Thèse</u>: l'équation de d est $ax + by + c = 0$, avec $(a, b) \neq (0, 0)$.

3) <u>Démonstration</u>

- **Si la droite est parallèle à l'axe des ordonnées**, son équation s'écrit **x = h** qui peut aussi s'écrire

$$1x + 0y + (-h) = 0$$

- **Si la droite n'est pas parallèle à l'axe des ordonnées**, son équation s'écrit **y = kx + t** qui peut aussi s'écrire

$$(-k)x + 1y + (-t) = 0$$

Finalement, on obtient, dans *chaque situation*, une équation du genre **ax + by + c = 0** où **a et b ne sont pas tous deux nuls** :

- a = 1 ≠ 0 dans la première situation,
- b = 1 ≠ 0 dans la deuxième situation.

3 **Dans un repère du plan, le coefficient angulaire de la droite non parallèle à l'axe des ordonnées, passant par les points A de coordonnée (x_A, y_A) et B de coordonnée (x_B, y_B), est donné par $k = \dfrac{y_B - y_A}{x_B - x_A}$.**

1) <u>Dessin et données:</u>
- la droite AB non parallèle à l'axe des ordonnées;
- la coordonnée de A est (x_A, y_A);
- la coordonnée de B est (x_B, y_B).

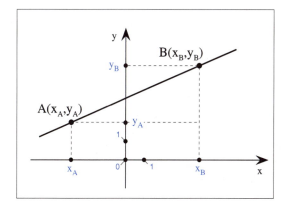

2) <u>Thèse:</u>   le coefficient angulaire de AB est $\dfrac{y_B - y_A}{x_B - x_A}$.

3) <u>Démonstration</u>

Toute droite, non parallèle à l'axe des ordonnées a pour équation $y = kx + t$.

- Si A de coordonnée (x_A, y_A) est un point de la droite,

  alors $\qquad\qquad\qquad y_A = kx_A + t.$ $\qquad\qquad$ (1)

- Si B de coordonnée (x_B, y_B) est un point de la droite,

  alors $\qquad\qquad\qquad y_B = kx_B + t.$ $\qquad\qquad$ (2)

Dès lors, en soustrayant membre à membre (1) de (2), il vient :

$$y_B - y_A = kx_B - kx_A$$
$$= k(x_B - x_A).$$

Comme la droite n'est pas parallèle à l'axe des ordonnées, x_B et x_A sont distincts et donc $x_B - x_A$ est non nul.

On conclut : $k = \dfrac{y_B - y_A}{x_B - x_A}$.

4 **Dans un repère du plan,**

si (x_A, y_A) et (x_B, y_B) sont les coordonnées

de deux points d'une droite

et $x_B - x_A = 1$,

alors le coefficient angulaire de la droite est $k = y_B - y_A$.

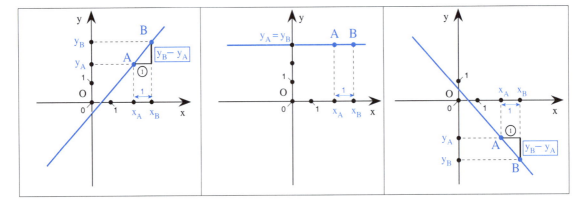

Cette propriété n'est qu'un cas particulier de la propriété précédente.

Elle permet de donner une interprétation graphique du coefficient angulaire d'une droite :

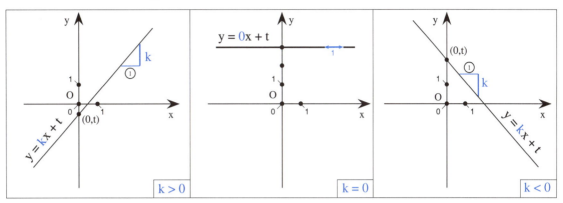

$\boxed{5}$ **Dans un repère du plan, si la coordonnée de A est (x_A, y_A) et celle de B (x_B, y_B)**

alors la coordonnée de M, milieu de [AB] est

$$\left(\frac{x_A + x_B}{2} \,,\, \frac{y_A + y_B}{2} \right).$$

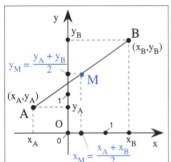

La démonstration de cette propriété a été réalisée dans le manuel EM3, page 79. Une démonstration vectorielle en est proposée dans ce manuel, page 213.

CALCULS ET CONSTRUCTIONS

1) **Dans un repère du plan, pour déterminer le coefficient angulaire d'une droite, non parallèle à l'axe des ordonnées, dont on donne les coordonnées (x_A, y_A) et (x_B, y_B) de deux points distincts**, on utilise la formule

$$k = \frac{y_B - y_A}{x_B - x_A}$$

EXEMPLE

Le coefficient angulaire de la droite passant par $(2, 7)$ et $(8, 9)$ est égal à $\dfrac{9 - 7}{8 - 2}$

soit $\dfrac{1}{3}$

2) **Dans un repère du plan, pour déterminer la coordonnée du milieu d'un segment de droite, on calcule la demi-somme des coordonnées des extrémités du segment.**

EXEMPLE

Si $A(-2, 5)$ et $B(4, 7)$,

alors la coordonnée de M, milieu de [AB] est $(1, 6)$.

3) **Dans un repère du plan, pour déterminer le coefficient angulaire d'une droite d'équation $ax + by + c = 0$, où a et b ne sont pas tous deux nuls**, deux cas se présentent.

Si $b = 0$, alors $a \neq 0$ et l'équation est $x = -\dfrac{c}{a}$.

La droite est parallèle à l'axe des ordonnées et *elle n'a pas de coefficient angulaire.*

Si $b \neq 0$, alors l'équation devient successivement

$$by = -ax - c$$

$$y = -\frac{a}{b}x - \frac{c}{b}.$$

Le coefficient angulaire est $-\dfrac{a}{b}$

EXEMPLE

Le coefficient angulaire de la droite d'équation $8x + 4y - 9 = 0$

est égal à -2.

4) **Dans un repère du plan, pour trouver une équation de la droite de coefficient angulaire k, comprenant le point A de coordonnée (x_A, y_A)** on utilise la méthode des coefficients indéterminés.

Données	$k = 2$ et $A(1, -5)$
On écrit l'équation d'une droite de coefficient angulaire k.	$y = 2x + t$
On exprime que le point appartient à la droite.	$-5 = 2.1 + t$
On détermine le coefficient indéterminé.	$t = -7$
On écrit l'équation de la droite.	$y = 2x - 7$

5) **Dans un repère du plan, pour trouver une équation de la droite comprenant le point A de coordonnée (x_A, y_A) et le point B de coordonnée (x_B, y_B),** trois cas se présentent.

- **Les abscisses sont égales**.

  La droite est parallèle à l'axe des ordonnées et son équation est du type $x = a$.

  $A(3, -2)$ et $B(3, 7)$

  l'équation est $x = 3$

- **Les ordonnées sont égales**.

  La droite est parallèle à l'axe des abscisses et son équation est du type $y = b$.

  $A(4, -2)$ et $B(8, -2)$

  l'équation est $y = -2$

- **Les abscisses et les ordonnées sont distinctes**.

  On utilise la *méthode des coefficients indéterminés*.

  $A(2, -5)$ et $B(3, 1)$

Données	
On écrit l'équation d'une droite non parallèle aux axes.	$y = kx + t$
On exprime que les deux points appartiennent à cette droite.	$\begin{cases} -5 = 2k + t \\ 1 = 3k + t \end{cases}$
On résout le système en les coefficients indéterminés.	$\begin{cases} k = 6 \\ t = -17 \end{cases}$
On écrit l'équation de la droite.	$y = 6x - 17$

6) **Pour construire, dans le plan muni d'un repère ortho-normé, une droite dont on connaît un point et le coefficient angulaire**, on trace un triangle dont le point est un sommet, comme le suggère le schéma qui suit :

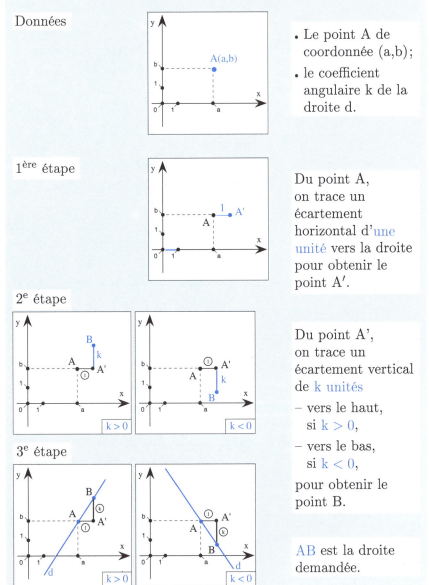

Données

- Le point A de coordonnée (a,b);
- le coefficient angulaire k de la droite d.

1ère étape

Du point A, on trace un écartement horizontal d'une unité vers la droite pour obtenir le point A′.

2e étape

Du point A′, on trace un écartement vertical de k unités

– vers le haut, si k > 0,

– vers le bas, si k < 0,

pour obtenir le point B.

3e étape

AB est la droite demandée.

Pour appliquer 165 à 176.
En cas de nécessité 177 à 179.
Pour chercher 180 à 183.

5 PARALLÉLISME ET PERPENDICULARITÉ

ACTIVITÉS

1 Voici l'équation de quelques droites[1] :

$d_1 \equiv y - 2x = 1$ $d_5 \equiv 2y + 5 = 4x$

$d_2 \equiv 6x - 4y = 0$ $d_6 \equiv y - 3 = 0$

$d_3 \equiv 3x - 2y + 3 = 0$ $d_7 \equiv 2x + 4 = 0$

$d_4 \equiv 2y + x - 7 = 0$ $d_8 \equiv 2y - 7 + x = 0$

a) Dessine ces droites dans le plan cartésien muni d'un repère orthonormé. Lorsque c'est possible, écris ces équations sous la forme

$$y = kx + t$$

b) Compare les coefficients angulaires des droites qui sont parallèles entre elles.

c) Compare les coefficients angulaires des droites qui sont perpendiculaires entre elles.

2 Le professeur a écrit au tableau :

$$d_1 \equiv x - 2y + 5 = 0$$
$$d_2 \equiv 4y - 2x - 10 = 0$$

Marc prétend que ces deux droites sont perpendiculaires.

Virginie dit, par contre, qu'elles sont sécantes.

Luc affirme qu'elles sont parallèles distinctes.

Jean suggère que les droites sont confondues.

Céline dit que tous se trompent, qu'il s'agit d'autre chose.

Qui a raison ? Pourquoi ?

---

[1] Rappelons qu'en troisième, on a introduit la notation $d \equiv y - 2x = 1$ pour signifier que la droite d a pour équation $y - 2x = 1$

3 Dans le plan muni d'un repère orthonormé, on donne une droite d passant par l'origine, non parallèle à l'axe des ordonnées, dans les trois cas suivants.

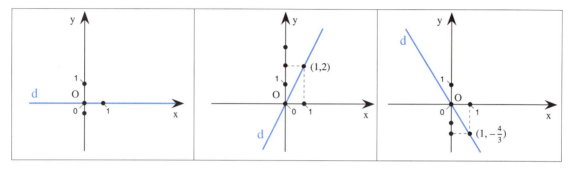

a) *Dans ce plan, trace le cercle de rayon 1 centré à l'origine du repère.*

b) *Compare le coefficient angulaire de cette droite avec un nombre trigonométrique de l'angle orienté, dont le côté origine est sur l'axe des abscisses et le côté extrémité est sur la droite.*

N O T I O N S

5.1 PARALLELISME

PROPRIÉTÉS

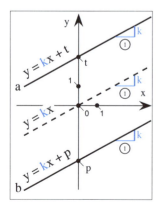

1 La droite d'équation $y = kx + t$ est parallèle à la droite passant par l'origine, d'équation $y = kx$.

Propriété démontrée en troisième. (EM3, p. 132)

2 Deux droites qui ont même coefficient angulaire sont parallèles.

1) <u>Données:</u>   les droites a et b de coefficient angulaire k.

2) <u>Thèse:</u>   a et b sont parallèles.

80

3) <u>Démonstration</u>

- Comme le coefficient angulaire de a est k, son équation peut s'écrire y = kx + t.

  La droite a est donc parallèle à la droite d'équation y = kx.

- Comme le coefficient angulaire de b est k, son équation peut s'écrire y = kx + p.

  La droite b est donc parallèle à la droite d'équation y = kx.

- Les droites a et b, parallèles à une même troisième, sont parallèles entre elles.

3 **Deux droites parallèles entre elles et non parallèles à l'axe des ordonnées ont même coefficient angulaire.**

1) <u>Dessin et données:</u>   • a et b sont parallèles entre elles;

- a et b ne sont pas parallèles à l'axe des ordonnées.

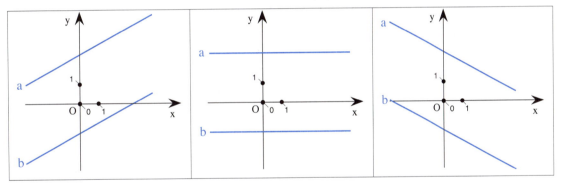

2) <u>Thèse:</u>   les droites a et b ont même coefficient angulaire.

3) <u>Démonstration</u>

- a étant une droite non parallèle à l'axe des ordonnées, est d'équation y = k'x + t.

  Elle est parallèle à la droite c, passant par l'origine, d'équation y = k'x.

- b étant une droite non parallèle à l'axe des ordonnées, est d'équation y = k''x + t'.

  Elle est parallèle à la droite d, passant par l'origine d'équation y = k''x.

- c et d sont parallèles et passent par l'origine, elles sont donc confondues.

  Il s'ensuit : k' = k''.

  Les deux coefficients angulaires sont donc égaux.

81

Les propriétés 2 et 3 se résument dans l'équivalence.

> **Dans un repère du plan,**
>
> | **deux droites non parallèles à l'axe des ordonnées sont parallèles entre elles.** | $\Leftrightarrow$ | **les coefficients angulaires des droites sont égaux.** |

CALCULS

1) **Pour reconnaître que deux droites non parallèles aux axes du repère sont parallèles ou sécantes**, on compare leurs coefficients angulaires :

s'ils sont **égaux**, les droites sont **parallèles** ;

- les droites d'équations $y = 4x + 7$ et $y = 4x - 5$ sont parallèles car elles ont même coefficient angulaire : 4
- les droites d'équations $2x - 3y + 5 = 0$ et $6y - 4x + 3 = 0$ sont parallèles car elles ont même coefficient angulaire : $\dfrac{2}{3}$

s'ils sont **distincts**, les droites sont **sécantes**.

les droites d'équations $2x - 3y + 5 = 0$ et $3y - 5x + 1 = 0$ sont sécantes car elles n'ont pas même coefficient angulaire : $\dfrac{2}{3} \neq \dfrac{5}{3}$

2) **Dans un repère du plan, pour trouver l'équation d'une droite parallèle à une droite donnée et passant par un point donné**, on utilise la méthode des coefficients indéterminés.

Données

$$m \equiv 2y - 5x + 3 = 0$$
$$A(-2, 4)$$

On écrit l'équation d'une parallèle à la droite donnée.

coefficient angulaire de m : $\dfrac{5}{2}$
$$n \equiv y = \dfrac{5}{2}x + t$$

On exprime que le point vérifie l'équation et on détermine le terme littéral.

$$4 = \dfrac{5}{2} \cdot (-2) + t$$
$$t = 9$$

On écrit l'équation de la droite cherchée.

$$n \equiv 2y - 5x - 18 = 0$$

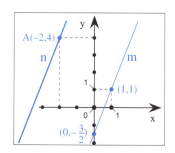

5.2 COEFFICIENT ANGULAIRE ET ANGLE ORIENTE

PROPRIÉTÉ

Dans un repère orthonormé du plan, le coefficient angulaire d'une droite non parallèle aux axes du repère est égal à la tangente de l'angle orienté dont le côté origine est situé sur l'axe des abscisses et dont le côté extrémité est situé sur la droite.

1) <u>Dessin et données</u>:

- un repère orthonormé;
- la droite m de coefficient angulaire k;
- un angle orienté α | – de côté origine situé sur l'axe des abscisses;
  | – de côté extrémité situé sur m.

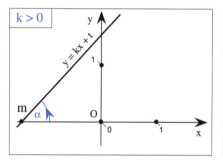 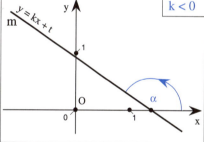

2) <u>Thèse</u>: $k = \tan \alpha$.

3) <u>Démonstration</u>

On trace | • la droite m_0, parallèle à m et passant par l'origine;

| • le cercle trigonométrique;

| • le point A, d'abscisse positive, intersection de m_0 et du cercle trigonométrique;

| • β, un angle orienté | – de côté origine situé sur l'axe des abscisses,
  | – de côté extrémité situé sur m_0.

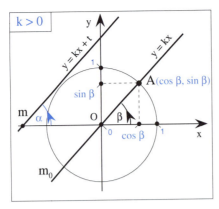 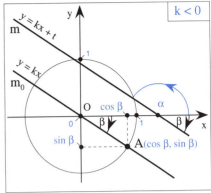

• La coordonnée de A est $(\cos\beta, \sin\beta)$.

Le coefficient angulaire de m_0 est égal à $\dfrac{\sin\beta - 0}{\cos\beta - 0}$ ou $\tan\beta$.

• Puisque les deux droites m et m_0 sont parallèles,

— d'une part, elles ont même coefficient angulaire,

— d'autre part,

(dans la situation du dessin de gauche)

$$\alpha = \beta$$

(dans la situation du dessin de droite)

$$\alpha = \beta + \pi$$

c'est-à-dire

$$\beta = \alpha - \pi$$

(α et β sont antisupplémentaires)

Dès lors,

$$k = \tan\beta = \tan\alpha$$

Dès lors,

$$k = \tan\beta = \tan(\alpha - \pi)$$

(tangentes d'angles opposés)

$$= -\tan(\pi - \alpha)$$

(tangentes d'angles supplémentaires)

$$= \tan\alpha$$

Pour appliquer 184 à 190.

5.3 PERPENDICULARITÉ

PROPRIÉTÉS

[1] Dans un repère orthonormé du plan, si deux droites non parallèles aux axes, sont perpendiculaires, alors l'un des coefficients angulaires est l'opposé de l'inverse de l'autre.

1) Dessin et données:

- m et n sont perpendiculaires entre elles;
  ni m, ni n ne sont parallèles aux axes;
- un repère orthonormé;
- k_m est le coefficient angulaire de m;
  k_n est le coefficient angulaire de n.

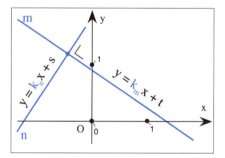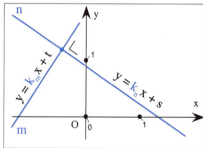

2) Thèse: $k_m = -\dfrac{1}{k_n}.$

3) Démonstration

On nomme | m_0, la parallèle à m passant par l'origine;

n_0, la parallèle à n passant par l'origine;

α, un angle orienté dont | – le côté origine est sur l'axe des abscisses,
– le côté extrémité est sur m_0;

β, un angle orienté dont | – le côté origine est sur l'axe des abscisses,
– le côté extrémité est sur n_0.

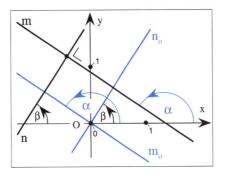 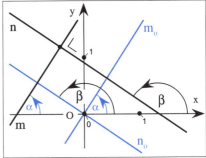

On sait :

(dans la situation du dessin de gauche)

• $k_m = \tan\alpha$ et $k_n = \tan\beta$

• $\alpha = \beta + \dfrac{\pi}{2}$

(dans la situation du dessin de droite)

• $k_m = \tan\alpha$ et $k_n = \tan\beta$,

• $\beta = \alpha + \dfrac{\pi}{2}$

c'est-à-dire

$\alpha = \beta - \dfrac{\pi}{2}$

(puisque les droites m et n sont perpendiculaires)

Mais alors

$$k_m = \tan\alpha$$
$$= \tan(\beta + \frac{\pi}{2})$$

(tangentes d'angles supplémentaires)

$$= -\tan(\frac{\pi}{2} - \beta)$$

(angles complémentaires)

$$= -\cot\beta$$
$$= -\frac{1}{\tan\beta}$$
$$= -\frac{1}{k_n}$$

$$k_m = \tan\alpha$$
$$= \tan(\beta - \frac{\pi}{2})$$

(tangentes d'angles opposés)

$$= -\tan(\frac{\pi}{2} - \beta)$$

$$= -\cot\beta$$
$$= -\frac{1}{\tan\beta}$$
$$= -\frac{1}{k_n}$$

2 Dans un repère orthonormé du plan, si le coefficient angulaire d'une droite est l'opposé de l'inverse du coefficient angulaire d'une autre droite, alors ces droites sont perpendiculaires.

1) Dessin et données:

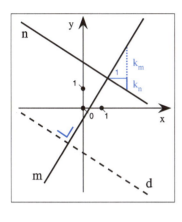

- un repère orthonormé du plan;
- une droite m de coefficient angulaire k_m;
- une droite n de coefficient angulaire k_n;
- $k_m = -\dfrac{1}{k_n}$.

2) Thèse: m et n sont perpendiculaires.

3) Démonstration

On considère la droite d perpendiculaire à m.
On nomme k_d son coefficient angulaire.

Puisque d est perpendiculaire à m, il vient $k_m = -\dfrac{1}{k_d}$.

Dès lors $k_n = k_d$ ce qui signifie que d et n sont parallèles.
Puisque d est perpendiculaire à m, n l'est aussi.

Les propriétés 1 et 2 se résument dans l'équivalence:

Dans un repère orthonormé du plan,

| deux droites non parallèles aux axes, sont perpendiculaires. | ⇔ | le coefficient angulaire d'une des deux droites est l'opposé de l'inverse de l'autre. |

CALCULS

1) **Dans un repère orthonormé du plan, pour reconnaître que deux droites non parallèles aux axes sont perpendiculaires,**

on compare leurs coefficients angulaires :

si l'un est **l'opposé de l'inverse** de l'autre, les droites sont **perpendiculaires.**

- les droites d'équations $y = 4x + 7$ et $y = -\dfrac{1}{4}x - 5$ sont perpendiculaires;

- les droites d'équations $2x - 3y + 5 = 0$ et $2y - 4x + 3 = 0$ ne sont pas perpendiculaires car $\dfrac{2}{3}$ n'est pas l'opposé de l'inverse de 2.

2) **Dans un repère orthornomé du plan, pour trouver l'équation d'une droite perpendiculaire à une droite donnée et passant par un point donné**, on utilise la méthode des coefficients indéterminés.

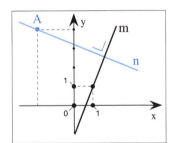

Données

$m \equiv 2y - 5x + 3 = 0;$

$A(-2, 4)$

On écrit l'équation d'une perpendiculaire à la droite donnée.

coefficient angulaire de m : $\dfrac{5}{2}$

coefficient angulaire de n : $-\dfrac{2}{5}$

$n \equiv y = -\dfrac{2}{5}x + t$

On exprime que le point vérifie l'équation et on détermine le terme littéral.

$4 = -\dfrac{2}{5} \cdot (-2) + t$

$t = \dfrac{16}{5}$

On écrit l'équation de la droite cherchée.

$n \equiv 5y + 2x - 16 = 0$

3)

Dans un repère orthonormé, pour trouver l'équation de la médiatrice d'un segment,

Soit à trouver l'équation de la médiatrice m de [AB], où A(−2, 3) et B(3, 1)

on détermine la coordonnée du milieu du segment ;

$M(\dfrac{1}{2}, 2)$

on détermine le coefficient angulaire de AB ;

$k_{AB} = \dfrac{1 - 3}{3 - (-2)} = \dfrac{-2}{5}$

on détermine le coefficient angulaire de la médiatrice m ;

$k_m = \dfrac{5}{2}$

on détermine l'équation de la droite de coefficient angulaire $\dfrac{5}{2}$, passant par $M(\dfrac{1}{2}, 2)$.

$y = \dfrac{5}{2}x + t$

$2 = \dfrac{5}{2} \cdot \dfrac{1}{2} + t$

$t = \dfrac{3}{4}$

$m \equiv y = \dfrac{5}{2}x + \dfrac{3}{4}$

On écrit l'équation de la droite cherchée.

$m \equiv 10x - 4y + 3 \equiv 0$

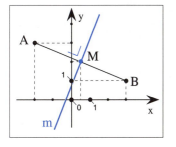

Pour appliquer 191 à 197.
En cas de nécessité 198 à 201.
Pour chercher 202 à 216.
Pour aller plus loin 217.
Venus d'ailleurs 218.

UN PETIT BOUT D'HISTOIRE

UNE RÉVOLUTION CONTRE LES ANCIENS : L'INVENTION DE LA GÉOMÉTRIE ANALYTIQUE

*René Descartes
d'après Frans Hals*

« Jusqu'à la Renaissance, les Grecs de l'Antiquité continuèrent d'exercer une influence abusive sur les esprits. Il n'était pas aussi facile de libérer la science des veto qu'ils avaient jugé bon de lui imposer ».

(T. DANTZIG, Le nombre, langage de la science, Édition Payot, 1931)

Il fallait un esprit libre pour réussir cette libération : René Descartes (Touraine 1596, Suède 1650) (voir sa biographie dans EM3, page 139). Il partit en guerre contre l'étroitesse d'esprit des mathématiciens grecs pour qui la géométrie devait se cantonner simplement aux formes.

Inspiré par des travaux de son ami Pierre de Fermat (1601–1665) et de François Viète (1540–1603), Descartes eut l'idée géniale de « *faire de la géométrie à l'aide d'outils algébriques* » (les équations).

En rapportant des courbes à un système de référence qui reçut le nom de son inventeur — un *repère cartésien* — il écrivit *l'équation* (*cartésienne* !) de ces courbes.

Descartes se félicitait d'avoir ainsi ramené la géométrie à l'algèbre tout en enrichissant la géométrie par des concepts algébriques.

La *géométrie analytique* ou *cartésienne* sert donc à passer des nombres aux diagrammes (représentation graphique) et des diagrammes aux résultats numériques (calcul graphique).

Fac-similé du « Discours de la Méthode » de R. Descartes, publié en 1637 dont la 3ᵉ partie contient les fondements de la géométrie analytique.

Comme le disait l'astronome, mathématicien et physicien français Pierre-Simon de Laplace (1749–1827), les sciences mathématiques changèrent ainsi de face.

La nuit du 10 novembre 1619, Descartes a la révélation d'une « science admirable et révolutionnaire » par rapport à la science des Anciens. Cette date peut être considérée à juste titre comme celle de la naissance des mathématiques modernes.

La géométrie cartésienne a été le point de départ de la *théorie des fonctions*, d'une part, et de l'*étude quantitative et physique du monde*, d'autre part.

Pierre-Simon de Laplace

L'étude des courbes et de leur représentation dans le plan cartésien ont favorisé l'essor de la plupart des sciences exactes : la chimie, la physique, la biologie, l'économie, la psychologie, la sociologie, ...

« L'équation d'une courbe suggère, en effet, des analogies fécondes, d'où naissent des théories de plus en plus générales et synthétiques ».

(M. BOLL, « Les étapes des mathématiques »,
Presses universitaires de France, 1953)

Génial mathématicien, René Descartes résolvait avec facilité les problèmes les plus complexes. Il posa les principes de la physique mécaniste présageant ainsi la science moderne. Fondateur de la philosophie moderne, l'aphorisme : « Je pense, donc je suis ! » le rendit célèbre.

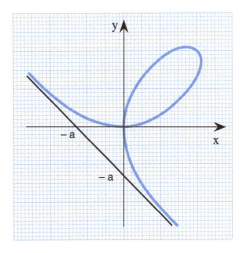

Le folium de Descartes :
$$y^3 - 3axy + x^3 = 0$$

6 LA TRIGONOMÉTRIE DU TRIANGLE QUELCONQUE

ACTIVITÉS

1 Sur le cercle trigonométrique, on donne le point B qui est déterminé par l'angle orienté de mesure $\frac{\pi}{6}$ en radians.

a) Place le point B sur le cercle trigonométrique.

b) Que vaut le sinus de $\frac{\pi}{6}$?

c) Sur le cercle trigonométrique, place les points déterminés par les angles ayant même sinus que $\frac{\pi}{6}$.

d) Réponds aux mêmes questions pour l'angle orienté mesuré en radians par $-\frac{\pi}{3}$, 0, $\frac{2\pi}{3}$.

2 Sur le cercle trigonométrique, on donne le point B qui est déterminé par l'angle orienté de mesure $\frac{2\pi}{3}$ en radians.

a) Place le point B sur le cercle trigonométrique.

b) Que vaut le cosinus de $\frac{2\pi}{3}$?

c) Sur le cercle trigonométrique, place les points déterminés par les angles ayant même cosinus que $\frac{2\pi}{3}$.

d) Quelles sont, en radians, les mesures des angles qui auraient même cosinus que $\frac{2\pi}{3}$?

e) Réponds aux mêmes questions pour l'angle orienté mesuré en radians par $\frac{\pi}{2}$, 0, $\frac{\pi}{3}$.

3 Sur le cercle trigonométrique, on donne le point B qui est déterminé par l'angle orienté de mesure $\dfrac{\pi}{4}$ en radians.

a) *Place le point B sur le cercle trigonométrique.*

b) *Que vaut la tangente de $\dfrac{\pi}{4}$?*

c) *Sur le cercle trigonométrique, place les points déterminés par les angles ayant même tangente que $\dfrac{\pi}{4}$.*

d) *Quelles sont, en radians, les mesures des angles qui auraient même tangente que $\dfrac{\pi}{4}$?*

e) *Réponds aux mêmes questions pour l'angle orienté mesuré en radians par $\dfrac{\pi}{2}$, 0, $\dfrac{\pi}{3}$, $\dfrac{3\pi}{4}$.*

4 On donne deux segments de longueurs respectives 10 cm et 8 cm ainsi qu'un angle de 30°.

a) *Trace le triangle ABC dont l'angle $\widehat{A}$ est celui qui est donné et dont les côtés [AB] et [AC] ont les longueurs données.*

b) *Tente de déterminer la longueur du troisième côté ainsi que l'amplitude des deux angles manquants.*

Pour ce faire, trace une hauteur pour faire apparaître des triangles rectangles.

5 On donne un segment de longueur 10 cm ainsi que deux angles, l'un de 45° et l'autre de 30°.

a) *Trace le triangle ABC dont les angles $\widehat{A}$ et $\widehat{B}$ sont les angles donnés et dont le côté [AB] a la longueur donnée.*

b) *Tente de déterminer le troisième angle ainsi que les longueurs des côtés manquants.*

Pour ce faire, trace une hauteur pour faire apparaître des triangles rectangles.

NOTIONS

PROPRIÉTÉS

1 Les réels 1 et −1 sont chacun le sinus d'un seul angle orienté.

Tout réel compris strictement entre −1 et 1 est le sinus de deux angles orientés distincts supplémentaires.

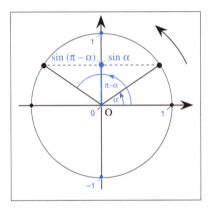 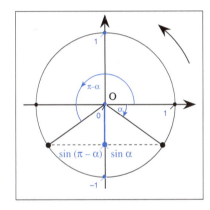

2 Les réels 1 et −1 sont chacun le cosinus d'un seul angle orienté.

Tout réel compris strictement entre −1 et 1 est le cosinus de deux angles orientés distincts opposés.

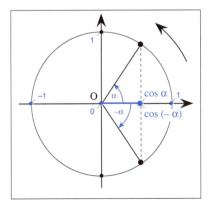 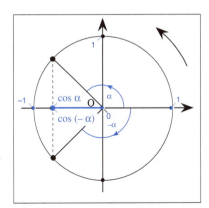

3 **Tout réel est la tangente de deux angles orientés distincts antisupplémentaires.**

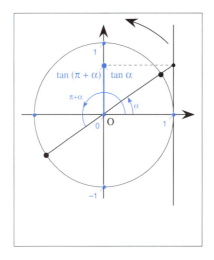 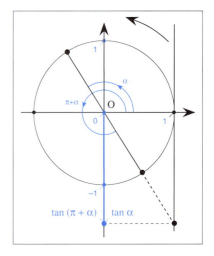

Les propriétés qui précèdent sont des conséquences immédiates des définitions des nombres trigonométriques d'angles orientés et des propriétés de symétrie dans le cercle trigonométrique.

CALCULS

1) On se souvient du tableau déjà rencontré en troisième :

α	0	$\dfrac{\pi}{6}$	$\dfrac{\pi}{4}$	$\dfrac{\pi}{3}$	$\dfrac{\pi}{2}$
$\sin \alpha$	0	$\dfrac{1}{2}$	$\dfrac{\sqrt{2}}{2}$	$\dfrac{\sqrt{3}}{2}$	1
$\cos \alpha$	1	$\dfrac{\sqrt{3}}{2}$	$\dfrac{\sqrt{2}}{2}$	$\dfrac{1}{2}$	0
$\tan \alpha$	0	$\dfrac{\sqrt{3}}{3}$	1	$\sqrt{3}$	
α	$0°$	$30°$	$45°$	$60°$	$90°$

2) **Pour calculer les nombres trigonométriques d'un angle orienté**, trois cas se présentent :

- pour les **angles particuliers, on utilise le tableau** ci-dessus;

- pour les **angles associés aux angles particuliers**, on **utilise le tableau** ci-dessus et **les formules** des angles associés;

- pour les **autres angles, on utilise la calculatrice** après avoir **sélectionné** le mode degré ou le mode radians .

EXEMPLES

1) $\sin \dfrac{\pi}{6} = \dfrac{1}{2}$

2) $\cos \dfrac{5\pi}{4} = -\cos \dfrac{\pi}{4} = -\dfrac{\sqrt{2}}{2}$ (angles antisupplémentaires)

3) $\tan 124°5'20'' = \tan 124{,}0888° \ldots = -1{,}4776 \ldots$

$\boxed{\text{DEG}}$

4) $\cot 2{,}73 = \dfrac{1}{\tan 2{,}73} = -2{,}3547 \ldots$

$\boxed{\text{RAD}}$

3)

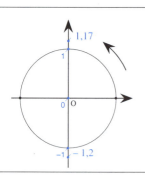	**Pour déterminer les amplitudes des angles orientés dont on donne le sinus,** $\sin x = a$, diverses situations se présentent : • **si a < -1 ou a > 1**, alors $\boxed{\text{il n'y a pas de solution;}}$
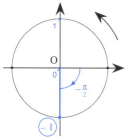	• **si a $= -1$**, alors un seul angle orienté est solution : $$x = -\frac{\pi}{2} + 2k\pi \qquad (k \in \mathbb{Z});$$
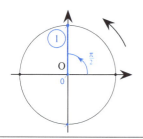	• **si a $= 1$**, alors un seul angle orienté est solution : $$x = \frac{\pi}{2} + 2k\pi \qquad (k \in \mathbb{Z});$$
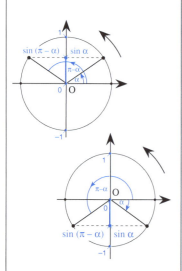	• **si $-1 < a < 1$**, alors deux angles orientés sont solutions. On procède comme suit : – **pour les valeurs particulières, on se réfère au tableau précédent** (p. 96); – **pour les valeurs associées aux valeurs particulières, on se réfère au tableau** précédent **et aux formules** des angles associés; – **pour les autres valeurs**, après avoir sélectionné le mode $\boxed{\text{degré}}$ ou le mode $\boxed{\text{radian}}$, **on utilise la calculatrice.** Une valeur α étant trouvée, **en radians**, soit par le tableau, soit par la calculatrice, les deux solutions sont données par : $$x = \alpha + 2k\pi \text{ ou } x = \pi - \alpha + 2k\pi \qquad (k \in \mathbb{Z}).$$

EXEMPLES

1) $\sin x = \dfrac{1}{2}$

Les *angles supplémentaires* d'amplitudes $\dfrac{\pi}{6}$ et $\dfrac{5\pi}{6}$ ont $\dfrac{1}{2}$ comme sinus.

D'où, $x = \dfrac{\pi}{6} + 2k\pi$ ou $x = \dfrac{5\pi}{6} + 2k\pi$ $(k \in \mathbb{Z})$.

2) $\sin x = -\dfrac{\sqrt{3}}{2}$

Les *angles supplémentaires* d'amplitudes $\dfrac{4\pi}{3}$ et $-\dfrac{\pi}{3}$ ont $-\dfrac{\sqrt{3}}{2}$ comme sinus.

D'où, $x = \dfrac{4\pi}{3} + 2k\pi$ ou $x = -\dfrac{\pi}{3} + 2k\pi$ $(k \in \mathbb{Z})$.

3) $\sin 2x = 0{,}9137$

$\boxed{\text{RAD}}$

$\left| \begin{array}{l} 2x = 1{,}1522\ldots + 2k\pi \\ \text{ou} \\ 2x = 1{,}9892\ldots + 2k\pi \end{array} \right.$

c'est-à-dire

$\left| \begin{array}{l} x = 0{,}5761\ldots + k\pi \\ \text{ou} \\ x = 0{,}9946\ldots + k\pi \quad (k \in \mathbb{Z}). \end{array} \right.$

4) $\sin 2x = 0{,}9137$

$\boxed{\text{DEG}}$

$\left| \begin{array}{l} 2x = 66{,}0217°\ldots + k360° \\ \text{ou} \\ 2x = 113{,}9782°\ldots + k360° \end{array} \right.$

c'est-à-dire

$\left| \begin{array}{l} x = 33{,}0108°\ldots + k180° \\ \text{ou} \\ x = 56{,}9891°\ldots + k180° \quad (k \in \mathbb{Z}). \end{array} \right.$

99

4)

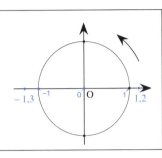	**Pour déterminer les amplitudes des angles orientés dont on donne le cosinus**, $\cos x = a$, diverses situations se présentent : • **si a < −1 ou a > 1**, alors il n'y a pas de solution ;
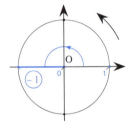	• **si a = −1**, alors un seul angle orienté est solution : $$x = \pi + 2k\pi \qquad (k \in \mathbb{Z});$$
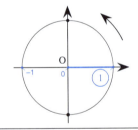	• **si a = 1**, alors un seul angle orienté est solution : $$x = 0 + 2k\pi \qquad (k \in \mathbb{Z});$$
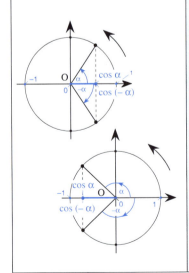	• **si −1 < a < 1**, alors deux angles orientés sont solutions. On procède comme suit : – **pour les valeurs particulières, on se réfère au tableau** précédent (p. 96) ; – **pour les valeurs associées aux valeurs particulières, on se réfère au tableau** précédent **et aux formules** des angles associés ; – **pour les autres valeurs**, après avoir sélectionné le mode degré ou le mode radian , **on utilise la calculatrice**. Une valeur α étant trouvée, **en radians**, soit par le tableau, soit par la calculatrice, les deux solutions sont données par : $$x = \alpha + 2k\pi \ \text{ou} \ x = -\alpha + 2k\pi \qquad (k \in \mathbb{Z}).$$

EXEMPLES

1) $\cos x = \dfrac{\sqrt{3}}{2}$

Les *angles opposés* d'amplitudes $\dfrac{\pi}{6}$ et $-\dfrac{\pi}{6}$ ont $\dfrac{\sqrt{3}}{2}$ comme cosinus.

D'où, $x = \dfrac{\pi}{6} + 2k\pi$ ou $-\dfrac{\pi}{6} + 2k\pi$ $(k \in \mathbb{Z})$.

2) $\cos 3x = -\dfrac{1}{2}$

Les angles opposés d'amplitudes $\dfrac{2\pi}{3}$ et $-\dfrac{2\pi}{3}$ ont $-\dfrac{1}{2}$ comme cosinus. D'où,

$$3x = \dfrac{2\pi}{3} + 2k\pi$$
ou
$$3x = -\dfrac{2\pi}{3} + 2k\pi$$

c'est-à-dire

$$x = \dfrac{2\pi}{9} + \dfrac{2k\pi}{3}$$
ou
$$x = -\dfrac{2\pi}{9} + \dfrac{2k\pi}{3} \quad (k \in \mathbb{Z})$$

3) $\cos x = -0,7314$

RAD

$$x = 2,3911\ldots + 2k\pi$$
ou
$$x = -2,3911\ldots + 2k\pi \quad (k \in \mathbb{Z}).$$

4) $\cos x = -0,7314$

DEG

$$x = 137,0038\ldots° + k360°$$
ou
$$x = -137,0038\ldots° + k360° \quad (k \in \mathbb{Z}).$$

101

5)

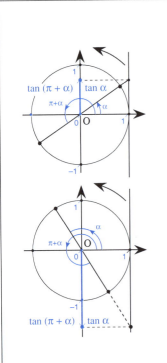

Pour déterminer les amplitudes des angles orientés dont on donne la tangente, $\tan x = a$, deux solutions apparaissent. On procède comme suit :

– **pour les valeurs particulières, on se réfère au tableau** précédent (p. 96);
– **pour les valeurs associées aux valeurs particulières, on se réfère au tableau** précédent **et aux formules** des angles associés;
– **pour les autres valeurs**, après avoir sélectionné le mode degré ou le mode radian , **on utilise la calculatrice.**

Une valeur α étant trouvée, **en radians**, soit par le tableau, soit par la calculatrice, les deux solutions sont données par :

$$x = \alpha + 2k\pi \ \text{ou} \ x = \pi + \alpha + 2k\pi \quad (k \in \mathbb{Z})$$

qui peuvent se résumer par

$$x = \alpha + k\pi \qquad (k \in \mathbb{Z}).$$

EXEMPLES

1) $\tan x = -\sqrt{3}$

Les *angles antisupplémentaires* $\dfrac{2\pi}{3}$ et $-\dfrac{\pi}{3}$ ont $-\sqrt{3}$ comme tangente.

D'où, $x = \dfrac{2\pi}{3} + k\pi \quad (k \in \mathbb{Z}).$

2) $\tan 2x = 1$

Les *angles antisupplémentaires* $\dfrac{\pi}{4}$ et $\dfrac{5\pi}{4}$ ont 1 comme tangente.

D'où $2x = \dfrac{\pi}{4} + k\pi \quad (k \in \mathbb{Z})$, c'est-à-dire $x = \dfrac{\pi}{8} + k\dfrac{\pi}{2} \quad (k \in \mathbb{Z}).$

3) $\tan x = 2{,}71$

$\boxed{\text{RAD}}$

$x = 1{,}2172\ldots + k\pi \quad (k \in \mathbb{Z})$

4) $\tan x = 2{,}71$

$\boxed{\text{DEG}}$

$x = 69{,}7457\ldots° + k180° \quad (k \in \mathbb{Z}).$

Pour appliquer 219 à 224.

6.2 TRIANGLES QUELCONQUES

NOTATIONS

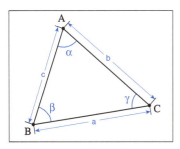

Dans le triangle ABC,

– l'angle de sommet A est noté α,
l'angle de sommet B est noté β,
l'angle de sommet C est noté γ;

– la longueur du côté [BC] est notée a,
la longueur du côté [AC] est notée b,
la longueur du côté [AB] est notée c.

PROPRIÉTÉS

1 **Dans tout triangle, les longueurs des côtés sont proportion-nelles aux sinus des angles opposés. (Relations aux sinus).**

1) <u>Dessin et donnée:</u>   le triangle ABC.

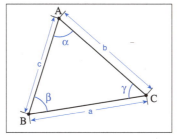 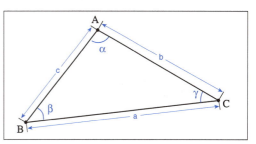

2) <u>Thèse:</u> $\dfrac{a}{\sin \alpha} = \dfrac{b}{\sin \beta} = \dfrac{c}{\sin \gamma}$

3) Démonstration

Deux cas se présentent :

1) *Les trois angles sont aigus.*

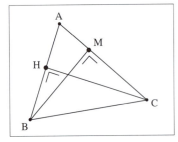

On trace les hauteurs [CH] et [BM].

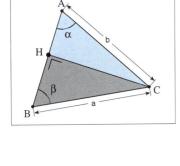

- Dans le triangle rectangle ACH,

$$\overline{CH} = \overline{AC}\sin\alpha = b\sin\alpha.$$

Dans le triangle rectangle BCH,

$$\overline{CH} = \overline{BC}\sin\beta = a\sin\beta.$$

Dès lors, $\qquad b\sin\alpha = a\sin\beta$
et donc, puisque $\sin\alpha \neq 0$ et $\sin\beta \neq 0$,

on déduit : $\dfrac{a}{\sin\alpha} = \dfrac{b}{\sin\beta}.$

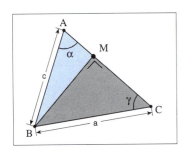

- Dans le triangle rectangle BAM,

$$\overline{BM} = \overline{AB}\sin\alpha = c\sin\alpha.$$

Dans le triangle rectangle BCM,

$$\overline{BM} = \overline{BC}\sin\gamma = a\sin\gamma.$$

Dès lors, $\qquad c\sin\alpha = a\sin\gamma$
et donc, puisque $\sin\alpha \neq 0$ et $\sin\gamma \neq 0$,

on déduit : $\dfrac{a}{\sin\alpha} = \dfrac{c}{\sin\gamma}.$

Il reste à conclure.

2) *Un angle est obtus.*

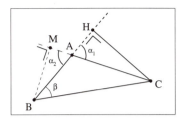

Soit α cet angle.

On trace les hauteurs [CH] et [BM].

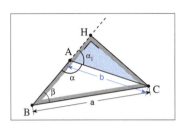

- Dans le triangle rectangle ACH,

$$\overline{\text{CH}} = \overline{\text{AC}} \sin \alpha_1 = \text{b} \sin \alpha_1.$$

Dans le triangle rectangle BCH,

$$\overline{\text{CH}} = \overline{\text{BC}} \sin \beta = \text{a} \sin \beta.$$

Dès lors, $\qquad$ $\text{b} \sin \alpha_1 = \text{a} \sin \beta.$

Comme $\left|\begin{array}{l} \sin \alpha_1 = \sin \alpha \text{ (angles supplémentaires)}, \\ \sin \alpha \neq 0 \text{ et } \sin \beta \neq 0, \end{array}\right.$

on déduit : $\dfrac{\text{a}}{\sin \alpha} = \dfrac{\text{b}}{\sin \beta}.$

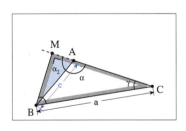

- Dans le triangle rectangle BAM,

$$\overline{\text{BM}} = \overline{\text{AB}} \sin \alpha_2 = \text{c} \sin \alpha_2.$$

Dans le triangle rectangle BCM,

$$\overline{\text{BM}} = \overline{\text{BC}} \sin \gamma = \text{a} \sin \gamma.$$

Dès lors, $\qquad$ $\text{c} \sin \alpha_2 = \text{a} \sin \gamma.$

Comme $\left|\begin{array}{l} \sin \alpha_2 = \sin \alpha \text{ (angles supplémentaires)}, \\ \sin \alpha \neq 0, \\ \sin \gamma \neq 0, \end{array}\right.$

on déduit : $\dfrac{\text{a}}{\sin \alpha} = \dfrac{\text{c}}{\sin \gamma}.$

Il reste à conclure.

2 Dans tout triangle, le carré d'un côté est égal à la somme des carrés des deux autres côtés diminuée du double produit de ces deux côtés par le cosinus de l'angle compris entre ces côtés. (**Relations aux cosinus ou théorème d'Al Kashi**).

1) Dessin et donnée: le triangle ABC.

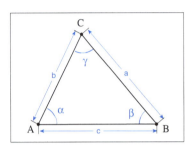 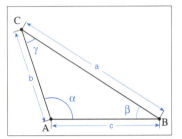

2) Thèse: $a^2 = b^2 + c^2 - 2bc\cos\alpha$
$$b^2 = a^2 + c^2 - 2ac\cos\beta$$
$$c^2 = a^2 + b^2 - 2ab\cos\gamma$$

3) Démonstration

Deux cas se présentent :

1) Les trois angles sont aigus.

On trace la hauteur [CH].

Dans le triangle rectangle BCH,

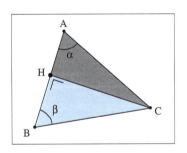

$$\overline{BC}^2 = \overline{BH}^2 + \overline{HC}^2$$
$$= (\overline{AB} - \overline{HA})^2 + \overline{HC}^2$$
$$= \overline{AB}^2 + \overline{HA}^2 - 2\,\overline{AB}\,.\,\overline{HA} + \overline{HC}^2$$
$$= \overline{AB}^2 + (\overline{HA}^2 + \overline{HC}^2) - 2\,\overline{AB}\,.\,\overline{HA}$$

Dans le triangle rectangle ACH, $\left|\begin{array}{l}\overline{HA}^2 + \overline{HC}^2 = \overline{AC}^2, \text{ d'une part,}\\ \overline{HA} = \overline{AC}\cos\alpha, \text{ d'autre part.}\end{array}\right.$

On déduit : $\overline{BC}^2 = \overline{AB}^2 + \overline{AC}^2 - 2\,\overline{AB}\,.\,\overline{AC}\cos\alpha$

ou encore $a^2 = c^2 + b^2 - 2cb\cos\alpha$.

Les deux autres égalités s'obtiennent de façon analogue.

2) Un angle est obtus.

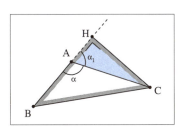

Soit α cet angle.

On trace la hauteur [CH].

Dans le triangle rectangle BCH,

$$\overline{BC}^2 = \overline{BH}^2 + \overline{HC}^2$$
$$= (\overline{BA} + \overline{AH})^2 + \overline{HC}^2$$
$$= \overline{BA}^2 + AH^2 + 2\,\overline{AB}\,.\,\overline{HA} + \overline{HC}^2$$
$$= \overline{AB}^2 + (\overline{HA}^2 + \overline{HC}^2) + 2\,\overline{AB}\,.\,\overline{HA}$$

Dans le triangle rectangle ACH, $\left| \begin{array}{l} \overline{AH}^2 + \overline{HC}^2 = \overline{AC}^2, \text{ d'une part,} \\ \overline{HA} = \overline{AC}\cos\alpha_1, \text{ d'autre part.} \end{array} \right.$

On déduit : $\overline{BC}^2 = \overline{AB}^2 + \overline{AC}^2 - 2\,\overline{AB}\,.\,\overline{AC}\cos\alpha$ $(\cos\alpha_1 = -\cos\alpha)$
ou encore $a^2 = c^2 + b^2 - 2cb\cos\alpha$.

Les deux autres égalités s'obtiennent de façon analogue.

$\boxed{3}$ **L'aire de tout triangle est égale à la moitié du produit de la longueur de deux côtés par le sinus de l'angle compris entre ces côtés.**

1) Dessin et donnée: le triangle ABC.

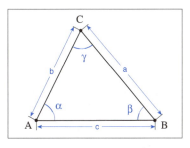 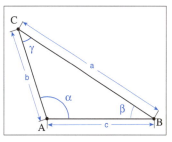

2) Thèse: $S = \dfrac{1}{2}ab\sin\gamma = \dfrac{1}{2}bc\sin\alpha = \dfrac{1}{2}ac\sin\beta$

3) Démonstration

Deux cas se présentent :

1) Les trois angles sont aigus.

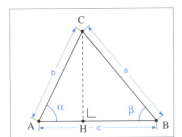

On trace la hauteur [CH]. $S = \dfrac{1}{2}\overline{AB} \cdot \overline{CH}$.

Comme $\overline{AB} = c$, $\overline{CH} = \overline{AC}\sin\alpha = \overline{BC}\sin\beta$, $\overline{AC} = b$ et $\overline{BC} = a$,

on a $S = \dfrac{1}{2}bc\sin\alpha = \dfrac{1}{2}ac\sin\beta$.

En traçant une deuxième hauteur, la troisième formule s'obtient de la même manière.

2) Un angle est obtus.

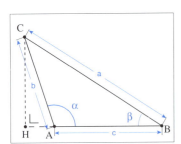

Soit α cet angle.

On trace la hauteur [CH]. $S = \dfrac{1}{2}\overline{AB} \cdot \overline{CH}$.

Comme $\overline{AB} = c$, $\overline{CH} = \overline{BC}\sin\beta$ et $\overline{BC} = a$,

on a $S = \dfrac{1}{2}ac\sin\beta$.

En traçant une deuxième hauteur, les autres formules s'obtiennent de la même manière.

À QUOI CELA SERT-IL ?

Les formules qui viennent d'être établies servent à résoudre des problèmes dans des disciplines diverses, lorsqu'il est question de déterminer des angles ou des côtés de triangles quelconques. On y adjoint la formule bien connue $\boxed{\alpha + \beta + \gamma = 180°}$

De telles situations seront évoquées dans les exercices.

Il est cependant primordial d'avoir en tête les remarques suivantes :

1. Lorsque **deux angles** sont donnés, le troisième sera calculé au moyen de la formule $\alpha + \beta + \gamma = 180°$.

2. Lorsqu'**un seul angle** est donné, chacun des angles inconnus sera calculé en utilisant, soit les relations aux cosinus, soit les relations aux sinus, mais pas la formule donnant la somme des angles du triangle, ceci afin d'éviter les erreurs ou les ommissions (cfr l'exercice pour illustrer qui suit).

3. Lorsque faire se peut, on privilégiera les relations aux cosinus à celles aux sinus pour déterminer un angle inconnu.

   En effet,

   - si l'angle est donné par son cosinus, <u>seule</u> la solution comprise entre $0°$ et $180°$ est à retenir. C'est celle qui est donnée par la calculatrice;

   - si l'angle est donné par son sinus, <u>deux solutions</u> comprises entre $0°$ et $180°$ sont éventuellement à prendre en compte : l'une donnée par la calculatrice, l'autre étant la supplémentaire de la première.

Dans cette éventualité, la ou les solutions acceptables seront déterminées par le fait qu'elles satisfont à la formule $\alpha + \beta + \gamma = 180°$. On tiendra bien évidemment compte des « arrondis » donnés par la calculatrice.

EXERCICE POUR ILLUSTRER

Voici un triangle dont les trois côtés et les trois angles sont respectivement

$$a = 2 \quad , \quad b = \sqrt{3} - 1 \quad , \quad c = \sqrt{2},$$

$$\alpha = 135° \quad , \quad \beta = 15° \quad , \quad \gamma = 30°.$$

Si, pour ce triangle, on a donné uniquement $a = 2$, $c = \sqrt{2}$, $\beta = 15°$,

et si l'on demande la détermination des trois éléments manquants, on est amené à **résoudre le triangle**.

Trois « solutions » sont proposées. L'une mène à une réponse erronée. Les trois manières de procéder éclairent les commentaires réalisés à la page précédente.

SOLUTION 1

- $b = \sqrt{a^2 + c^2 - 2ac\cos\beta} \quad \implies \quad b = 0{,}7320508\ldots$

- $\sin\alpha = \dfrac{a\sin\beta}{b} = 0{,}7071068\ldots \quad \implies \quad \alpha = 45°.$

- $\gamma = 180° - \alpha - \beta \quad \implies \quad \gamma = 120°.$

SOLUTION 2

- $b = \sqrt{a^2 + c^2 - 2ac\cos\beta} \quad \implies \quad b = 0{,}7320508\ldots$

- $\sin\alpha = \dfrac{a\sin\beta}{b} = 0{,}7071068\ldots \quad \implies \quad \alpha = 45° \text{ ou } \alpha = 135°.$

- $\sin\alpha = \dfrac{c\sin\beta}{b} = 0{,}5 \quad \implies \quad \gamma = 30° \text{ ou } \gamma = 150°.$

Puisque dans tout triangle on doit avoir $\alpha + \beta + \gamma = 180°$, seule la solution $\alpha = 135°$ et $\gamma = 30°$ est acceptable.

SOLUTION 3

- $b^2 = a^2 + c^2 - 2ac\cos\beta = 0{,}5358984 \quad \implies \quad b = 0{,}7320508\ldots$

- $\cos\alpha = \dfrac{b^2 + c^2 - a^2}{2bc} = -0{,}7071068 \quad \implies \quad \alpha = 135°.$

- $\cos\gamma = \dfrac{a^2 + b^2 - c^2}{2ab} = 0{,}8660254\ldots \quad \implies \quad \gamma = 30°.$

Le lecteur attentif tirera les conclusions qui s'imposent à l'examen des trois « solutions » proposées.

Pour appliquer 225 à 242.
En cas de nécessité 243 à 252.
Pour chercher 253 à 266.
Pour aller plus loin 267 à 271.
Venus d'ailleurs 272 à 276.

UN PETIT BOUT D'HISTOIRE

LA TRIGONOMÉTRIE AU FIL DES SIÈCLES (suite)

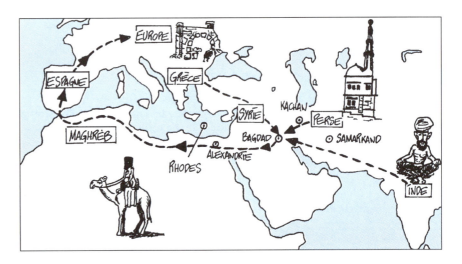

- On doit les *sinus* à Mohammed-ben-Geber de Batan (Mésopotamie), auteur arabe du 9e siècle, surnommé Abbategnius. La notion était connue des Indiens, au 4e siècle (voir Unité 2, p. 39).

Les notions de *tangentes* et *cotangentes* ont été introduites au 10e siècle par Mohammed-ben-Yahya, prince de Syrie, connu sous de nom de Aboul-Wefa.

Un autre arabe joua un rôle décisif dans l'évolution de la trigonométrie : Djamchīd ibn Mas'ud al-Kāshi mathématicien persan de Kāchān en Iran (1390–1450).

Il vint s'installer à *Samarkand*, ancienne capitale de l'Ouzbékistan russe, appelé aujourd'hui Uzbek en Asie centrale.

C'était l'époque où les successeurs du monarque Tamerlan (1369–1405) attirèrent dans leur capitale les savants, les philosophes, les musiciens et les écrivains.

Samarkand devint ainsi le centre intellectuel de toute l'Asie musulmane et supplanta *Bagdad* (en Irak).

Sépulture de Timūr Lang (Timour le Boîteux) dit Tamerlan, à Samarkand.

Al-Kāshi s'illustra particulièrement à l'observatoire de Samarkand, fondé par Ulugh Beg, le successeur de Tamerlan.

Il calcula le *nombre* π avec 16 décimales. Il inventa les *fractions décimales* et travailla à la *résolution de système d'équations*. Son œuvre, « *la clé d'Arithmétique* » est un manuel complet, rédigé de façon claire à l'usage des marchands, des commerçants, des fonctionnaires et des astronomes.

En trigonométrie, il s'illustra en donnant une valeur approchée de sin 1° et en inventant des théorèmes encore connus aujourd'hui.

Regiomontanus

- Les connaissances de l'Antiquité se répandirent avec la civilisation arabe par le *Maghreb*, l'*Espagne* musulmane jusqu'en *Europe du Nord*.

  C'est Johann Müller dit Regiomontanus (1436–1476), astronome et évêque de Ratisbonne, en Allemagne, qui fonda la trigonométrie moderne. Il écrivit en 1463 « *De triangulis omnimodis libri quinque* ».

  Il faut attendre 1620 pour voir apparaître chez Edmund Gunter, astronome et mathématicien anglais (1851–1626), le terme de *cosinus*.

- Au 17e et 18e siècle, Isaac Newton et Leonhard Euler fixèrent définitivement la trigonométrie comme branche des mathématiques : grâce à eux, les *fonctions trigonométriques* occupèrent une place aussi importante que les autres fonctions usuelles.

7 DISTANCES – CERCLES – PARABOLES

ACTIVITÉS

1 Dans le plan, on donne deux points A et B.

On place dans ce plan un repère orthonormé tel que la coordonnée de A est $(-3, 2)$ et celle de B est $(1, 5)$.

a) *Détermine avec précision la distance entre A et B. Au besoin, aide-toi du théorème de Pythagore.*

b) *Dessine le cercle de centre A et de rayon [AB].*

On note (x, y) la coordonnée d'un point quelconque de ce cercle.

En t'inspirant du calcul réalisé en a), détermine une formulation de la distance du point A au point dont (x, y) est la coordonnée.

Peux-tu en tirer une équation du cercle ?

Quelle serait-elle ?

On change la position du repère orthonormé de telle sorte que l'origine soit située en A et que B soit situé sur l'axe des abscisses comme indiqué dans la figure qui suit :

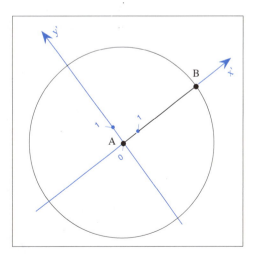

c) *Quelle sera la coordonnée de B ?*

Comment écris-tu l'équation du cercle dans ce repère ?

2 Dans le plan muni d'un repère orthonormé, on donne la droite d d'équation $y = -2$.

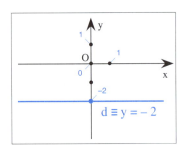

a) *Construis l'ensemble des points situés à la distance 1 de la droite d. Cet ensemble est constitué de deux droites.*

b) *Quelles sont les équations de ces deux droites ?*

c) *Que deviennent ces équations si la distance est 2, est 5, est r ?*

d) *Quelle est la distance de la droite d au point $(7, 4)$? Au point $(5, -2)$? Au point $(4, -5)$? Au point (x, y) ?*

e) *Reprends la même démarche pour la droite d'équation $y = 3$.*

f) *Reprends la même démarche pour la droite d'équation $x = -4$.*

g) *Reprends la même démarche pour la droite d'équation $x = 2$.*

h) *Tente de donner les équations des droites situées à la distance r de la droite d'équation $x = k$.*

i) *Quelle est la distance du point (x, y) à la droite qui a pour équation $y = k$; qui a pour équation $x = k$?*

3 Dans le plan, on donne une droite d et un point F situé à 4 cm de la droite.

Ⓒ

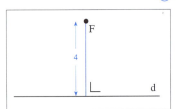

a) *Construis l'ensemble des points situés à égale distance du point et de la droite donnés.*

Pour te venir en aide, on te signale qu'un point de l'ensemble cherché se situe sur deux lieux précis :

* *le cercle ℂ de centre F et de rayon r ;*
* *la droite d', parallèle à d, située à la distance r de d.*

Ainsi, lorsque r = 5, on obtient la figure suivante :

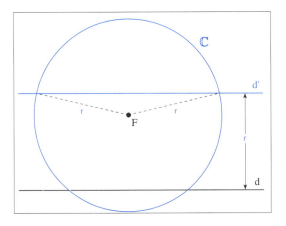

Recommence avec diverses valeurs numériques données à r (au moins dix entre 1 cm et 6 cm).

b) *Pour quelles valeur(s) de* r, *la droite* d' *et le cercle* $\mathbb{C}$ *ont-ils deux points communs, un point commun, aucun point commun ?*

c) *Relie les points que tu viens d'obtenir.*

La courbe obtenue admet-elle un élément de symétrie ?

Si oui, caractérise-le.

4 On reprend la droite d et le point F donnés dans l'activité précédente.

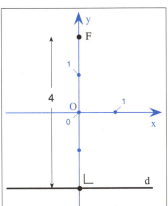

On muni le plan d'un repère orthonormé tel que
– l'axe des abscisses est parallèle à d et situé à même distance de F et d;
– l'axe des ordonnées comprend F;
– l'ordonnée de F est positive;
– l'unité est le cm.

a) • *Détermine la coordonnée de* F.

  • *Détermine l'équation de* d.

  • *Détermine la distance du point* M *de coordonnée* (x, y) *au point* F.

  • *Détermine la distance de ce point* M *à la droite* d.

  • *Exprime que ces deux distances sont égales.*

   Transforme cette équation pour ne plus avoir de radical.

   L'équation obtenue est celle de l'ensemble des points situés à égale distance du point F *et de la droite* d.

b) • *Écris l'équation du cercle de centre* F *et de rayon* r_1.

  • *Écris l'équation d'une droite située à la distance* r_2 *de* d.

  • *Exprime que ces deux réels sont égaux.*

   Transforme, si nécessaire, cette équation pour ne plus avoir de radical.

   L'équation obtenue est celle de l'ensemble des points situés à égale distance du point F *et de la droite* d.

   Compare avec l'équation trouvée en **a)**.

c) *Reprends la même démarche lorsque le repère orthonormé est choisi comme indiqué dans la figure ci-contre.*

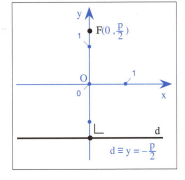

5
ⓒ
Au centre de Recherches Atomiques de ZPROTJ, en Syldurie, vient de partir la première fusée lunaire qui emporte T. . ., M. . ., le capitaine H. . ., . . .

Le professeur T. . . qui fait partie de l'expédition a noté l'altitude atteinte par la fusée en fonction de la durée écoulée, pendant les trente-cinq secondes qui ont suivi le décollage. Voici ses notes :

durée t (en secondes)	5	10	15	20	25	30	35
altitude e (en mètres)	88	351	765	1408	2204	3062	4410

a) *Dans le plan muni d'un repère pour lequel*

> *l'axe des x est l'axe des temps,*
> *l'axe des y est l'axe des altitudes,*

porte les points dont la coordonnée a été décrite dans le tableau des notes du professeur T. . .

b) *Complète le tableau :*

t	t^2	e	$\dfrac{e}{t}$	$\dfrac{e}{t^2}$
5				
10				
15				
20				
25				
30				
35				

c) *De l'observation de ce tableau, tente de dégager la formule donnant e en fonction de* t.

Achève la représentation graphique de cette fonction.

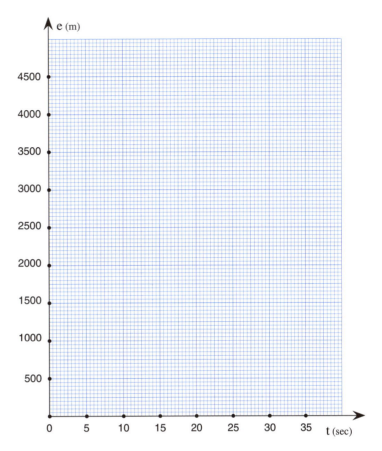

6 À trois cents mètres d'altitude, un C130 de la Force Aérienne volant à la
ⓒ vitesse constante de 60m/s, largue des vivres au-dessus d'une zone sinis-
trée.

Si l'on note par x le déplacement horizontal de l'avion et par e le déplacement du colis en chute libre, la formule liant e à x est $e = 300 - \dfrac{x^2}{720}$.

117

a) *Complète le tableau suivant :*

x *(en mètres)*	0	50	100	150	200	250	...
e *(en mètres)*							

b) *Représente graphiquement e en fonction de x dans le repère que voici :*

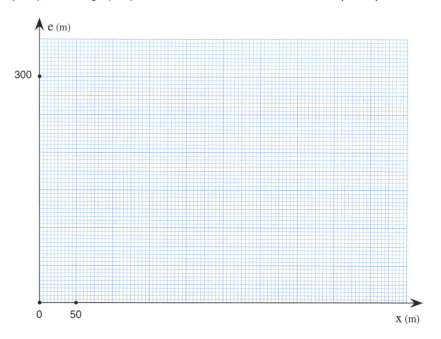

c) *Depuis le moment de largage, combien de mètres l'avion a-t-il parcouru au moment où le colis atteint le sol ?*

Quel est le point du graphique qui représente ce choc ?

7 Voici le graphe cartésien de la fonction f, dans $\mathbb{R}$: x → x^2.
Ⓒ

a) *Au départ du graphe cartésien de f, dessine celui de*

g : x → $2x^2$

h : x → $-x^2$

i : x → $(x + 3)^2$

j : x → $(x - 2)^2$

k : x → $x^2 + 2$

l : x → $(x - 1)^2 + 2$

m : x → $2(x + 1)^2 - 3$

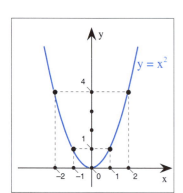

b) *En observant les graphes cartésiens que tu viens de tracer, complète le tableau que voici :*

fonction	équation de **P**	axe de symétrie de **P**	coordonnée du point le plus bas de **P**	coordonnée du point le plus haut de **P**
f	$y = x^2$	$x = 0$	$(0, 0)$	
g				
h				
i				
j				
k				
l				
m				

Justifie en prenant en compte le déplacement effectué sur le graphe cartésien de départ.

8 On donne la fonction définie dans $\mathbb{R}$ par $x \rightarrow x^2 - 2x + 5$.

Tu as vu dans l'activité qui précède que le graphique d'une fonction définie dans $\mathbb{R}$ par $(x + k)^2 + p$ peut s'obtenir à partir de celui de la fonction $x \rightarrow x^2$.

a) *En utilisant la méthode des coefficients indéterminés déjà rencontrée, détermine* k *et* p *pour que, quel que soit* x*, on puisse écrire :*

$$x^2 - 2x + 5 = (x + k)^2 + p$$

Trace le graphe cartésien de g : $x \rightarrow x^2 - 2x + 5$.

b) *Reprends la même démarche pour la fonction définie par* $x^2 - 5x + 3$.

c) *Sachant que* $2x^2 + 6x - 4$ *peut s'écrire* $2(x^2 + 3x - 2)$ *détermine* k *et* p *pour que, quel que soit* x*, on puisse écrire*

$$2x^2 + 6x - 4 = 2(x + k)^2 + p$$

Trace le graphe cartésien de g : $x \rightarrow 2x^2 + 6x - 4$.

d) *Reprends la même démarche pour la fonction définie par* $3x^2 + 5x - 7$.

NOTIONS

7.1 **DISTANCES**

VOCABULAIRE

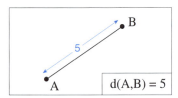

1. La **distance entre deux points A et B** est la longueur du segment [AB].

   Cette distance est notée **d(A, B) ou $\overline{AB}$**.

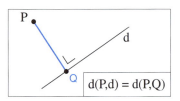

2. La **distance entre un point P et une droite d** est la longueur du segment de perpendiculaire à la droite, issue du point et limitée à la droite.

   Cette distance est notée **d(P,d)**.

PROPRIÉTÉS

1 **Dans un repère orthonormé du plan, la distance entre les points $A(x_A, y_A)$ et $B(x_B, y_B)$ est égale à**

$$d(A, B) = \sqrt{(x_B - x_A)^2 + (y_B - y_A)^2}$$
$$= \sqrt{(x_A - x_B)^2 + (y_A - y_B)^2}$$

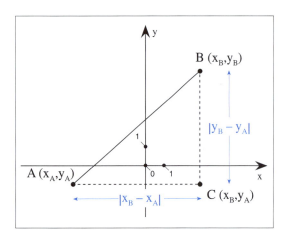

En effet, si l'on considère le point $C(x_B, y_A)$, le triangle ACB est rectangle en C et, par Pythagore, on a :

$$\overline{AB}^2 = \overline{AC}^2 + \overline{BC}^2.$$

Comme $\overline{AC} = |x_B - x_A| = |x_A - x_B|$
et $\overline{BC} = |y_B - y_A| = |y_A - y_B|$,
il vient :

$$d(A, B) = \sqrt{(x_B - x_A)^2 + (y_B - y_A)^2}$$
$$= \sqrt{(x_A - x_B)^2 + (y_A - y_B)^2}.$$

120

2 **Dans un repère orthonormé du plan, la distance entre le point $A(x_A, y_A)$ et la droite a d'équation $y = k$ est égale à $|y_A - k|$.**

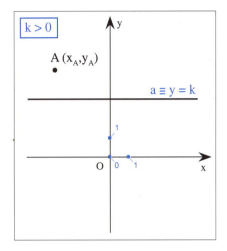 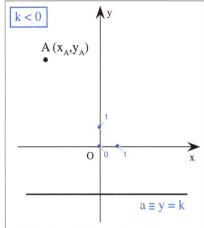

En effet, si on considère la droite b, parallèle à la droite a, issue de A, la distance entre A et a est égale à la distance entre les points d'intersection A_1 et A_2 de l'axe des ordonnées avec les droites a et b :

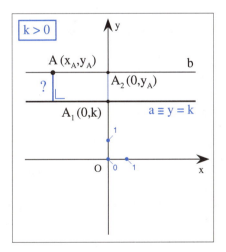 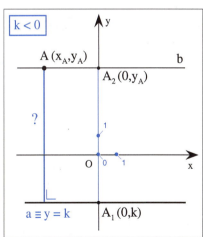

Ainsi,
$$\begin{aligned}
d(a, A) &= d(A_1, A_2)\\
&= \sqrt{(0-0)^2 + (y_A - k)^2}\\
&= |y_A - k|
\end{aligned}$$

3 Dans un repère orthonormé du plan, la distance entre le point $A(x_A, y_A)$ et la droite a d'équation $x = k$ est égale à $|x_A - k|$.

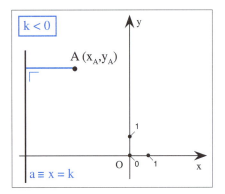 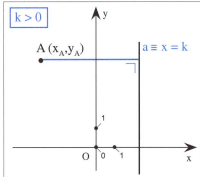

Démonstration analogue à la précédente, que chaque élève tentera, pour se prouver qu'il a bien assimilé et compris celle qui précède.

Pour appliquer 277 à 282.

7.2 CERCLES

ÉQUATION CARTÉSIENNE

1) <u>Données</u>: le cercle de centre A et de rayon r.

2) <u>Outil</u>: la formule de la distance entre deux points.

3) <u>Recherche</u>:

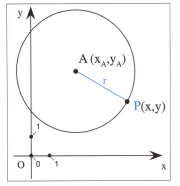

La formule de la distance entre deux points étant déterminée dans un repère orthonormé, il est indispensable, dès lors, de choisir un tel repère du plan.

Dans ce repère, soit (x_A, y_A), la coordonnée de A.

Le cercle $\mathbb{C}$ de centre A et de rayon r est le lieu des points situés à la distance r du point A.

En d'autres mots,

$$P(x, y) \text{ est un point de } \mathbb{C}$$

$$\Updownarrow$$

$$d(A, P) = r$$

$$\Updownarrow$$

$$\sqrt{(x - x_a)^2 + (y - y_A)^2} = r$$

$$\Updownarrow \quad (r \in \mathbb{R}_0^+)$$

$$\boxed{(x - x_a)^2 + (y - y_A)^2 = r^2}$$

Cette égalité établit un lien entre l'abscisse x et l'ordonnée y de n'importe quel point du cercle $\mathbb{C}$ de centre A et de rayon r.

De plus, les points du cercle $\mathbb{C}$ sont les seuls dont l'abscisse et l'ordonnée vérifient cette égalité, puisque la distance au centre de tout point extérieur au cercle est supérieure à r et la distance au centre de tout point intérieur au cercle est inférieure à r.

Pour ces motifs, l'équation trouvée est celle du cercle de centre $A(x_A, y_A)$ et de rayon r.

4) Formulation:

Dans un repère orthonormé du plan, l'équation du cercle $\mathbb{C}$ de centre $A(x_A, y_A)$ et de rayon r est :

$$(x - x_A)^2 + (y - y_A)^2 = r^2$$

Pour appliquer 283 à 287.

7.3 PARABOLES

DÉFINITION

Une **parabole** est le lieu des points du plan situés à égale distance d'un point donné et d'une droite donnée qui ne comprend pas le point donné.

VOCABULAIRE

1. Le point donné est le **foyer** de la parabole.

2. La droite donnée est la **directrice** de la parabole.

CONSTRUCTION

	Données : le point F, la droite d, $F \notin d$.
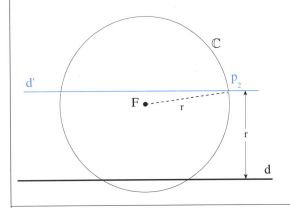	On trace le cercle de centre F et de rayon r $$r \geqslant \frac{1}{2} \cdot d(F, d)$$
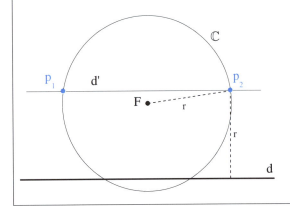	On trace la droite d′ parallèle à d, à la distance r de d, du même côté de d que F.
	On sélectionne le point ou les deux points d'intersection de la parallèle et du cercle.

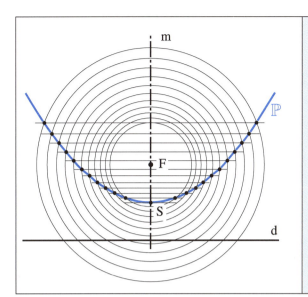

On recommence avec d'autres valeurs de r.

AXE DE SYMÉTRIE ET SOMMET

Cette construction fait apparaître un **axe de symétrie** pour la parabole : la perpendiculaire à la directrice issue du foyer F.

L'intersection de l'axe de symétrie avec la parabole est appelé **sommet de la parabole**.

ÉQUATION CARTÉSIENNE

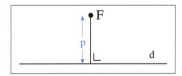

1) Dessin et données : le point F,
la droite d,
d(F, d) = p.

2) Outil :
• la formule de la distance entre deux points ;

• la formule de la distance entre un point et une droite parallèle à l'un des axes.

3) <u>Recherche</u>:

Les formules utilisées ont été établies dans un repère orthonormé. Il est indispensable de se situer dans un tel repère.

On choisira comme

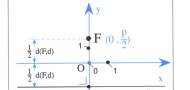

- *axe des abscisses*, la parallèle à d située à mi-distance entre d et F;
- *axe des ordonnées*, la perpendiculaire à d comprenant F, orienté pour que l'ordonnée de F soit positive;
- *unité*, celle qui a servi à mesurer $d(F, d)$ (en fait, la p^{ième} partie de $d(F, d)$).

Compte tenu du choix du repère orthonormé, il est évident que F a pour coordonnée $(0, \frac{p}{2})$ et que d a pour équation $y = -\frac{p}{2}$.

Dès lors, $\qquad\qquad$ $P(x, y)$ est un point de la parabole $\mathbb{P}$

$$\Updownarrow$$

$$d(P, F) = d(P, d)$$

$$\Updownarrow$$

$$\sqrt{(x - 0)^2 + (y - \frac{p}{2})^2} = |y + \frac{p}{2}|$$

$$\Updownarrow$$

$$x^2 + (y - \frac{p}{2})^2 = |y + \frac{p}{2}|^2$$

$$\Updownarrow \text{ (quelques calculs élémentaires)}$$

$$x^2 = 2py$$

$$\Updownarrow$$

$$y = \frac{x^2}{2p}$$

4) <u>Formulation</u>:

Dans un repère orthonormé du plan, la courbe d'équation

$$x^2 = 2py \quad \text{ou} \quad y = \frac{x^2}{2p}$$

est une parabole | **de foyer $F(0, \frac{p}{2})$;**

de directrice d d'équation $y = -\frac{p}{2}$;

d'axe de symétrie d'équation $x = 0$;

de sommet $(0, 0)$.

7.4 REPRESENTATION GRAPHIQUE DES FONCTIONS DU SECOND DEGRE

VOCABULAIRE

1. Un **trinôme du second degré** est un trinôme du type

$ax^2 + bx + c$ où $a \in \mathbb{R}_0$, $b \in \mathbb{R}$, $c \in \mathbb{R}$.

2. La fonction $f : x \rightarrow ax^2 + bx + c$ où $a \in \mathbb{R}_0$, $b \in \mathbb{R}$, $c \in \mathbb{R}$, est appelée **fonction trinôme du second degré**.

PROPRIÉTÉS

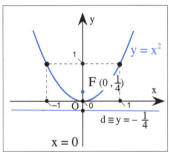

1 Dans un repère orthonormé du plan, la courbe d'équation $y = x^2$ est une parabole,

> de foyer $F(0, \dfrac{1}{4})$;
>
> de directrice d'équation $y = -\dfrac{1}{4}$;
>
> d'axe de symétrie d'équation $x = 0$;
> de sommet $(0,0)$.

Cette propriété est une conséquence immédiate de la formulation de l'équation de la parabole lorsque $p = \dfrac{1}{2}$.

2 Tout trinôme du second degré $ax^2 + bx + c$

peut s'écrire sous la forme $a(x + m)^2 + q$.

1) <u>Données:</u> le trinôme $ax^2 + bx + c$ où $a \in \mathbb{R}_0$, $b \in \mathbb{R}$, $c \in \mathbb{R}$.

2) <u>Thèse:</u> on peut trouver m et q tels que

$$ax^2 + bx + c = a(x + m)^2 + q$$

3) <u>Outil:</u> utiliser la méthode des coefficients indéterminés.

127

4) Démonstration

Il faudrait que $ax^2 + bx + c = a(x + m)^2 + q$
$$= ax^2 + 2amx + am^2 + q$$

On doit donc résoudre le système en les inconnues m et q :

$$\begin{cases} b = 2am \\ c = am^2 + q \end{cases}$$

Puisque a est non nul, on obtient toujours les solutions

$$m = \frac{b}{2a} \quad \text{et} \quad q = \frac{4ac - b^2}{4a}.$$

À QUOI CELA SERT-IL ?

Ces deux propriétés sont à la base de
- *la représentation graphique de toutes les fonctions du second degré qui est reprise dans les constructions qui suivent;*
- *de la résolution d'équations du second degré qui sera reprise dans l'unité suivante, mais dont une première évocation suit.*

Soit à *résoudre les deux équations* que voici : $x^2 + 2x - 8 = 0$ et $3x^2 - 6x + 8 = 0$

1. $x^2 + 2x - 8 = (x + m)^2 + q$
$$= x^2 + 2mx + (m^2 + q)$$

Ainsi, $\begin{cases} 2 = 2m \\ -8 = m^2 + q \end{cases}$ Dès lors, m = 1 et q = −9.

On en déduit : $x^2 + 2x - 8 = (x + 1)^2 - 9$.

Dès lors,
$$\begin{aligned} x^2 + 2x - 8 = 0 &\iff (x + 1)^2 - 9 = 0 \\ &\iff (x + 1)^2 = 9 \\ &\iff x + 1 = 3 \text{ ou } x + 1 = -3 \\ &\iff \boxed{x = 2 \text{ ou } x = -4} \end{aligned}$$

2. $3x^2 - 6x + 8 = 3(x + m)^2 + q$
$$= 3x^2 + 6mx + (3m^2 + q)$$

Ainsi, $\begin{cases} -6 = 6m \\ 8 = 3m^2 + q \end{cases}$ Dès lors, m = −1 et q = 5.

On en déduit : $3x^2 - 6x + 8 = 3(x - 1)^2 + 5$
Dès lors,
$$\begin{aligned} 3x^2 - 6x + 8 = 0 &\iff 3(x - 1)^2 + 5 = 0 \\ &\iff 3(x - 1)^2 = -5. \end{aligned}$$

$\boxed{\text{Il n'y a donc aucune solution réelle.}}$

CONSTRUCTIONS

par manipulations

1) **Pour construire le graphe cartésien de la fonction**

$$h : x \rightarrow (x + m)^2$$

à partir de celui de $f : x \rightarrow x^2$,

on utilise les techniques déjà rencontrées dans l'unité 3.

On soustrait m à chaque abscisse de G_f.

On effectue ainsi une translation horizontale de la parabole G_f.

Celle-ci s'effectue

vers la gauche, si m > 0	vers la droite, si m < 0
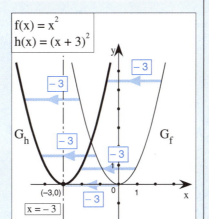	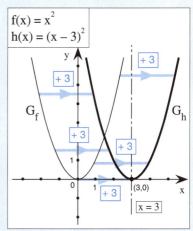

Il en résulte que **G_h est aussi une parabole.**

Son axe de symétrie a pour équation x = −m.

Son sommet est $(-m, 0)$. C'est le point le plus bas de la parabole.

2) **Pour construire le graphe cartésien de la fonction**

$$i : x \rightarrow ax^2$$

à partir de celui de $f : x \rightarrow x^2$,

on utilise les techniques déjà rencontrées dans l'unité 3.

On multiplie chaque ordonnée de G_f par a.

On effectue ainsi un « étirage » vertical de la parabole G_f

Si a > 0,	**Si a < 0,**
G_i et G_f sont du même côté de l'axe des abscisses.	G_i et G_f sont de part et d'autre de l'axe des abscisses.

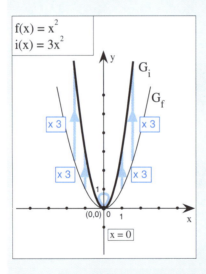

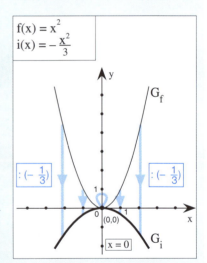

Il en résulte que **G_i est aussi une parabole.**

Son axe de symétrie a pour équation x = 0.

Son sommet est $(0, 0)$.

Si a > 0, le sommet est le point le plus bas de la parabole.	**Si a < 0, le sommet est le point le plus haut de la parabole.**

3) **Pour construire le graphe cartésien de la fonction**

$$g : x \rightarrow x^2 + q$$

à partir de celui de $f : x \rightarrow x^2$,

on utilise les techniques déjà rencontrées dans l'unité 3.

On ajoute q à chaque ordonnée de G_f.

On effectue ainsi un translation verticale de la parabole G_f.

Celle-ci s'effectue

vers le haut, si q > 0,	**vers le bas, si q < 0**

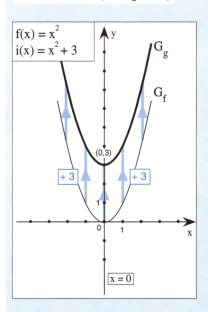 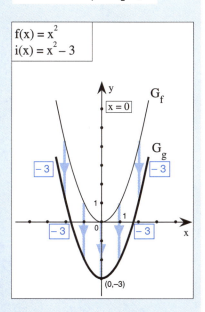

Il en résulte que **G_g est aussi une parabole.**

Son axe de symétrie a pour équation x = 0.

Son sommet est $(0, q)$. C'est le point le plus bas de la parabole.

4) **Pour construire le graphe cartésien de la fonction** $j : x \to a(x + m)^2 + q$ **à partir de celui de** $f : x \to x^2$, on utilise les techniques mises au point ci-dessus.

1. On passe de G_f à G_h où $h : x \to (x + m)^2$ (1ᵉ construction)

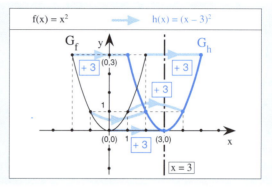

2. On passe de G_h à G_i où $i : x \to a(x + m)^2$ (2ᵉ construction)

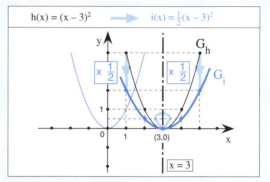

3. On passe de G_i à G_j où $j : x \to a(x + m)^2 + q$ (3ᵉ construction)

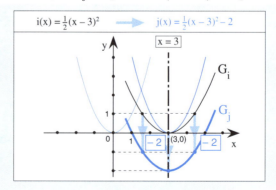

Il en résulte que G_j est aussi une parabole.

Son sommet est $(-m, q)$.

Son axe de symétrie a pour équation $x = -m$.

PROPRIÉTÉS (suite)

3 Le graphe cartésien de toute fonction du second degré
$f : x \rightarrow ax^2 + bx + c$ où $a \in \mathbb{R}_0$, $b \in \mathbb{R}$, $c \in \mathbb{R}$,
est une parabole.

Son sommet a pour coordonnée $\left(-\dfrac{b}{2a}, \dfrac{4ac - b^2}{4a} \right)$.

Son axe de symétrie a pour équation $x = -\dfrac{b}{2a}$.

Si $a > 0$, le sommet est le point le plus bas de la parabole.
Si $a < 0$, le sommet est le point le plus haut de la parabole.

Cette propriété se déduit de ce qui vient d'être dit dans les constructions ainsi que de la propriété 2.

4 Le tableau de variation de la fonction du second degré
$f : x \rightarrow ax^2 + bx + c$ où $a \in \mathbb{R}_0$, $b \in \mathbb{R}$, $c \in \mathbb{R}$,
se dresse comme suit :

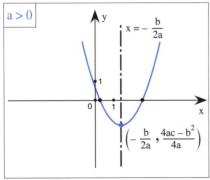

$a > 0$		
valeurs de x	$-\dfrac{b}{2a}$	
variations de f(x)	$\searrow$ $\dfrac{4ac - b^2}{4a}$	$\nearrow$

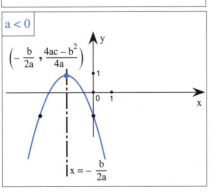

$a < 0$		
valeurs de x	$-\dfrac{b}{2a}$	
variations de f(x)	$\nearrow$ $\dfrac{4ac - b^2}{4a}$	$\searrow$

Cette propriété est une conséquence immédiate de la précédente.

133

VOCABULAIRE ET CONSTRUCTIONS

1. Si a > 0, le sommet de la parabole d'équation $y = ax^2 + bx + c$ est appelé **minimum** de la parabole.

2. Si a < 0, le sommet de la parabole d'équation $y = ax^2 + bx + c$ est appelé **maximum** de la parabole.

Pour construire la parabole d'équation $y = ax^2 + bx + c$,

$y = x^2 + x + 1$ | $y = -x^2 - 4$

on détermine l'**axe de symétrie** $x = -\dfrac{b}{2a}$;

$m \equiv x = -\dfrac{1}{2}$ | $m \equiv x = 0$

on détermine la coordonnée du **sommet** : intersection de l'axe de symétrie avec la parabole ;

si $x = -\dfrac{1}{2}$, alors $y = \dfrac{3}{4}$ | si $x = 0$, alors $y = -4$

on calcule la **coordonnée d'au moins deux points distincts de la parabole** ;

x	y
0	1
1	3

x	y
1	−5
2	−8

on détermine **les points symétriques, par rapport à l'axe de symétrie**, de ceux que l'on vient de déterminer ;

$S_m(0; 1) = (-1; 1)$ | $S_m(1; -5) = (-1; -5)$
$S_m(1; 3) = (-2; 3)$ | $S_m(2; -8) = (-2; -8)$

on place les points découverts (au moins cinq) dans le repère orthonomé que l'on s'est donné et l'on trace la parabole en joignant ces points de manière « régulière ».

Pour appliquer 288 à 298.
En cas de nécessité 299 à 301.
Pour chercher 302 à 315.
Pour aller plus loin 316 à 332.
Venus d'ailleurs 333 à 335.

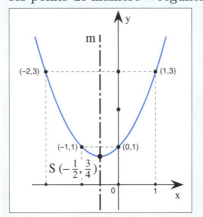

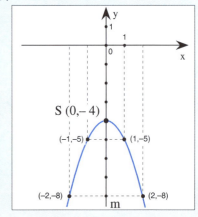

UN PETIT BOUT D'HISTOIRE

LES ÉQUATIONS :
UNE PRÉOCCUPATION DES ALGÉBRISTES DE TOUT TEMPS

Depuis la plus haute Antiquité, des problèmes concrets ont été posés aux savants. Ces derniers se sont attachés à les résoudre : depuis longtemps, la *résolution d'équations* était une préoccupation majeure et se trouva au centre de l'**algèbre**.

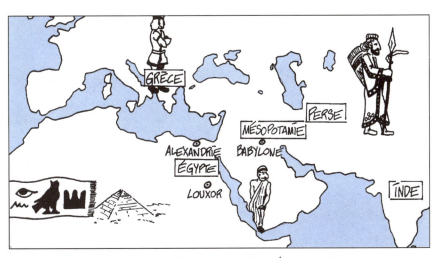

Le monde antique : Babyloniens, Indiens, Égyptiens, Grecs.

1) Dans l'Antiquité égyptienne

Extrait du papyrus de Rhind.

- Une des premières manifestations de l'algèbre, à l'aube des civilisations, est consignée, en **Égypte** dans le papyrus de Rhind (du nom de l'antiquaire écossais qui l'acquit en 1858, à Louxor, en *Égypte*. Il est conservé au *Britisch Museum*, de Londres)

  Ce texte tente à prouver que 1700 ans av. J.-C., les hommes avaient l'impérieuse nécessité de résoudre des problèmes.

- « Le scribe Ahmes recopia vers 1650 avant J.-C. un texte qui datait du 19e siècle avant notre ère. Le *papyrus de Rhind* contient probablement quatre-vingt-quatre problèmes d'arithmétique et de géométrie, avec les solutions » [1].

---

[1] M. Ballieu, « Comment procédaient-ils ?, *Mathématique et Pédagogie*, 1997, n°112, page 5 à 30. Nous tenons à remercier M. Michel BALLIEU, professeur à l'Athénée Royal de Binche, qui nous a autorisés à publier des extraits de son article paru dans la Revue *Mathématique et Pédagogie*.

Écriture en **hiéroglyphes**

I =	1	₰ =	10 000
∩ =	10		
⌒ =	100	☙ =	100 000
⤾ =	1000	⚘ =	1 000 000

L'écriture de tout nombre est obtenue par répétition de ces symboles.

Ainsi, 12 345 a pour graphie :

Le système de numération égyptien est décimal non positionnel

● L'extrait qui nous concerne (Problème 24 du *Papyrus de Rhind*) est l'énoncé écrit en **hiératique** :

ou, en français

> *Une quantité, son septième ajouté, devient 19.*

qui se traduit aujourd'hui par l'*équation linéaire* :

$$x + \frac{x}{7} = 19.$$

Les Mésopotamiens inventèrent une numération de position

Extrait de tablette cunéiforme présentant des problèmes de surface

2) Dans l'Antiquité babylonienne

Les tablettes d'argile se conservant mieux que les papyrus, on trouva en **Mésopotamie** des tablettes babyloniennes (±200 à 700 av. J.-C.) rédigées en écriture cunéiforme et comportant des textes mathématiques. Plusieurs évoquent des *problèmes de surface* débouchant sur des équations.

Ainsi, par exemple :

> *calculer la longueur du côté du carré dont l'aire diminuée de la longueur du côté vaut 870.*

On est ainsi amené à *résoudre l'équation* du second degré qui se note en écriture moderne : $x^2 - x = 870$.

3) Dans l'Antiquité Grecque

La numération grecque n'est pas position-nelle. En notation « ionique ». Un nombre est représenté par un assemblage de *lettres* ou *mot*. Pour distinguer ces mots de ceux du langage, on les surmonte d'une barre horizontale ou on leur adjoint un accent aigu.

Les **Grecs**, avant tout géomètres, cultivèrent peu le calcul. Les problèmes algébriques qui se posèrent à eux ne sont guère réso-lus par la voie numérique, à cause de leur écriture trop compli-quée des nombres.

Leurs problèmes débouchèrent sur des méthodes géométriques de résolution.

Ainsi, par exemple :

> *Chercher un rectangle dont l'aire est égale à celle d'un carré de côté donné* m, *lorsque l'on connaît la différence* d *de ses deux dimensions.*

1	α'	70	o'
2	β'	80	π'
3	γ'	90	q'
4	δ'	100	ρ'
5	ϵ'	101	$\rho\alpha'$
6	ς'	102	$\rho\beta'$
7	ζ'	200	σ'
8	η'	300	τ'
9	θ'	400	υ'
10	ι'	500	φ'
11	$\iota\alpha'$	600	χ'
12	$\iota\beta'$	700	ψ'
13	$\iota\gamma'$	800	ω'
14	$\iota\delta'$	900	$\text{\ss}'$
15	$\iota\epsilon'$	1000	$,\alpha$
16	$\iota\varsigma'$	2000	$,\beta$
17	$\iota\zeta'$	3000	$,\gamma$
18	$\iota\eta'$	4000	$,\delta$
19	$\iota\theta'$	5000	$,\epsilon$
20	$\varkappa'$	6000	$,\varsigma$
21	$\varkappa\alpha'$	7000	$,\zeta$
22	$\varkappa\beta'$	8000	$,\eta$
30	λ'	9000	$,\theta$
40	μ'	10000	$,\iota$
50	ν'	20000	$,\varkappa$
60	ξ'	100000	$,\rho$

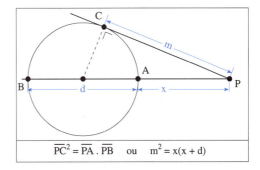

$$\overline{PC}^2 = \overline{PA} \cdot \overline{PB} \quad \text{ou} \quad m^2 = x(x + d)$$

(La construction en question est évoquée dans les exercices de EM4, n° 325–326, sur la *puissance d'un point par rapport à un cercle*).

En algèbre moderne, il y aurait lieu de résoudre *l'équation* du second degré :

$$m^2 = x(x + d)$$

où x est l'inconnue, m et d, des paramètres réels.

Seule la *solution positive* est construite par les mathématiciens grecs.

862 s'écrit $\boxed{\overline{\omega\xi\beta}}$

689 385 s'écrit $\boxed{\begin{matrix} \xi\eta \\ M, \theta\tau\pi\epsilon' \end{matrix}}$

4) Dans l'Antiquité romaine

L'art du calcul n'allait pas progresser à l'*époque romaine* car l'écriture des nombres demeure lourde, bien que les grands nombres s'écrivaient plus facilement que chez les Grecs.

1997 s'écrit

Chiffres indiens

5) En Inde

Les *savants de l'Inde* débarassèrent l'algèbre des considérations géométriques des Grecs. Au 5e siècle de notre ère, ils utilisèrent la même numérotation de position que nous et, au 6e siècle, ils introduisirent le « *zéro* ». *Tout ceci favorisa le développement de l'algèbre.*

6) Dans la civilisation musulmane

Les *Arabes* héritèrent du contenu du savoir grec et surtout de celui des connaissances indiennes.

Un des plus célèbres savants arabes fut Muhammed ibn Musa al-Khawarizmi, qui écrivit à *Bagdad* (Irak) un *traité d'Arithmétique* dans lequel il évoque des procédés de calcul qu'on appela, plus tard, en Occident, **algorithmes**, nom propre latinisé de l'auteur.

Il rédigea aussi un *traité d'algèbre* intitulé « *Hisab* (science) *al-jabr* (réduction) *walmuquabala* (comparaison) » ou « de l'art d'assembler des inconnues pour les égaler à une quantité connue ». « *Al-jabr* » donna naissance au mot **algèbre**.

Chiffres arabes (anciens)

(à suivre après l'unité 8)

8 LE SECOND DEGRÉ

ACTIVITÉS

1 On donne la parabole d'équation $y = x^2 - 4x + 4$.

a) Trace cette parabole et détermine graphiquement ses points d'intersection avec l'axe des abscisses.

b) Tente de trouver algébriquement l'abscisse de chacun de ces points d'intersection. Quelle équation as-tu dû résoudre ?

c) Sans tracer la parabole, détermine l'abscisse de chacun de ses éventuels points d'intersection avec l'axe des abscisses, dans les cas suivants :

$$y = x^2 - 4 \quad ; \quad y = x^2 + 4 \quad ; \quad y = x^2 - 4x \quad ; \quad y = 2x^2 - 3$$

2 Ton ami Vincent voudrait construire une boîte de forme parallélépipédique à base carrée de 5 cm de côté.

L'aire du fond ajoutée à celle de la surface latérale doit être égale à 225 cm^2.

Pour ce faire, Vincent dispose de feuilles métalliques carrées de toutes dimensions.

Il ne peut en choisir qu'une seule.

Il devra déterminer la dimension convenable afin de n'avoir que quatre carrés comme déchet.

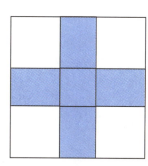

*a) Détermine **numériquement** l'aire de la feuille métallique en additionnant l'aire de la surface coloriée à celle de la surface non coloriée.*

b) Choisis l'inconnue x du problème.

*c) Écris l'équation qui exprime que l'aire qui vient d'être calculée en **a)** est égale à celle du carré, exprimée en fonction de x.*

d) Quel est le degré de l'équation trouvée ?
Tente de la résoudre.
Combien de solutions trouves-tu ? Sont-elles utilisables ?

3 On te demande de résoudre, l'équation du second degré

$$x^2 + 10x = 39$$

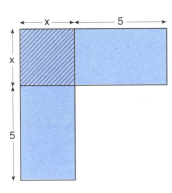

Embarrassé ?
Voici une méthode graphique de résolution de cette équation qui date de plusieurs siècles.

On dessine une figure ayant la forme d'un gnomon, dont l'aire soit égale à

$$x^2 + 5x + 5x,$$

c'est-à-dire

$$x^2 + 10x.$$

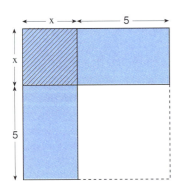

On complète cette figure par un carré pour obtenir un grand carré dont le côté est celui d'un gnomon.

On détermine **numériquement**

- l'aire du carré ajouté,

Aire ajoutée : 5 × 5 = 25

- l'aire du gnomon,

Aire du gnomon : $x^2 + 5x + 5x = 39$

- l'aire du grand carré.

Aire totale : 25 + 39 = 64

Connaissant l'aire du grand carré, on calcule son côté et on trouve ainsi la quantité inconnue x.

Côté du grand carré : 8
$$x + 5 = 8$$
$$x = 3$$

a) Pourquoi les deux rectangles composant le gnomon ont-ils un côté de longueur égale à 5 ?

b) Justifie pourquoi, pour obtenir un grand carré, on a été obligé d'ajouter un carré au gnomon.

c) Explique les calculs des aires.

d) L'équation $x^2 + 10x - 39 = 0$ n'admet-elle que la seule solution x = 3 ? Quelle serait l'autre ?

e) En utilisant cette même technique tente de résoudre l'équation $x^2 + 6x - 16 = 0$.

4 Une bille est lancée vers le haut avec une vitesse initiale de 8 m/s, à partir d'une hauteur de 4 mètres.

L'espace parcouru e(t) est une fonction du temps t décrite par la formule

$$e(t) = -\frac{1}{2} \cdot 10t^2 + 8t + 4$$
$$= -5t^2 + 8t + 4$$

a) *Pour résoudre l'équation* $-5t^2 + 8t + 4 = 0$;

écris le premier membre sous la forme $a(x + m)^2 + q$;

ensuite, résous l'équation $a(x + m)^2 + q = 0$.

(Inspire-toi de ce qui a été dit dans le dernier « À quoi cela sert-il ? » de l'unité 7).

b) *Quelle interprétation physique peux-tu donner aux deux solutions trouvées ?*

NOTIONS

8.1 RESOLUTION D'EQUATIONS DU SECOND DEGRE

VOCABULAIRE

1. Toute **équation du second degré** en x est du type

$ax^2 + bx + c = 0$ où $a \in \mathbb{R}_0$, $b \in \mathbb{R}$, $c \in \mathbb{R}$.

2. **Résoudre** une équation du second degré dans $\mathbb{R}$, c'est trouver les réels qui, lorsqu'ils remplacent x, annulent $ax^2 + bx + c$.

Ces réels sont encore appelés **racines** de l'équation.

3. Les **racines** de l'équation $ax^2 + bx + c = 0$ sont les réels qui sont les abscisses de points de la parabole $\mathbb{P}$ d'équation $y = ax^2 + bx + c$ dont l'ordonnée est nulle.

Il s'agit de l'**abscisse** de chacun **des points d'intersection, s'ils existent, de cette parabole avec l'axe des abscisses**.

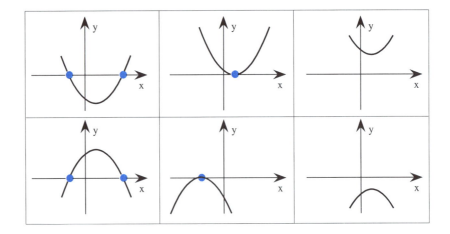

PROPRIÉTÉS

1 L'équation du second degré $ax^2 + bx + c = 0$ admet
- deux racines réelles, si $b^2 - 4ac > 0$;
- une racine réelle, si $b^2 - 4ac = 0$;
- aucune racine réelle, si $b^2 - 4ac < 0$.

En effet, on sait par l'unité précédente (7.4. propriété 2) :

$$ax^2 + bx + c = a\left(x + \frac{b}{2a}\right)^2 + \frac{4ac - b^2}{4a}.$$

Dès lors, $\qquad ax^2 + bx + c = 0$

$$\Updownarrow \qquad \text{puisque } a \neq 0$$

$$\left(x + \frac{b}{2a}\right)^2 + \frac{4ac - b^2}{4a^2} = 0$$

$$\Updownarrow$$

$$\left(x + \frac{b}{2a}\right)^2 = \frac{b^2 - 4ac}{4a^2}.$$

Pour pouvoir calculer x, *il faut pouvoir extraire les racines carrées des deux membres.*

Comme le premier membre est un carré parfait, la possibilité de résoudre cette équation ainsi que le nombre de solutions dépend donc uniquement du **signe du second membre.**

- Si $\dfrac{b^2 - 4ac}{4a^2} > 0$, alors $\left|x + \dfrac{b}{2a}\right| = \sqrt{\dfrac{b^2 - 4ac}{4a^2}}$

  soit encore

  $$x + \frac{b}{2a} = \frac{\sqrt{b^2 - 4ac}}{2a} \qquad \text{ou} \qquad x + \frac{b}{2a} = -\frac{\sqrt{b^2 - 4ac}}{2a}$$

  ou enfin

  $$\boxed{x_1 = \frac{-b + \sqrt{b^2 - 4ac}}{2a} \quad ; \quad x_2 = \frac{-b - \sqrt{b^2 - 4ac}}{2a}}$$

- Si $\dfrac{b^2 - 4ac}{4a^2} = 0$, alors $x + \dfrac{b}{2a} = 0$ ou encore $\boxed{x_1 = -\dfrac{b}{2a}}$.

- Si $\dfrac{b^2 - 4ac}{4a^2} < 0$, alors $\boxed{\text{il n'y a pas de solution.}}$

[2] Lorsque l'équation du second degré $ax^2 + bx + c = 0$ admet des racines réelles, | leur somme S est égale à $\dfrac{-b}{a}$;

leur produit P est égal à $\dfrac{c}{a}$.

On peut alors écrire $ax^2 + bx + c = a\,(x^2 - Sx + P)$.

(Théorème de Viète)

En effet, s'il y a des racines réelles, alors $b^2 - 4ac \geqslant 0$.

Dès lors,

- $x_1 + x_2 = \dfrac{-b - \sqrt{b^2 - 4ac}}{2a} + \dfrac{-b + \sqrt{b^2 - 4ac}}{2a} = -\dfrac{2b}{2a}$

$$\boxed{S = x_1 + x_2 = -\dfrac{b}{a}}$$

- $x_1 x_2 = \dfrac{-b - \sqrt{b^2 - 4ac}}{2a} \cdot \dfrac{-b + \sqrt{b^2 - 4ac}}{2a}$

(produit de deux binômes conjuguées)

$$= \dfrac{(-b)^2 - (b^2 - 4ac)}{4a^2}$$

$$= \dfrac{4ac}{4a^2}$$

$$\boxed{P = x_1 x_2 = \dfrac{c}{a}}$$

- $ax^2 + bx + c = a\left(x^2 + \dfrac{b}{a}x + \dfrac{c}{a}\right).$

Finalement $\boxed{ax^2 + bx + c = a\left(x^2 - Sx + P\right)}$

3 Deux nombres dont la somme est S et le produit est P sont racines de l'équation $x^2 - Sx + P = 0$.

Pour que ces nombres existent, il faut que $S^2 - 4P \geqslant 0$.

En effet, l'équation $x^2 - Sx + P = 0$ admet deux solutions lorsque

$$(-S)^2 - 4 \cdot 1 \cdot P \geqslant 0,$$

c'est-à-dire lorsque

$$S^2 - 4P \geqslant 0.$$

Dans ce cas, la somme des racines vaut $-\dfrac{(-S)}{1} = S$;

le produit des racines vaut $\dfrac{P}{1} = P$.

VOCABULAIRE

L'expression $\mathbf{b^2 - 4ac}$ qui détermine le nombre de racines réelles de l'équation du second degré $ax^2 + bx + c = 0$,

- **se note** ρ, **se lit** *rho* **et porte le nom** de **réalisant**, pour les uns ;

- **se note** Δ, **se lit** *delta* **et porte le nom** de **discriminant**, pour les autres.

Dans ce manuel, nous utiliserons la première notation et la première dénomination.

DISCUSSION

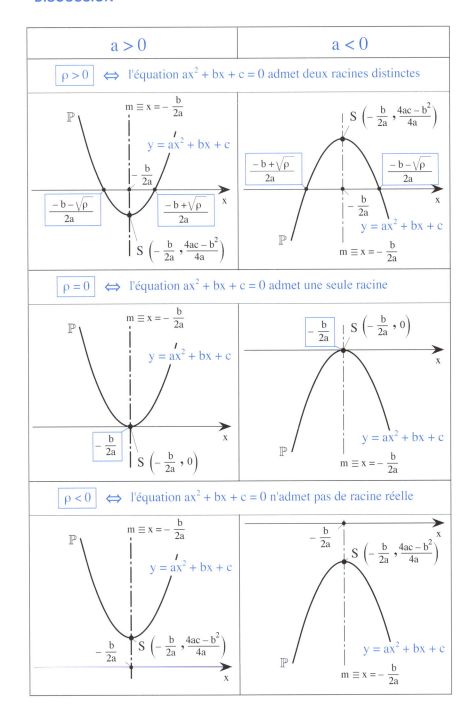

CALCULS

1) **Pour résoudre une équation du second degré**, diverses situations peuvent être rencontrées. La résolution dépend de la situation proposée.

- **L'équation est du type $ax^2 + c = 0$**

On écrit l'équation sous la forme $$x^2 = k$$	$4x^2 - 9 = 0$ devient $$x^2 = \frac{9}{4}$$	$4x^2 + 9 = 0$ devient $$x^2 = -\frac{9}{4}$$
On résout en sachant que seul un réel positif admet des racines carrées opposées.	$x^2 = \frac{9}{4}$ admet les solutions $$x = -\frac{3}{2}, x = \frac{3}{2}.$$	$x^2 = -\frac{9}{4}$ n'admet pas de solution.

- **L'équation est du type $ax^2 + bx = 0$**

On met x en évidence.

$4x^2 + 6x = 0$ devient $x(4x + 6) = 0$

On applique la règle du produit nul.

$x = 0$ ou $4x + 6 = 0$

$x = 0$ ou $x = -\frac{3}{2}$

- **$ax^2 + bx + c$ est un carré parfait.**

On remplace $ax^2 + bx + c$ par le carré parfait. On résout.

$4x^2 - 4x + 1 = 0$

devient $(2x - 1)^2 = 0$

$2x - 1 = 0$ ou $x = \frac{1}{2}$

- **Dans les autres cas.**

On applique les formules mises en place dans la propriété $\boxed{1}$.

$x^2 - 5x + 6 = 0$, donc $\rho = 25 - 24 = 1$

$x_1 = \frac{5 - 1}{2} = 2$ et $x_2 = \frac{5 + 1}{2} = 3$

$4x^2 - 5x + 7 = 0$, donc $\rho = 25 - 112 < 0$

Pas de racine réelle.

2) **Pour trouver deux nombres dont on donne la somme S et le produit P,**

Trouver deux nombres dont la somme est 2 et le produit est -8.

on applique la propriété $\boxed{3}$

On résout l'équation $x^2 - 2x - 8 = 0$,
où $\rho = 4 + 32 = 36$
$x_1 = -2$ et $x_2 = 4$

Et de fait, $-2 + 4 = 2$
$-2 \times 4 = -8$

À QUOI CELA SERT-IL ?

Résoudre une équation du second degré peut permettre de résoudre des problèmes qui conduisent à de telles équations; de déterminer les intersections d'une parabole d'équation donnée avec l'axe des abscisses; ...

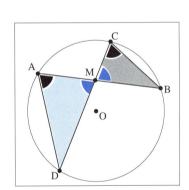

1. *Les cordes* [AB] *et* [CD] *du cercle* $\mathbb{C}$ *se coupent au point M.*
   Si $\overline{AB} = 10$, $\overline{DM} = 8$, *et* $\overline{MC} = 3$, *calcule* $\overline{AM}$ *et* $\overline{MB}$.

Soit x, la longueur de [AM]. Il en résulte que la longueur de [MB] est $10 - x$.
Les triangles AMD et CMB sont semblables puisque

$$\widehat{AMD} = \widehat{CMB} \qquad \text{(angles opposés par le sommet)}$$

$$\widehat{DAM} = \widehat{MCB} \qquad \text{(angles inscrits interceptant un même arc } \overset{\frown}{CD}\text{)}$$

Dès lors, $\dfrac{\overline{AM}}{\overline{CM}} = \dfrac{\overline{MD}}{\overline{MB}}$, soit $\dfrac{x}{3} = \dfrac{8}{10 - x}$, ou $10x - x^2 = 24$.

En résolvant l'équation $x^2 - 10x + 24 = 0$, on trouve 4 et 6 comme racines.

Les deux solutions sont plausibles : en effet,

si $\overline{AM} = 4$, alors $\overline{MB} = 6$ si $\overline{AM} = 6$, alors $\overline{MB} = 4$

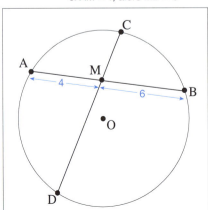 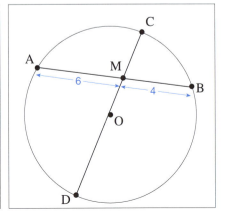

2. *Tracer la parabole d'équation* $y = x^2 - 4x - 5$.

- L'axe de symétrie de la parabole a pour équation $x = \dfrac{4}{2}$ ou encore $x = 2$.

  Le sommet a pour coordonnée $(2, -9)$.

- Les abscisses des points d'intersection de la parabole avec l'axe des x sont les racines de $x^2 - 4x - 5 = 0$, soit -1 et 5.

  Ces points sont donc $(-1, 0)$ et $(5, 0)$

- Un autre point de la parabole se trouve aisément en prenant $x = 0$.

  On obtient ainsi le point $(0, -5)$.

  Son symétrique par rapport à l'axe de symétrie est le point $(4, -5)$ qui appartient aussi à la parabole.

On peut alors tracer cette parabole.

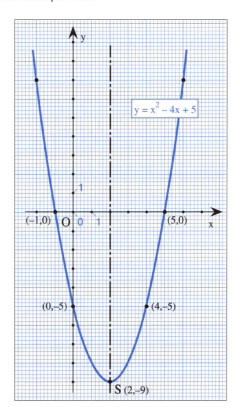

Pour appliquer 336 à 350.

8.2 FACTORISATION DES TRINOMES DU SECOND DEGRE

PROPRIÉTÉ

Le trinôme $ax^2 + bx + c$ où $a \in \mathbb{R}_0$, $b \in \mathbb{R}$, $c \in \mathbb{R}$,

- se factorise sous la forme $a(x - x_1)(x - x_2)$,
  si $\rho > 0$, x_1 et x_2 étant ses racines;

- se factorise sous la forme $a(x - x_1)^2$,
  si $\rho = 0$, x_1 étant sa racine;

- ne se factorise pas, si $\rho < 0$.

En effet,

Si $\rho > 0$, le trinôme admet deux racines réelles x_1 et x_2.

Il vient alors

$$ax^2 + bx + c = a(x^2 - Sx + P)$$
$$= a(x^2 - (x_1 + x_2)x + x_1x_2)$$
$$= a\left(x^2 - x_1\underline{x} - \underline{x_2}x + x_1\underline{x_2}\right)$$

(factorisation par groupements 2 à 2)

$$= a\left[(x - x_1)x - x_2(x - x_1)\right]$$

$$\boxed{ax^2 + bx + c = a(x - x_1)(x - x_2)}$$

Si $\rho = 0$, le trinôme admet une racine réelle x_1.

Il vient alors

$$ax^2 + bx + c = a(x^2 - Sx + P)$$
$$= a(x^2 - 2x_1x + x_1^2) \qquad \text{(trinôme carré parfait)}$$

$$\boxed{ax^2 + bx + c = a(x - x_1)^2}$$

Si $\rho < 0$, le trinôme n'admet pas de racine.

$$\boxed{\text{Il n'est pas possible de factoriser le trinôme.}}$$

En effet, une factorisation suppose que $ax^2 + bx + c = (x + r)Q(x)$, et, par conséquent, que r soit racine du trinôme, ce qui est exclu.

CALCUL

Pour factoriser le trinôme $ax^2 + bx + c$, où $a \neq 0$.

- **s'il est incomplet,**

on utilise les formules habituelles de factorisation.

$4x^2 - 16x = 4x(x - 4)$

$x^2 + 4$ ne se factorise pas.

$x^2 - 5 = (x - \sqrt{5})(x + \sqrt{5})$

- **s'il est complet,**

  ◇ **si $\rho = 0$,**

  on est en présence d'un carré parfait que l'on fait apparaître.

  $4x^2 - 4x + 1 = (2x - 1)^2$

  $5x^2 + 10x + 5 = 5(x^2 + 2x + 1)$
  $$= 5(x + 1)^2$$

  ◇ **si $\rho > 0$,**

  on utilise la propriété précédente.

  $3x^2 - 5x + 2$ où $\rho = 1$

  $x_1 = \dfrac{2}{3}$ et $x_2 = 1$

  $3x^2 - 5x + 2 = 3(x - \dfrac{2}{3})(x - 1)$
  $$= (3x - 2)(x - 1)$$

  ◇ **si $\rho < 0$,**

  le trinôme ne se factorise pas.

  $x^2 + x + 1$ ne se factorise pas dans $\mathbb{R}$.

À QUOI CELA SERT-IL ?

*Comme on a déjà pu l'observer en troisième et au début de cette année, la factorisation sert, entre autres, à **simplifier des fractions rationnelles**.*

$E(x) = \dfrac{6x^2 - 5x - 6}{3x^2 + 5x + 2}$ est à simplifier.

On factorise • le numérateur $6x^2 - 5x - 6$:

$\diamond\ \rho = 25 + 144 = 169 = 13^2$.

$\diamond\ x_1 = \dfrac{5 - 13}{12} = \dfrac{-8}{12} = -\dfrac{2}{3}$;

$x_2 = \dfrac{5 + 13}{12} = \dfrac{18}{12} = \dfrac{3}{2}$.

$\diamond\ 6x^2 - 5x - 6 = 6\left(x + \dfrac{2}{3}\right)\left(x - \dfrac{3}{2}\right)$.

• le dénominateur $3x^2 + 5x + 2$:

$\diamond\ \rho = 25 - 24 = 1 = 1^2$.

$\diamond\ x_1 = \dfrac{-5 - 1}{6} = -1$;

$x_2 = \dfrac{-5 + 1}{6} = -\dfrac{2}{3}$.

$\diamond\ 3x^2 + 5x + 2 = 3\left(x + \dfrac{2}{3}\right)(x + 1)$.

Ainsi : $\dfrac{6x^2 - 5x - 6}{3x^2 + 5x + 2} = \dfrac{6\left(x + \frac{2}{3}\right)\left(x - \frac{3}{2}\right)}{3\left(x + \frac{2}{3}\right)(x + 1)}$

• conditions d'existence : $x \neq -1$ et $x \neq -\frac{2}{3}$;

• condition de simplification : $x \neq -\frac{2}{3}$.

et, si $x \neq -\dfrac{2}{3}$, alors on peut simplifier la fraction rationnelle proposée.

Donc, si $x \neq -\dfrac{2}{3}$, alors $E(x) = \dfrac{2\left(x - \frac{3}{2}\right)}{(x + 1)} = \dfrac{2x - 3}{x + 1}$.

Pour appliquer 351 à 354.

8.3 SIGNE DU TRINOME ET INEQUATIONS

ÉTUDE GRAPHIQUE

*L'observation du graphe cartésien des fonctions du second degré dans $\mathbb{R}$, c'est-à-dire des paraboles, va permettre de dégager une règle générale qui donne le **signe du trinôme du second degré**. Dans cette étude graphique,*

- *l'axe des ordonnées n'a pas été représenté;*
- *la fonction du second degré est* f : x $\longrightarrow$ ax^2 + bx + c *ce qui signifie que l'équation de la parabole* $\mathbb{P}$ *est* y = ax^2 + bx + c, *où* a $\neq$ 0.

1) $\boxed{\rho > 0}$ Le trinôme admet deux racines réelles x_1 et x_2 $(x_1 < x_2)$

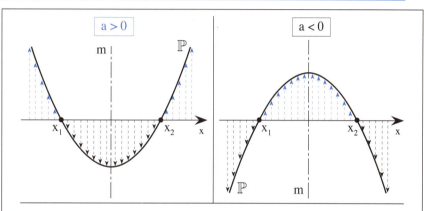

Les points de $\mathbb{P}$ qui ont une abscisse strictement inférieure à x_1 ou strictement supérieure à x_2 ont une ordonnée

    strictement positive | strictement négative

Les points de $\mathbb{P}$ qui ont une abscisse strictement comprise entre x_1 et x_2 ont une ordonnée

    strictement négative | strictement positive

Cette observation se résume dans les tableaux suivants :

valeurs de x	x_1		x_2	
signe de ax^2 + bx + c	+	0 − 0		+

valeurs de x	x_1		x_2	
signe de ax^2 + bx + c	−	0 + 0		−

En bref

Si $\rho > 0$, le trinôme ax^2 + bx + c prend le signe

- de a pour les valeurs de x extérieures aux racines;
- contraire de celui de a pour les valeurs de x intérieures aux racines.

2) $\boxed{\rho = 0}$ Le trinôme admet une racine réelle x_1

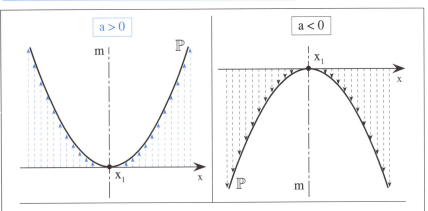

Tous les points de $\mathbb{P}$, à l'exception du sommet, ont une ordonnée

strictement positive | strictement négative

Cette observation se résume dans les tableaux suivants :

valeurs de x		x_1	
signe de $ax^2 + bx + c$	$+$	0	$+$

valeurs de x		x_1	
signe de $ax^2 + bx + c$	$-$	0	$-$

En bref

Si $\rho = 0$, le trinôme $ax^2 + bx + c$ prend le signe
- de a pour les valeurs de x extérieures aux racines;
- ne prend jamais le signe contraire de celui de a.

3) $\boxed{\rho < 0}$ Le trinôme n'admet aucune racine réelle

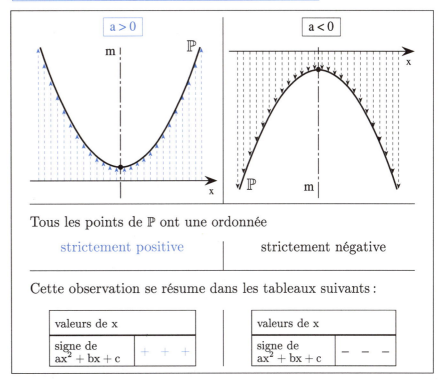

Tous les points de $\mathbb{P}$ ont une ordonnée

| strictement positive | strictement négative |

Cette observation se résume dans les tableaux suivants :

valeurs de x		
signe de $ax^2 + bx + c$	+ + +

valeurs de x		
signe de $ax^2 + bx + c$	− − −

En bref

> Si $\rho < 0$, le trinôme $ax^2 + bx + c$ prend le signe
> - de a pour toutes les valeurs de x;
> - ne prend jamais le signe contraire de celui de a.

De cette étude découle la règle du signe du trinôme :

Le trinôme $ax^2 + bx + c$ ($a \neq 0$) prend le signe du coefficient de x^2 pour toutes les valeurs de x sauf
- **pour les valeurs de x égales aux racines, lorsqu'il y en a (le trinôme est alors nul);**
- **pour les valeurs de x comprises entre les racines, lorsqu'il y en a deux (le trinôme prend alors le signe contraire de celui du coefficient de x^2).**

CALCULS

1) **Pour résoudre une inéquation du second degré,**

Résoudre $5x - 2x^2 > 3$

• on place tous les termes dans le premier membre:

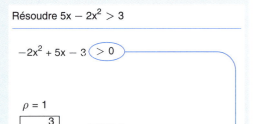

$-2x^2 + 5x - 3 \;\boxed{> 0}$

• on détermine les racines du trinôme;

$\rho = 1$

$\boxed{x_1 = \dfrac{3}{2}}$ ou $\boxed{x_2 = 1}$

• on dresse le tableau des signes en classant les racines, de manière croissantes, et on sélectionne le signe approprié;

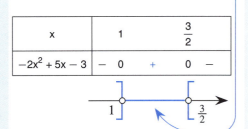

x		1		$\dfrac{3}{2}$	
$-2x^2 + 5x - 3$	−	0	+	0	−

• on détermine l'ensemble des solutions.

$S = \left] 1; \dfrac{3}{2} \right[$

2) **Pour résoudre des inéquations d'un degré supérieur à 2,**

Résoudre $2x^3 - 12x \geqslant 10x^2$

- on place les termes dans le premier membre et on les ordonne;

$$2x^3 - 10x^2 - 12x \geqslant 0$$

- on factorise ce premier membre sous forme de facteurs du premier ou du second degré;

$$2x(x^2 - 5x - 6) \boxed{\geqslant 0}$$

- on détermine les racines de chacun des facteurs;

$2x = 0 \implies \boxed{x = 0}$

$x^2 - 5x - 6 = 0 \implies \boxed{x_1 = -1 \quad \text{ou} \quad x_2 = 6}$

- on dresse le tableau des signes en classant toutes les racines trouvées, de manière croissante, et on sélectionne le signe approprié;

x		-1		0		6	
$2x$	$-$	$-$	$-$	0	$+$	$+$	$+$
$x^2 - 5x - 6$	$+$	0	$-$	$-$	$-$	0	$+$
$2x(x^2 - 5x - 6)$	$-$	0	$+$	0	$-$	0	$+$

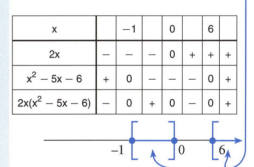

- on détermine l'ensemble des solutions.

$S = [-1, 0] \cup [6, \rightarrow$

157

3) **Pour résoudre des inéquations fractionnaires,**

Résoudre $\dfrac{1}{1-x} \leqslant 1 - \dfrac{2}{x^2 - 3x + 2}$

- on pose les conditions d'existence;

$1 - x \neq 0, \quad \text{soit} \quad x \neq 1$

$x^2 - 3x + 2 \neq 0, \quad \text{soit} \quad \boxed{x \neq 1 \text{ et } x \neq 2}$

- on place tous les termes dans le premier membre;

$$\dfrac{1}{1-x} - 1 + \dfrac{2}{x^2 - 3x + 2} \leqslant 0$$

- on met tous les termes au même dénominateur;

$$\dfrac{1}{1-x} - 1 + \dfrac{2}{(x-1)(x-2)} \leqslant 0$$

$$\dfrac{-1}{x-1} - 1 + \dfrac{2}{(x-1)(x-2)} \leqslant 0$$

$$\dfrac{-(x-2) - (x-1)(x-2) + 2}{(x-1)(x-2)} \leqslant 0$$

- après avoir réduit le numérateur, on calcule les racines du numérateur et celles du dénominateur;

$$\dfrac{-x^2 + 2x + 2}{(x-1)(x-2)} \leqslant 0$$

N : $\quad -x^2 + 2x + 2 = 0 \qquad \rho = 4 + 8 = 12$

- $x_1 = \dfrac{-2 - \sqrt{12}}{-2} = \dfrac{-2 - 2\sqrt{3}}{-2}$

$\qquad = \boxed{1 + \sqrt{3}} \simeq 2{,}73$

- $x_2 = \dfrac{-2 + \sqrt{12}}{-2} = \dfrac{-2 + 2\sqrt{3}}{-2}$

$\qquad = \boxed{1 - \sqrt{3}} \simeq 0{,}73$

D : $\quad (x - 1(x - 2) \implies \boxed{x = 1} \text{ et } \boxed{x = 2}$

- on dresse le tableau des signes en classant toutes les racines trouvées en ordre croissant et on sélectionne le signe approprié;

x		$1 - \sqrt{3}$		1		2		$1 + \sqrt{3}$	
$-x^2 + 2x + 2$	$-$	0	$+$	$+$	$+$	$+$	$+$	0	$-$
$x^2 - 3x + 2$	$+$		$+$	0	$-$	0	$+$		$+$
$\dfrac{-x^2 + 2x + 2}{x^2 - 3x + 2}$	$-$	0	$+$		$-$		$+$	0	$-$

- on détermine l'ensemble des solutions.

$$S = \ \leftarrow; 1 - \sqrt{3}] \ \cup \ ]1; 2[\ \cup \ [1 + \sqrt{3}; \rightarrow$$

UN PETIT BOUT D'HISTOIRE

LES ÉQUATIONS (suite)

Léonard de Pise

- Voici encore un problème traité dans les textes arabes du 9e siècle de al-Khawārizmi et qui est repris dans le « *Liber abbaci* » de Léonard de Pise, dit Fibonacci (13e siècle) et qui nous est transmis par le moine algébriste Luca Pacioli (15e siècle) :

La traduction de l'énoncé donne[1] :

> Un *census* (*māl*, en arabe) auquel on ajoute 10 *res* (*šay'*, en arabe), cela donne 39 *deniers* (*dirham*, en arabe). On recherche la *res* et le *census*.

Ce qui signifie en notation moderne :

$$x^2 + 10x = 39, \quad \text{trouver } x \text{ et } x^2.$$

En voici la solution algébrique recopiée par Luca Pacioli en dialecte italien :

Luca Pacioli

En voici une traduction moderne :

« C'est comme dire .1. *census* plus .10. *cose* sont égaux à .39. pour prendre des nombres simples. J'avais dit que pour trouver la valeur du *census* et encore de la *cosa* sa racine, il faut que tu réduises toute l'équation à .1. *census*, que tu divises par deux la quantité des *cose* qui vaut .10., cela fait .5. et je dis que cette moitié, tu dois la multiplier par elle-même, ce qui fait .25. Et à cela tu ajoutes le nombre qui se trouve dans l'équation, c'est-à-dire .39., cela fera .64. Et de ce que tu viens de trouver, je dis que tu prends la racine qui vaut .8. Et de cette quantité, ôte la moitié des *cose* qui sont .5., il restera .3. pour la valeur de la *cosa*. Et c'est autant que vaudra la racine du *census*, c'est-à-dire .3. Et tout le *census* vaudra .9. Donc .10. *cose*, je veux dire .30., le *census* vaudra .9. Donc .10. *cose*, je veux dire .30., le *census*, je veux dire .9. que nous joignons ensemble, cela nous amène bien à .39. comme je l'avais dit. »

---

[1] Extrait de l'article déjà cité de M. Bailleu, paru dans Mathématique et Pédagogie, n° 112.

159

Pacioli propose ensuite une démonstration géométrique qui a été décrite dans l'activité **3** de cette unité.

- Les Arabes et les algébristes du Moyen Âge n'évoquent que la solution positive.

    Au 13e siècle, les connaissances de l'Antiquité et les acquis de la civilisation musulmane furent accueillis et répandus par les premières grandes universités : *Paris* (1200), *Padoue* en Italie (1222), *Oxford* (1214) et *Cambridge* en Angleterre (1231), *Louvain* (1426), …

- À la fin du 16e siècle, la contribution de François Viète au développement des mathématiques est essentielle. Né à Fontenay-le-Comte (France) en 1540, il fait des études de droit et se voue au service du roi. Ses nombreuses missions politiques ne l'empêchent pas de publier des œuvres mathématiques telles le *Canon mathematicus* (1579).

    Tout en demeurant conseiller privé du roi, il continue à publier et entre en polémique avec différents savants de l'époque. C'est donc seulement vers la fin de sa vie que Viète et son œuvre mathématique furent connus. Après sa mort en 1603, à Paris, plusieurs hommes de Sciences, tels Descartes et le Père de Mersenne (1588–1648) s'attachèrent à polémiquer sur l'œuvre de Viète.

    Sa carrière politique a occulté ses travaux mathématiques. On lui doit cependant l'introduction systématique de lettres dans les problèmes d'*algèbre*, ce qui permet d'envisager les cas généraux plutôt que les cas particuliers. Il s'intéressa avec bonheur à la résolution d'équations.

    En *trigonométrie*, il créa des tables à double entrée, des formules, …

    En *analytique*, il est considéré avec Pierre de Fermat comme étant les mathématiciens ayant le plus influencé René Descartes dans ses découvertes géométriques.

François Viète

le Père de Mersenne

Pierre de Fermat

9 LIEUX GÉOMÉTRIQUES

COFFRE À OUTILS

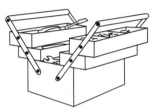

Depuis la deuxième secondaire, tu as eu l'occasion de rencontrer de multiples lieux géométriques. Le but de cette unité est de rassembler et de structurer cette importante partie de l'étude de la géométrie.

Avant toute chose, voici un bref recensement, qui ne se veut pas exhaustif, des principaux lieux déjà rencontrés.

1. Le lieu des points du plan, situés à une distance donnée r d'un point A, est le cercle ℂ de centre A et de rayon r.

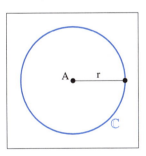

2. Le lieu des points de l'espace, situés à une distance donnée r d'un point donné A, est la sphère 𝕊 de centre A et de rayon r.

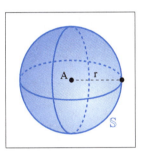

3. Le lieu des points du plan, équidistants des extrémités d'un segment, est la médiatrice **m** de ce segment.

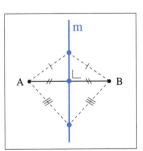

4. Le lieu des points du plan, équidistants des sommets d'un triangle, est le centre **O** du cercle circonscrit au triangle.

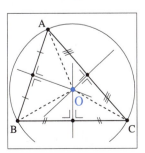

5. Le lieu des points du plan, équidistants des côtés d'un angle ou équidistants de leurs prolongements, est la bissectrice **b** de cet angle.

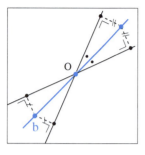

6. Le lieu des points du plan, équidistants de deux droites sécantes, est la réunion des bissectrices **b₁** et **b₂** des angles formés par ces droites.

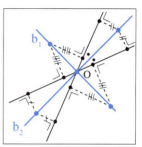

7. Le lieu des points du plan, équidistants des côtés d'un triangle ou de leurs prolongements, est formé des centres **O**, **O₁**, **O₂** et **O₃** des cercles inscrit et exinscrits à ce triangle.

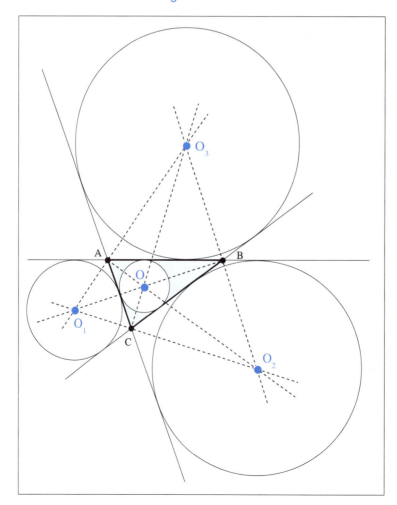

8. Le lieu des points du plan, d'où un segment donné [AB] est vu sous un angle donné α, est constitué de deux arcs de cercle sous-tendus par la corde [AB] et symétriques par rapport à la droite AB, à l'exception des points A et B. Ces arcs de cercle sont les ***arcs capables de l'angle*** α construits sur le segment [AB].

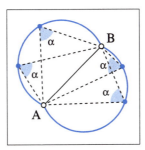

9. Le lieu des points du plan, d'où un segment donné [AB] est vu sous un angle droit, est le cercle $\mathbb{C}$ de diamètre [AB] privé des points A et B.

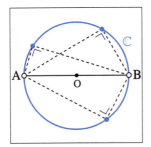

10. Le lieu des points du plan, équidistants d'un point F donné et d'une droite d donnée ne comprenant pas le point donné, est la parabole $\mathbb{P}$ de foyer F et de directrice d.

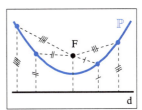

ACTIVITÉS

1 On donne un cercle de centre 0 et de rayon 5.

Ⓒ

a) *Trace un cercle de rayon 3 n'ayant qu'un point commun avec le cercle donné et dont le centre est*

    intérieur au cercle donné;
    extérieur au cercle donné.

b) *Quel est l'ensemble des centres des cercles répondant aux conditions ci-dessus ? Justifie.*

2 Dans la forêt de Tasbinwood, sise dans le Bouslergshire, un ruisseau, par-
Ⓒ faitement rectiligne, relie le puits d'Esolc à la source d'Adambath.

 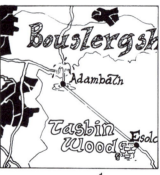

Échelle $\frac{1}{100}$

Les bûcherons qui travaillent dans la forêt installent leur base à 150 m du ruisseau.

a) *Détermine l'ensemble des endroits qui peuvent être choisis comme base.*

b) *Prouve que tous les points que tu viens de décrire sont à 150 m du ruis-seau et qu'il n'y a que ceux-là.*

164

3 La droite a est donnée.

a) *Détermine le lieu des points du plan, centres des cercles de rayon 5 cm découpant sur la droite a un segment de longueur 6 cm. Justifie.*

b) *Détermine le lieu des points de l'espace, centres des sphères de rayon 5 cm découpant sur la droite a un segment de longueur 6 cm. Justifie.*

4 Le carré ABCD est donné dans le plan.

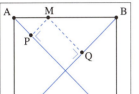

a) *Prouve que la somme des distances de tout point du carré aux deux diagonales [AC] et [BD] du carré est égale à la demi-longueur d'une diagonale.*

b) *Prouve que tout point dont la somme des distances aux deux diagonales [AC] et [BD] est égale à la demi-longueur d'une diagonale est bien un point du carré.*

Pour prouver ce fait, il revient au même de montrer que la somme des distances d'un point non situé sur le carré n'est pas égale à la demi-longueur d'une diagonale. Justifie cette affirmation.

5 Les deux points A et B du plan sont distants de 4 cm.

Le point M est déterminé par le fait que $\overline{AM}^2 + \overline{BM}^2 = 16$.

a) *Caractérise le triangle MAB. Justifie.*

b) *Construis le lieu des points M. Justifie.*

c) *Choisissant un repère orthonormé, détermine l'équation du lieu du point M.*

Compare l'équation que tu viens de trouver avec celle que d'autres ont trouvée (dans un autre repère, bien entendu).

d) *L'équation trouvée en **c)** correspond-elle au lieu trouvé en **b)** ? Justifie.*

NOTIONS

LA MÉTHODE SYNTHÉTIQUE – CONDITION NÉCESSAIRE – CONDITION SUFFISANTE

VOCABULAIRE

1. Une figure $\mathcal{F}$ du plan ou de l'espace est le **lieu géométrique** défini par une propriété $\mathcal{P}$ donnée, lorsque

- tout point de $\mathcal{F}$ possède la propriété $\mathcal{P}$;
- tout point possédant la propriété $\mathcal{P}$ est sur $\mathcal{F}$.

2. Puisque tout point de $\mathcal{F}$ possède la propriété $\mathcal{P}$, on dit encore que la propriété $\mathcal{P}$ est **une condition nécessaire** d'appartenance à la figure $\mathcal{F}$.

En d'autres mots,

> **M appartient à $\mathcal{F}$ $\Rightarrow$ M possède la propriété $\mathcal{P}$**

3. Puisque tout point qui possède la propriété $\mathcal{P}$ est sur $\mathcal{F}$, on dit encore que la propriété $\mathcal{P}$ est une **condition suffisante** d'appartenance à la figure $\mathcal{F}$.

En d'autres mots,

> **M possède la propriété $\mathcal{P}$ $\Rightarrow$ M appartient à $\mathcal{F}$**

4. Dire que la propriété $\mathcal{P}$ est une **condition nécessaire et suffisante** d'appartenance à la figure $\mathcal{F}$, c'est écrire l'équivalence :

> **M appartient à $\mathcal{F}$ $\Leftrightarrow$ M possède la propriété $\mathcal{P}$**

EXEMPLES

1. Le lieu des points équidistants de deux points donnés est la médiatrice du segment limité par ces deux points.

2. « *Être équidistant de deux points donnés* » est une **condition nécessaire** d'appartenance à la médiatrice du segment

signifie

« *tout point de la médiatrice est équidistant des extrémités du segment* ».

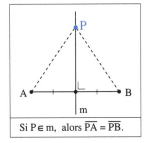

Si P ∈ m, alors $\overline{PA} = \overline{PB}$.

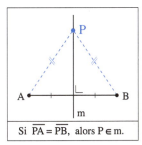

Si $\overline{PA} = \overline{PB}$, alors $P \in m$.

3. « *Être équidistant de deux points donnés* » est une **condition suffisante** d'appartenance à la médiatrice du segment

signifie

« *tout point équidistant des deux points donnés est un point de la médiatrice* ».

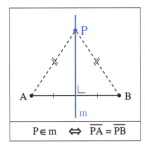

$P \in m \iff \overline{PA} = \overline{PB}$

4. « *Être équidistant de deux points donnés* » est une **condition nécessaire et suffisante** d'appartenance à la médiatrice d'un segment

signifie

« *la médiatrice du segment est le lieu des points équidistants des extrémités du segment* ».

MÉTHODE SYNTHÉTIQUE

> **Pour démontrer qu'une figure $\mathcal{F}$ est le lieu géométrique des points possédant la propriété $\mathcal{P}$**, on démontre que
> - tout point de $\mathcal{F}$ possède la propriété $\mathcal{P}$;
> - tout point possédant la propriété $\mathcal{P}$ est sur $\mathcal{F}$.

Pour démontrer qu'un point M possédant une propriété $\mathcal{P}$ appartient à une figure $\mathcal{F}$, on démontre parfois que tout point, non situé sur la figure $\mathcal{F}$, ne possède pas la propriété $\mathcal{P}$.

Cette façon de procéder a déjà été utilisée par le passé.

EXEMPLE

Pour établir que tout point équidistant des extrémités d'un segment est un point de la médiatrice, on a démontré que tout point non situé sur la médiatrice n'est pas équidistant des extrémités de ce segment.

Le raisonnement est ensuite le suivant :

Si le point M est équidistant de A et B, deux situations se présentent
- le point M n'est pas sur la médiatrice ;
- le point M est sur la médiatrice.

Si l'une de ces deux hypothèses ne se réalise jamais, c'est que l'autre se réalise toujours.

Examinons la première hypothèse : le point M n'est pas sur la médiatrice.

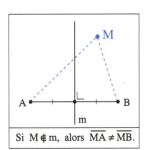

Si $M \notin m$, alors $\overline{MA} \neq \overline{MB}$.

Si M n'est pas sur la médiatrice, M n'est pas équidistant des extrémités. Ceci n'est pas possible de par ce que l'on sait de M. Il est donc certain que M est sur la médiatrice.

167

PROPRIÉTÉ

Les deux énoncés suivants sont équivalents :

M possède la propriété $\mathcal{P}$ $\implies$ M est sur la figure $\mathcal{F}$

M n'est pas sur la figure $\mathcal{F}$ $\implies$ M ne possède pas la propriété $\mathcal{P}$

Cette propriété est admise. Toutefois, les esprits avancés et éveillés pourront tenter la démonstration en s'inspirant de la démarche suivie dans l'exemple.

MÉTHODE DÉRIVÉE

La propriété précédente permet de remplacer la démonstration du premier énoncé par celle du second, lorsque celle-ci est plus aisée.

On en déduit une nouvelle formulation de la méthode synthétique :

> **Pour démontrer qu'une figure $\mathcal{F}$ est le lieu géométrique des points possédant la propriété $\mathcal{P}$**, on démontre que
> - tout point de $\mathcal{F}$ possède la propriété $\mathcal{P}$;
> - tout point qui n'est pas sur $\mathcal{F}$ ne possède pas la propriété $\mathcal{P}$.

9.2 LA MÉTHODE DES DEUX LIEUX OU MÉTHODE DES GÉNÉRATRICES

MÉTHODE

Bien souvent, la construction de points du lieu permet de conjecturer de sa composition, de sa forme, c'est-à-dire se faire une opinion, même intuitive, de la nature du lieu. Il reste alors à démontrer l'exactitude de la conjecture.

Dans cette optique, la méthode des deux lieux apporte bien souvent une grande aide.

Voici quelques exemples tirés de notre connaissance.

1. Pour rechercher **le lieu des points équidistants de deux points donnés**, on pourrait procéder de la manière suivante :

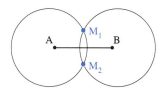

- On trace deux cercles de même rayon et dont les centres sont les deux points.

  Les points d'intersection des deux cercles font partie du lieu cherché.

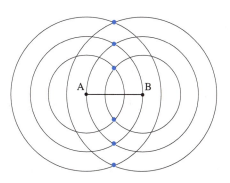

- On reprend la même construction avec des cercles dont les centres sont encore les deux points mais dont on fait varier les rayons.

  On ne prend en compte que les points d'intersection des cercles de même rayon.

- On remarque que le milieu du segment dont les deux points sont les extrémités appartient au lieu puisqu'il à même distance des extrémités.

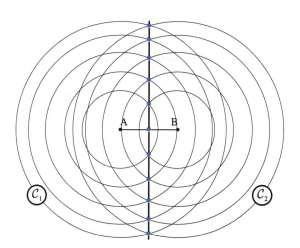

- En examinant la figure formée par une dizaine de points ainsi construits, on conjecture qu'il s'agit d'une droite passant par le milieu du segment et qui semble perpendiculaire au segment.

- Il reste alors à démontrer que la figure que l'on vient de mettre en avant, la médiatrice du segment, est bien le lieu cherché.

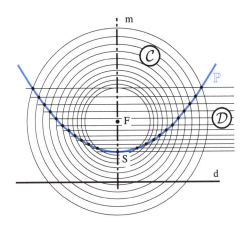

2. Un autre exemple de la recherche d'un lieu comme intersections de courbes successives formées à partir de deux lieux, est **la construction de la parabole** qui a été faite dans l'unité 7.

VOCABULAIRE

Les deux familles de courbes dont les intersections successives donnent les points du lieu recherché portent aussi le nom de **génératrices** du lieu.

Dans les deux exemples qui précèdent, les génératrices sont
- les deux familles de cercles $\mathcal{C}_1$ et $\mathcal{C}_2$, pour l'exemple 1;
- la famille de cercles $\mathcal{C}$ et la famille de droites $\mathcal{D}$, pour l'exemple 2.

9.3 LA MÉTHODE ANALYTIQUE

MÉTHODE

Nous avons déjà eu l'occasion de rencontrer cette méthode dans les contextes « droites », « cercles », « paraboles ».

*Il s'agit de trouver **l'équation cartésienne d'un lieu**, pour mieux le décrire, afin de le dessiner.*

*Il s'agit donc d'une méthode qui consiste à **traduire**, en une **équation cartésienne**, l'**appartenance** d'un point à un lieu donné.*

Ainsi

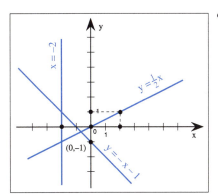

- Une **droite** peut avoir pour équation cartésienne

$$y = ax$$
$$y = mx + p$$
$$x = h$$
$$\cdots$$

suivant sa position par rapport aux axes du repère.

La droite apparaît ainsi comme le lieu des points du plan dont la coordonnée (x, y) vérifie une des équations qui précèdent.

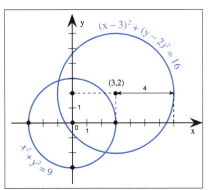

- Un **cercle** peut avoir pour équation cartésienne

$$x^2 + y^2 = r^2$$
$$(x - a)^2 + (y - b)^2 - r^2 = 0$$
$$\cdots$$

suivant sa position par rapport aux axes du repère.

Le cercle apparaît ainsi comme le lieu des points du plan dont la coordonnée (x, y) vérifie une des équations qui précèdent.

- Une **parabole** peut avoir pour équation cartésienne

$$y = x^2$$
$$x = y^2$$
$$y = ax^2 + bx + c$$
$$\cdots$$

suivant sa position par rapport aux axes du repère.

La parabole apparaît ainsi comme le lieu des points du plan dont la coordonnée (x, y) vérifie une des équations qui précèdent.

La phrase

« suivant sa position par rapport aux axes du repère »

peut aussi se dire

« suivant la position des axes du repère par rapport à la figure ».

Il en résulte que lorsqu'on veut utiliser cette méthode, lorsque le repère n'est pas donné, **il s'agit d'en choisir un** et de bien le choisir **afin d'obtenir une équation du lieu la plus simple possible.**

171

UTILISATION DE LA MÉTHODE

Les deux exemples qui suivent illustrent l'emploi de la méthode. On tentera d'y décrire la raison du choix du repère qui a été pris en considération.

Il faut noter que la recherche de ces deux lieux aurait pu se faire facilement par la méthode synthétique. On encourage les esprits curieux à procéder de cette manière.

On constatera que la démonstration de l'équivalence entre le fait de posséder la propriété et l'appartenance au lieu peut se faire en un seul mouvement.

Ces deux lieux rejoindront la liste des lieux de base donnée au début de l'unité.

1 Le lieu des points du plan situés à distance d d'une droite donnée est constitué de la réunion des deux droites parallèles à la droite donnée, situées de part et d'autre de la droite donnée, à la distance d de celle-ci.

1) Donnée: la droite a du plan.

2) Choix du repère:

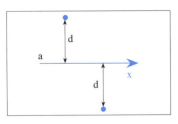

Puisque la droite semble être un élément de symétrie du lieu (un point situé à distance d de a peut être situé de part et d'autre de a), on choisit :

- **l'axe des abscisses sur a.**

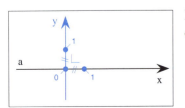

Puisque les formules de distances demandent un repère orthonormé, on choisit :

- **l'axe des ordonnées perpendiculaire à a;**
- **les mêmes unités sur les deux axes.**

172

3) <u>Démonstration</u>

$$M(x, y) \text{ est un point du lieu}$$

$\updownarrow$ (définition du lieu)

$$d(M, a) = d$$

$\updownarrow$ (traduction de la propriété dans le repère)

$$|y| = d$$

$\updownarrow$

$$y = d \qquad \text{ou} \qquad y = -d$$

Le lieu est donc constitué des deux droites,

l'une d'équation $y = d$, l'autre d'équation $y = -d$.

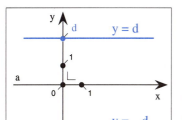

Il s'agit bien de deux droites parallèles à l'axe des abscisses, c'est-à-dire la droite a, situées de part et d'autre de celle-ci, à la distance d de celle-ci.

$\boxed{2}$ **Le lieu des points du plan situés à même distance de deux droites parallèles données est constitué de la droite parallèle aux deux droites données, située entre celles-ci, à mi-distance de celles-ci.**

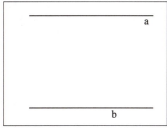

1) <u>Donnée:</u>   les droites a et b du plan.

2) <u>Choix du repère:</u>

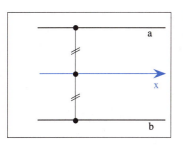

Puisque les deux droites semblent être symétriques par rapport à chaque point du lieu, on choisit :

- **l'axe des abscisses parallèle aux deux droites à mi-distance de celles-ci.**

173

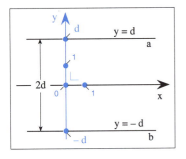

Puisque les formules de distances demandent un repère orthonormé, on choisit :

- l'axe des ordonnées perpendiculaire à l'axe des abscisses;

- les mêmes unités sur les deux axes, de manière à ce que la distance entre a et b égale 2d.

3) Démonstration

- $a \equiv y = d$ et $b \equiv y = -d$
- $M(x, y)$ est un point du lieu

$\Updownarrow$ (définition du lieu)

$$d(M, a) = d(M, b)$$

$\Updownarrow$ (traduction de la propriété dans le repère)

$$|y - d| = |y + d|$$

$\Updownarrow$

$$y = 0$$

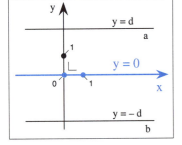

Le lieu est donc constitué de la droite d'équation $y = 0$, c'est-à-dire de l'axe des abscisses, qui n'est autre que la droite parallèle aux deux droites données, située entre celles-ci, à mi-distance de celles-ci.

Pour appliquer 408 à 425.
Pour chercher 426 à 434.
Pour aller plus loin 435 à 440.
Venus d'ailleurs 441 à 443.

10 CONSTRUCTIONS DANS L'ESPACE

CONVENTIONS DE REPRÉSENTATION

Les dessins que nous serons amenés à effectuer ont pour but de représenter des objets de l'espace au moyen de figures planes. Certaines conventions seront dès lors à respecter.

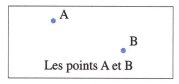
Les points A et B

1. Tout point de l'espace se représente par un point.

Les points se notent généralement par des majuscules latines.

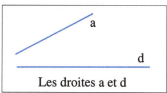
Les droites a et d

2. Toute droite de l'espace se représente par un segment.

Les droites se notent généralement par des minuscules latines.

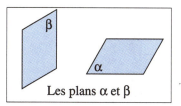
Les plans α et β

3. Tout plan de l'espace se représente habituellement par un parallélogramme.

Les plans se notent généralement par des minuscules grecques.

4. Toute configuration d'objets de l'espace sera représentée suivant les principes de la **perspective cavalière**, qui, en particulier, respecte le parallélisme.

5. Tout plan, toute surface, tout solide sont considérés comme **opaques**. Il en résulte que certains lignes seront cachées à l'œil de l'observateur, tandis que d'autres seront vues.

- Toute **ligne vue** sera tracée en trait continu, toute **ligne cachée** sera tracée en trait discontinu.

- Le contour apparent ou silhouette d'un solide (le contour qui limite le tracé du solide) est toujours visible par l'observateur, il est donc toujours tracé en continu.

- Si les tracés de deux arêtes se coupent à l'intérieur de la silhouette d'un solide, sans se couper dans l'espace, l'une est vue, l'autre est cachée.

- Si un point d'une arête qui n'appartient pas à la silhouette d'un solide
  est *vu*, toute l'arête est vue;
  est *caché*, toute l'arête est cachée.

6. Diverses représentations d'une même configuration spatiale sont possibles **suivant la position de l'observateur** par rapport à cette configuration. Voici quelques exemples :

a) *droite et plan*

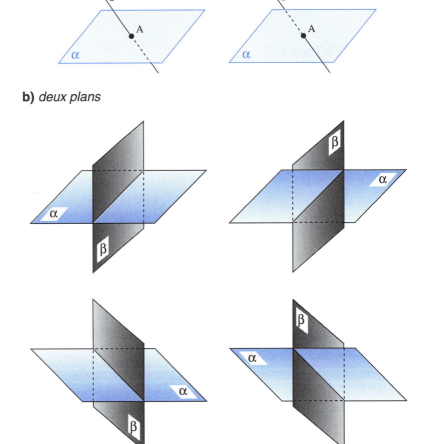

b) *deux plans*

c) *un tétraèdre ou pyramide triangulaire*

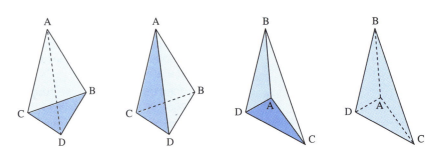

d) *un cube*

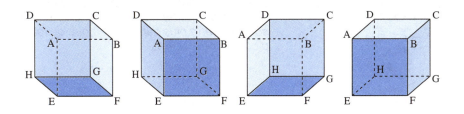

e) *un prisme triangulaire*

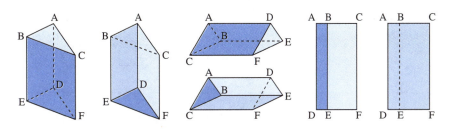

f) *un cylindre*

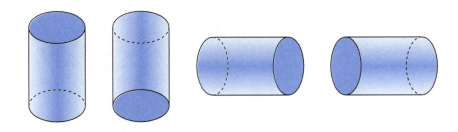

COFFRE À OUTILS

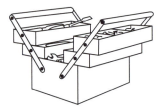

Dès la première secondaire, la géométrie de l'espace a été présente dans le cours de mathématique. Certains énoncés, proposés en première, ne sont peut-être plus dans la mémoire de tous. Il ne semble donc pas superflu d'ouvrir notre coffre à outils.

ÉNONCÉ	DESSIN	NOTATION
1. Dans l'espace, une droite est déterminée par deux points distincts.		$d = AB$
2. Dans l'espace, un plan est déterminé par • trois points non alignés,		$\alpha = \text{plan } FGH$
• deux droites sécantes,		$\alpha = \text{plan } (HG, GF)$
• deux droites parallèles distinctes.		$\alpha = \text{plan } (EF, HG)$

178

ÉNONCÉ	DESSIN	NOTATION
3. Dans l'espace, toute droite ayant deux points communs avec un plan, est entièrement incluse au plan.		La droite d (d = DG) est **incluse** au plan α. On note $d \subset \alpha$.
4. Dans l'espace, deux droites distinctes sont • soit sécantes, si elles sont sécantes, elles ont un seul point commun et elles sont coplanaires, ce qui signifie qu'elles sont incluses dans un même plan;		Les droites a et b sont **sécantes** au point D. On note $a \cap b = \{D\}$.
• soit parallèles, si elles sont parallèles, elles n'ont aucun point en commun et elles sont coplanaires;		Les droites a et b sont **parallèles**. On note $a \mathbin{/\!/} b$.
• soit gauches, si elles sont gauches, elles n'ont aucun point en commun et elles ne sont pas coplanaires.		Les droites a et b sont **gauches**.

179

ÉNONCÉ	DESSIN	NOTATION
5. Dans l'espace, toute droite est parallèle à elle-même.		a // a
6. Dans l'espace, deux plans distincts sont • soit sécants, s'ils sont sécants, ils ont une seule droite en commun, appelée « intersection des deux plans ».		La droite BC est l'**intersection** des plans α et β. On note α ∩ β = BC.
• soit parallèles, s'ils sont parallèles, ils n'ont aucun point en commun.		α // β
7. Dans l'espace, tout plan est parallèle à lui-même.		α // α

ÉNONCÉ	DESSIN	NOTATION
8. Dans l'espace, une droite et un plan qui ne comprend pas la droite sont		
• soit sécants, s'ils sont sécants, ils ont un seul point en commun, encore appelé « point de percée de la droite dans le plan »;		D est le **point de percée** de la droite d dans le plan α. On note $d \cap \alpha = \{D\}$.
• soit parallèles, s'ils sont parallèles, ils n'ont aucun point en commun.		$d /\!/ \alpha$
9. Dans l'espace, toute droite incluse dans un plan est parallèle à ce plan.		$AC /\!/ \alpha$

10. Dans tout plan de l'espace, toute propriété de la géométrie plane est d'application.

ACTIVITÉS

1 Les deux plans sécants α et β sont donnés.

Ⓒ Les points A et B appartiennent au plan α.

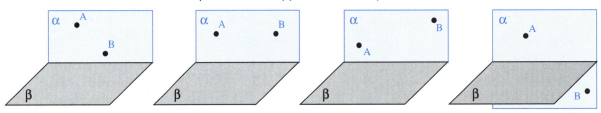

Dans chacune des situations proposées, détermine, s'il existe, le point de percée de la droite AB dans le plan β. Justifie ta construction.

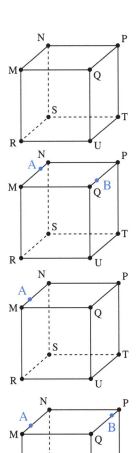

2 Le cube MNPQRSTU est donné.

Ⓒ

a) Détermine, de manière justifiée, l'intersection du plan MPT avec le cube.

b) Le point A appartient à l'arête [MN] et le point B est sur [PQ]. Détermine l'intersection du plan ABQ avec le cube. Justifie ta construction.

c) Le point A appartient à l'arête [MN]. Détermine l'intersection du plan APT avec le cube. Justifie ta construction.

d) Le point A est sur [MN], le point B est sur [PQ] et le point C est sur [TU]. Détermine, de manière justifiée, l'intersection du cube avec le plan ABC.

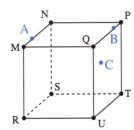

e) *Le point A est sur [MN], le point B est sur [PQ] et le point C est dans la face QPTU.*

Détermine, de manière justifiée, l'intersection du cube avec le plan ABC. Caractérise cette figure.

f) *Dessine un cube MNPQUTSR. Portes-y les points A, B et C pour que l'intersection du cube avec le plan ABC soit*
— *un triangle quelconque;*
— *un triangle isocèle;*
— *un triangle équilatéral;*
— *un parallélogramme;*
— *un rectangle;*
— *un carré;*
— *un hexagone.*

3 Le tétraèdre ABCD est donné.
Ⓒ

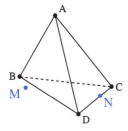

a) *N est un point de [DC] et M est un point du plan BCD.*
Recherche l'intersection du plan MAN avec le tétraèdre.

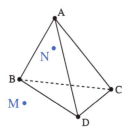

b) *Même question si M appartient au plan BCD et N au plan ABC.*

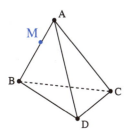

c) *Par le point M appartenant à [AB], on mène le plan parallèle à BCD.*
Détermine l'intersection de ce plan avec le tétraèdre.

183

NOTIONS

10.1 POINT DE PERCEE D'UNE DROITE DANS UN PLAN

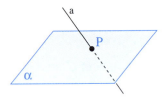

P est le point de percée de a dans α.

VOCABULAIRE

Le **point de percée** d'une droite dans un plan est l'unique point commun entre la droite et le plan.

PROPRIÉTÉ

Le point de percée P d'une droite a dans un plan α appartient à l'intersection b de α avec un plan quelconque β qui contient a.

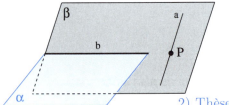

1) Dessin et données:
- le plan α,
- la droite a,
- le point de percée P de a dans α,
- le plan β contenant a,
- la droite b, intersection de α et β.

2) Thèse: P appartient à b.

3) Démonstration

- P appartient à α (il est le point de percée de a dans α)
- P appartient à β (il appartient à a incluse dans β)

Ainsi, P appartient aux deux plans, il est donc un point de leur intersection.

À QUOI CELA SERT-IL ?

Cette propriété, apparemment anodine, permet de déterminer graphiquement, dans toutes les situations, le point de percée d'une droite dans un plan, et dès lors, l'intersection d'un plan avec un solide.

Pour déterminer le point de percée P d'une droite a dans un plan,

1. on mène un plan quelconque β comprenant a, le choix de ce plan étant conditionné par l'obtention facile de son intersection b avec α;

2. on détermine la droite b, intersection de α et β;

3. on détermine l'intersection de a et de b.

EXEMPLES

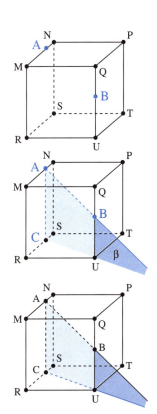

1. Dans le cube MNPQRSTU, le point A est sur [MN] et le point B est sur [UQ].

Il s'agit de *déterminer la position du point de percée de AB avec le plan RSTU.*

• On choisit le plan β en traçant par A la parallèle à la droite UQ.

On nomme C le point d'intersection de cette parallèle avec la droite RS.

Le plan β, déterminé par les parallèles AC et UQ, comprend les points A et B, et contient donc la droite AB.

• Le plan β coupe le plan RSTU suivant la droite CU.

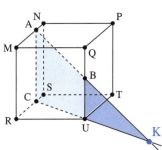

• Le point d'intersection K de AB et de CU est le point de percée de AB dans RSTU.

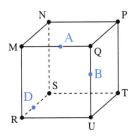

2. Dans le cube MNPQRSTU, A est sur [MQ], B est sur [UQ] et D est sur [RS].

On demande *l'intersection du plan ABD avec le cube.* Cela revient à déterminer le point de percée des droites portant les arêtes avec le plan ABD.

- Les points de percée de MQ, UQ et RS avec le plan ABD sont donnés : ce sont respectivement A, B et D.

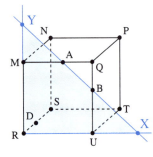

- On cherche le point de percée X de la droite RU dans le plan ABD :
  - on choisit le plan MQUR qui contient RU et qui coupe ABD suivant AB ;
  - on détermine X, intersection de AB et RU.

  On cherche le point de percée Y de la droite RM dans le plan ABD :
  - on choisit la plan MQUR qui contient RM et qui coupe ABD suivant AB ;
  - on détermine Y, intersection de AB et RU.

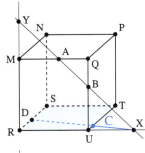

- On cherche le point de percée C de la droite TU dans le plan ABD :
  - on choisit le plan STUR qui contient TU et qui coupe ABD suivant XD ;
  - on détermine C, intersection de XD et TU.

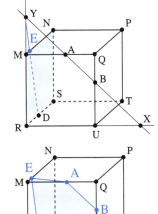

On cherche le point de percée E de la droite MN dans le plan ABD :
  - on choisit le plan RSMN qui contient RS et qui coupe ABD suivant YD ;
  - on détermine E, intersection de YD et MN.

- On constate que l'on a obtenu les intersections du plan ABD avec les faces du cube.

  Il est donc inutile de poursuivre la recherche des autres points de percée du plan ABD avec les droites portant les arêtes du cube. La section du plan ABD dans le cube MNPQRSTU est le **pentagone** ABCDE.

Pour appliquer 444 à 467.

10.2 PARALLELISME

VOCABULAIRE

1. Dire que la **propriété P est une condition suffisante pour la réalisation de la propriété Q**, c'est dire que si P se réalise, alors Q se réalise aussi.

En d'autres mots, cela veut dire que **P entraîne Q**.

2. Dire que la **propriété P est une condition nécessaire pour la réalisation de la propriété Q**, c'est dire que pour que Q se réalise, il est impératif que P se réalise aussi.

Autrement dit, si Q se réalise, P se réalise aussi.

En d'autres mots, cela veut dire que **Q entraîne P.**

3. Dire que la **propriété P est une condition nécessaire et suffisante pour la réalisation de la propriété Q**, c'est donc dire que **P est équivalente à Q.**

EXEMPLES

1. En appelant Q, la propriété « un quadrilatère convexe est inscriptible »,

P, la propriété « la somme de deux angles opposés d'un quadrilatère convexe égale deux droits »,

on peut dire :

- une **condition suffisante** pour qu'un quadrilatère convexe soit inscriptible à un cercle est que la somme de deux angles opposés de ce quadrilatère soit égale à deux droits

signifie que

si cette somme est bien égale à deux droits, alors le quadrilatère est inscriptible.

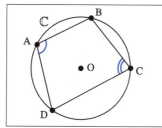

Si $\quad \widehat{A} + \widehat{C} = 180°$,

alors le quadrilatère convexe ABCD est inscriptible au cercle $\mathbb{C}$.

- une **condition nécessaire** pour qu'un quadrilatère convexe soit inscriptible à un cercle est que la somme de deux angles opposés de ce quadrilatère soit égale à deux droits

signifie que

si le quadrilatère est inscriptible, alors la somme de deux angles opposés égale deux droits.

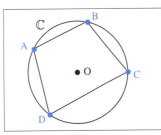

Si le quadrilatère convexe ABCD est inscriptible au cercle $\mathbb{C}$,

alors $\widehat{A} + \widehat{C} = 180°$.

Comme ces deux énoncés ont été démontrés dans l'unité 2 de ce manuel, on peut affirmer, comme nous l'avons fait, qu'une **condition nécessaire et suffisante** *pour qu'un quadrilatère convexe soit inscriptible est que la somme de deux angles opposés égale deux droits.*

2. - «Tout carré est un rectangle» peut encore se dire

«être rectangle est une **condition nécessaire** pour être carré»,

ou aussi, «être carré est une **condition suffisante** pour être rectangle».

- «Tout rectangle n'est pas un carré» peut encore se dire

«être rectangle n'est pas une condition suffisante pour être carré»

ou aussi, «être carré n'est pas une condition nécessaire pour être rectangle».

PROPRIÉTÉS

1 **Deux plans parallèles distincts sont coupés par un autre plan suivant des droites parallèles.**

1) <u>Dessin et données:</u> - les plans distincts et parallèles α et β,

- le plan γ qui coupe $\begin{vmatrix} \alpha \text{ suivant la droite a,} \\ \beta \text{ suivant la droite b.} \end{vmatrix}$

2) <u>Thèse:</u> les droites a et b sont parallèles.

3) <u>Outil:</u> la définition de droites parallèles.

4) <u>Démonstration</u>

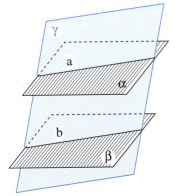

- Les droites a et b sont coplanaires (elles sont incluses à γ).

- Les plan α et β n'ont aucun point commun donc les droites a et b n'en n'ont pas non plus.

2 **Une condition nécessaire et suffisante pour qu'une droite soit parallèle à un plan est qu'elle soit parallèle à une droite de ce plan.**

(Critère de parallélisme d'une droite et d'un plan)

La condition est nécessaire

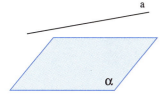

1) <u>Dessin et données</u>:   a est une droite parallèle au plan α.

2) <u>Thèse</u>:   a est parallèle à une droite de α.

3) <u>Outil</u>:   la définition de droites parallèles.

4) <u>Démonstration</u>

Deux cas se présentent :

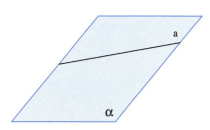

• <u>a est incluse à α</u>

a est alors parallèle à une droite du plan : elle-même.

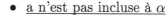

• <u>a n'est pas incluse à α</u>

On considère le plan β déterminé par a et un point C de α.

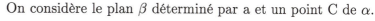

– β coupe α suivant une droite b passant par C.
– b et a sont coplanaires (elles sont incluse dans β).
– a ne coupe pas b (sinon elle couperait α et ne serait pas parallèle à α).

La condition est suffisante

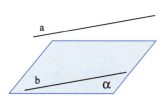

1) <u>Dessin et données</u>:   la droite a est parallèle à la droite b incluse au plan α.

2) <u>Thèse</u>:   a est parallèle à α.

3) <u>Outil</u>:   la définition de droite parallèle à un plan.

4) Démonstration

a et b sont parallèles, donc coplanaires.

Deux cas se présentent :

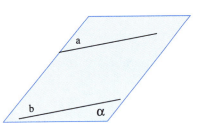

- le plan contenant a et b est α

  a est incluse à α, donc parallèle à α.

- le plan contenant a et b n'est pas α

  On nomme ce plan β.

  Il coupe α suivant la droite b.

  a ne perce pas α

  (sinon, par la propriété 1, elle couperait b et ne serait pas parallèle à b),

  et donc a est parallèle à α.

3 **Une condition nécessaire et suffisante pour que deux plans distincts soient parallèles est que l'un soit parallèle à deux droites sécantes incluses dans l'autre.**

(Critère de parallélisme de deux plans)

La condition est nécessaire

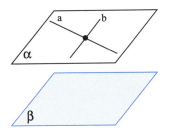

1) Dessin et données : • les plans parallèles distincts α et β,

                               • les droites sécantes a et b incluses dans α.

2) Thèse :   a et b sont parallèles à β.

3) Outil :   la définition de droite parallèle à un plan.

4) Démonstration

Puisque α et β sont parallèles distincts, ils n'ont pas de point commun.

Dès lors, a et b, incluses dans α, n'ont pas de point commun avec β, et sont donc parallèles à β.

La condition est suffisante

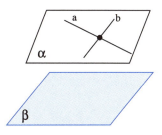

1) <u>Dessin et données</u>: • les plans distincts α et β,
  • les droites sécantes a et b incluses dans α,
  • a et b sont parallèles à β.

2) <u>Thèse</u>: α et β sont parallèles.

3) <u>Outil</u>:   la définition de plans parallèles.

4) <u>Démonstration</u>

Deux cas se présentent :

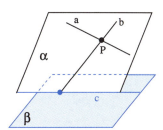

• <u>α et β sont sécants</u> suivant une droite c.

  Dans α, on trouve trois droites a, b et c dont deux, a et b, sont sécantes en un point P.

  Ces deux droites ne peuvent toutes deux être parallèles à c (puisque, dans le plan, par un point on ne peut mener qu'une seule parallèle à une droite donnée).

  Donc, l'une d'elles, au moins, coupe c et, dès lors, coupe β.

  C'est impossible, car elle est parallèle à β et elle ne peut, dès lors, couper β.

• <u>α et β sont parallèles</u>

  Ce cas s'impose puisque l'autre est impossible.

Pour appliquer 468 à 472.
En cas de nécessité 473 à 478.
Pour chercher 479 à 492.

11 CALCUL VECTORIEL

ACTIVITÉS

1 Dans le plan, on donne les droites parallèles distinctes a et b ainsi que les
Ⓒ points A_i et B_i.

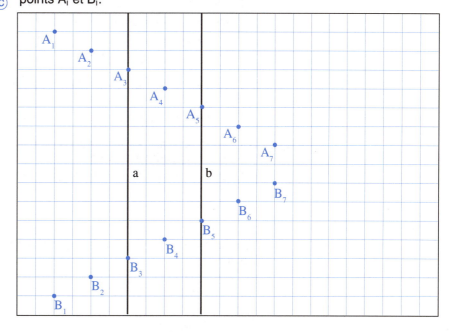

a) *Recherche, pour chaque i,*

> *l'image A_i' de A_i par la symétrie orthogonale d'axe a,*
> *l'image A_i'' de A_i' par la symétrie orthogonale d'axe b.*

b) *Décris la « variation de position » qui fait passer, dans chaque cas, de A_i*

à A_i''. On la notera $\overrightarrow{A_i A_i''}$

Compare ces « variations de position ».

À quelle transformation du plan te font penser ces « variations de position » ?

c) *Recherche, pour chaque i,*

> *l'image B_i' de B_i par la symétrie orthogonale d'axe b,*
> *l'image B_i'' de B_i' par la symétrie orthogonale d'axe a.*

d) *Décris la « variation de position » qui fait passer, dans chaque cas, de* B_i

à B_i'' . *On la notera* $\overrightarrow{B_i B_i''}$

Compare ces « variations de position ».

À quelle transformation du plan te font penser ces « variations de position » ?

e) *Compare les variations de positions* $\overrightarrow{B_i B_i''}$ *et* $\overrightarrow{A_i A_i''}$.

2 Le quadrilatère convexe ABCD est donné.

a) *Tu apprends qu'il s'agit d'un parallélogramme.*

Compare les « variations de position » qui font passer

de A à B et de D à C, d'une part;

de A à D et de B à C, d'autre part.

b) *Tu apprends que les « variations de position » qui font passer de A à B et de D à C sont identiques.*

Comment caractériserais-tu le quadrilatère ? Pourquoi ?

c) *Tu apprends que les « variations de position » qui font passer de A à D et de B à C sont identiques.*

Comment caractériserais-tu le quadrilatère ? Pourquoi ?

3 Dans le plan muni d'un repère, on donne les points A(1, 1), B(1, 3) et
ⓒ C(5, 4).

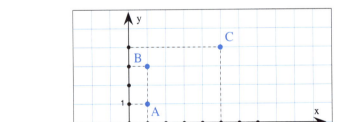

a) *Dessine avec soin le parallélogramme ABCD.*

Détermine, par calcul, la coordonnée de D.

Le résultat correspond-il à ce qui a été trouvé par dessin ?

b) *Refais la même démarche avec les points*

A(1, 1), B(4, 3) *et* C(8, 4);

A(3, 1), B(−1, 1) *et* C(1, 0).

4 Dans le jeu d'échec, le cavalier se déplace d'une manière particulière. Voici
ⓒ les mouvements permis à partir d'une case donnée :

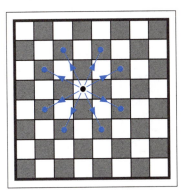

Pour décrire un mouvement du cavalier, on utilise un couple d'entiers : le
premier donne la composante horizontale de ce déplacement, le deuxième
donne la composante verticale de ce déplacement.

Ainsi,

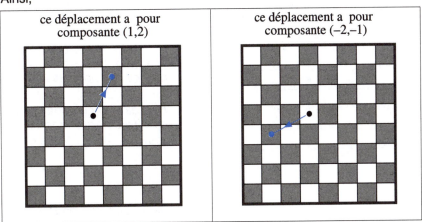

| ce déplacement a pour composante (1,2) | ce déplacement a pour composante (−2,−1) |

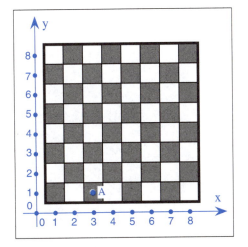

a) *Détermine les composantes de chacun des huit déplacements possibles du cavalier.*

b) Sur l'échiquier que voici, et dans lequel un repère a été placé, le cavalier est placé au point A(3, 1).

Il effectue un déplacement de composantes (2, 1).

Quelle est la coordonnée du point B en lequel il arrive ?

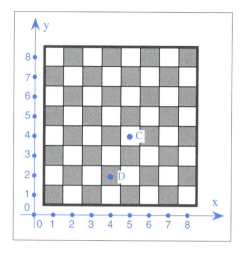

c) Tu déplaces le cavalier du point C(5, 4) au point D(4, 2).

Quelles sont les composantes de ce déplacement ?
Comment peut-on obtenir ces composantes à partir des coordonnées de C et D ?

d) Réponds aux mêmes questions pour

C(4, 3) et D(2, 4);
C(5, 2) et D(7, 1).

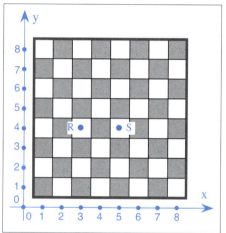

e) Le cavalier se trouve en R(3, 4). Après deux déplacements successifs il se retrouve en S(5, 4). **Deux chemins** (le passage de la première à la dernière case) sont possibles, chacun d'eux étant composé de deux déplacements.

À toi de les découvrir.

Pour chacun des deux chemins, détermine les composantes des deux déplacements successifs qui le composent, ainsi que les composantes du déplacement global passant de R à S.

Par calcul sur les composantes des deux déplacements successifs, détermine celles du déplacement global ?

Compare les calculs effectués pour les deux chemins.

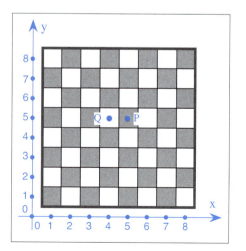

f) *Même question pour trois déplacements menant le cavalier de P(5, 5) à Q(4, 5). Il y a ici* **douze chemins** *possibles.*

196

5 Sur l'échiquier, le fou se déplace uniquement en diagonale. Au départ d'une case quelconque, un fou peut se déplacer comme indiqué dans la figure suivante :

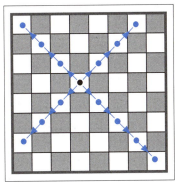

a) *Quelles sont les composantes du déplacement d'un fou*

du point A(6, 8) *au point* B(8, 6) ;

du point C(2, 8) *au point* D(8, 2) ;

du point E(6, 1) *au point* F(2, 5).

b) *Détermine le lien qui existe entre les composantes du premier déplacement et celles de chacun des deux autres.*

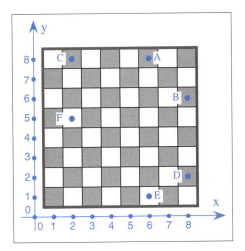

NOTIONS

11.1 VECTEURS — VECTEURS EGAUX

VOCABULAIRE

1. Deux points A et B du plan, pris dans cet ordre, **représentent** le **vecteur** que l'on note $\overrightarrow{AB}$.

Le vecteur $\overrightarrow{AB}$ **décrit** la « **variation de position** » qui permet d'aller de A vers B.

Cette « variation de position » a les mêmes effets sur le point A que la **translation** qui transforme A en B.

Le point A est l'**origine du vecteur** $\overrightarrow{AB}$, le point B est **l'extrémité du vecteur** $\overrightarrow{AB}$.

2. Le vecteur $\overrightarrow{AA}$ dont l'origine coïncide avec l'extrémité est appelé **vecteur nul** et est noté $\overrightarrow{0}$.

3. Le vecteur non nul $\overrightarrow{AB}$ **possède**

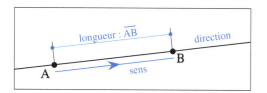

- **une direction :** celle de la droite AB;
- **un sens :** de A vers B;
- **une longueur :** celle du segment [AB].

4. Les vecteurs $\overrightarrow{AB}$ et $\overrightarrow{CD}$ sont **égaux** si la translation qui transforme A en B transforme aussi C en D.

En d'autres mots, les vecteurs $\overrightarrow{AB}$ et $\overrightarrow{CD}$ sont égaux s'ils ont

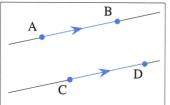

- **la même direction;**
- **le même sens;**
- **la même longueur.**

PROPRIÉTÉ

Soit A, B, C et D quatre points du plan non alignés trois à trois.

ABDC est un parallélogramme ⇔ $\overrightarrow{AB} = \overrightarrow{CD}$ et $\overrightarrow{AC} = \overrightarrow{BD}$.

La condition est nécessaire

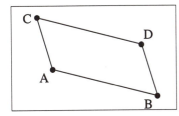

1) <u>Dessin et données</u>: ABDC est un parallélogramme.

2) <u>Thèse</u>: $\overrightarrow{AB} = \overrightarrow{CD}$ et $\overrightarrow{AC} = \overrightarrow{BD}$.

3) <u>Démonstration</u>

Comme ABDC est un parallélogramme,

AB est parallèle à CD;	AC est parallèle à BD;
[AB] et [CD] ont le même sens;	[AC] et [BD] ont le même sens;
$\overline{AB} = \overline{CD}$.	$\overline{AC} = \overline{BD}$.

On conclut : $\overrightarrow{AB} = \overrightarrow{CD}$ et $\overrightarrow{AC} = \overrightarrow{BD}$.

La condition est suffisante

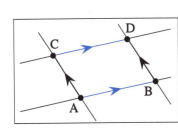

1) <u>Données</u>: $\overrightarrow{AB} = \overrightarrow{CD}$ et $\overrightarrow{AC} = \overrightarrow{BD}$.

2) <u>Thèse</u>: ABDC est un parallélogramme.

3) <u>Démonstration</u>

Puisque les points ne sont pas alignés trois à trois, ABDC est un quadrilatère.

Comme $\overrightarrow{AB} = \overrightarrow{CD}$, les droites distinctes AB et CD sont parallèles.

Comme $\overrightarrow{AC} = \overrightarrow{BD}$, les droites distinctes AC et BD sont parallèles.

On conclut que ABDC est un parallélogramme, puisqu'il s'agit d'un quadrilatère à côtés opposés parallèles.

REMARQUE IMPORTANTE

Il est primordial de faire remarquer que le **vecteur $\overrightarrow{AB}$** *n'est pas*

- un segment, **bien qu'il** soit parfois *représenté par un segment*;
- un trajet, **bien qu'il** *décrive un trajet*;
- la mesure d'une longueur, **bien qu'il** *ait une longueur*.

11.2 COMPOSANTES D'UN VECTEUR

VOCABULAIRE

Dans un repère du plan,

si | la coordonnée de A est (x_A, y_A),
la coordonnée de B est (x_B, y_B),

alors | la **première composante de $\overrightarrow{AB}$** est le nombre $x_B - x_A$,

la **deuxième composante de $\overrightarrow{AB}$** est le nombre $y_B - y_A$.

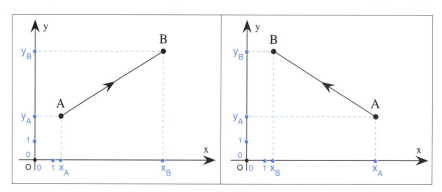

Le **vecteur $\overrightarrow{AB}$** peut être représenté par le couple de ses **composantes.** On écrira :

$$\overrightarrow{AB} = (x_B - x_A, y_B - y_A)$$

PROPRIÉTÉS

1 Dans un repère du plan, une condition nécessaire et suffisante pour que deux vecteurs soient égaux est qu'ils aient les mêmes composantes :

$$\overrightarrow{AB} = \overrightarrow{CD} \Leftrightarrow x_B - x_A = x_D - x_C \text{ et } y_B - y_A = y_D - y_C.$$

La condition est nécessaire

1) Dessin et données: $\overrightarrow{AB} = \overrightarrow{CD}$.

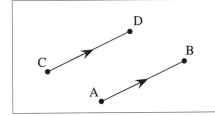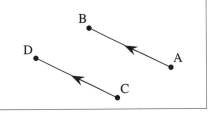

2) Thèse: $x_B - x_A = x_D - x_C$ et $y_B - y_A = y_D - y_C$.

3) Démonstration

On trace | par A, la parallèle à l'axe des abscisses;
         | par B, la parallèle à l'axe des ordonnées;
on note M, leur point d'intersection.

On trace | par C, la parallèle à l'axe des abscisses;
         | par D, la parallèle à l'axe des ordonnées;
on note N, leur point d'intersection.

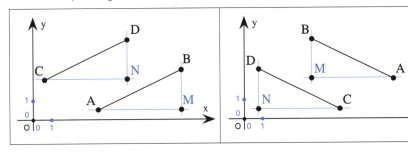

Les triangles AMB et CND sont isométriques :

$\overline{AB} = \overline{CD}$ (car $\overrightarrow{AB} = \overrightarrow{CD}$),
$\widehat{A} = \widehat{C}$ (côtés parallèles),
$\widehat{B} = \widehat{D}$ (côtés parallèles).

On en déduit : $\overline{CN} = \overline{AM}$ et $\overline{DN} = \overline{BM}$.

Comme $\overrightarrow{AB} = \overrightarrow{CD}$, les segments [AB] et [CD] ont même sens,
on déduit que les segments • [AM] et [CN] ont même sens;
                            • [BM] et [DN] ont même sens.

Puisque $\overline{AM} = \overline{CN}$ et que [AM] et [CN] ont même sens,
          $x_B - x_A = x_D - x_C$.

Puisque $\overline{BM} = \overline{DN}$ et que [BM] et [DN] ont même sens,
          $y_B - y_A = y_D - y_C$.

La condition est suffisante

1) Dessin et données: $\quad\begin{aligned} x_B - x_A &= x_D - x_C; \\ y_B - y_A &= y_D - y_C. \end{aligned}$

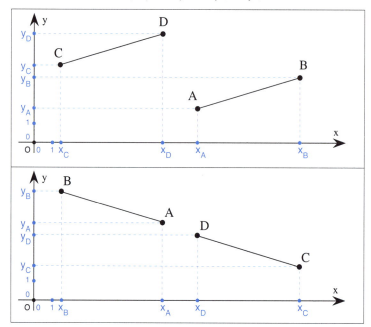

2) Thèse: $\quad \overrightarrow{AB} = \overrightarrow{CD}$.

3) Démonstration

De l'égalité $x_B - x_A = x_D - x_C$ on déduit successivement :

$$x_B + x_C = x_A + x_D,$$

$$\frac{x_B + x_C}{2} = \frac{x_A + x_D}{2}.$$

De l'égalité $y_B - y_A = y_D - y_C$ on déduit successivement :

$$y_B + y_C = y_A + y_D,$$

$$\frac{y_B + y_C}{2} = \frac{y_A + y_D}{2}.$$

Des égalités $\dfrac{x_B + x_C}{2} = \dfrac{x_A + x_D}{2}$ et $\dfrac{y_B + y_C}{2} = \dfrac{y_A + y_D}{2}$,

on déduit que les segments $[BC]$ et $[AD]$ ont même milieu (EM3, p. 79). Ainsi,

- si *ABDC est un quadrilatère*, puisque ses diagonales se coupent en leur milieu, ABDC est un parallélogramme et, donc, $\overrightarrow{AB} = \overrightarrow{CD}$;

- si *ABDC n'est pas un quadrilatère*, alors A, B, C et D sont alignés et, puisque $[BC]$ et $[AD]$ ont même milieu, $\overrightarrow{AB} = \overrightarrow{CD}$.

2 Les composantes du vecteur nul sont nulles :

$$\overrightarrow{0} = (0, 0)$$

En effet, $\overrightarrow{0} = \overrightarrow{AA}$.

Donc ses composantes sont $x_A - x_A = 0$ et $y_A - y_A = 0$.

3 $\overrightarrow{AB} = \overrightarrow{CD} \quad \Leftrightarrow \quad \overrightarrow{CA} = \overrightarrow{DB}$

En effet, $\overrightarrow{AB} = \overrightarrow{CD}$

$$\Updownarrow$$

$$x_B - x_A = x_D - x_C \text{ et } y_B - y_A = y_D - y_C$$

$$\Updownarrow$$

$$x_B - x_D = x_A - x_C \text{ et } y_B - y_D = y_A - y_C$$

$$\Updownarrow$$

$$\overrightarrow{CA} = \overrightarrow{DB}$$

Pour appliquer 493 à 498.

11.3 SOMME DE VECTEURS

LOI DE CHASLES

Pour tous points A, B et C du plan : $\overrightarrow{AB} + \overrightarrow{BC} = \overrightarrow{AC}$

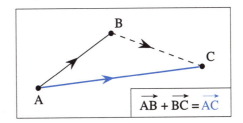

On muni le plan d'un repère.

Dans ce repère, soit
(x_A, y_A) la coordonnée de A,
(x_B, y_B) la coordonnée de B,
(x_C, y_C) la coordonnée de C.

On en déduit que les composantes de
$\overrightarrow{AB}$ sont $x_B - x_A$ et $y_B - y_A$;
$\overrightarrow{BC}$ sont $x_C - x_B$ et $y_C - y_B$;
$\overrightarrow{AC}$ sont $x_C - x_A$ et $y_C - y_A$.

Mais alors, $(x_B - x_A) + (x_C - x_B) = x_B - x_A + x_C - x_B$
$$= x_C - x_A;$$
$$(y_B - y_A) + (y_C - y_B) = y_B - y_A + y_C - y_B$$
$$= y_C - y_A.$$

La somme des composantes de $\overrightarrow{AB}$ et $\overrightarrow{BC}$ fournit les composantes de $\overrightarrow{AC}$. On traduit ce fait en écrivant, de manière condensée,

$$(x_B - x_A, y_B - y_A) + (x_C - x_B, y_C - y_B) = (x_C - x_A, y_C - y_A)$$

ou encore $\overrightarrow{AB} + \overrightarrow{BC} = \overrightarrow{AC}$.

En constatant que

l'origine de $\overrightarrow{BC}$ coïncide avec l'extrémité de $\overrightarrow{AB}$, cette loi exprime que le mouvement qui permet de se rendre de A à C est équivalent à celui qui consisterait à se rendre d'abord de A à B et ensuite de B à C, bien que le trajet allant directement de A à C ne soit pas le même que le trajet allant de A à C, via B.

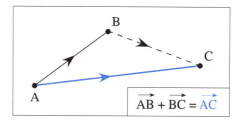

Cette loi peut s'étendre à n points du plan :

Pour tous points A, B, C, D, ..., M, N du plan :
$$\overrightarrow{AB} + \overrightarrow{BC} + \overrightarrow{CD} + \ldots + \overrightarrow{MN} = \overrightarrow{AN}$$

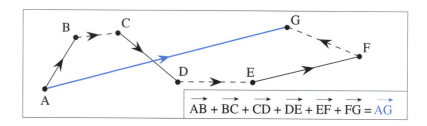

ADDITIONNER DES VECTEURS QUELCONQUES

Pour additionner des vecteurs quelconques,

- on utilise la définition de vecteurs égaux, pour obtenir des vecteurs consécutifs;

- on utilise ensuite *la loi de Chasles*.

En d'autres mots, la somme des vecteurs $\overrightarrow{AB}$ et $\overrightarrow{CD}$ s'obtient de manière suivante :

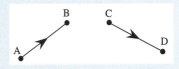

- on choisit un point R du plan;

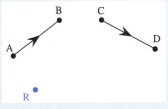

- on construit $\overrightarrow{RS}$ égal à $\overrightarrow{AB}$ et $\overrightarrow{ST}$ égal à $\overrightarrow{CD}$.

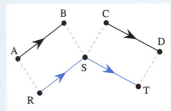

La somme cherchée est le vecteur $\overrightarrow{RT}$ puisque

$$\overrightarrow{AB} + \overrightarrow{CD} = \overrightarrow{RS} + \overrightarrow{ST}$$
$$= \overrightarrow{RT}$$

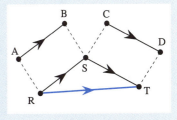

205

PROPRIÉTÉS

1 Si A, B et C sont trois points non alignés du plan, alors

$$\overrightarrow{AB} + \overrightarrow{AC} = \overrightarrow{AD}$$

où D est le point du plan tel que ABDC soit un parallélo-gramme. **(Propriété du parallélogramme)**

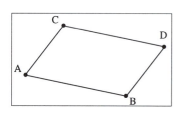

1) <u>Dessin et données</u>:

- A, B, C sont trois points non alignés du plan,
- D est le quatrième sommet du parallélogramme ABDC.

2) <u>Thèse:</u> $\overrightarrow{AB} + \overrightarrow{AC} = \overrightarrow{AD}$.

3) <u>Démonstration</u>

Comme ABDC est un parallélogramme, on a $\overrightarrow{AC} = \overrightarrow{BD}$.

Dès lors, en ajoutant $\overrightarrow{AB}$ à ces deux vecteurs égaux, il vient :

$$\overrightarrow{AB} + \overrightarrow{AC} = \overrightarrow{AB} + \overrightarrow{BD}$$

(Loi de Chasles)

$$= \overrightarrow{AD}$$

Cette propriété permet de décrire une technique d'addition de deux vecteurs de même origine.

Pour additionner deux vecteurs de même origine $\overrightarrow{AB}$ et $\overrightarrow{AC}$, on construit la diagonale [AD] du parallélogramme ABDC :

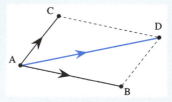

$$\overrightarrow{AB} + \overrightarrow{AC} = \overrightarrow{AD}$$

$\boxed{2}$ **Quels que soient les points A, B, C, D, E, F du plan :**

$$(\overrightarrow{AB} + \overrightarrow{CD}) + \overrightarrow{EF} = \overrightarrow{AB} + (\overrightarrow{CD} + \overrightarrow{EF})$$

$$\overrightarrow{AB} + \overrightarrow{CD} = \overrightarrow{CD} + \overrightarrow{AB}$$

Les démonstrations très aisées sont laissées au lecteur.

Il suffit de munir le plan d'un repère et de comparer les composantes des sommes supposées égales.

*Voici une illustration des égalités, en supposant que l'on ait, au préalable, construit des **vecteurs consécutifs** :*

1ᵉ égalité

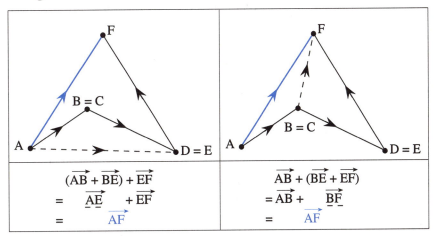

2ᵉ égalité

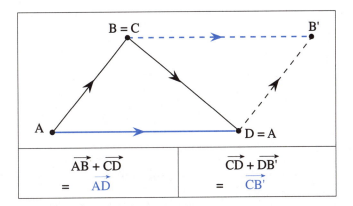

11.4 VECTEURS OPPOSES

VOCABULAIRE

Deux vecteurs $\overrightarrow{AB}$ et $\overrightarrow{CD}$ sont **opposés** si leur **somme** est **nulle**.

En d'autres mots, $\overrightarrow{AB}$ et $\overrightarrow{CD}$ sont opposés si $\overrightarrow{AB} + \overrightarrow{CD} = \overrightarrow{0}$.

PROPRIÉTÉS

$\boxed{1}$ $\overrightarrow{AB}$ et $\overrightarrow{CD}$ sont opposés $\iff$ $\overrightarrow{CD} = \overrightarrow{BA}$ $\iff$ $\overrightarrow{AB} = \overrightarrow{DC}$

En effet, $\qquad\qquad \overrightarrow{AB} + \overrightarrow{CD} = \overrightarrow{0}$

$$\Updownarrow$$

$$x_B - x_A + x_D - x_C = 0 \text{ et } y_B - y_A + y_D - y_C = 0$$

$$\Updownarrow$$

$$x_D - x_C = -(x_B - x_A) \text{ et } y_D - y_C = -(y_B - y_A)$$

$$\Updownarrow$$

$$\overrightarrow{CD} = \overrightarrow{BA}$$

La démonstration de la deuxième équivalence se fait de manière analogue et est laissée à la discrétion du lecteur.

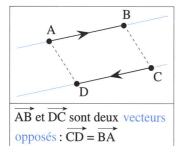

$\overrightarrow{AB}$ et $\overrightarrow{DC}$ sont deux vecteurs opposés : $\overrightarrow{CD} = \overrightarrow{BA}$

Cette propriété peut encore s'énoncer :

deux vecteurs sont opposés s'ils ont
- la même direction ;
- des sens opposés ;
- la même longueur.

$\boxed{2}$ **Les composantes de deux vecteurs opposés sont opposées.**

Conséquence immédiate de la propriété précédente.

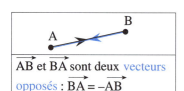

$\overrightarrow{AB}$ et $\overrightarrow{BA}$ sont deux vecteurs opposés : $\overrightarrow{BA} = -\overrightarrow{AB}$

Cette propriété et la précédente sont à l'origine de la notation :

le **vecteur opposé** au vecteur $\overrightarrow{AB}$ est noté, soit $\overrightarrow{BA}$, soit $-\overrightarrow{AB}$.

11.5 VECTEURS PARALLELES

VOCABULAIRE

- Le vecteur non nul $\overrightarrow{CD}$ est **parallèle** au vecteur non nul $\overrightarrow{AB}$ si les droites AB et CD sont parallèles.
- Le vecteur nul est **parallèle** à tous les vecteurs du plan.

PROPRIÉTÉS

1 Le vecteur non nul $\overrightarrow{CD}$ est parallèle au vecteur non nul $\overrightarrow{AB}$ si les composantes de $\overrightarrow{CD}$ sont multiples de celles de $\overrightarrow{AB}$.

1) <u>Dessin et données</u>:

- A et B sont distincts,
- C et D sont distincts,
- $\overrightarrow{AB}$ est parallèle à $\overrightarrow{CD}$.

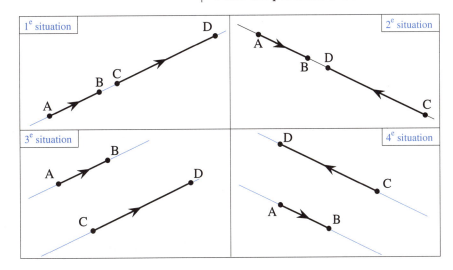

2) <u>Thèse</u>: il existe un réel r tel que

$$x_D - x_C = r(x_B - x_A);$$
$$y_D - y_C = r(y_B - y_A).$$

3) <u>Démonstration</u>

On muni le plan d'un repère.

Par A, on mène la parallèle à l'axe des abscisses;
par B, on mène la parallèle à l'axe des ordonnées;
on note P, le point d'intersection de ces deux droites.

Par C, on mène la parallèle à l'axe des abscisses;
par D, on mène la parallèle à l'axe des ordonnées;
on note Q, le point d'intersection de ces deux droites.

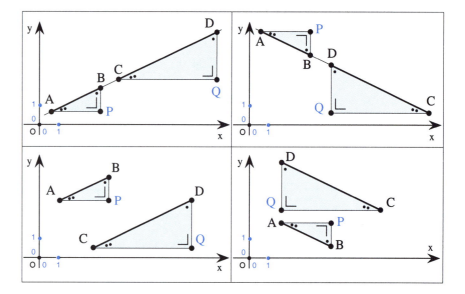

Les triangles ABP et CDQ sont semblables car ils ont des angles de même amplitude.

Dès lors, il existe un réel r tel, qu'en particulier,

$$\frac{\overline{CQ}}{\overline{AP}} = r = \frac{\overline{DQ}}{\overline{BP}};$$

ou encore tel que $\overline{CQ} = r\,\overline{AP}$ et $\overline{DQ} = r\,\overline{BP}$;

ou enfin, tel que

$$|x_D - x_C| = r|x_B - x_A| \text{ et } |y_D - y_C| = r|y_B - y_A|.$$

- Si [AB] et [CD] sont de **même sens**, [AP] et [CQ] le sont aussi, de même que [BP] et [DQ].

  On a alors $\quad \mathbf{x_D - x_C = r(x_B - x_A)}$

  et

  $\mathbf{y_D - y_C = r(y_B - y_A).}$

- Si [AB] et [CD] sont de **sens opposés**, [AP] et [CQ] le sont aussi, de même que [BP] et [DQ].

  On a alors $\quad \mathbf{x_D - x_C = -r(x_B - x_A)}$

  et

  $\mathbf{y_D - y_C = -r(y_B - y_A).}$

⟦2⟧ Si r et s sont des réels, quels que soient les points A, B, C et

D du plan, alors

$$r\overrightarrow{AB} + s\overrightarrow{AB} = (r+s)\overrightarrow{AB};$$
$$r(\overrightarrow{AB} + \overrightarrow{CD}) = r\overrightarrow{AB} + r\overrightarrow{CD};$$
$$r(s\overrightarrow{AB}) = (rs)\overrightarrow{AB};$$
$$r\overrightarrow{AB} = \overrightarrow{0} \iff r = 0 \text{ ou } \overrightarrow{AB} = \overrightarrow{0}.$$

Les démonstrations très aisées sont laissées au lecteur.

Il suffit de munir le plan d'un repère et de comparer les composantes des produits supposés égaux.

VOCABULAIRE

On note $\overrightarrow{CD} = r\overrightarrow{AB}$.

On dit encore :

$\overrightarrow{CD}$ est un multiple de $\overrightarrow{AB}$,

$\overrightarrow{CD}$ est le produit de $\overrightarrow{AB}$ par le réel r.

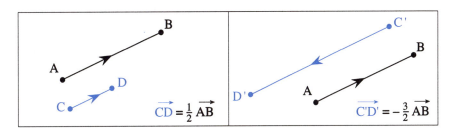

$$\overrightarrow{CD} = \tfrac{1}{2}\overrightarrow{AB}$$

$$\overrightarrow{C'D'} = -\tfrac{3}{2}\overrightarrow{AB}$$

Le **vecteur nul** est multiple de tous les vecteurs du plan.

11.6 VECTEURS – THALES – MILIEU

PROPRIÉTÉS

⟦1⟧ Si les deux droites distinctes d et d′ sont coupées par les droites parallèles a, b, c respectivement en A et A′, B et B′, C et C′,

alors il existe un réel k tel que $\overrightarrow{AC} = k\overrightarrow{AB}$ et $\overrightarrow{A'C'} = k\overrightarrow{A'B'}$.

211

1) <u>Dessin et données</u>:
- les droites distinctes d et d';
- les droites parallèles a, b, c;
- a coupe d en A et d' en A';
- b coupe d en B et d' en B';
- c coupe d en C et d' en C'.

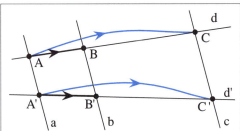

2) <u>Thèse:</u>   il existe un réel k tel que $\overrightarrow{AC} = k \overrightarrow{AB}$ et $\overrightarrow{A'C'} = k \overrightarrow{A'B'}$.

3) <u>Démonstration</u>

- Comme A, B et C sont alignés, il existe un réel r tel que

$$\overrightarrow{AC} = r \overrightarrow{AB}.$$

- Comme A', B' et C' sont alignés, il existe un réel s tel que

$$\overrightarrow{A'C'} = s \overrightarrow{A'B'}.$$

Il reste à prouver que r = s. Ce sera le réel k de la thèse.

- Pour ce faire, on munit le plan d'un repère dont l'axe des ordonnées est parallèle aux droites a, b et c.

  – Par A, on mène la parallèle à l'axe des abscisses qui coupe BB' en P et CC' en Q.

  – Par A', on mène la parallèle à l'axe des abscisses qui coupe BB' en P' et CC' en Q'.

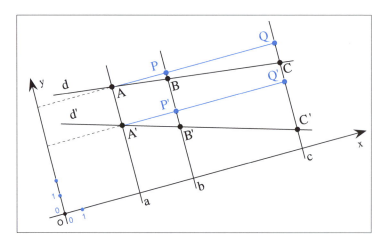

• Il vient : $x_C - x_A = x_Q - x_A$; $x_B - x_A = x_P - x_A$;

$$x_{C'} - x_{A'} = x_{Q'} - x_{A'} ; x_{B'} - x_{A'} = x_{P'} - x_{A'}.$$

Comme $x_Q - x_A = x_{Q'} - x_{A'}$ et $x_P - x_A = x_{P'} - x_{A'}$,

on a : $x_C - x_A = x_{C'} - x_{A'}$ et $x_B - x_A = x_{B'} - x_{A'}$.

De $\overrightarrow{AC} = r \overrightarrow{AB}$, on déduit : $x_C - x_A = r(x_B - x_A)$.

De $\overrightarrow{A'C'} = s \overrightarrow{A'B'}$, on déduit : $x_{C'} - x_{A'} = s(x_{B'} - x_{A'})$.

Finalement, $r = \dfrac{x_C - x_A}{x_B - x_A} = \dfrac{x_{C'} - x_{A'}}{x_{B'} - x_{A'}} = s.$

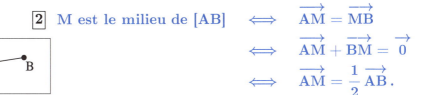

$\boxed{2}$ **M est le milieu de [AB]** $\Longleftrightarrow$ $\overrightarrow{AM} = \overrightarrow{MB}$

$\Longleftrightarrow$ $\overrightarrow{AM} + \overrightarrow{BM} = \overrightarrow{0}$

$\Longleftrightarrow$ $\overrightarrow{AM} = \dfrac{1}{2} \overrightarrow{AB}.$

En effet, M est le milieu de [AB]

$\Updownarrow$

[AM] et [MB] ont même direction, même sens, même longueur

$\Updownarrow$

$\overrightarrow{AM} = \overrightarrow{MB}$ $\Longleftrightarrow$ $\overrightarrow{AM} + \overrightarrow{AM} = \overrightarrow{AM} + \overrightarrow{MB}$

$\Updownarrow$ $\qquad\qquad\qquad\qquad\qquad$ $\Updownarrow$

$\overrightarrow{AM} = -\overrightarrow{BM}$ $\qquad\qquad\qquad$ $2\overrightarrow{AM} = \overrightarrow{AB}$

$\Updownarrow$

$\overrightarrow{AM} + \overrightarrow{BM} = \overrightarrow{0}$

À QUOI CELA SERT-IL ?

*Le calcul vectoriel est un **nouvel outil de démonstration de propriétés géométriques** qui vient s'ajouter au raisonnement synthétique et à l'outil analytique déjà rencontrés.*

À cet égard, nous indiquons, dans un premier temps quelques propriétés utilisées pour démontrer au moyen du calcul vectoriel.

Dans un deuxième temps, et à titre d'exemples, nous traiterons vectoriellement quelques situations dont certaines ont déjà été démontrées dans les années précédentes en utilisant d'autres méthodes.

PROPRIÉTÉS UTILES

$$\left.\begin{array}{c} \text{A, B, C, D} \\ \text{non alignés et} \\ \overrightarrow{AB} = \overrightarrow{CD} \\ \overrightarrow{AC} = \overrightarrow{BD} \end{array}\right\} \iff \left[\begin{array}{l} \text{ABDC est un} \\ \text{parallélogramme.} \end{array}\right.$$

$$\overrightarrow{AB} = \overrightarrow{CD} \implies \overrightarrow{AC} = \overrightarrow{BD}.$$

$$\overrightarrow{AB} = \overrightarrow{CD} \implies \text{AB est parallèle à CD.}$$

$$\overrightarrow{AB} = \overrightarrow{CD} \implies \left[\begin{array}{l} \text{[AB] et [CD]} \\ \text{ont même sens.} \end{array}\right.$$

$$\left.\begin{array}{c} \text{[AB] et [CD] ont} \\ \text{même direction,} \\ \text{même sens,} \\ \text{même longueur} \end{array}\right\} \iff \overrightarrow{AB} = \overrightarrow{CD}.$$

$$\overrightarrow{AB} = k\,\overrightarrow{AC} \iff \text{A, B et C sont alignés.}$$

$$\left.\begin{array}{c} \overrightarrow{AB} = k\,\overrightarrow{CD} \\ k \neq 0 \end{array}\right\} \iff \text{AB est parallèle à CD.}$$

$$\overrightarrow{AM} = \overrightarrow{MB} \iff \text{M est milieu de [AB].}$$

$$\overrightarrow{AM} + \overrightarrow{BM} = \overrightarrow{0} \iff \text{M est milieu de [AB].}$$

$$\overrightarrow{AB} = 2\,\overrightarrow{AM} \iff \text{M est milieu de [AB].}$$

$$\overrightarrow{AB} = 2\,\overrightarrow{MB} \iff \text{M est milieu de [AB].}$$

1. Les diagonales d'un parallélogramme se coupent en leur milieu.

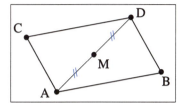

1) <u>Dessin et données</u>:
- ABDC est un parallélogramme,
- M est le milieu de [AD].

2) <u>Thèse</u>: M est le milieu de [BC].

3) <u>Démonstration</u>

Comme ABDC est un parallélogramme, $\overrightarrow{AB} = \overrightarrow{CD}$.

Comme M est milieu de [AD], $\overrightarrow{DM} = \overrightarrow{MA}$.

$$\begin{aligned} \text{Dès lors, } \overrightarrow{MB} &= \overrightarrow{MA} + \overrightarrow{AB} && \text{(Loi de Chasles)} \\ &= \overrightarrow{DM} + \overrightarrow{CD} \\ &= \overrightarrow{CD} + \overrightarrow{DM} \\ &= \overrightarrow{CM}. && \text{(Loi de Chasles)} \end{aligned}$$

Ainsi, M est milieu de [BC].

2. Dans le parallélogramme ABDC,

$\left|\begin{array}{l} \text{M est le milieu de [AC],} \\ \text{P est un point tel que } \overrightarrow{DP} = 2\,\overrightarrow{PM}. \end{array}\right.$

Montrer que C, P et B sont alignés.

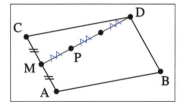

1) <u>Dessin et données</u>:
- le parallélogramme ABDC,
- M, le milieu de [AC],
- P tel que $\overrightarrow{DP} = 2\,\overrightarrow{PM}$.

2) <u>Thèse</u>: C, P et B sont alignés.

3) <u>Démonstration</u>

$$\begin{aligned} \overrightarrow{BP} &= \overrightarrow{BD} + \overrightarrow{DP} && \text{(Loi de Chasles)} \\ &= \overrightarrow{AC} + 2\,\overrightarrow{PM} && \text{(ABDC est un parallélogramme} \Rightarrow \overrightarrow{BD} = \overrightarrow{AC}) \\ &= 2\,\overrightarrow{MC} + 2\,\overrightarrow{PM} && \text{(M est milieu de [AC]} \Rightarrow \overrightarrow{AC} = 2\,\overrightarrow{MC}) \\ &= 2(\overrightarrow{MC} + \overrightarrow{PM}) \\ &= 2(\overrightarrow{PM} + \overrightarrow{MC}) \\ &= 2\,\overrightarrow{PC} && \text{(Loi de Chasles)} \end{aligned}$$

Ainsi, P, B et C sont alignés, car $\overrightarrow{PC}$ et $\overrightarrow{BP}$ étant parallèles et ayant un point commun sont portés par la même droite.

215

3. Sur les côtés du triangle ABC on détermine les points E et D tels que $\overrightarrow{AD} = k\,\overrightarrow{AB}$ et $\overrightarrow{AE} = k\,\overrightarrow{AC}$, k $\neq$ 0.

Montrer que DE est parallèle à BC.

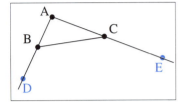

1) <u>Dessin et données</u>:
- ABC est un triangle,
- $\overrightarrow{AD} = k\overrightarrow{AB}$,
- $\overrightarrow{AE} = k\overrightarrow{AC}$.

2) <u>Thèse</u>: DE est parallèle à BC.

3) <u>Démonstration</u>

$$\overrightarrow{DE} = \overrightarrow{DA} + \overrightarrow{AE} \qquad \text{(Loi de Chasles)}$$
$$= k\,\overrightarrow{BA} + k\,\overrightarrow{AC}$$
$$= k(\overrightarrow{BA} + \overrightarrow{AC})$$
$$= k\,\overrightarrow{BC}. \qquad \text{(Loi de Chasles)}$$

Ainsi, DE est parallèle à BC.

Pour appliquer 499 à 522.
En cas de nécessité 523 et 524.
Pour chercher 525 à 538.

UN PETIT BOUT D'HISTOIRE

LE CALCUL VECTORIEL

Entre la *géométrie analytique* d'un René Descartes (1596–1650) et la *géométrie projective* d'un Girard Desargues (1593–1662), il s'est avéré nécessaire de mettre au point les techniques d'un *calcul géométrique* nouveau.

- Imaginé au départ par Gottfried Wilhem von Leibniz (1646–1716), le *calcul vectoriel* était né.

- L'allemand Carl-Friedrich Gauss (1777–1855) aborda l'*addition vectorielle*.

- L'irlandais sir William Rowan Hamilton (1805–1865) créa le mot *vecteur*.

- L'allemand Hermann Grassmann (1809–1877) eut le premier l'idée d'un calcul opérant directement sur les grandeurs géométriques.

- L'américain Josiah William Gibbs (1839–1903) a adapté le calcul vectoriel à sa forme actuelle.

- Le français Michel Chasles (1793–1880) fut professeur de mécanique à l'École polytechnique de Paris et de géométrie en Sorbonne. Il a publié plusieurs œuvres : « *Traité de géométrie supérieure* », « *Traité des sections coniques* », . . .

Dans l'enseignement secondaire, la *relation de Chasles*, en calcul vectoriel, est aussi connue que les théorèmes de Thalès et de Pythagore, en géométrie.

Et pourtant . . . Chasles n'en est pas l'inventeur, mais bien des géomètres comme l'anglais Arthur Cayley (1821–1895) ou l'allemand August Möbius (1790–1868), célèbre pour le ruban qui porte son nom et qui est une surface à une seule face.

Si Chasles fut un brillant professeur de géométrie, la petite histoire raconte qu'il était moins futé en affaires. En effet, un escroc réussit à lui vendre des parcelles de terrain situées non loin de l'endroit où allait s'ériger la Tour Eiffel, sur un domaine on ne peut plus public et non vendable. Collectionneur d'autographes, il fut arnaqué par des escrocs lors d'achat de diverses fausses lettres d'hommes de sciences.

C.-F. Gauss

Arthur Cayley

Le ruban de Möbius qui ne possède qu'une seule face

(à suivre dans EM5)

12 STATISTIQUE ET PROBABILITÉ

ACTIVITÉS

1 Voici un tableau relatif à la population en Belgique.

Il donne en milliers,

1) la population en vie au 31 décembre de chaque année,
2) les naissances et les décès durant l'année.

ANNÉE	H	F	TOTAL	NAISSANCES	DÉCÈS
1973	4774	4982	9756		
1974	4792	4996	9788	122	115
1975	4805	5008	9813	119	119
1976	4808	5015	9823	120	118
1977	4814	5023	9837	121	112
1978	4814	5028	9842	122	115
1979	4819	5036	9855	124	112
1980	4824	5044	9868	125	112

Ce tableau peut nous apprendre plus que ne le dit l'intitulé des colonnes : en faisant le bilan des naissances et des décès de l'année 1974, on constate une augmentation de 7000 individus, alors qu'en comparant le total de la population entre fin 1973 et fin 1974 il apparaît une augmentation de 32 000 individus. On peut facilement expliquer cette différence : si les naissances et les décès sont des facteurs d'évolution d'une population, il en est un troisième tout aussi important, la migration, résultat de l'émigration (départ vers l'étranger) et de l'immigration (arrivée de l'étranger).

a) Détermine le solde migratoire annuel, de 1974 à 1980.

b) Dresse un **histogramme*** de l'évolution | de la population masculine,
de la population féminine,
de la population totale,
des naissances,
des décès,
du solde migratoire.

_____

* **Histogramme** : diagramme formé de rectangles dont les bases représentent les classes et les hauteurs représentent l'effectif de la classe.

c) Calcule, pour chaque population, la **moyenne** entre 1974 et 1980.

d) Pour chaque population, dresse, par année, la table des **distances** (on dit aussi les **écarts**) entre l'effectif de l'année et la moyenne de cette population sur la période étudiée. (N'oublie pas qu'une distance est un nombre positif)

e) Quelle est la **population la plus homogène** (celle pour laquelle les écarts sont les plus minces); **la moins homogène** ?

f) Détermine la **moyenne** des écarts, dans chaque population.

2 Un enseignant, donnant des cours parallèles, a effectué un test dans ses classes. En voici les résultats :

Notes	0	1	2	3	4	5	6	7	8	9	10	11	12	13	14	15	16	17	18	19	20
Cours A	0	0	2	0	1	2	6	11	16	19	29	18	13	10	7	2	2	1	0	1	0
Cours B	0	0	0	1	1	2	2	8	18	21	37	32	16	5	4	1	2	0	0	0	0

a) Calcule la **moyenne**, la **médiane** et le **mode** de chacune des classes. Détermine aussi les trois **quartiles** (valeurs qui partagent la population en quatre parties de même effectif) dans chaque classe.

b) Le professeur a le sentiment que les deux groupes n'ont pas le même profil, bien que la moyenne soit la même. Il décide de s'intéresser à la **dispersion des notes autour de la moyenne** : il détermine les écarts (valeur absolue de la différence) entre la moyenne et les diverses notes.

Effectue ce travail et détermine ensuite, pour chaque groupe, la **moyenne des écarts**.

Quelle conclusion peux-tu tirer quand à l'homogénéité des deux groupes ?

c) Dans chaque classe, détermine l'intervalle $[Q_1 Q_3]$ borné par le premier et le troisième **quartile**.

Cet intervalle comprend la moitié de la population.

En examinant cet intervalle, dans les deux cas, tirerais-tu les mêmes conclusions qu'en *b)* ?

3 Deux groupes de 100 personnes ont passé des test de Q.I.

En voici les résultats :

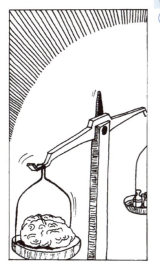

Q.I.	Groupe 1	Groupe 2
[55, 65[	1	2
[65, 75[	2	4
[75, 85[	9	9
[85, 95[	21	19
[95, 105[	34	31
[105, 115[	22	21
[115, 125[	8	8
[125, 135[	2	5
[135, 145]	1	1

a) *Pour chacun des groupes, complète le tableau suivant :*

Classes	Centres X_i	Effectifs e_i	$X_i e_i$	$\lvert X_i - m \rvert$	$\lvert X_i - m \rvert e_i$	$(X_i - m)^2$	$(X_i - m)^2 e_i$
. . .	. . .	. . .	. . .	. . .	. . .	. . .	. . .
. . .	. . .	. . .	. . .	. . .	. . .	. . .	. . .
. . .	. . .	. . .	. . .	. . .	. . .	. . .	. . .

b) *Calcule la **moyenne** dans chaque groupe.*

c) *Pour chacun des groupes, calcule la **moyenne des écarts** ainsi que la **moyenne des carrés des écarts**.*

Recherche la racine carrée de ce dernier nombre.

*Utilise au mieux les résultats donnés dans les deux tableaux complétés en **a)** afin de faciliter les calculs demandés.*

d) *Complète les tableaux obtenus en **a)** en ajoutant une colonne de **fréquences** et une colonne de **fréquences cumulées**.*

Si l'on prend, au hasard une personne de chaque groupe, quelle chance a-t-on qu'elle ait un Q.I. inférieur à 85, supérieur à 115; compris entre 85 et 115 ?

Explique ton point de vue.

4   Une urne contient six boules numérotées de 1 à 6.

Toutes ces boules ont la même masse et le même rayon.

Le jeu consiste à extraire une boule de l'urne et à noter son numéro.

a) Quelle chance a-t-on d'obtenir la boule 6 ? Explique ton point de vue.

b) Deux simulations ont été faites. En voici les résultats :

Nombre d'extractions	Nombres de « 6 » extraits	
	Simulation 1	Simulation 2
20	4	2
40	6	7
60	9	9
80	13	11
100	16	17
500	85	83
900	149	151
1500	252	247
2000	336	331

Calcule, pour chaque simulation, la fréquence d'apparition du « 6 ».

*Compare ces résultats avec la réponse donnée en **a)**.*

Que conclus-tu ?

NOTIONS

12.1 INDICES DE DISPERSION

En troisième, nous avons examiné diverses manières de mesurer les valeurs centrales d'une série statistique. Leur utilité est apparue clairement : situer une valeur autour de laquelle la série s'étend.

Cependant, malgré la précision que ces valeurs apportent quant à la localisation de la série, une dimension reste manquante : la manière dont la série se regroupe autour de ces valeurs centrales.

On ne prendra ici en compte que des séries quantitatives puisque les indices de dispersion évoqués indiquent la position autour de la moyenne.

VOCABULAIRE

Dans le cas d'une série statistique de caractère quantitatif,

1. **l'écart** entre la moyenne et une valeur du caractère est la **valeur absolue** de la différence entre ces nombres ;

2. **l'écart moyen** de la série, noté e, est la **moyenne** des écarts entre la moyenne et chaque valeur de caractère de la série ;

3. **la variance** de la série, notée V, est la **moyenne** des carrés des écarts entre la moyenne et chaque valeur du caractère de la série ;

4. **l'écart-type** de la série, noté σ, est la **racine carrée positive** de la variance ;

5. **l'intervalle interquartile** de la série est l'intervalle $[Q_1, Q_3]$ où Q_1 est le premier quartile et Q_3 le troisième quartile de la série. Cet intervalle contient la moitié de la population.

FORMULES

En notant
$x_1, x_2, \ldots x_i, \ldots, x_p$ les valeurs numériques du caractère,
$e_1, e_2, \ldots e_i, \ldots, e_p$ les effectifs,
n l'effectif total,
m la moyenne,
e l'écart moyen,
V la variance,
σ l'écart-type qu'on lit sigma,

on peut écrire en formules le vocabulaire qui précède :

$$n = e_1 + e_2 + \ldots + e_p = \sum_{i=1}^{p} e_i$$

$$m = \frac{1}{n}(x_1 e_1 + x_2 e_2 + \ldots + x_p e_p) = \frac{1}{n}\sum_{i=1}^{p} x_i\, e_i$$

$$e = \frac{1}{n}(|x_1 - m|e_1 + |x_2 - m|e_2 + \ldots + |x_p - m|e_p) = \frac{1}{n}\sum_{i=1}^{p} |x_i - m|\, e_i$$

$$V = \frac{1}{n}((x_1 - m)^2 e_1 + (x_2 - m)^2 e_2 + \ldots + (x_p - m)^2 e_p) = \frac{1}{n}\sum_{i=1}^{p}(x_i - m)^2\, e_i$$

$$\sigma = \sqrt{\frac{1}{n}\left((x_1 - m)^2 e_1 + (x_2 - m)^2 e_2 + \ldots + (x_p - m)^2 e_p\right)}$$

$$= \sqrt{\frac{1}{n}\sum_{i=1}^{p}(x_i - m)^2\, e_i}$$

Dans ces formules, le symbole Σ, appelé **symbole sommatoire**, signifie qu'il faut faire la somme de toutes les expressions obtenues en donnant à i toutes les valeurs entières qu'il peut prendre, dont la première est indiquée sous le symbole Σ et la dernière est indiquée au-dessus du symbole Σ.

Ainsi, $\displaystyle\sum_{i=1}^{5} x_i e_i = x_1 e_1 + x_2 e_2 + x_3 e_3 + x_4 e_4 + x_5 e_5.$

EXEMPLE

Dans un carré de haricots, on a récolté 140 gousses et on a compté le nombre de grains de chaque gousse. Voici les résultats :

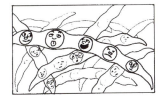

nombre de grains (x_i)	1	2	3	4	5	6	7	8	9	10
nombre de gousses (e_i)	3	5	9	18	32	38	20	7	6	2
$x_i e_i$	3	10	27	72	160	228	140	56	54	20

La moyenne m se calcule facilement : c'est 5,5.

Le calcul de l'écart moyen s'obtient aisément à partir de la **série des écarts** :

nombre de grains (x_i)	1	2	3	4	5	6	7	8	9	10
nombre de gousses (e_i)	3	5	9	18	32	38	20	7	6	2
écarts ($|x_i - m|$)	4,5	3,5	2,5	1,5	0,5	0,5	1,5	2,5	3,5	4,5
$|x_i - m|e_i$	13,5	17,5	22,5	27	16	19	30	17,5	21	9

L'écart moyen e est ainsi 1,378... En quelque sorte, on peut dire « qu'en moyenne » le nombre de grains d'une gousse s'écarte, d'un côté comme de l'autre, de 1,378 grains de valeur moyenne qui est 5,5.

Le défaut de l'écart moyen est de donner la même importance aux valeurs du caractère.

Or le statisticien a constaté qu'il obtient une meilleure mesure de la dispersion s'il accorde proportionnellement plus de poids aux valeurs du caractère les plus éloignées de la moyenne.

Au lieu de considérer les écarts, il considère leurs carrés : plus l'écart est important, plus important encore est son carré. Les calculs donnent :

nombre de grains (x_i)	1	2	3	4	5	6	7	8	9	10
nombre de gousses (e_i)	3	5	9	18	32	38	20	7	6	2
écarts $|x_i - m|$	4,5	3,5	2,5	1,5	0,5	0,5	1,5	2,5	3,5	4,5
$(x_i - m)^2$	20,5	12,25	6,25	2,25	0,25	0,25	2,25	6,25	12,25	20,25
$(x_i - m)^2 e_i$	60,75	61,25	56,25	40,5	8	9,5	45	43,75	73,5	40,5

La variance V est donc égale à 3,135...

Son défaut est qu'elle a la même dimension que le carré des valeurs du caractère. Pour rectifier cet inconvénient, on considère sa racine carrée : **l'écart-type σ** qui est égal à 1,77...

L'importance de l'écart-type est donnée par le fait que, généralement,
- l'intervalle $[m - 2\sigma, m + 2\sigma]$ contient 95% de la population;
- l'intervalle $[m - 3\sigma, m + 3\sigma]$ contient 99% de la population.

L'intervalle interquartile est $[5, 6]$. Il contient 70 gousses sur les 140.

PROPRIÉTÉ

Si on soustrait un même nombre a aux termes d'une série statistique numérique, la moyenne de l'ancienne série est égale à celle de la nouvelle série augmentée du nombre a.

Si on divise par un nombre non nul r les termes d'une série statistique numérique, la moyenne de l'ancienne série est égale au produit par r de la moyenne de la nouvelle série.

1) Données: • la série des x_i, d'effectifs e_i, de moyenne m;

• la série des $z_i = x_i - a$, d'effectifs e_i, de moyenne m';

• la série des $y_i = \dfrac{x_i}{r}$, d'effectifs e_i, de moyenne m''.

2) Démonstration

$$\bullet \quad m = \frac{1}{n} \sum_{i=1}^{p} x_i\, e_i$$

$$= \frac{1}{1} \sum_{i=1}^{p} (z_i + a)\, e_i$$

$$= \frac{1}{n} \sum_{i=1}^{p} (z_i\, e_i + a\, e_i)$$

$$= \frac{1}{n} \sum_{i=1}^{p} z_i\, e_i + \frac{1}{n} a \sum_{i=1}^{p} e_i$$

$$= m' + a$$

$$\bullet \quad m = \frac{1}{n} \sum_{i=1}^{p} x_i\, e_i$$

$$= \frac{1}{n} \sum_{i=1}^{p} (y_i r)\, e_i$$

$$= \frac{1}{n} \sum_{i=1}^{p} (y_i\, e_i)\, r$$

$$= \left(\frac{1}{n} \sum_{i=1}^{p} y_i\, e_i\right) r$$

$$= m'' r$$

Cette propriété a pour but de simplifier les calculs manuels de moyenne comme on le verra dans les exemples qui suivent.

Cependant, l'utilisation de tableurs en rend l'intérêt moins évident puisque l'ordinateur effectue ce type de calculs de manière très rapide.

CALCUL SIMPLIFIÉ DE LA MOYENNE

Pour calculer la moyenne d'une série statistique, on peut utiliser une des deux techniques décrites ci-après.

1) • **On soustrait un même nombre n** à tous les nombres de la série.

x_i	501	502	503	504	505	506	507	508	509	510	$n = 500$
e_i	3	5	9	18	32	38	20	7	6	2	
$z_i = x_i - 500$	1	2	3	4	5	6	7	8	9	10	

• **On calcule la moyenne m′** de cette nouvelle série.

$$m' = \frac{3 \cdot 1 + 5 \cdot 2 + 9 \cdot 3 + 18 \cdot 4 + 32 \cdot 5 + 38 \cdot 6 + 20 \cdot 7 + 7 \cdot 8 + 6 \cdot 9 + 2 \cdot 10}{140}$$

$$= 5{,}5$$

• **On ajoute n à m′** pour obtenir la moyenne de la série initiale.

$$500 + 5{,}5 = 505{,}5.$$

Dans ce cas, $\quad e = e', V = V', \sigma = \sigma'$.

2) • **On divise par un même nombre p** les nombres de la série.

x_i	1000	2000	3000	4000	5000	6000	$p = 1000$
e_i	3	5	8	9	3	2	
$y_i = x_i/1000$	1	2	3	4	5	6	

• **On calcule la moyenne m″** de la nouvelle série.

$$m'' = \frac{3.1 + 5.2 + 8.3 + 9.4 + 3.5 + 2.6}{30}$$

$$= 3{,}33333\ldots$$

• **On multiplie m″ par p** pour obtenir la moyenne de la série initiale.

$$3{,}33333\ldots \times 1000 = 3333{,}33\ldots$$

Dans ce cas, $\quad e = e'p', V = V'p^2, \sigma = \sigma'p$.

Pour appliquer 539 à 543.

12.2 CALCUL DES PROBABILITES

L'étude statistique d'une population se fait généralement sur un échantillon.

Le statisticien cherche à formuler des lois générales portant sur la population entière à laquelle appartient l'échantillon.

Il est cependant très rare que les valeurs fournies par un échantillon donnent des renseignements identiques à celles d'un autre échantillon.

D'un autre côté, lorsqu'on examine des phénomènes statistiques on est souvent frappé de constater que certaines régularités apparaissent.

Dans l'activité 4, on a pu se rendre compte que si le nombre de tirages dans l'urne est suffisamment important, la fréquence d'apparition du « 6 » se stabilise autour de 0,166...

Ceci fait penser à l'existence de lois statistiques que nos connaissances ne permettent pas de mettre en évidence.

*Pour tenter de les expliquer et de les comprendre, les mathématiciens ont fait appel à une théorie qui tente d'être un modèle abstrait de la réalité : le **calcul des probabilités**.*

On se limitera ici à une approche élémentaire de cette partie des mathématiques.

VOCABULAIRE

1) Un **phénomène fortuit** est une expérience qui donne lieu à plusieurs résultats dus au **hasard**.

2) Tout ensemble de résultats possibles d'un phénomène fortuit est appelé **événement** de ce phénomène.

Ceux qui se limitent à une seule épreuve sont appelés **événements élémentaires** du phénomène fortuit.

3) Si toutes les événements élémentaires d'un phénomène fortuit ont la même chance d'apparaître, on dit qu'ils sont **équiprobables**.

EXEMPLES

1. Lancer un dé et examiner le point de la face supérieure est un phénomène fortuit.

Pour ce phénomène fortuit A = $\{1, 3, 5\}$ (tirer un impair);

$\qquad$ B = $\{2, 4, 6\}$ (tirer un pair),

$\qquad$ C = $\{1, 2, 3, 4, 5\}$ (ne pas tirer 6),

$\qquad$ $\phi = \{\}$ (ne rien tirer),

$\qquad$ D = $\{5\}$ (tirer 5),

sont quelques événements.

Les événements élémentaires sont $\{1\}$, $\{2\}$, $\{3\}$, $\{4\}$, $\{5\}$, $\{6\}$.

2. Parmi les phénomènes fortuits à événements élémentaires équiprobables, citons

- le lancement d'un dé non pipé;
- le lancement d'une pièce de monnaie (pile ou face) bien équilibrée;
- l'extraction, dans une urne, d'une boule parmi des boules identiques;
- le tirage d'une carte dans un jeu bien mélangé;
- ...

DÉFINITION

La probabilité veut mesurer « le nombre de chances » de chaque événement d'un phénomène fortuit.

Quelques règles habituelles aux mesures sont dès lors d'application :

- *à l'**événement impossible**, par exemple, tirer une boule verte dans une urne qui ne contient que des boules rouges, correspond la probabilité 0;*

- *à l'**événement certain**, par exemple, tirer une boule verte dans une urne qui ne contient que des boules vertes, correspond la probabilité 1;*

- *tout autre événement a une probabilité comprise entre 0 et 1;*

- *si deux événements n'ont rien en commun, la probabilité que l'un ou l'autre se réalise égale la somme des probabilités de chacun d'eux.*

> **Si tous les événements élémentaires d'un phénomène fortuit sont équiprobables, alors la probabilité de tout événement A est donné par la formule**
>
> $$P(A) = \frac{\text{nombre de cas favorables}}{\text{nombre de cas possibles}}.$$

CALCULS

Pour dénombrer le nombre d'éléments d'un ensemble, dans les cas non immédiats, il est souvent intéressant d'utiliser la technique *des diagrammes en arbre* déjà introduite en première.

EXEMPLES

1. **Une urne contient des boules identiques : trois boules rouges numérotées de 1 à 3 et quatre boules vertes numérotées de 1 à 4. On tire au hasard deux boules, sans remise, et on regarde la couleur et le numéro des boules tirées.**

   Quelle est la probabilité d'obtenir une seule boule verte ?

On peut admettre que tous les tirages sont équiprobables puisque les boules sont identiques et que l'extraction se fait au hasard.

Il faut donc déterminer d'une part, le nombre total des tirages, d'autre part, le nombre de tirages favorables.

Nombre total de tirages

Lors du tirage de la première boule, 7 possibilités se présentent, comme le montre l'arbre suivant :

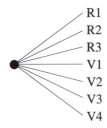

Pour **chacun** de ces résultats, il reste 6 possibilités de tirer la deuxième boule, comme le montrent les deux sous-arbres que voici parmi les 7 qui sont possibles :

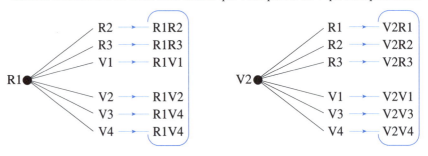

Finalement, il y a 6 × 7 ou 42 **tirages possibles**.

Nombre de tirages favorables

Les tirages favorables sont de deux types :

- soit tirer une verte au début et ensuite une rouge;
- soit tirer une rouge au début et ensuite une verte.

Dans le premier cas, il y a 4×3 ou 12 possibilités :

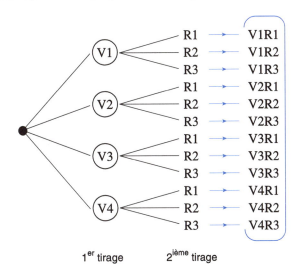

$$1^{er}\ tirage \qquad 2^{ième}\ tirage$$

De même, dans le second cas, il y aura 3×4 ou 12 possibilités.

Finalement, il y a $12 + 12$ ou 24 **tirages favorables**.

On peut donc conclure que la **probabilité cherchée** est $\dfrac{24}{42}$ ou $\dfrac{4}{7}$.

2. **D'un jeu bien mélangé de 52 cartes, on tire successivement deux cartes et on note ces cartes.**
   Quelle est la probabilité d'avoir au moins un as ?

On peut admettre que **tous les tirages successifs** de deux cartes sont **équiprobables**.

Nombre total de tirages de deux cartes

Lors du tirage de la première carte, 52 possibilités se présentent. Pour chacun des 52 résultats, il y a 51 possibilités de compléter le tirage.

Il y a ainsi 52x51 ou 2652 **tirages possibles**.

Nombre de tirages favorables

Les tirages favorables sont de trois types :

- soit un as suivi d'une carte qui n'est pas un as,
- soit une carte qui n'est pas un as suivie d'un as,
- soit deux as.

Il y a 4×48 ou 192 **tirages du premier type.**

En effet, la première carte tirée devant être un as, il y a 4 possibilités.

Pour chacune de ces 4 possibilités, on doit compléter par une carte qui ne peut être un as; il a donc $52 - 4$ ou 48 possibilités de compléter le **tirage**.

Une analyse identique montre qu'il y a aussi 192 **tirages du deuxième type**.

Enfin, il y a 4×3 ou 12 **tirages du troisième type**.

En effet, la première carte tirée devant être un as, il y a 4 possibilités.

Pour chacune de ces 4 possibilités, il faut compléter par un as.

Comme il n'en reste que 3, il y a donc 3 manières de compléter le tirage.

Finalement, il y a $192 + 192 + 12$ ou 396 **tirages favorables**.

On peut conclure que la **probabilité cherchée** est $\dfrac{396}{2652}$ ou $\dfrac{33}{221}$.

Pour appliquer 544 à 550.
Pour chercher 551 à 554.
Pour aller plus loin 555 à 557.

Exercices

1. COMPLÉMENT DE CALCUL ALGÉBRIQUE

POUR APPLIQUER

1.1 et 1.2

1. Si les lettres désignent des réels, précise les conditions d'existence des expressions suivantes :

   1) $\sqrt{a^5 b^3}$

   2) $\sqrt{\dfrac{9a^3}{b^5}}$

   3) $\sqrt{a} + \sqrt{b}$

   4) $\sqrt{a^5}\sqrt{b^3}$

   5) $5\sqrt{1-2x}$

   6) $\dfrac{5}{\sqrt{1-2x}}$

   7) $\dfrac{5}{1-2x}$

   8) $\dfrac{1-2x}{5}$

   9) $\sqrt{\dfrac{5}{1-2x}}$

   10) $x\sqrt{2x-1}$

   11) $\dfrac{2}{x^2\sqrt{1-x}}$

   12) $1 - x^2$

2. Tu as vu dans les notions de cette unité : si a est un réel, $\boxed{\sqrt{a^2} = |a|}$.

   1) $\sqrt{a^2}$ vaut-il a ou $-a$, si a est strictement positif ?

   2) $\sqrt{a^2}$ vaut-il a ou $-a$, si a est strictement négatif ?

3. Vrai ou faux ? Justifie !

   a étant un réel, détermine d'éventuelles conditions d'existence.

   1) $\sqrt{a^2} = \sqrt{a^2}$

   2) $\sqrt{a^2} = a$

   3) $\sqrt{a^2} = a$

   4) $\sqrt{a}\sqrt{a} = a$

4. Simplifie, les expressions suivantes.

   Précise d'éventuelles conditions d'existence.

   1) $\sqrt{16}$

   2) $\sqrt{32}$

   3) $\sqrt{x^2}$

   4) $\sqrt{(b-1)^2}$

   5) $\sqrt{ab^2}$

   6) $\sqrt{12a^2b}$

   7) $\sqrt{a^2 - 2a + 1}$

   8) $\sqrt{a-2}$

   9) $\sqrt{a^4 b^3}$

   10) $\dfrac{1}{\sqrt{4a^2 + 4a + 1}}$

   11) $\dfrac{a}{\sqrt{a^2}}$

UN PETIT BOUT D'HISTOIRE

$\sqrt{2}$: UNE CATASTROPHE ?

Résultat remarquable et fécond que celui trouvé par l'Italien Raphaël Bombelli (16e siècle) à propos de l'existence de nombres irrationnels. Il publia en 1572 un traité d'algèbre remarquable pour l'époque : «Algebra, parte maggiore dell' aritmetica».

Il découvrit que $\sqrt{2}$ s'écrit sous la forme d'une fraction dite continue ; on obtient ainsi une suite de fractions ordinaires :

$$1 + \cfrac{1}{2 + \cfrac{1}{2 + \cfrac{1}{2 + \cfrac{1}{2 + \cfrac{1}{2 + \ldots}}}}}$$

1					1	
1	+	$\dfrac{1}{2}$	=	$\dfrac{3}{2}$	=	1,5
1	+	$\dfrac{1}{2,5}$	=	$\dfrac{7}{5}$	=	1,4
1	+	$\dfrac{1}{2,4}$	=	$\dfrac{17}{12}$	=	$1,4166\ldots 6\ldots$
			=	$\ldots$		

Le lecteur est invité à prouver que cette suite se rapproche de $\sqrt{2}$.

Plus tard, Euler et Lagrange, déjà cités plus haut, poursuivirent l'étude des fractions continues.

235

1.3

5. Démontre :

si a et b sont des réels quelconques,

1) $\sqrt[3]{a}\,\sqrt[3]{b} = \sqrt[3]{ab}$

2) b étant non nul, $\dfrac{\sqrt[3]{a}}{\sqrt[3]{b}} = \sqrt[3]{\dfrac{a}{b}}$

6. Calcule, sans l'aide de la calculatrice, et en ne laissant pas d'exposant dans les réponses :

1) $\sqrt[3]{27}$ 2) $\sqrt[3]{-27}$ 3) $-\sqrt[3]{-27}$ 4) $\sqrt[3]{8^{-1}}$

7. En utilisant les propriétés des racines cubiques démontrées à l'exercice 5, effectue :

1) $\sqrt[3]{3}\,\sqrt[3]{3^5}$ 3) $\sqrt[3]{a^2}\,\sqrt[3]{a^7}$ 5) $\dfrac{\sqrt[3]{160}}{\sqrt[3]{20}}$

2) $\sqrt[3]{16}\,\sqrt[3]{32}$ 4) $\dfrac{\sqrt[3]{2^4}}{\sqrt[3]{2}}$

8. Vrai ou faux ? Justifie !

1) $\sqrt[3]{a^3} = \left(\sqrt[3]{a}\right)^3$ 3) $\sqrt[3]{a^6} = a^2$

2) $\sqrt[3]{a^2} = \sqrt{a^3}$ 4) $\sqrt[3]{a^{-1}} = \left(\sqrt[3]{a}\right)^{-1}$

9. Quel doit être le rayon d'une demi-sphère pour que son volume soit de 5m^3 ?

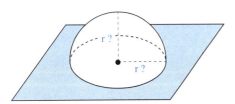

1.4 - 1.5

10. Calcule, sans l'aide de la calculatrice, et en ne laissant pas d'exposant dans les réponses :

1) $\sqrt[4]{16}$ 4) $\sqrt[4]{(-2)^8}$ 7) $\sqrt[3]{0{,}008}$

2) $-\sqrt[4]{625}$ 5) $\sqrt[4]{4^{-2}}$ 8) $-\sqrt[4]{\dfrac{81}{256}}$

3) $\sqrt[4]{7^6}$ 6) $\sqrt[3]{0{,}00\overline{1}}$

11. À quelle(s) condition(s) les expressions suivantes désignent-elles un réel, sachant que n et p sont des naturels distincts de 0 et de 1 ? ($a \in \mathbb{R}, b \in \mathbb{R}$)

1) $\sqrt[n]{-8}$ 5) $\sqrt[4]{(-2)^n}$ 9) $\sqrt[n]{2^p}$

2) $\sqrt[4]{a}$ 6) $\sqrt[n]{a^3}$ 10) $\sqrt[n]{(-2)^p}$

3) $\sqrt[6]{ab}$ 7) $\sqrt[8]{a^{-1}}$ 11) $\sqrt[n]{-2^p}$

4) $-\sqrt[4]{a^2}$ 8) $\sqrt[7]{a^{-1}}$ 12) $\sqrt[2n]{a}$

12. Écris sous forme de radicaux, les expressions suivantes :

1) $2^{\frac{1}{3}}$ 5) $3^{\frac{1}{2}}$ 8) $-\left(\dfrac{3}{7}\right)^{-\frac{1}{2}}$

2) $-2^{\frac{1}{3}}$ 6) $5^{\frac{3}{4}}$ 9) $\left(\dfrac{16}{25}\right)^{-\frac{1}{2}}$

3) $|-2|^{-\frac{1}{3}}$ 7) $\left(\dfrac{3}{7}\right)^{-\frac{1}{2}}$ 10) $\left(\dfrac{27}{8}\right)^{-\frac{1}{3}}$

4) $-2^{-\frac{1}{3}}$

13. Calcule, sans l'aide de la calculatrice :

1) $-\sqrt[5]{243}$ 5) $49^{\frac{1}{2}}$ 8) $0{,}01^{-\frac{1}{2}}$

2) $\sqrt[5]{-243}$ 6) $27^{\frac{2}{3}}$ 9) $16^{-\frac{1}{4}}$

3) $\sqrt[5]{243}$ 7) $81^{\frac{3}{4}}$ 10) $\left(\dfrac{625}{256}\right)^{-\frac{1}{4}}$

4) $\sqrt[3]{343^{-1}}$

14. Écris sous forme d'une puissance de a ($a \in \mathbb{R}_0^+$) les expressions suivantes ; donne ensuite une réponse sans exposant négatif, ni fractionnaire :

1) $a^{\frac{1}{2}}\,a$ 7) $\left(a^2\right)^{\frac{2}{3}}$

2) $a^{\frac{1}{3}}\,a^{\frac{1}{2}}$ 8) $\left(a^{\frac{1}{5}}\right)^{-5}$

3) $a^{\frac{5}{3}}\,a^{\frac{1}{3}}\,a^{-1}$ 9) $\left(a^{\frac{2}{3}}\right)^{\frac{3}{4}}$

4) $a^{1{,}5}\,a^{1{,}25}\,a^{0{,}25}$ 10) $\left(a^{0{,}5}\right)^2$

5) $\dfrac{a^{\frac{1}{2}}}{a^{\frac{1}{3}}}$ 11) $\left(\dfrac{a}{4}\right)^{\frac{1}{2}}\dfrac{2}{a}$

6) $\left(a^{\frac{2}{3}}\right)^3$ 12) $\dfrac{\left(a^{-1}\right)^{-2}}{\left(a^2\right)^3 a^{-1}}$

15. Effectue en utilisant les puissances à exposants fractionnaires. La réponse sera donnée sans exposant négatif, ni fractionnaire :

1) $\sqrt{8}\sqrt[3]{4}$

2) $\sqrt[3]{27}\sqrt{3}$

3) $\dfrac{\sqrt[3]{25}}{\sqrt{5}}$

4) $\sqrt[3]{\sqrt{32}}$

5) $\left(\sqrt{3}+\sqrt[3]{2}\right)^2$

6) $\sqrt[3]{2^3+5^3}$

7) $\sqrt[4]{\dfrac{2^4}{3}}$

8) $\sqrt[3]{\dfrac{2}{3^4}}$

9) $\sqrt[3]{2^3 \cdot 5^2}$

9) $\sqrt{24}+\sqrt[3]{12}$

10) $\sqrt[3]{-7}-\sqrt[3]{17}$

11) $\left(\sqrt[5]{-147}+\sqrt[3]{100}\right)\sqrt{7}$

12) $\left(\sqrt[3]{\dfrac{1}{8}}-\sqrt[5]{\dfrac{17}{9}}\right)^2$.

13) $\sqrt{\sqrt[3]{7}+\sqrt[4]{20}}$

16. À l'aide de ta calculatrice, calcule $a^{\frac{m}{n}}$ avec trois
 décimales exactes dans les cas suivants :

	a	m	n	$a^{\frac{m}{n}}$
1)	17	1	3	
2)	123	2	3	
3)	−47	1	5	
4)	512	3	4	
5)	−512	3	4	
6)	−512	2	4	
7)	−17	−3	5	
8)	−10	−1	4	

Dans certains cas, ta calculatrice te signale un message d'erreur.

Quelle opération illicite as-tu effectuée ?

Le message d'erreur est-il provoqué par les limites de ta calculatrice ou par le non-respect des conditions d'existence de l'expression à calculer ?

17. À l'aide de ta calculatrice, calcule les expressions suivantes avec trois décimales exactes :

1) $\sqrt[3]{17}$

2) $\sqrt[5]{-54}$

3) $\sqrt[3]{\dfrac{1}{29}}$

4) $\sqrt[5]{-\dfrac{211}{7}}$

5) $\sqrt[4]{7^5}$

6) $\sqrt[4]{243}$

7) $\sqrt[3]{47+\dfrac{12}{17}}$

8) $\sqrt[5]{\left(2+\dfrac{1}{3}\right)42}$

18. Résous dans $\mathbb{R}$:

1) $x^3=27$

2) $x^4=16$

3) $x^3-0{,}064=0$

4) $1=27y^3$

5) $x^6-25^{-3}=0$

6) $4096=z^6$

7) $w^4+8w=0$

8) $t^3+27=0$

9) $u^4+u^3=0$

1.6

19. Sans effectuer la division, indique dans chaque cas :
ⓒ – le degré, le nombre maximum de termes et le premier terme du quotient ;
– le degré maximum du reste.

DIVIDENDE	DIVISEUR	Degré du quotient	Nombre maximum de termes du quotient	1er terme du quotient	Degré maximum du reste
$x^2 - 5x + 6$	$x - 2$				
$3x^3 - 4x + 2$	$x + 1$				
$4x^3 - 5x^2 + 2x - 3$	$x - 2$				
$x^3 - x^2 + 3x - 5$	$2x^2 + 1$				
$x^5 - 2x^4 + 7x^3 - x^2 + 2x - 3$	$4x^2 - 7x + 2$				

1.7.

20. Détermine le quotient et le reste des divisions
(Choisis la méthode la plus performante)

1) $\left(x^3 - 3x^2 + 7x - 1\right) : (x + 2)$

2) $\left(4x^3 + 4x^2 - 29x - 4x + 21\right) : (2x - 3)$

3) $\left(x^2 + 7x + 12\right) : (x + 4)$

4) $\left(1 - 5x^4 + 4x^5\right) : (1 - x)$

5) $\left(x^5 + 1\right) : (x + 1)$

21. Par quel polynôme dois-tu multiplier
1) $x - 5$ pour obtenir $x^3 - 3x^2 - 4x - 30$?
2) $x^2 + 2x - 1$ pour obtenir $x^3 - x^2 - 7x + 3$?

22. Quel est le reste de la division de chacun des polynômes suivants par $x - 1$, $x + 1$, $x - 2$, $x + 2$, $x - 3$, $x + 3$:
1) $3x^3 - 5x^2 + 3x - 4$; 2) $x^4 - 7x^2 + 12$; 3) $2x^4 - 5x + 3$.

23.

a) Pour quelle valeur de a le polynôme en x
   1) $3x^2 - 5x + a$ est-il divisible par $x - 2$?
   2) $3x^2 - 5x + a$ est il divisible par $x + 2$?
   3) $6x^2 - ax - 3$ est-il divisible par $x - 1$?
   4) $4x^3 - 5x^2 + 3x + a$ est-il divisible par $x - 2$?

b) Après avoir remplacé le paramètre réel a par la valeur trouvée, calcule dans chaque cas le quotient et donne une factorisation de chaque polynôme proposé.

24. a) Détermine, si c'est possible, le paramètre réel m pour que la division du polynôme A(x) par $x - a$ donne un reste égal à r :

A(x)	$x - a$	r
$3x^2 + mx - 1$	$x - 1$	3
$mx^2 - (3m - 1)x + 3$	$x + 1$	-2
$(m - 1)x^3 + (2m - 1)x^2 - 3x + 1$	$x + 2$	1

b) Après avoir remplacé le paramètre réel m par la valeur trouvée, calcule, dans chaque cas, le quotient et écris la relation entre dividende, diviseur, quotient et reste.

25. Dans chaque cas suivant, calcule, si cela est possible, les paramètres réels m et p afin que A(x) et B(x) soient *deux écritures du même polynôme* :

1) $A(x) = 2x^2 - 8x - 3$
   $B(x) = (m - 1)x^2 + 2px - m$

2) $A(x) = (2m - 1)x^2 + x + m - 2p$
   $B(x) = 3x^2 - (p + 3)x + 10$

3) $A(x) = (m - 2p)x^3 - x + m - p$
   $B(x) = 2x^3 + (2m + p)x + 1$

4) $A(x) = (m + p)x^2 - (2p + 4)x$
   $B(x) = (3m - p) + (m - 1)x^2$

5) $A(x) = 0$
   $B(x) = (3m - 1)x^3 + (m - 2p)x^2 + 3m - 6p$

26. Utilise la méthode des coefficients indéterminés pour calculer le quotient et le reste de la division de

1) $x^3 - 5x^2 + 3x - 1$ par $x - 2$;

2) $x^2 - 5x + 6$ par $x - 3$;

3) $x^3 - 5x + 2$ par $x - 2$;

4) $x^3 - 1$ par $x - 1$.

27. Simplifie les fractions suivantes; dans chaque cas, exprime les conditions d'existence et de simplification:

1) $\dfrac{a^3 - 2a - 4}{a - 2}$

2) $\dfrac{a^2 - 2a}{a^3 - 8a^2 + 21a - 18}$

3) $\dfrac{2a^3 + 5a^2 + 2a - 1}{a^2 - 1}$

4) $\dfrac{a^3 + 3a^2 - 2a - 2}{1 - a}$

28. Détermine les paramètres réels m, p, r et s tels que :

1) $\dfrac{2x^2 - 3x + 1}{x + 1} = mx + p + \dfrac{r}{x + 1}$

2) $\dfrac{6x^2 - 4x + 1}{2x - 4} = mx + p + \dfrac{r}{2x - 4}$

3) $\dfrac{x^3 - x^2 + x - 3}{x^3 - 1} = m + \dfrac{px^2 + rx + s}{x^3 - 1}$

EN CAS DE NÉCESSITÉ

29. Chacune des questions de cet exercice est suivie de plusieurs réponses possibles. Une seule est correcte. Détermine-là et justifie chaque fois.

1) À quoi égales-tu les expressions suivantes,

	A	B	C	D
a) $\sqrt{64}$	8	± 8	-8	aucun réel
b) $-\sqrt{49}$	± 7	7	-7	aucun réel
c) $\sqrt{-25}$	5	-5	± 5	aucun réel
d) $\sqrt{(-7)^2}$	-7	7	± 7	aucun réel

2) Dans le tableau suivant, une expression simplifiée de $\mathbb{E}$ est A, B ou C.

$\mathbb{E}$	A	B	C
a) $\sqrt{9 \cdot 25}$	15	225	$\sqrt{15}$
b) $\sqrt{9 + 25}$	8	15	$\sqrt{34}$
c) $\sqrt{18}$	4,2	$2\sqrt{3}$	$3\sqrt{2}$
d) $\sqrt{2}\sqrt{3}\sqrt{6}$	$\sqrt{11}$	$6\sqrt{6}$	6
e) $\sqrt{12} - \sqrt{9}$	$\sqrt{3}$	$2\sqrt{3} - 3$	$2\sqrt{3} + 3$
f) $\dfrac{-2\sqrt{1000}}{4\sqrt{10}}$	$-\dfrac{1}{5}$	-5	-50
g) $\left(3\sqrt{6}\right)^2$	$9\sqrt{6}$	18	54
h) $\left(3\sqrt{2} - 2\sqrt{3}\right)^2$	6	$30 - 12\sqrt{6}$	$30 - 6\sqrt{6}$

30. Sans l'aide de la calculatrice,

a) calcule :

1) $\left(\sqrt{3}\right)^2$

2) $\sqrt{3^2}$

3) $\sqrt{(-3)^2}$

4) $\left(2\sqrt{6}\right)^2$

5) $\left(\sqrt{5} - 2\sqrt{3}\right)^2$

6) $\left(\sqrt{5} - 2\sqrt{3}\right)\left(\sqrt{5} + 2\sqrt{3}\right)$

7) $\sqrt{200}\sqrt{180}$

8) $\sqrt{48} - \sqrt{75}$

9) $-\sqrt{\dfrac{75}{3}}$

10) $\dfrac{\sqrt{120}}{\sqrt{10}}$

b) effectue et simplifie :

1) $\sqrt{3}\left(2\sqrt{12} - \sqrt{36} + \sqrt{27}\right)$

2) $\sqrt{50} - 15\sqrt{2} + \dfrac{12}{\sqrt{2}}$

3) $2\sqrt{\dfrac{1}{2}} - \sqrt{\dfrac{2}{9}} + \sqrt{32}$

POUR CHERCHER

31. Transforme en ne faisant apparaître dans la réponse que des exposants naturels ou des radicaux $(a, b, c \in \mathbb{R}_0^+)$ et simplifie, le cas échéant :

1) $\left(a^{-\frac{3}{4}} b^{-\frac{1}{2}} a^{0,75}\right)^{-2}$

2) $\dfrac{a^{-2} b^{-\frac{1}{3}}}{\sqrt{ab^{-2}}}$

3) $\dfrac{2a^{-\frac{1}{3}} b^{-3}}{4a^{-3} b^{-2}}$

4) $\dfrac{(0,25)^{\frac{1}{2}} a^{-3} b^{-2}}{(0,04)^{\frac{1}{2}} \sqrt[3]{a^{-1}} b}$

5) $\sqrt{\sqrt[3]{a^3 b^{-6} c}}$

6) $\sqrt{a \sqrt{a^{-1} a a^{-3}}}$

7) $\sqrt[3]{\dfrac{\sqrt{a^{-1} b}}{a \sqrt{b^{-2}}}}$

8) $\left(\sqrt[3]{a^{-2} b^{-3}}\right)^{-2} \sqrt{a^{-1} b^{\frac{1}{2}}}$

9) $\left(\dfrac{8a^{-3} \sqrt[3]{a^4 b^{-1}}}{125 a \sqrt{a^{-2} b}}\right)^{-\frac{1}{3}}$

10) $a \sqrt{a \dfrac{a^2 \sqrt{a^{-1}}}{a^{-3} \sqrt[3]{a}}}$

11) $\sqrt[n]{\sqrt{a^{2n}}}$ $(n \in \mathbb{N}_0)$

12) $\sqrt[3]{\sqrt[n]{a^{2n} b^{3n}}}$ $(n \in \mathbb{N}_0)$

32. Écris sans exposant négatif, ni fractionnaire en précisant les conditions d'existence $(x \in \mathbb{R}, y \in \mathbb{R}; n \in \mathbb{N}_0)$:

1) $\sqrt[n]{x^n}$

2) $\sqrt[n]{x^{2n}}$

3) $(x - y)^{\frac{1}{3}}$

4) $(x + y)^{-\frac{1}{4}}$

5) $(x + y)^{\frac{1}{n}}$

6) $\sqrt[n-1]{\dfrac{x}{\sqrt[n]{x}}}$

7) $\left(x^{\frac{1}{2}} + y^{\frac{1}{2}}\right)\left(x^{\frac{1}{2}} - y^{\frac{1}{2}}\right)$

8) $\left(\dfrac{1}{1 + x}\right)^{-n}$

33. Vérifie $(a \in \mathbb{R}_0^+, b \in \mathbb{R}_0^+)$:

1) $\left(a^{\frac{1}{2}} + b^{\frac{1}{2}}\right)\left(a^{\frac{1}{2}} - b^{\frac{1}{2}}\right) = a - b$

2) $\left(a^{-\frac{1}{3}} + b^{-\frac{1}{3}}\right)\left(a^{-\frac{2}{3}} - a^{-\frac{1}{3}} b^{-\frac{1}{3}} + b^{-\frac{2}{3}}\right) = \dfrac{b + a}{ab}$

34. Détermine les quotients $(x \in \mathbb{R}, a \in \mathbb{R})$:

1) $(x^8 - 1) : (x - 1)$

2) $(x^8 - 1) : (x + 1)$

3) $(x^6 - 1) : (x^2 - 1)$

4) $(x^6 - a^6) : (x - a)$

5) $(x^6 - a^6) : (x + a)$

6) $(x^7 + a^7) : (x + a)$

35. Si a est un réel positif, à quelle(s) condition(s) sur le naturel n les divisions suivantes ont-elles un reste nul ?

1) $(x^n - a^n) : (x - a)$

2) $(x^n - a^n) : (x + a)$

3) $(x^{2n} - a^{2n}) : (x - a)$

4) $(x^n + a^n) : (x + a)$

5) $(x^{n+1} - a^{n+1}) : (x + a)$

36. Factorise P(x), si $P(x) = x^3 + 2x^2 - 5x - 6$ et $P(-1) = P(2) = 0$.

37. Factorise P(x), si $P(x) = 2x^2 + 2x\sqrt{3} - 12$ et $P(\sqrt{3}) = 0$.

38. Détermine les réels k_1 et k_2 pour que le polynôme $k_1 x^3 - (2k_1 + k_2) x^2 + 2k_2 x - k_1$ soit divisible par $x^2 - 1$.

39. a) Détermine les paramètres réels a et b pour que le polynôme P(x) soit divisible par les binômes $P_1(x)$ et $P_2(x)$:

P(x)		$P_1(x)$	$P_2(x)$
1)	$(a - 2b)x^3 - (a + b)x - 1$	$x + 1$	$x - 2$
2)	$3ax^3 - (2a + b)x^2 + 2bx + a - 2b$	$x - 1$	$x + 3$

b) Factorise ensuite le polynôme dividende dans lequel tu auras remplacé les paramètres a et b par les valeurs trouvées.

40. Résous les équations dans $\mathbb{R}$:

1) $a^3 - 3a + 2 = 0$

2) $2a^3 - a^2 + 2a - 1 = 0$

3) $3a^3 + 3a^2 = 2a + 2$

4) $a^3 + 21a = 8a^2 + 18$

UN PETIT BOUT D'HISTOIRE

LES ÉQUATIONS DU TROISIÈME DEGRÉ : UNE ÉNIGME ?

- Le poète et mathématicien persan Omar Khayyān (vers 1100 ap. J.-C.) réalisa une étude de l'*équation du second degré*, une remarquable classification des équations et une première approche des équations du troisième degré. Son génie poétique a éclipsé sa réputation de savant.

- Dans la *Summa de Arithmetica*, en 1494, le moine mathématicien Luca Pacioli annonce qu'il n'est pas encore possible, à la fin du 15e siècle, de résoudre des *équations du 3e degré*. Il ne fallut pas attendre très longtemps pour voir apparaître les premières tentatives de résolution dans des cas particuliers.

- Nicolas Fontana, dit Tartaglia (le Bègue), mathématicien italien (1499–1557) possédait une solution de l'équation

$$x^3 + ax^2 = b$$

et de $\quad x^3 + ax = b.$

Tartaglia le Bègue

- C'est Jérôme Cardan, médecin et mathématicien italien (1501–1576), qui fut le champion de la résolution des cubiques. Il publia en 1545 son *Ars magna*, volumineux traité de la résolution des équations,

dans lequel il reprit les solutions de Tartaglia. Il trouva, par contre, une méthode et des formules générales de résolution des *équations cubiques*. Dans ce traité, Cardan acceptait un statut pour les nombres négatifs, que

Jérôme Cardan

même Descartes considérait comme des solutions bizarres et les appelait de « fausses racines ».

Astrologue à ses heures, Cardan avait prédit la date de sa mort. On raconte qu'il se laissa mourir de faim pour justifier sa prédiction. Cardan fut l'inventeur d'un mode de transmission de mouvements dans des directions différentes, appelé encore aujourd'hui le *cardan*.

- Deux cent cinquante ans plus tard, l'anglais William George Horner (1786–1837) allait s'illustrer aussi dans la résolution des équations. En 1809, il fonde à Bath sa propre école privée. Sa contribution au progrès des mathématiques est assez mince, puisqu'il trouva une méthode de *résolution d'équations d'un degré supérieur au deuxième* valable seulement dans certains cas particuliers. Membre de la Société Royale des Sciences, il publia sa méthode largement inspirée d'une découverte faite quelques années plus tôt par un certain Ruffini. Tous les deux ayant puisé dans l'œuvre d'un chinois Qin Jiushao qui a écrit en 1247 « *Su-Chu Haitching* » et qui évoque déjà le schéma appelé plus tard *schéma de Horner*.

C'est surtout en Angleterre et en Amérique que cette méthode eut du succès. Chez nous, la méthode est plutôt considérée comme une anecdote algébrique, parfois performante (voir l'encadré qui suit).

Soit à résoudre l'équation cubique $x^3 - 7x + 6 = 0$.

Si cette équation admet une racine entière, alors cette dernière doit être un diviseur du terme indépendant 6 (les lecteurs futés justifieront !).

Soit $P(x) = x^3 - 7x + 6$.   Cherchons donc les *diviseurs entiers* de 6 : ± 1, ± 2, ± 3, ± 6.

– Vérifions si le polynôme $P(x)$ est divisible par $x + 1$: $P(-1) = (-1)^3 - 7(-1) + 6 = 12$.   NON !

– Vérifions si $P(x)$ est divisible par $x - 1 =$: $P(1) = 1 - 7 + 6 = 0$.   OUI !

– Cherchons le quotient de $P(x)$ par $x - 1$, à l'aide de la *méthode dite de Horner* :

	1	0	−7	6
1	1	1	−6	
	1	1	−6	0

Donc, l'équation $x^3 - 7x + 6 = 0$ est équivalente à l'équation $(x - 1)(x^2 + x - 6) = 0$.

On poursuivra la résolution en cherchant d'autres diviseurs et . . . *on ne manquera pas de critiquer la performance d'une telle méthode* appelée parfois « *méthode des diviseurs du terme indépendant* ».

POUR ALLER PLUS LOIN

EXTENSION DE LA DIVISION PAR $x - a$ À LA DIVISION PAR $mx + p$

41.

a) Démontre que le reste de la division d'un polynôme $P(x)$ par le binôme $mx + p$ est la valeur numérique de $P(x)$ pour x égale $-\dfrac{p}{m}$.

b) Applique la propriété précédente pour calculer le reste des divisions suivantes :

1) $(4x^2 - 5x + 1) : (2x + 1)$

2) $(6x^3 - 4x + 3) : (3x - 2)$

3) $(5x^3 - 2x^2 + x - 2) : (2x - 1)$

c) Dans chacun des trois cas précédents, écris la relation liant le dividende, le quotient $A(x)$, le diviseur et le reste.

VENUS D'AILLEURS ...

Sous cette appelation, se regroupent des exercices posés aux examens d'entrée des Écoles Polytechniques de

Bruxelles (ULB),

Liège (ULg),

Louvain-la-Neuve (UCL),

Mons (FPMs).

42. Détermine a de telle manière que $x - 2$ divise le polynôme $P(x) = x^4 - 7x^3 + ax^2 - 6x + 4$. Écris ensuite une factorisation de $P(x)$ pour la valeur de a trouvée.

(Bruxelles, 1990)

43. Détermine le quotient et le reste de la division suivante :

$$\left(0{,}01x^5 + 10^{-3}x^3 + (0{,}1)^{-1}x + 10^{-5}\right)$$
$$: \left(0{,}1x^3 + 10^{-3}\right)$$

(Bruxelles, 1992)

44. Détermine a et b de manière que le polynôme $2x^4 + ax^3 + 127x^2 + bx + 180$ soit divisible par le produit $(x-2)(x-3)$. Écris ensuite une factorisation du polynôme pour les valeurs a et b trouvées.

(Bruxelles, 1990)

45. Résous dans $\mathbb{R}$: $2x^3 + 3x^2 - 2x - 3 = 0$, sachant que deux racines sont opposées.

(On peut obtenir les solutions en tentant de factoriser le premier membre de l'équation par groupements deux à deux).

(Bruxelles, 1996)

46. a) Détermine les paramètres réels a et b du polynôme suivant :

$P(x) = x^3 + (a+b+2)x^2 + (ab+2a+2b)x + 2ab$
de telle façon que

– le reste de la division par $x - 2$ soit 5,

– le reste de la division par $x + 1$ soit $\dfrac{5}{4}$.

b) En exploitant ces seules données (sans effectuer la division), détermine quel sera le reste de la division de $P(x)$ par $(x - 2)(x + 1)$

(Mons)

47. Un polynôme du 3e degré donne un reste $R(x) = 2x + 1$ en le divisant par $x^2 + 3x + 2$.

Divisé par $(x-1)$, le reste est 9 et divisé par $(x-2)$, le reste est 53.

Détermine ce polynôme.

(Bruxelles, 1991)

48. Soit $P(x) = ax^3 + x^2 + bx + c$.

Détermine a, b, c sachant que

$P(x)$ est divisible par $x + 2$,

$-\dfrac{1}{2}$ est une racine du polynôme,

le reste de la division de $P(x)$ par $x - 1$ est -9.

(Bruxelles, 1994)

49. Détermine le polynôme $P(x)$ du 4e degré tel que

1) le coefficient de x^4 dans $P(x)$ vaut 1,

2) $P(x)$ est divisible par $x^2 + x + 1$,

3) le reste de la division de $P(x)$ par $x^2 - 1$ est $-3x + 9$.

(Louvain-la-Neuve, 1994)

50. Détermine p et q pour que le polynôme réel
$$P(x) = x^5 - x^4 + 2x^3 + 2x^2 + px + q$$
soit divisible par $x^3 + 2$.

(Louvain-la-Neuve, 1996)

51. $Q_1(x)$ et c sont respectivement le quotient et le reste de la division du polynôme $P(x)$ par $(x - a)$.

$Q_2(x)$ et d sont respectivement le quotient et le reste de la division du polynôme $P(x)$ par $(x - b)$.

On demande :

a) le reste R de la division de $P(x)$ par $(x-a)(x-b)$;

b) si $Q_3(x)$ est le quotient de cette division, de déterminer $Q_1(x)$ en fonction de $Q_3(x)$.

(Mons)

2. CERCLES ET ANGLES

2.1 - 2.2

52. Calcule une mesure en degrés d'un angle de :

1) $\dfrac{2\pi}{3}$ rad   3) $\dfrac{5\pi}{3}$ rad   5) $\dfrac{7\pi}{4}$ rad

2) $\dfrac{7\pi}{6}$ rad   4) $\dfrac{3\pi}{4}$ rad

53. Calcule une mesure en radians d'un angle de :

1) 225°   3) 240°   5) 135°

2) 315°   4) 210°   6) 300°

54. Donne en degrés et en radians, les mesures et la mesure principale de :

1) l'angle plat ;   3) l'angle droit positif ;

2) l'angle nul ;   4) l'angle droit négatif.

55. Donne, en degrés, les mesures et la mesure principale des angles orientés :

1) 360°   3) 120°   5) −428°

2) 1080°   4) −80°

56. Donne, en radians, les mesures et la mesure principale des angles orientés :

1) 2π 3) $-\dfrac{\pi}{2}$ 5) $-\dfrac{7\pi}{4}$ 7) 2

2) $\dfrac{\pi}{3}$ 4) $-\dfrac{2\pi}{3}$ 6) $\dfrac{12\pi}{5}$ 8) 10

57. Donne trois mesures positives et trois mesures négatives d'un angle dont

1) la mesure principale est :

a) 30°   b) −20°   c) 150°   d) 80°   e) 21°

2) la mesure principale est :

a) $\dfrac{\pi}{3}$ b) $-\dfrac{\pi}{4}$ c) $-\dfrac{\pi}{6}$ d) $\dfrac{3\pi}{5}$ e) $\dfrac{2\pi}{3}$

58.

1) Convertis en degrés décimaux :

a) 45°12′   c) 12°58′19″   e) −150°45″

b) 27°25′30″   d) 136°5′9″   f) 37′19″

2) Convertis en degrés sexagésimaux :

a) 1,3417°   c) 98,765°   e) 30,0036°

b) 72,01°   d) 0,62395°   f) −56,70809°

59. Voici des nombres :

1) $\dfrac{3\pi}{4}$ 3) $\dfrac{5\pi}{3}$ 5) −4,2

2) 1,9   4) π 6) $-\dfrac{5\pi}{6}$

Quels sont ceux qui sont la mesure principale en radians d'un angle ?

60. Un angle $\widehat{A}$ a une infinité de mesures :

$\dfrac{\pi}{6} + 2k\pi$ $(k \in \mathbb{Z})$.

Parmi les nombres suivants, quels sont ceux qui ne sont pas une mesure en radians de $\widehat{A}$:

1) $\dfrac{13\pi}{6}$ 3) $-\dfrac{11\pi}{6}$ 5) $-\dfrac{7\pi}{6}$

2) $\dfrac{5\pi}{6}$ 4) $\dfrac{73\pi}{6}$

61. Place sur le cercle trigonométrique le point qui détermine l'angle orienté dont une mesure est :

1) en radians

a) $\dfrac{7\pi}{3}$ c) $\dfrac{5\pi}{2}$ e) $\dfrac{5\pi}{6}$ g) $-\dfrac{\pi}{4}$

b) $-\dfrac{11\pi}{3}$ d) $\dfrac{4\pi}{3}$ f) $\dfrac{3\pi}{2}$ h) $\dfrac{7\pi}{6}$

2) en degrés

a) 315°   c) 135°   e) 300°   g) 225°

b) 210°   d) −120°   f) −60°

UN PETIT BOUT D'HISTOIRE

ARCHIMÈDE ET LE NOMBRE π

Dans l'activité 5 de l'unité 2, on a évoqué la méthode d'Archimède pour l'approximation du **nombre** π (225 av. J.-C.).

Archimède

En partant du *triangle équilatéral* **inscrit** dans un cercle d'un mètre de diamètre, on passe à l'*hexagone*, au *dodécagone*, et ainsi de suite, en doublant indéfiniment le nombre de côtés.

Le même travail peut être effectué en mesurant les péri-mètres des polygones **circonscrits** au même cercle.

Voici les résultats des mesures effectuées :

CERCLE D'UN MÈTRE DE DIAMÈTRE

Nombre des côtés	Périmètre des polygones inscrits	Périmètre des polygones circonscrits	Moyenne arithmétique
3	2,5980762	5,1961524	3,8971143
6	3,0000000	3,4641016	3,2320508
12	3,1058265	3,2151900	3,1606082
24	3,1326325	3,1596673	3,1461499
48	3,1393546	3,1460919	3,1427232
96	3,1410369	3,1427201	3,1418785
192	3,1414569	3,1418776	3,1416672
384	3,1415625	3,1416675	3,1416150
768	3,1415883	3,1416153	3,1416018
1536	3,1415918	3,1415946	3,1415932
....	....	....	....
En continuant indéfiniment	**3,1415927**	**3,1415927**	**3,1415927**

En 1997, Yasumasa Kanada de l'Université de Tokyo a calculé (à l'aide d'un ordinateur) le nombre π avec 51 539 607 552 décimales exactes.

On a réalisé dans EM3 (pp. 39 à 42) un bref historique du *nombre* π.

2.3

62. À l'aide du cercle trigonométrique et sans utiliser la calculatrice,

1) calcule le sinus, le cosinus et la tangente des angles dont une mesure en degrés est

   a) $0°$ b) $90°$ c) $180°$ d) $270°$ e) $360°$

2) calcule

   a) $\sin(-90°)$ c) $\sin(-270°)$

   b) $\cos(-90°)$ d) $\cos(-360°)$

63. À l'aide du cercle trigonométrique et sans utiliser la calculatrice

1) calcule le sinus, le cosinus des angles dont une mesure en radians est

   a) 0 b) $\dfrac{3\pi}{2}$ c) $\dfrac{\pi}{2}$ d) π e) 4π

2) calcule également   a) $\cot \dfrac{\pi}{2}$;   b) $\tan \pi$.

64. Sans utiliser la calculatrice,

1) si $\alpha \in [0, \dfrac{\pi}{2}]$ et si $\cos \alpha = \dfrac{1}{2}$,

   calcule $\sin \alpha$, $\tan \alpha$ et $\cot \alpha$;

2) si β appartient au deuxième quadrant et si $\cos \beta = -\dfrac{1}{2}$, calcule $\sin \beta$ et $\tan \beta$;

3) si $\gamma \in [90°, 180°]$ et si $\sin \gamma = \dfrac{4}{5}$,

   calcule $\cos \gamma$ et $\tan \gamma$;

4) si $\delta \in [\pi, \dfrac{3\pi}{2}]$ et si $\cos \delta = -\dfrac{1}{2}$,

   calcule $\sin \delta$ et $\tan \delta$;

5) si $\varepsilon \in [\dfrac{\pi}{2}, \pi]$ et si $\sin \varepsilon = \dfrac{1}{2}$,

   calcule $\cos \varepsilon$, $\tan \varepsilon$ et $\cot \varepsilon$;

6) si φ appartient au troisième quadrant et si $\cos \varphi = -\dfrac{\sqrt{3}}{2}$, calcule $\sin \varphi$, $\tan \varphi$ et $\cot \varphi$.

65. Stéphanie a résolu des exercices analogues à ceux de l'exercice précédent.

Critique ses réponses.

1) $a \in [0, \frac{\pi}{2}]$, $\cos a = \frac{2}{3}$, $\sin a = \frac{\sqrt{5}}{3}$;

2) $b \in [180°, 270°]$, $\cos b = \frac{1}{4}$, $\sin b = \frac{\sqrt{15}}{4}$;

3) $c \in [90°, 180°]$, $\sin c = \frac{\sqrt{3}}{5}$, $\cos c = \frac{\sqrt{22}}{5}$;

4) $d \in [0, \frac{\pi}{2}]$, $\sin d = \frac{3}{5}$, $\cos d = \frac{2}{5}$;

5) $f \in [0°, 90°]$, $\sin f = \frac{1}{2}$, $\tan f = \frac{\sqrt{3}}{3}$;

6) $g \in [\frac{\pi}{2}, \pi]$, $\sin g = \frac{\sqrt{2}}{2}$, $\tan g = -1$;

7) $h \in [90°, 180°]$, $\sin h = \frac{2}{3}$, $\tan h = -\frac{\sqrt{5}}{2}$.

66.

a) Vérifie et donne des conditions d'existence :
$$1 + \tan^2 a = \frac{1}{\cos^2 a} \quad ; \quad 1 + \cot^2 a = \frac{1}{\sin^2 a}$$

b) Si $\tan a = -\frac{1}{2}$ et a est la mesure en radians d'un angle du 2e quadrant, calcule $\cot a$, $\cos a$ et $\sin a$.

c) Si $\cot a = -\frac{2}{3}$ et a est tel que $\cos a$ soit positif, calcule $\tan a$, $\sin a$ et $\cos a$.

67. En troisième, tu as vu que dans tout triangle rectangle,

- le cosinus d'un angle aigu est le rapport entre le côté adjacent à l'angle et l'hypoténuse;
- le sinus d'un angle aigu est le rapport entre le côté opposé à l'angle et l'hypoténuse.

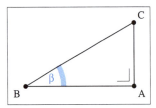

$$\cos \beta = \frac{\overline{AB}}{\overline{BC}}$$

$$\sin \beta = \frac{\overline{AC}}{\overline{BC}}$$

Démontre que la définition des nombres trigonométriques de l'angle β donnée en théorie, à partir du cercle trigonométrique, recouvre ces définitions vues en troisième.

2.4

68. Détermine les liens éventuels entre les nombres trigonométriques des angles suivants dont une mesure est donnée et qualifie chaque paire d'angles (angles supplémentaires, complémentaires, ...) :

en degrés

1) 30° et 150°
2) 210° et 30°
3) 40° et 320°
4) 150° et 330°
5) −20° et 20°
6) −200° et 20°
7) 200° et 340°
8) 240° et −60°
9) 150° et −150°

en radians

10) $\frac{\pi}{6}$ et $\frac{5\pi}{6}$ 12) $\frac{\pi}{2}$ et $-\frac{\pi}{2}$ 14) $\frac{\pi}{5}$ et $\frac{3\pi}{5}$

11) $\frac{3\pi}{4}$ et $-\frac{\pi}{4}$ 13) π et $-\pi$ 15) $\frac{2\pi}{7}$ et $\frac{3\pi}{14}$

69. Simplifie sans utiliser de calculatrice. Justifie la simplification :

1) $\dfrac{\cos(-20°)}{\cos 160°}$ 3) $\dfrac{\cos \frac{3\pi}{5}}{\sin \frac{\pi}{10}}$

2) $\dfrac{\sin 100°}{\cos(-10°)}$ 4) $\dfrac{\tan \frac{5\pi}{7}}{\cot \frac{3\pi}{14}}$

70. Tenant compte des formules des angles associés, simplifie (les dénominateurs sont supposés non nuls) :

a) 1) $\dfrac{\sin\left(\frac{\pi}{2} - \alpha\right)}{\sin(-\alpha)}$ 2) $\dfrac{\cos\left(\frac{\pi}{2} + \alpha\right)}{\cos\left(\frac{\pi}{2} - \alpha\right)}$

b) 1) $\dfrac{\sin\left(\frac{\pi}{2} - \alpha\right)\cos(\pi + \alpha)}{\cos(\pi - \alpha)\tan(\alpha + \pi)}$

2) $\dfrac{\sin(\alpha + \pi)\cos\left(\frac{\pi}{2} + \alpha\right)}{\tan(\pi - \alpha)\cos(-\alpha)}$

3) $\dfrac{\sin\left(\alpha - \frac{\pi}{2}\right)}{\tan\left(\frac{3\pi}{2} - \alpha\right)}$

4) $\dfrac{\tan\left(\frac{5\pi}{4} + \alpha\right)}{\sin\left(\frac{3\pi}{4} - \alpha\right)}\cos\left(\alpha + \frac{\pi}{4}\right)$

c) 1) $\dfrac{\sin(90° - a)\tan(45° + a)}{\cos(360° - a)\tan(225° + a)}$

2) $\dfrac{\sin(-a)\sin(90° + a)\cos(-a)}{\cos(180° + a)\cos(270° - a)}$

3) $\dfrac{\sin(180° - a)}{\cos(90° - a)} + \dfrac{\sin(90° + a)}{\sin(270° + a)}$

4) $\dfrac{\tan(270° + a)}{\tan(180° - a)} - \dfrac{\sin(180° - a)}{\sin(270° - a)}$

2.5

71. Henri a noté dans son cahier : soit le quadrilatère MNPQ inscriptible dont les angles ont respectivement pour mesure 32° et 64°. Quelles sont les mesures des deux angles qu'il a oubliés d'inscrire dans son cahier ?

L'ordre de tes réponses a-t-elle de l'importance ? Pourquoi ?

72. Lors d'un jeu organisé par la troupe d'Outsiploû, le
ⓒ petit nouveau de la patrouille des Castors se blesse et le chef de patrouille demande à ses scouts de transmettre au chef de troupe un message permettant à ce dernier de situer le blessé pour venir le secourir rapidement.

1) Jean qui n'est pas encore très habitué au maniement de la boussole transmet le message suivant : «Nous sommes dans un bois et lorsque je monte dans un arbre, je vois une centrale électrique à gauche et l'hôpital du CHU à ma droite, sous un angle de 60 degrés».

2) Panda un peu plus vieux suggère en plus : «Je vois le CHU et l'antenne de télédistribution sous un angle de 20 degrés».

À l'aide de ces renseignements, peux-tu situer la position du blessé et comment vas-tu t'y prendre ?

3) Agouti rusé propose : «Je vois la centrale électrique à 43° ouest et le CHU à 17° est».

Comment t'y prendrais-tu dans ce cas ?

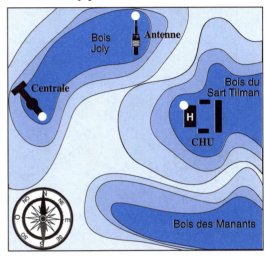

73. Un navire se dirigeant vers le port de Cinet voit le
ⓒ segment [MN] sous un angle de 42° et le phare à 75° est.

À quelle distance se trouve-t-il du phare à l'entrée du port ?

(Échelle : 1 cm représente 1 km)

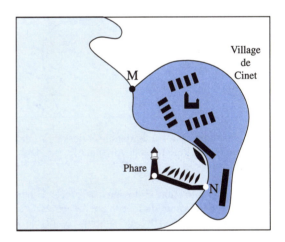

74. Un navigateur à bord d'un voilier voit trois phares
ⓒ sur la côte; les phares A et B sous un angle de 60°;
les phares B et C sous un angle de 50°.

a) Détermine graphiquement et avec précision la
position du navigateur en mer.

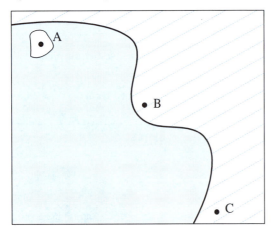

b) Sachant que sur le dessin ci-dessus 1 cm représente 1 km; à quelle distance la navigateur se
trouve-t-il du phare B ?

75. Dans la situation ci-dessous, le cercle ℂ construit
en prenant pour diamètre un des côtés égaux du
triangle isocèle ABC, de sommet A, divise le côté
BC en deux segments de même longueur.

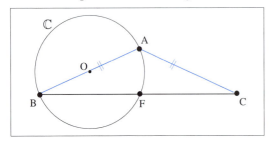

– Écris les données et la thèse.

– Démontre l'affirmation ci-dessus.

76. Voici un énoncé : «Les cercles qui ont pour diamè-
tres deux côtés d'un triangle ont leur deuxième
point d'intersection sur le troisième côté».

– Dessine la situation proposée.

– Démontre la véracité de l'énoncé.

77. Dans le cercle ℂ de centre O, on considère diamètre
AB et la corde [MN] qui lui est parallèle. On trace
le triangle MNA.

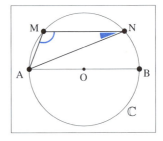

– Écris les données.

– Démontre que la différence des deux angles $\widehat{AMN}$
et $\widehat{ANM}$ vaut un droit.

78. On te donne le quadrilatière convexe MNPQ de
même que l'énoncé :

«Les bissectrices des angles intérieurs de ce quadrilatère forment par leurs intersections un quadrilatère ABCD inscriptible».

– Écris les données et la thèse.

– Réalise le dessin.

– Démontre la véracité de l'énoncé.

– Trace ensuite le cercle passant par A,B,C,D.

79. Démontre ce théorème trouvé dans un vieux manuel :

«Dans tout cercle, la mesure d'un angle dont le
sommet est extérieur au cercle vaut la valeur absolue de la différence des mesures des angles inscrits
qui interceptent les mêmes arcs».

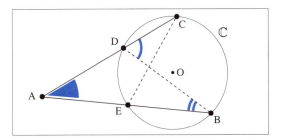

80. Soit un cercle $\mathbb{C}$, deux points de ce cercle M et N; démontre que tous les angles inscrits à ce cercle qui interceptent l'arc $\overset{\frown}{MN}$ sont tels que leurs bissectrices passent par un même point.

(la corde [MN] ne peut pas être un diamètre)

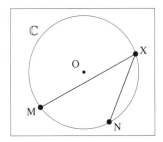

81. Si par un point d'intersection M de deux cercles $\mathbb{C}_1$ et $\mathbb{C}_2$ sécants, de centres respectifs O_1 et O_2, on trace le diamètre MO_1 qui coupe le cercle $\mathbb{C}_1$ en P et le diamètre MO_2 qui coupe le cercle $\mathbb{C}_2$ en Q, alors la droite PQ passe par le second point N d'intersection des deux cercles.

Démontre !

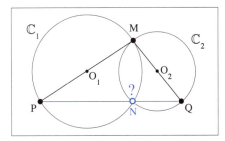

82. Dans la situation ci-après, si le quadrilatère non convexe MNPQ est inscriptible dans le cercle $\mathbb{C}$ de centre O, que peux-tu dire des angles $\widehat{N}$ et $\widehat{Q}$; $\widehat{M}$ et $\widehat{P}$?

Justifie ta réponse.

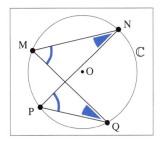

83. Les tangentes t_1 et t_2 en deux points A et B d'un cercle $\mathbb{C}$ de centre O se coupent en C. La perpendiculaire, issue de A, à la droite CB coupe OC en D. Démontre que $\overline{AD}$ égale $\overline{OA}$.

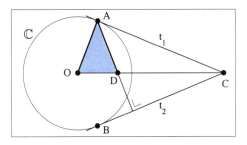

84. La tangente commune intérieure à deux cercles tangents extérieurement partage en deux parties égales le segment d'une tangente commune extérieure, limitée aux points de tangence.

Démontre !

85. On donne un cercle $\mathbb{C}$ [1].

a) Démontre que la mesure d'un **angle intérieur** à un cercle est égal à la somme des mesures des *angles inscrits* qui interceptent les mêmes arcs ou à la demi-somme des mesures des *angles au centre* qui interceptent les mêmes arcs.

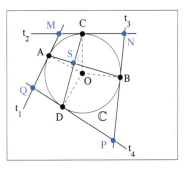

[1] La difficulté de la démonstration de cet énoncé devrait ranger cet exercice das les «exercices pour chercher».

b) Par les extrémités de deux cordes perpendiculaires, on mène les tangentes t_1, t_2, t_3 et t_4 au cercle.

En utilisant la propriété démontreée en a), démontre que les points d'intersection de ces tangentes déterminent un quadrilatère inscriptible à un cercle que l'on demande de construire.

EN CAS DE NÉCESSITÉ

86. En utilisant la relation fondamentale et en tenant
ⓒ compte des signes des nombres trigonométriques de α, complète le tableau suivant :

α est du	$\cos\alpha$	$\sin\alpha$	$\tan\alpha$	$\cot\alpha$
1er quadrant	0,7			
2e quadrant		$\dfrac{1}{8}$		
3e quadrant		$-0,6$		
4e quadrant	$\dfrac{3}{4}$			

87. Parmi les propositions suivantes, repère les égalités; corrige un signe dans les propositions fausses afin d'obtenir des égalités :

1) $\sin 60° = \sin 120°$

2) $\sin 60° = \sin(-60°)$

3) $\cos 30° = \cos 330°$

4) $\cos 45° = \sin 45°$

5) $\cos 60° = \sin 390°$

6) $\tan 135° = \tan(-45°)$

7) $\sin 300° = \sin 60°$

8) $\sin 45° = \cos 315°$

9) $\sin 60° = \sin(-240°)$

10) $\cos 3° = \cos 177°$

11) $\cos 5° = \sin 265°$

12) $\tan 12° = \tan 192°$

13) $\cot(-290°) = \cot 70°$

14) $\cos(180° + a) = \cos(180° - a)$

88. Exprime en fonction de l'angle α les nombres trigonométriques suivants :

1) $\sin(270° - \alpha)$

2) $\tan\left(\dfrac{5\pi}{2} - \alpha\right)$

3) $\cos\left(\dfrac{3\pi}{2} - \alpha\right)$

4) $\sin(\alpha + 5\pi)$

5) $\cos(90° + \alpha)$

6) $\tan\left(\alpha + \dfrac{\pi}{2}\right)$

7) $\sin\left(\alpha - \dfrac{\pi}{2}\right)$

8) $\cos(540° - \alpha)$

9) $\cot(7\pi - \alpha)$

10) $\sin\left(\dfrac{\pi}{2} + \alpha\right)$

11) $\cos\left(\dfrac{9\pi}{2} - \alpha\right)$

12) $\tan(270° + \alpha)$

13) $\cos\left(\alpha - \dfrac{\pi}{2}\right)$

14) $\cot\left(\alpha - \dfrac{\pi}{2}\right)$

89. Exprime en fonction des nombres trigonométriques de α, puis simplifie l'expression obtenue (les dénominateurs sont supposés non nuls) :

1) $\tan(\alpha + \pi)\sin\left(\dfrac{\pi}{2} + \alpha\right)\tan\left(\dfrac{\pi}{2} - \alpha\right)$

2) $\cos\left(\dfrac{\pi}{2} + \alpha\right) + \sin(\pi - \alpha) - \sin(\alpha - \pi) - \sin(-\alpha)$

3) $\dfrac{\cos\left(\dfrac{\pi}{2} + \alpha\right)\tan(3\pi - \alpha)\cos(4\pi + \alpha)}{\cos(-\alpha)\sin(3\pi + \alpha)\cot\left(\dfrac{3\pi}{2} - \alpha\right)}$

4) $\dfrac{\sin(\alpha - \pi)\cot\left(\dfrac{3\pi}{2} - \alpha\right)\cos(2\pi - \alpha)}{\tan(3\pi + \alpha)\tan\left(\dfrac{3\pi}{2} + \alpha\right)\cos\left(\alpha + \dfrac{3\pi}{2}\right)}$

5) $\dfrac{\sin(270° - \alpha)\cos(\alpha - 90°)\cot(\alpha - 360°)}{\tan(540° + \alpha)\cot(-\alpha)\cos(180° + \alpha)}$

POUR CHERCHER

90. Démontre que les représentations graphiques de $\tan \alpha$ et de $\cot \alpha$ à partir du cercle trigonométrique proposées dans les notions de cette unité correspondent bien aux définitions :

$$\tan \alpha = \frac{\sin \alpha}{\cos \alpha} \qquad \cot \alpha = \frac{\cos \alpha}{\sin \alpha}$$

91.

1) Philippe affirme : si a est un réel de $[0, 2\pi]$, alors $\cos^2 a = \dfrac{1}{1 + \tan^2 a}$.
   Montre qu'il a tort.

2) Son copain Vincent prétend qu'il existe un réel de $[0, 2\pi]$ pour lequel $\sin^2 a = \dfrac{1}{1 + \cot^2 a}$.
   Montre qu'il a raison.

3) Quelles sont les conditions à poser sur le réel a de $[0, 2\pi]$ pour que $\cos^2 a = \dfrac{1}{1 + \tan^2 a}$ ou pour que $\sin^2 a = \dfrac{1}{1 + \cot^2 a}$?

92. Si on te dit :

1) k est un réel quelconque et $\sin \alpha = \dfrac{2k}{1 + k^2}$,
   calcule $\cos \alpha$, $\tan \alpha$ et $\cot \alpha$;
   combien de solutions trouves-tu ?

2) k est un réel quelconque et $\cos \alpha = \dfrac{1 - k^2}{1 + k^2}$,
   calcule $\sin \alpha$, $\tan \alpha$ et $\cot \alpha$;
   combien de solutions trouves-tu ?

93. Soit un cercle $\mathbb{C}$ de diamètre AB.

Par un point T de la droite AB, extérieur au cercle, on trace une sécante s qui coupe le cercle en A′ et B′, telle que la partie extérieure au cercle [TB′] ait pour longueur le rayon de celui-ci.

On peut affirmer que les arcs compris entre la sécante et le diamètre sont interceptés par des angles au centre dont l'un est le triple de l'autre.

1) Réalise un dessin (bien utile !) de la situation.

2) Énonce les données et la thèse.

3) Démontre la véracité de l'affirmation.

94. On donne un cercle $\mathbb{C}$ et un point extérieur P. Par ce point, on trace une tangente t au cercle, le point de tangence avec le cercle étant le point T.

On trace par P une sécante au cercle qui le coupe en M et N. Sur PM, on désigne par A le point tel que $\overline{AP}$ égale $\overline{TP}$.

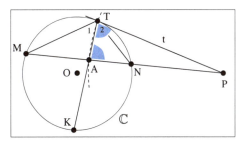

Démontre que TA est bissectrice de l'angle $\widehat{MTN}$.
(Utilise les quelques suggestions du dessin !)

95. Le triangle BAC étant inscrit à un cercle $\mathbb{C}$, la bissectrice b de l'angle intérieur $\widehat{BAC}$ coupe ce cercle en D.

Démontre que la corde [DE] parallèle à AB a même longueur que la corde [AC].
(Piste : trace EC)

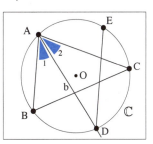

96. La hauteur AD d'un triangle quelconque BAC est prise comme diamètre d'un cercle qui coupe AB et AC en E et F.

Démontre que les triangles ABC et AFE sont semblables.

97. Soit un cercle $\mathbb{C}$ de diamètre [AB] et de centre O. Si, par A, on trace la perpendiculaire à [AB] qui rencontre en M la tangente en un point P du cercle distinct de A et de B, démontre que MO est bissectrice de $\widehat{AMP}$.

98. On considère le cercle $\mathbb{C}$ de centre O, le diamètre [MN], le point A du segment [MN], le rayon [OB] perpendiculaire à MN.

Au point D, intersection de BA avec le cercle, on trace la tangente t qui coupe MN en E.

Démontre que $\overline{ED}$ égale $\overline{AE}$.

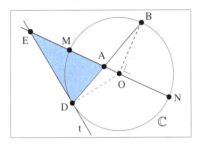

99. Soit un cercle $\mathbb{C}$ et trois points A,B,C sur ce cercle tels que A soit le milieu de l'arc $\overset{\frown}{BC}$. Par A, on trace les cordes [AM] et [AN] qui coupent respectivement la corde [BC] en D et E.

Démontre que le quadrilatère DMNE est inscriptible.

100. Un triangle BAC rectangle en A est inscrit à un cercle. Démontre que la tangente au cercle passant par A divise en deux segments de longueurs égales le segment de diamètre perpendiculaire à l'hypoténuse comprise entre les droites AB et AC.

Ce diamètre coupe | • AB en M,
| • la tangente en N,
| • AC en P.

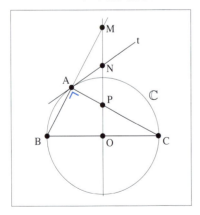

101. La médiatrice d'un côté d'un triangle et la bissectrice de l'angle intérieur opposé à ce côté se coupent en un point du cercle circonscrit au triangle.

Démontre.

102. On donne le triangle BAC.

a) Construis le cercle $\mathbb{C}$ passant par deux sommets B et C de ce triangle et tangent au côté [AC]. Explique comment tu as trouvé son centre.

b) Par C, on trace la corde [CD] parallèle à AB.

Soit E, le point d'intersection de AD avec le cercle.

Prouve que les angles $\overset{\frown}{BAD}$ et $\overset{\frown}{ACE}$ ont même amplitude.

103. Dans tout triangle, la médiatrice d'un côté rencontre la bissectrice de l'angle opposé à ce côté et la bissectrice de l'angle supplémentaire (ou extérieur au triangle) en des points qui appartiennent au cercle circonscrit au triangle. Démontre la véracité de cette affirmation.

104. Le triangle BAC étant inscrit à un cercle, l'angle $\hat{K}$ que fait la bissectrice b de $\hat{C}$ avec le diamètre d qui passe par le milieu M de [AB] est égal à la valeur absolue de la demi-différence des angles $\hat{A}$ et $\hat{B}$.

Démontre.

105. Deux cercles $\mathbb{C}_1$ et $\mathbb{C}_2$ de centres respectifs O_1 et O_2 sont tangents extérieurement en P; une tangente commune t à ces deux cercles les rencontrent respectivement en M et N; démontre que les droites PM et PN sont perpendiculaires.

POUR ALLER PLUS LOIN

IDENTITÉS TRIGONOMÉTRIQUES

VOCABULAIRE

Une identité trigonométrique en le réel α est une égalité vérifiée pour tout réel α qui répond aux conditions d'existence :

- les dénominateurs doivent être non nuls ;
- $\begin{vmatrix} \tan \alpha \in \mathbb{R}, \\ \cot \alpha \in \mathbb{R}. \end{vmatrix}$

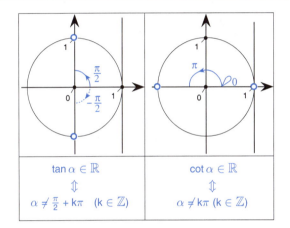

$\tan \alpha \in \mathbb{R}$	$\cot \alpha \in \mathbb{R}$
$\Updownarrow$	$\Updownarrow$
$\alpha \neq \frac{\pi}{2} + k\pi \quad (k \in \mathbb{Z})$	$\alpha \neq k\pi \ (k \in \mathbb{Z})$

EXEMPLE

$\cos^2 \alpha = 1 - \sin^2 \alpha$ est une identité trigonométrique.

En effet, dans l'identité fondamentale de la trigonométrie :

$\sin^2 \alpha + \cos^2 \alpha = 1$, on peut faire passer $\sin^2 \alpha$ du premier membre au second membre.

Dans les exercices qui suivent, la justification ne sera pas toujours aussi directe !

106. À toi ! Commence par déterminer les conditions d'existence, puis vérifie l'identité.

<u>1e série</u>

1) $\cos^4 \alpha - \sin^4 \alpha = \cos^2 \alpha - \sin^2 \alpha$

2) $(1 + \cos \alpha)(1 + \sin \alpha) = \frac{1}{2}(1 + \sin \alpha + \cos \alpha)^2$

3) $\sin \alpha (1 - \cot \alpha) = \cos \alpha (\tan \alpha - 1)$

4) $\left(\tan \alpha + \frac{1}{\cos \alpha} \right)^2 = \frac{1 + \sin \alpha}{1 - \sin \alpha}$

<u>2e série</u>

1) $\sin^2 \alpha \left(1 + \cot^2 \alpha \right) = 1$

2) $\sin^2 \alpha \left(1 + \cot^2 \alpha \right) - \cos^2 \alpha \left(1 + \tan^2 \alpha \right) = 0$

3) $\dfrac{\tan^2 \alpha}{1 + \tan^2 \alpha} = \sin^2 \alpha$

4) $\dfrac{\tan \alpha - \cot \beta}{\tan \beta - \cot \alpha} = \tan \alpha \cot \beta$

107. Vérifie les identités suivantes, après avoir précisé leurs conditions d'existence sur les réels a et b :

1) $\sin a(1 + \tan a) + \cos a(1 + \cot a) = \dfrac{1}{\cos a} + \dfrac{1}{\sin a}$

2) $\tan^2 a + \cot^2 a + 2 = \dfrac{1}{\sin^2 a \cos^2 a}$

3) $\dfrac{\sin a \cos a}{\cos^2 a - \sin^2 a} = \dfrac{\cot a}{\cot^2 a - 1}$

4) $\dfrac{1 + \sin a}{\cos a} = \dfrac{\cos a}{1 - \sin a}$

5) $\sin^2 a \cos^2 b - \cos^2 a \sin^2 b = \sin^2 a - \sin^2 b$

6) $\left(\dfrac{1}{\cos a} + \tan a \right)^2 = \dfrac{1 + \sin a}{1 - \sin a}$

7) $\sin^4 a + \cos^4 a = 1 - 2 \sin^2 a \cos^2 a$

8) $\dfrac{\sin a + 1 - \cos a}{\sin a - 1 + \cos a} = \dfrac{\sin a + 1}{\cos a}$

9) $\sin^6 a + \cos^6 a - 1 + 3 \sin^2 a \cos^2 a = 0$

108. Montre, après les avoir transformées, que les expressions suivantes sont indépendantes du réel a :

1) $3 \left(\sin^4 a + \cos^4 a \right) - 2 \left(\sin^6 a + \cos^6 a \right)$

2) $\sin^8 a - 2 \left(1 - \sin^2 a \cos^2 a \right)^2 + \cos^8 a$

3) $\sin^6 a - 2 \sin^4 a + \cos^6 a + \sin^2 a - \cos^4 a.$

UN PEU DE FOLKLORE MATHÉMATIQUE …!

109. Dans certains manuels anciens de trigonométrie, tu pourrais trouver la définition de deux nombres trigonométriques guère utilisés actuellement :

$$\sec \alpha = \frac{1}{\cos \alpha} \ \text{ et } \cosec \alpha = \frac{1}{\sin \alpha}$$

a) Quelles sont les conditions d'existence sur $\sec \alpha$ et sur $\cosec \alpha$?

b) Vérifie les identités suivantes après avoir donné les conditions d'existence :

1) $(\sec \alpha + \cosec \alpha)(\sin \alpha + \cos \alpha)$

$$= 2 + \sec \alpha \cosec \alpha$$

2) $(\tan \alpha + \sec \alpha)^2 = \dfrac{1 + \sin \alpha}{1 - \sin \alpha}$.

VENUS D'AILLEURS …

110. Soit P′, le pied de la perpendiculaire abaissée d'un point P sur un plan π.

Soient A et B un couple de points arbitraires de π.

On mesure les angles :

$$\widehat{PAP'} = \alpha \quad \widehat{P'AB} = \alpha' \quad \widehat{PBP'} = \beta \quad \widehat{P'BA} = \beta'$$

1) Représente ces données sur une dessin.

2) Démontre que $\dfrac{\sin \alpha'}{\tan \alpha} = \dfrac{\sin \beta'}{\tan \beta}$.

(Bruxelles, 1992)

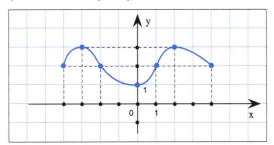

3. FONCTIONS

POUR APPLIQUER

3.1

111. Voici le graphe cartésien de la fonction f dans $\mathbb{R}$ (f est définie sur $[-4,4]$) :

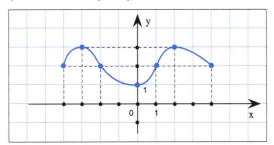

1) Quel est l'image de -3, 1, 2 ?

2) Quel(s) est (sont) les antécédents de 0, de 1, de 2 ?

3) Quel est l'ensemble des réels dont l'image est positive ? dont l'image est plus petite que 2 ?

4) Caractérise la variation de f
   - sur $[-3,0]$. Justifie.
   - sur $[-4,-3]$. Justifie.

5) Décris un intervalle sur lequel f est croissante.
   Décris un intervalle sur lequel f est strictement décroissant.

6) f est-elle paire ? Pourquoi ?
   f est-elle impaire ? Pourquoi ?
   f est-elle périodique ? Pourquoi ?

7) Cite le(s) minimum(s) de f.
   Cite le(s) maximum(s) de f.
   Explique tes réponses.

112. Quels sont, parmi les graphes cartésiens dessinés ci-après, ceux de fonctions numériques d'une variable réelle ?

Justifie !

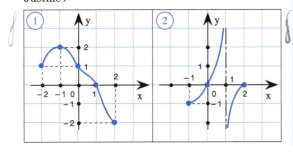

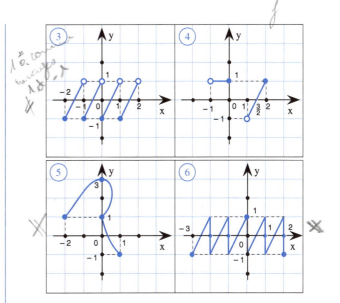

113. À l'aide des figures ①, ②, ③ et ④ de l'exercice
ⓒ précédent, complète le tableau suivant, si possible :

	fig. 1	fig. 2	fig. 3	fig. 4
f(0)				
f(1)				
f(−1)				
f(2)				
	f(...) = 1 f(...) = −2	f(...) = −1 f(...) = 0	f(...) = −1 f(...) = 1	f(...) = −1 f(...) = 0

114. Trace les traits verticaux ou hachure les parties du plan cartésien ne contenant aucun point du graphe cartésien de la fonction dont on dit que le domaine est :

1) $\mathbb{R} \setminus \{-3\}$

2) $\mathbb{R} \setminus \{-5, 1\}$

3) $[2, \rightarrow$

4) $\leftarrow, -3] \cup [1, \rightarrow$

5) $\leftarrow, -1[$

6) $\leftarrow, 0[\cup [2,3] \cup]4, \rightarrow$

255

115. Voici les graphes cartésiens de six fonctions, dans ℝ, notées de A à F.

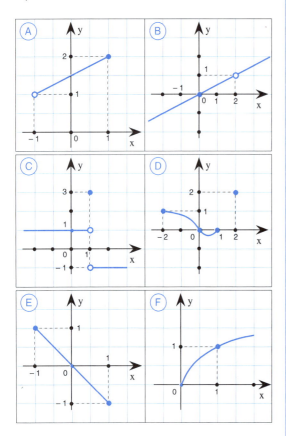

Voici quelques domaines :

1) $]-1,1]$ 6) $\mathbb{R}_0$

2) $[-2,1]\backslash\{2\}$ 7) $\mathbb{R}$

3) $\mathbb{R}\backslash\{2\}$ 8) $[-2,1]\cup\{2\}$

4) $]-1,1[$ 9) $\mathbb{R}^+$

5) $[-1,1]$

Donne à chaque fonction le domaine qui lui convient.

116. Parmi les graphes cartésiens suivants, lorsqu'il s'agit de graphes de fonctions numériques, précise le domaine de la fonction et les éventuelles racines :

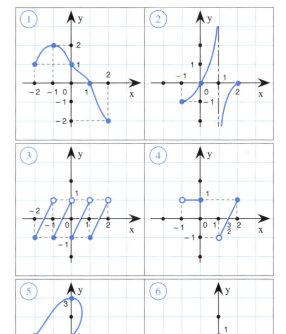

117. Détermine le domaine des fonctions f lorsque f(x) égale :

1) $\dfrac{1}{3x}$ 6) $\sqrt{x}$

2) $\dfrac{1}{2x-5}$ 7) $\sqrt{2x-1}$

3) x^2+x+4 8) $\dfrac{1}{\sqrt{3-5x}}$

4) $\dfrac{1}{(x-2)(x-3)}$ 9) $\dfrac{-2}{\sqrt{x-1}}$

5) $\dfrac{2}{x^2-5x}$ 10) $\sqrt{\dfrac{-2}{x-1}}$

118. Invente une fonction dont le domaine est
1) $\mathbb{R}\backslash\{3\}$ 2) $[3,\rightarrow$ 3) $\leftarrow,3[$

119. Sans construire le graphe cartésien des fonctions suivantes, prévois sur quels intervalles ou demi-droites de réels elles sont croissantes ou décroissantes. Justifie !

f : x → 2x   h : x → −2x + 2   j : x → $\sqrt{x}$
g : x → 3x − 1   i : x → x²   k : x → |x|

120. Observe les graphes cartésiens suivants.

1) Précise ceux qui admettent O comme centre de symétrie.   2, 3, 5, 6

2) Précise ceux qui admettent l'axe des y comme axe de symétrie.   1, 4, 7

3) Pour chaque x ayant une image, dans quel(s) cas peux-tu affirmer que

   a) $f(-x) = f(x)$?   1, 4, 7
   b) $f(-x) = -f(x)$?   2, 3, 5, 6

121. Complète les dessins suivants, si l'on dit que :

© 1) le graphe cartésien de f admet le point O comme centre de symétrie;

2) le graphe cartésien de f admet l'axe des y comme axe de symétrie.

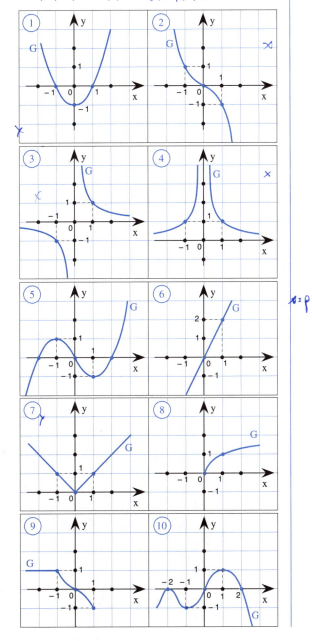

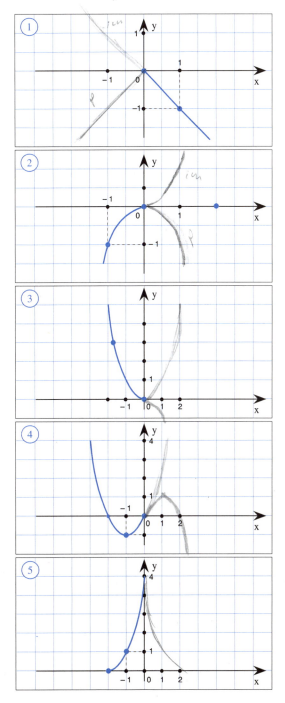

122. a) Sans construire le graphe cartésien des fonctions suivantes, détermine celles qui sont paires, celles qui sont impaires, celles qui ne sont ni paires ni impaires.

b) Quel élément de symétrie admettent les graphes cartésiens de chaque catégorie ?

c) Sur quelle demi-droite est-il économique de construire le graphique ?

$f_1 : x \to 5$ $f_6 : x \to x^3$

$f_2 : x \to x$ $f_7 : x \to x^4 - x^2$

$f_3 : x \to 5x - 1$ $f_8 : x \to |x|$

$f_4 : x \to x^2$ $f_9 : x \to |x + 1|$

$f_5 : x \to 9 - x^2$ $f_{10} : x \to \sqrt{x}$

123. Considère la fonction qui a chaque jour d'une année associe le jour de la semaine.

(Exemple : le 1/1/97 a pour image le mercredi).

Cette fonction est-elle périodique ?

Justifie ta réponse.

124. Voici les graphes cartésiens de fonctions f dans $\mathbb{R}$ dont le domaine est chaque fois indiqué.

Au départ de chacun de ces graphiques, construis sur $[p, 2p]$ celui de la fonction périodique g de période p indiquée, telle que pour tout x de dom f : $g(x) = f(x)$.

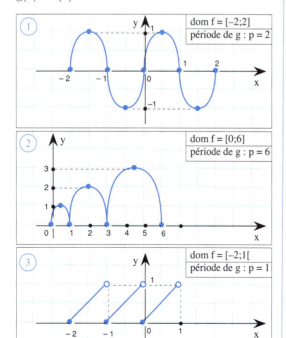

125. Voici une partie du graphe cartésien de fonctions périodiques de période p. À toi de les compléter pour faire apparaître trois cycles.

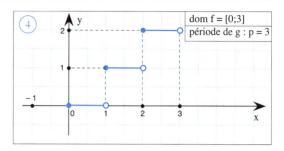

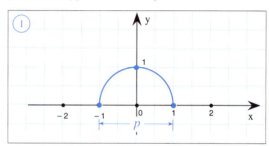

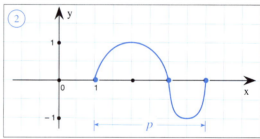

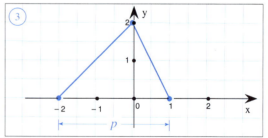

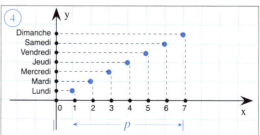

126. Au premier juillet 1996 une banque belge affichait pour l'achat de francs français : 1 FRF = 6,08 BEF

1) Dresse le graphe cartésien de cette fonction de change en notant en abscisses les BEF en ordonnées les FRF.

2) À l'aide de ce graphique, détermine :

    a) combien de FRF correspondent à 85 BEF ;

    b) combien de BEF correspondent à 15 FRF.

3) Réponds aux mêmes questions qu'en 2) en utilisant la calculatrice.

4) Compare les méthodes utilisées en 2) et 3). Quel est l'outil le plus rapide ? Quel est le plus précis ?

5) Donne a) une équation du graphe cartésien de cette fonction ;

    b) son domaine.

6) Cette fonction est-elle croissante ou décroissante ? Justifie !

127. Dans un ancien cours de balistique, on peut lire :

> Un projectile est lancé sous un angle de 45° avec un vitesse initiale de 313 m/s.
>
> En prenant des axes dont
>
> – l'origine est le point de départ,
>
> – l'axe des abscisses donne le déplacement horizontal du projectile,
>
> – l'axe des ordonnées donne le déplacement vertical du projectile,
>
> on peut admettre que l'équation de la trajectoire,
>
> écrite en km, est donnée par $y = x - \dfrac{x^2}{10}$
>
> où $\begin{vmatrix} x \text{ est la distance horizontale parcourue,} \\ y \text{ est la hauteur atteinte.} \end{vmatrix}$

1) Trace la trajectoire du projectile, en prenant en abscisses et en ordonnées 1 cm pour 1 km.

2) Trouve la portée du lance-projectile, c'est-à-dire la distance entre le point de lancement et le point d'impact (supposés sur la même horizontale).

3) À quelle hauteur se trouve l'obus à une distance de

    1,5 km ?   5 km ?

    3,5 km ?   6,8 km du point de lancement ?

Détermine cette hauteur :

a) en utilisant le graphe cartésien ;

b) par calcul.

4) Quelle est la hauteur maximale atteinte par le projectile ?

128. Dans le triangle ABC,

[AD] est la hauteur relative à [BC].

On donne : $\begin{vmatrix} \overline{BC} = 10, \\ \overline{AD} = 5. \end{vmatrix}$

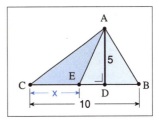

1) Si E est un point quelconque de BC, donne une expression analytique de l'aire A_1 du triangle AEC·($\overline{CE}$ = x) et de l'aire A_2 du triangle ABE.

Ces aires sont-elles des fonctions dans $\mathbb{R}$?

Pourquoi ?

2) Pour quelle(s) valeur(s) de x les deux aires sont-elles égales : donne une résolution graphique et une résolution algébrique du problème.

259

129. Un patin métallique [PQ] coulisse sur deux rails a et b tels que

- [PQ] soit parallèle à [MN];
- P glisse sur a;
- Q glisse sur b.

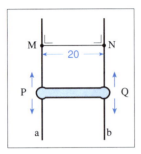

Si $\overline{QN} = x$,

alors on appelle | P(x), le périmètre de MNQP,
A(x), l'aire de MNQP.

1) Écris une expression analytique de P(x) et de A(x).

2) Dresse un tableau de valeurs et un graphe cartésien de chaque fonction.

130. On donne :

- un cercle $\mathbb{C}$ de rayon 15;
- un 2e cercle $\mathbb{C}$', de même centre, dont le rayon varie entre 0 et 15.

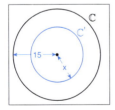

1) Si x est le rayon du petit cercle, écris une formule donnant sa circonférence et une autre donnant son aire.

2) Considère la fonction qui à chaque x (compris entre 0 et 15) associe la circonférence du cercle; réalise un tableau de valeurs et le graphe cartésien de cette fonction.

3) Considère la fonction qui aux mêmes réels associe l'aire de la couronne : donne une expression analytique de cette aire, réalise un tableau de valeurs et esquisse (point par point) le graphe cartésien de cette fonction.

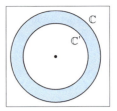

131. 1) Donne une expression analytique de l'aire A(x) de la partie coloriée dans le dessin ci-dessous.

2) Lorsque x varie entre 0 et 20, dresse un tableau de valeurs de A(x).

3) Esquisse (point par point) le graphe cartésien de la fonction A et détermine la(les) valeurs de x pour la(les)quelle(s) A(x) est maximum et pour la(les)quelle(s) A(x) est minimum.

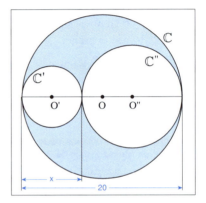

132. Une plaque métallique carrée a un côté de 25 cm.

Après avoir ôté « les coins » comme indiqué sur le dessin, on plie cette plaque afin d'obtenir une boîte sans couvercle.

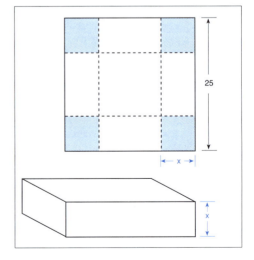

1) Quelles sont les contraintes sur x ?

2) Écris une expression analytique de A(x), l'aire de la plaque sans les «coins».

3) Écris une expression analytique de V(x), le volume de la boîte obtenue.

4) Réalise un tableau de valeurs (comprises entre 0 et 15), pour les fonctions A(x) et V(x). Esquisse leur graphique.

5) Calcule une valeur approchée du volume maximum ainsi que la valeur de x pour laquelle le volume est maximum.

3.2

133. Pour chacune des fonctions suivantes :

1) Détermine le domaine.

Élimine ensuite les parties du plan ne comprenant aucun point du graphe cartésien : hachure ces parties en étant soigneux sur les bords …

2) Réalise un tableau de valeurs, puis construis (point par point) le graphe cartésien.

3) Détermine les racines éventuelles.

$$f_1(x) = x \qquad f_5(x) = \frac{1}{x} \qquad f_8(x) = \sin x$$

$$f_2(x) = |x| \qquad f_6(x) = \sqrt{x} \qquad f_9(x) = \cos x$$

$$f_3(x) = x^2 \qquad f_7(x) = \sqrt[3]{x} \qquad f_{10}(x) = \tan x$$

$$f_4(x) = x^3$$

134. Dresse un tableau de valeurs,

lorsque $x = -2,7$; $-\dfrac{2}{3}$; $-\sqrt{2}$; -4 ; $5,87$ des fonctions suivantes :

$$p_1(x) = 3x^3 - x^2 + 2x - 1$$
$$p_2(x) = 2x^4 - 5x^3 + 3x^2 - x - 1$$
$$p_3(x) = 4x^5 - 3x^3 - 2x - 1$$

135. Fais de même lorsque f(x) égale :

1) $\dfrac{2x-3}{5}$ 3) $\dfrac{3x-1}{x+2}$ 5) $\dfrac{x^2-1}{x+3}$

2) $\dfrac{x-5}{2x}$ 4) $x^2 + 2x - 3$ 6) $\sqrt{x^2+4}$

3.3

136. a) Reprends le graphe cartésien de la fonction © «cube», notée f.

Au départ de celui-ci, qui aura été reproduit cinq fois, et sans nouveau calcul, trace le graphe cartésien des fonctions suivantes :

$f_1 : x \rightarrow f(x) + 2$ $f_4 : x \rightarrow f(2x)$

$f_2 : x \rightarrow 2f(x)$ $f_5 : x \rightarrow |f(x)|$

$f_3 : x \rightarrow f(x+2)$

b) Donne une expression analytique des cinq fonctions précédentes.

c) La fonction «cube» est impaire. Examine la parité des cinq fonctions précédentes. Justifie !

137.
© a) Reprends le graphe cartésien de la fonction «carré». Au départ de celui-ci, qui aura été reproduit cinq fois, et sans nouveau calcul, trace le graphe cartésien des fonctions suivantes :

$g_1 : x \rightarrow x^2 + 3$ $g_4 : x \rightarrow \left(\dfrac{1}{2}x\right)^2$

$g_2 : x \rightarrow 2x^2$ $g_5 : x \rightarrow |x^2|$

$g_3 : x \rightarrow (x+1)^2$

b) La fonction «carré» est paire. Examine la parité des cinq fonctions précédentes. Justifie !

138. Voici des fonctions f, dans $\mathbb{R}$, définies «par morceaux» :

a) $\begin{cases} \text{si } x < 0, \text{ alors } f(x) = -2x \\ \text{si } x \geqslant 0, \text{ alors } f(x) = x + 1 \end{cases}$

b) $\begin{cases} \text{si } x < 1, \text{ alors } f(x) = 2 - x \\ \text{si } x > 1, \text{ alors } f(x) = \dfrac{1}{2}x \end{cases}$

c) $\begin{cases} \text{si } x < 1, \text{ alors } f(x) = x + 2 \\ \text{si } 1 \leqslant x \leqslant 3, \text{ alors } f(x) = -2x \\ \text{si } x > 3, \text{ alors } f(x) = -3x + 4 \end{cases}$

d) $\begin{cases} \text{si } x < 1, \text{ alors } f(x) = |x| \\ \text{si } x \geqslant 1, \text{ alors } f(x) = 2 - x \end{cases}$

Pour chacune de ces fonctions :

1) détermine le domaine;

2) dresse un tableau des valeurs lorsque x varie entre -5 et 5;

3) dessine le graphe cartésien;

4) dis si elles sont paires ? impaires ? périodiques ?

5) sur quels intervalles de réels inclus dans $[-5, 5]$, sont-elles croissantes ? décroissantes ?

139. Détermine l'ensemble des valeurs prises par m, lorsque x prend n'importe quelle valeur réelle :

1) $\sin x = m$ 4) $\sin x = 2m - 3$

2) $\cos x = -m$ 5) $\cos x = 1 - 2m$

3) $\tan x = m + 1$

140. En supposant que tu disposes du graphe cartésien de la fonction k, dans $\mathbb{R}$: $x \to x^3 + x^2 + x$,

dis comment transformer la coordonnée de chaque point du graphique de k pour obtenir le graphique de :

$k_1 : x \to x^3 + x^2 + x + 1$

$k_2 : x \to 2\left(x^3 + x^2 + x\right)$

$k_3 : x \to (x+3)^3 + (x+3)^2 + (x+3)$

$k_4 : x \to (4x)^3 + (4x)^2 + 4x$

$k_5 : x \to |x^3 + x^2 + x|$

141. La fonction h est la fonction «racine carrée positive».
Ⓒ

On donne :

$h_1 : x \to \sqrt{x} + 2$ $h_4 : x \to \sqrt{5x}$

$h_2 : x \to 3\sqrt{x}$ $h_5 : x \to -\sqrt{x}$

$h_3 : x \to \sqrt{x+4}$

a) Détermine le domaine de chacune de ces fonctions et compare-le à celui de h.

b) Au départ du graphe cartésien de h, trace ceux des cinq fonctions données, sans effectuer de nouveaux calculs.

142. Explique comment construire le graphique de la fonction :

1) $x \to x^2 + 7$ au départ de celui de la fonction $x \to x^2 + 5$

2) $x \to (x-3)^3$ au départ de celui de la fonction $x \to (x+2)^3$

3) $x \to \sqrt{x-1} + 2$ au départ de celui de la fonction $x \to \sqrt{x+4} - 4$

4) $x \to \left|\dfrac{1}{x-1} + 3\right|$ au départ de celui de la fonction $x \to \dfrac{1}{x+2} - 5$

143. La fonction v est la fonction «valeur absolue».
Ⓒ Au départ de son graphe cartésien qui aura été reproduit quatre fois, trace le graphe cartésien des fonctions suivantes :

$v_1 : x \to |x| - 2$ $v_3 : x \to -|x|$

$v_2 : x \to \dfrac{1}{2}|x|$ $v_4 : x \to 2|x| - 1$

144. Explique comment construire le graphe cartésien de chacun des fonctions suivantes au départ de celui de la fonction «4e puissance d'un réel» :

1) $x \to (x+2)^4$ 4) $x \to |x^4 - 3|$

2) $x \to (x-1)^4 + 3$ 5) $x \to 4\left(x^4 - 1\right)$

3) $x \to 2x^4 + 3$ 6) $x \to 3\left(2x^4 - 6\right)$

145. Au départ du graphe cartésien de la fonction i
Ⓒ «inverse d'un réel non nul» qui aura été reproduit quatre fois, trace le graphe cartésien des fonctions suivantes :

$i_1 : x \to \dfrac{1}{x} - 1$ $i_3 : x \to \dfrac{2}{x}$

$i_2 : x \to \dfrac{1}{x+1}$ $i_4 : x \to -\dfrac{1}{x}$

146. Les fonctions $f : x \to \sqrt[3]{\dfrac{x}{8}}$ et $g : x \to \dfrac{1}{2}\sqrt[3]{x}$ sont-
Ⓒ elles égales ?

Vérifie ta réponse en construisant les graphes cartésiens de f et de g au départ de celui de la fonction «racine cubique» et en les comparant.

147. a) Au départ des graphes cartésiens des fonctions
Ⓒ   sinus, cosinus et tangente, construis avec précision, le graphe cartésien des fonctions suivantes :

1) $x \to -\sin x$ 6) $x \to \cos\left(\dfrac{\pi}{3} + x\right)$

2) $x \to |\sin x|$ 7) $x \to -\cos 4x$

3) $x \to \sin x - \dfrac{\pi}{2}$ 8) $x \to |\cos x| - 2$

4) $x \to \sin\left(x - \dfrac{\pi}{2}\right)$ 9) $x \to \tan 2x$

5) $x \to \cos x + 2$ 10) $x \to |\tan x|$

b) Détermine la plus petite période strictement positive des fonctions précédentes.

c) Classe les fonctions précédentes en fonctions paires, en fonctions impaires ou en fonctions ni paires ni impaires.

148. En te rappelant la manipulation des graphiques et la période des fonctions sinus, cosinus et tangente précise une période des fonctions suivantes :

1) $x \to \sin 6x$

2) $x \to \cos\left(4x + \dfrac{\pi}{3}\right)$

3) $x \to \tan \dfrac{x}{3}$

4) $x \to \sin \dfrac{x}{4}$

5) $x \to \cos \dfrac{3x}{4}$

6) $x \to \tan \dfrac{5x}{7}$

7) $x \to 3\sin 5x - 1$

8) $x \to 4\cos\left(x + \dfrac{\pi}{3}\right) + 1$

9) $x \to 2\tan(5x - 1) + 3$

Trouve chaque fois un intervalle pour que l'étude graphique de la fonction se fasse de la manière la plus économique possible.

149. Voici deux séries de graphes cartésiens.

a) Quels sont les graphes cartésiens de la 2e série que l'on peut obtenir, par manipulations, à partir de ceux de la 1e série ?

b) Décris ces manipulations.

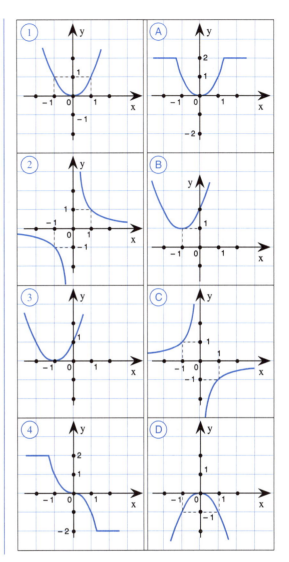

150. Trouve une équation cartésienne des courbes suivantes, sachant que chacune d'elles a été obtenue par manipulation(s) du graphe cartésien d'une **fonction usuelle** :

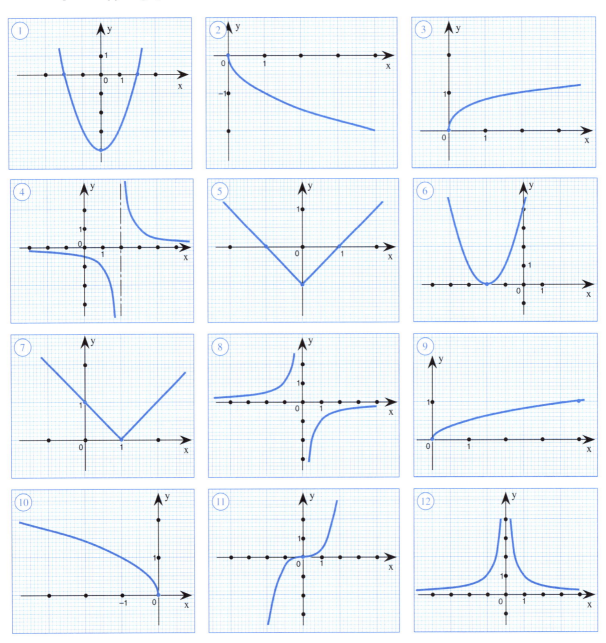

POUR CHERCHER

151. Voici un extrait de l'explication accompagnant une déclaration de revenus aux contributions. Il s'agit de l'explication pour calculer forfaitairement les charges professionnelles :

> **Autres frais professionnels.**
>
> Ne complétez cette rubrique que si vous pouvez prouver que vos frais professionnels excèdent le forfait légal.
>
> Ce forfait est calculé sur le total des revenus déclarés aux rubriques A, 4 à 8, a, diminué des montants mentionnés aux rubriques A, 8, b et A, 10 et est égal à :
>
> – 20 p.c. de la première tranche de 4090€ ;
>
> – 10 p.c. de la tranche de 4090€ à 8180€ ;
>
> – 5 p.c. de la tranche de 8180€ à 13 634€ ;
>
> – 3 p.c. de la tranche qui excède 13 634€ ; cependant, ce total ne peut excéder 2730€ (ce montant maximum est atteint avec un revenu de 54 536€).
>
> Le cas échéant, le résultat obtenu est encore majoré du forfait pour longs déplacements.
>
> Si vous complétez la rubrique A, 11, vous devez fournir le détail de ces frais professionnels dans une annexe.

1) Réalise un graphe cartésien visualisant cette fonction en notant en abscisses les revenus professionnels (1 cm = 5000€) et en ordonnées les charges déductibles (1 cm = 250€).

2) À partir de ce graphe cartésien, détermine le montant des charges déductibles pour un revenu de 3000€ , de 7000€ , de 16 000€ , de 25 000€ .

Effectue aussi le calcul à partir des données du tableau.

Compare la rapidité et la précision des deux méthodes.

3) Si on veut utiliser la calculatrice, il faut écrire les formules mathématiques qui donnent les charges (y) en fonction des revenus (x).

Ainsi, pour les premiers 4090€ :

$$y = \frac{20}{100} x \text{ ou } y = \frac{x}{5}$$

Détermine les formules à utiliser dans les autres cas.

À l'aide de ces formules, vérifie les calculs réalisés en 2).

Compare les deux méthodes.

4) Que penser de ce Monsieur qui déduit des charges de 2975€ ?

152. Si l'on dit que f est une fonction périodique de plus petite période strictement positive égale à 1, que pour tout réel de $[0; 1[$: $f(x) = x - 1$, dessine le graphe cartésien de f sur $[-3; 4[$.

153. © On donne ci-dessous une partie du graphe cartésien d'une fonction f.

Complète chaque dessin si l'on dit que :

1) f est une fonction paire;

2) f est une fonction impaire

(Reste critique !)

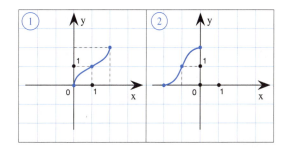

154. La fourmi se promène à nouveau !

Elle se déplace sur les côtés d'un carré à partir de M. Soit x, la longueur du trajet parcouru par la fourmi depuis le point M jusqu'au point A.

Si elle parcourt le carré dans le sens antihorloger, x est positif ;

si elle parcourt le carré dans les sens horloger, x est négatif ;

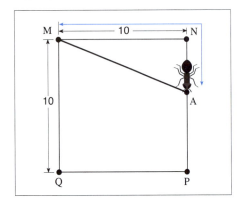

1) Calcule la distance « à vol d'oiseau » entre M et A : soit d(x).

2) Considère la fonction d qui à chaque x fait correspondre la distance d(x).

Dresse un tableau de valeurs de la fonction d, lorsque x varie entre −60 et 60.

3) Esquisse (point par point) le graphe cartésien de la fonction d.

4) Examine la croissance de cette fonction, sa parité et son éventuelle périodicité.

155. Le point C se promène entre O et A. Comme le montre la figure ci-dessous, il détermine un rectangle OCDE.

Le but est de déterminer x pour que la surface du rectangle soit la plus grande possible.

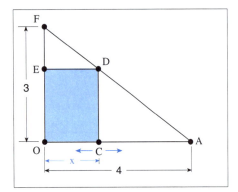

1) Si x = 2, quelle est la longueur de [OE] ? (Justifie ta réponse).

2) Et si x = 1 ? et 3 ? et 3,9 ?

3) Établis une formule qui donne le lien entre $\overline{OC}$ (c-à-d. x) et $\overline{OE}$.

4) Écris une formule qui donne $\mathbb{A}$, l'aire du rectangle OCDE en fonction de x.

5) Calcule l'aire de OCDE si x = 1 ; 2 ; 3 ; 3,9.

6) Dresse un tableau de valeurs de la fonction A en faisant varier x entre 0 et 4 et porte les couples obtenus dans le plan cartésien. Esquisse ensuite le graphe cartésien de la fonction A.

7) Réponds à la question de départ : pour quelle valeur de x l'aire de OCDE semble-t-elle être la plus grande ?

156. Au départ du graphe cartésien d'une fonction usuelle bien choisie, construis celui de chacune des fonctions suivantes, sans effectuer de nouveaux calculs :

$$f_1 : x \to 3(x-2)^2 + 1$$

$$f_2 : x \to 2\sqrt{x+3} - 4$$

$$f_3 : x \to \left| \tan \frac{x}{2} \right| + 1$$

$$f_4 : x \to \left| \tan \frac{x}{2} + 1 \right|$$

$$f_5 : x \to |2|x| - 1| + 2$$

$$f_6 : x \to \left| \frac{1}{2} |x-2| - 1 \right|$$

$$f_7 : x \to \left| \frac{1}{2} \sqrt[3]{x+1} - 2 \right|$$

$$f_8 : x \to \left| 2\sin \frac{x}{2} - 1 \right|$$

$$f_9 : x \to \left| -\cos \left(x + \frac{\pi}{2} \right) + 1 \right|$$

Pour chacune des fonctions précédentes, détermine :

a) le domaine ;

b) la plus petite période strictement positive, si la fonction est périodique ;

c) les racines ;

d) la parité.

157. Réponds par «vrai» ou par «faux».

Justifie chaque réponse et corrige, les énoncés faux :

1) Si une fonction paire est définie en 0, alors f(0) = 0.

2) Si une fonction impaire est définie en 0, alors f(0) = 0.

3) La fonction $f : x \rightarrow \begin{cases} 1 & \text{si } x \geqslant 0 \\ -1 & \text{si } x < 0 \end{cases}$

est impaire.

4) La fonction $f : x \rightarrow \begin{cases} 1 & \text{si } x > 0 \\ -1 & \text{si } x < 0 \end{cases}$

est impaire.

5) La seule fonction a la fois paire et impaire est la fonction constante nulle.

158. a) Complète l'égalité suivante et cite le nom des angles que tu utilises.

Pour tout réel appartenant à

$$\boxed{\ldots\ldots} : \cot x = \tan\left(\boxed{} - \boxed{}\right)$$

b) Au départ du graphe cartésien de la fonction tangente sur l'intervalle $[-2\pi, 2\pi]$, construis, en t'appuyant sur l'égalité trouvée en a), le graphe cartésien de la fonction cotangente sur le même intervalle.

c) Quelle est la plus petite période strictement positive de la fonction cotangente ? Pourquoi ? Le dessin réalisé en b) confirme-t-il ta réponse ?

d) Jeanne prétend que pour les mêmes réels x qu'en a),

$$\cot x = -\tan\left(\frac{\pi}{2} + x\right)$$ Dis-lui si elle a raison ;

construis pour ce faire le graphe cartésien de la tangente.

Manipule-le deux fois.

Obtiens-tu le graphe cartésien de la fonction cotangente ?

159. Trouve une équation cartésienne des courbes suivantes, sachant que chacune d'elles a été obtenue par manipulations du graphe cartésien d'une fonction usuelle :

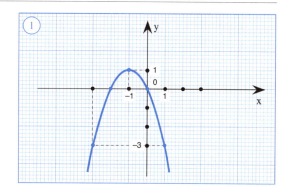

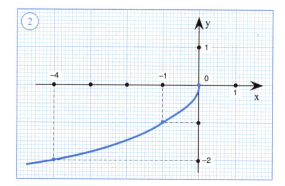

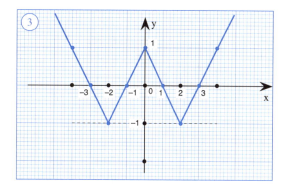

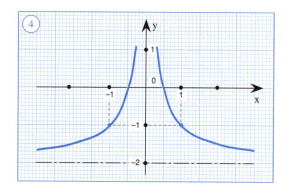

267

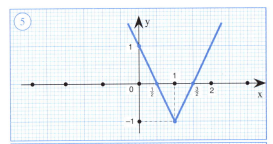

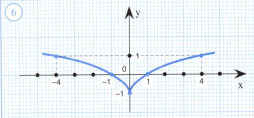

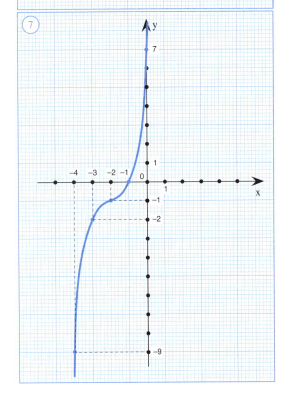

160. Dessine le graphe cartésien des fonctions suivantes :

$f_1 : x \rightarrow |x - 3| + |x - 1|$

$f_2 : x \rightarrow |x - 5| - |x + 2|$

Détermine les racines de chacune de ces fonctions.

161. Considère le cercle centré à l'origine et de rayon 1.

1) Quelle relation lie l'ordonnée et l'abscisse d'un point quelconque ?

   Tires-en une équation du demi-cercle.

2) Quelles fonctions faut-il utiliser pour décrire le cercle complet ?

3) Quelle serait l'équation cartésienne d'un demi-cercle de rayon 1 centré en $(0, 1)$; $(2, 0)$; $(2, 3)$?

162. Mêmes questions qu'à l'exercice 161 pour un demi-cercle de rayon r.

163. Quel est le domaine de définition des fonctions suivantes, en tenant compte de l'unité 6 de ce manuel :

1) $x \rightarrow \dfrac{1}{\tan 2x}$?

2) $x \rightarrow \dfrac{\tan 4x}{\cos 2x + 1}$?

3) $x \rightarrow \dfrac{\tan 2x}{\tan 2x - 1}$?

164. 1) Représente graphiquement sur un même dessin les fonctions :

   $f : x \rightarrow \sin \dfrac{x}{4}$ et $g : x \rightarrow \cos \dfrac{x}{4}$ (au départ des graphes cartésiens G_f de $x \rightarrow \sin x$ et G_g de $x \rightarrow \cos x$).

2) Au départ de G_f et de G_g, dessine le graphe cartésien des fonctions

   $h : x \rightarrow \sin \dfrac{x}{4} + \cos \dfrac{x}{4}$

   $i : x \rightarrow \sin \dfrac{x}{4} - \cos \dfrac{x}{4}$

4. DROITES

POUR APPLIQUER

165. En indiquant une croix dans le tableau, repère cha-
ⓒ que type de droites :

Équations	Droite passant par l'origine	Droite parallèle à l'axe des ordonnées	abscisses
$y = 2x$			
$y = 4$			
$x = 2$			
$2x = 5$			
$2x - y = 0$			
$3y = 0$			

166. Écris sous la forme

1) $y = kx + t$:

    a) $2x - y + 3 = 0$ c) $x = 2y - 5$

    b) $2x + 3y - 6 = 0$ d) $x + y = 7$

2) $ax + by + c = 0$:

    a) $y = 2x + 3$ c) $3y = 6$

    b) $x + y = 5$ d) $x - y = 2x + y$

167. Quel est le coefficient angulaire de

a, si $a \equiv 2x - y = 3$?

b, si $b \equiv y = 3x + 1$?

c, si $c = OA$ et A a pour coordonnée $(2, -1)$?

d, si $d = EF$ et $E(1, 3)$ et $F(4, -5)$?

e, si $e \equiv y = 0$?

f, si $f \equiv x = -2$?

168. Représente les droites suivantes :

a, si 2 est son coefficient angulaire et a passe par $(-1, 3)$;

b, si $(1, -4)$, $(2, 5)$ sont les coordonnées de deux points de b ;

c, si $(1, 3)$ est la coordonnée d'un point de c et c // k et $k \equiv y = 0$;

d, si $d \equiv 2x - 3y + 6 = 0$;

e, si $(1, -4)$ est la coordonnée d'un point de e et $-\dfrac{2}{3}$ est le coefficient angulaire.

169. Détermine une équation de la droite comprenant les points de coordonnée respective :

1) $(0, 1)$ et $(1, 0)$;

2) $(-1, 4)$ et $(0, 5)$;

3) $(2, 3)$ et $(5, 7)$;

4) $(4, -6)$ et $(2, -6)$;

5) $(1, 3)$ et $(-4, -7)$;

6) $(6, 5)$ et le milieu de [MN], si la coordonnée de M est $(1, 3)$ et celle de N est $(-1, 5)$;

7) $(4, -7)$ et le milieu de [MN], si la coordonnée de M est $(0, 1)$ et celle de N est $(5, 0)$;

8) $\left(\dfrac{4}{3}, -\dfrac{1}{2}\right)$ et le milieu de [MN], si la coordonnée de M est $\left(\dfrac{1}{2}, \dfrac{1}{3}\right)$ et celle de N est $\left(\dfrac{1}{3}, \dfrac{1}{2}\right)$.

170. Détermine une équation des droites :

a, passant par le point de coordonnée $(1, 1)$ et de coefficient angulaire 2 ;

b, passant par les points de coordonnée $(-1, 2)$ et $(2, 3)$;

c, passant par le point de coordonnée $(1, 1)$ et de coefficient angulaire 0,5 ;

d, passant par le point de coordonnée $(1, 2)$ et parallèle à l'axe des abscisses ;

e, passant par les points de coordonnée $(1, 4)$ et $(-1, -4)$;

f, passant par le point de coordonnée $(-1, 2)$ et de coefficient angulaire 3 ;

g, passant par les points de coordonnée $(2, 2)$ et $(0, 2)$;

h, passant par le point de coordonnée $(2, 1)$ et de coefficient angulaire nul.

171. Trace la droite dont voici une équation :

$a \equiv 2x + 3y = 12$ $g \equiv 3x + 5y = 8$

$b \equiv x - y = 0$ $h \equiv 2x = y - 4$

$c \equiv x + 3 = 0$ $i \equiv x + y = 0$

$d \equiv 3x - 5y + 15 = 0$ $j \equiv \dfrac{x}{2} + \dfrac{y}{3} = 1$

$e \equiv y = 2$ $k \equiv 2(x - y) = 4$

$f \equiv y = 3x + 4$ $l \equiv \dfrac{3x}{2} - \dfrac{2y}{3} = 5$

269

172. On donne cinq points par leur coordonnée et cinq droites par leur équation. Recherche pour chaque point s'il appartient ou non à chacune de ces droites.

$$A(2,1) \quad B(3,2) \quad C(-1,2) \quad D(-2,-2) \quad E(-1,1)$$

$$a \equiv y = 2 \qquad c \equiv x + 1 = 0 \qquad f \equiv x - y = 0$$

$$b \equiv x + y = 0 \qquad d \equiv x + y = 3$$

SYSTÈME DE DROITES

Pour réaliser les exercices qui suivent sur les droites, il serait nécessaire de revoir la résolution graphique et la résolution algébrique des systèmes vues en 3e (**EM3, p** 146 à 150.)

173. On te donne les points $M\left(-3, \frac{1}{2}\right)$ et $P(-2,0)$. Détermine le point K de l'intersection de la droite MP et de la droite d, $d \equiv 2x + 2y + 1 = 0$. Vérifie graphiquement ton calcul.

174. Voici les équations des droites qui portent les côtés d'un triangle ABC :

$$\begin{cases} 2x - y = 0 & \text{(AB)} \\ x + y = 3 & \text{(AC)} \\ 3x - 2y = 4 & \text{(BC)} \end{cases}$$

Détermine la coordonnée de chaque sommet du triangle ABC.

175. On te donne un quadrilatère ABCD dans le plan cartésien comme l'indique le dessin ci-après :

Calcule la coordonnée du point M, intersection des diagonales [AC] et [BD].

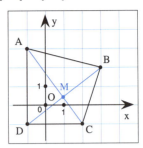

176. Soit le triangle ABC donné dans le dessin ci-dessous :

1) détermine une équation des médianes

   m_{AB} relative au côté [AB],
   m_{AC} relative au côté [AC].

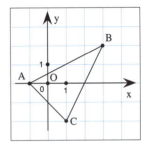

2) détermine la coordonnée du centre de gravité G de ce triangle;

3) vérifie que le point G appartient à la médiane m_{BC} relative au côté [BC].

EN CAS DE NÉCESSITÉ

177. Trace la droite dont voici une équation :

$$a \equiv 2x - 3y = 0 \qquad f \equiv x + \frac{3}{2} = \frac{y}{2}$$

$$b \equiv \frac{x}{5} = 0 \qquad g \equiv x = y + 1$$

$$c \equiv y = 2(x + 2) \qquad h \equiv 3y = 1$$

$$d \equiv 3(x + 1) = \frac{y}{2} \qquad i \equiv 3x = 3y - 3$$

$$e \equiv x + y + 1 = 0 \qquad j \equiv 2x - 4 = 0$$

178. Construis les droites :

a, passant par $O(0,0)$ et de coefficient angulaire 3;

b, d'équation $y = -3x$;

c, d'équation $y = 2x - 3$;

d, d'équation $y = 3$;

e, passant par $A(0,2)$ et de coefficient angulaire -2;

f, d'équation $2x - 3y + 3 = 0$;

g, passant par $B(-1,2)$ et de coefficient angulaire 0,5.

179.
$$AC \equiv 2x - 3y + 4 = 0$$
$$AB \equiv x + 2y - 5 = 0$$
$$BC \equiv 4x - y + 8 = 0.$$

Détermine la coordonnée des sommets du triangle ABC.

POUR CHERCHER

180. Voici la représentation de quelques droites et leur équation cartésienne. Associe les représentations et les équations qui se correspondent :

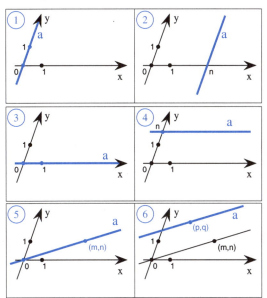

b y = n	e x = n
c my − nx − mq + np = 0	f nx − my = 0
d x = 0	g y = 0

181. Dans le plan cartésien, on donne la droite d d'équation $2x - 5y + 3 = 0$. Calcule

1) a, si $(2a, -5)$ est la coordonnée d'un point de d;

2) b, si $\left(-3, -\dfrac{b}{3}\right)$ est la coordonnée d'un point de d;

3) c, si $\left(2c, -\dfrac{c}{5}\right)$ est la coordonnée d'un point de d.

182. Observe les dessins suivants et propose une équation cartésienne de chaque droite :

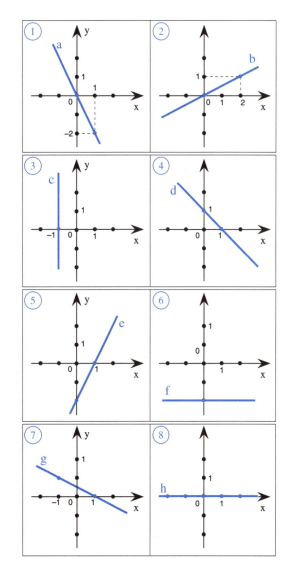

183. Les situations de cet exercice ont été traités en théorie par la *méthode des coefficients indéterminés*.

1) Si $A(x_A, y_A)$ est un point d'une droite d et si m est son coefficient angulaire, établis une formule générale donnant l'équation de d.

2) Si $A(x_A, y_A)$ et $B(x_B, y_B)$ sont deux points de la droite p, détermine

   a) le coefficient angulaire de p;

   b) une formule générale donnant l'équation de p.

3) En utilisant les formules que tu viens de découvrir donne une équation de

   d_1, si $(1, 2)$ est la coordonnée d'un point de d_1 et 3 est le coefficient angulaire;

   d_2, si $(-2, 3)$, $(1, 5)$ sont les coordonnées de deux points de d_2;

   d_3, si $(2, 5)$, $(4, 10)$ sont les coordonnées de deux points de d_3;

   d_4, si $(5, -3)$, $(3, -3)$ sont les coordonnées de deux points de d_4;

   d_5, si $(2, -3)$, $(4, 5)$ sont les coordonnées de deux points de d_5;

   d_6, si $(-2, 3)$ et $(-2, 1)$ sont les coordonnées de deux points de d_6;

   d_7, si $AB = d_7$ et

   | A est le milieu de [MN], M(2, 5), N(−3, 4)
   | B est le milieu de [M'N'], M' $\left(-\frac{1}{2}, 3\right)$,
   | N' $\left(3, -\frac{1}{3}\right)$.

5. PARALLÉLISME ET PERPENDICULARITÉ

POUR APPLIQUER

Pour les exercices de l'unité 5, le repère choisi est toujours orthonormé

5.1 et 5.2

184. Parmi les droites suivantes, quelles sont celles qui sont :

— parallèles distinctes ?

— parallèles confondues ?

$a \equiv 4 = \dfrac{y}{2}$ $\qquad$ $i \equiv 4x + 6y = 0$

$b \equiv 6x = 5 - 4y$ $\qquad$ $j \equiv y = -\dfrac{2x + 5}{3}$

$c \equiv y = -\dfrac{2}{3}x + \dfrac{5}{3}$ $\qquad$ $k \equiv \sqrt{2}x - y + 1 = 0$

$d \equiv 5x = 0$ $\qquad$ $l \equiv \dfrac{x}{2} + \dfrac{y}{3} = 5$

$e \equiv 3x + 2y = 0$ $\qquad$ $m \equiv 3x + 2y = 3(x - 4)$

$f \equiv 0 = y + 3$ $\qquad$ $n \equiv 3x + y = y$

$g \equiv 4x + 3 = 5$ $\qquad$ $o \equiv 2x + 3y + 5 = 0$

$h \equiv x = 8$ $\qquad$ $p \equiv 5y = 8$

185. Dessine et donne une équation de

a, comprenant le point de coordonnée $(5, 0)$ et parallèle à l'axe des ordonnées.

b, comprenant le point de coordonnée $(-2, -3)$ et parallèle à l'axe des abscisses.

c, comprenant le point de coordonnée $(-3, 2)$ et parallèle à h, si $h \equiv y = 2x - 1$.

d, comprenant le point de coordonnée $(-3, 2)$ et parallèle à la droite l si $(1, 3)$ et $(-2, 4)$ sont les coordonnées de deux points de l.

186. On donne les points A, B et C dans le dessin ci-
ⓒ après :

1) Trace par A la droite a parallèle à BC.

2) Trace par B la droite b parallèle à AC.

3) Trace par C la droite c parallèle à AB.

4) Écris une équation de AB, de BC et de AC.

5) Écris une équation de a, de b et de c.

6) Détermine la coordonnée des sommets M,N,P du triangle formé par les intersections des droites a, b et c.

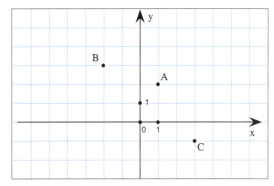

187. On donne quatre points par leur coordonnée : $A(1, 2)$, $B(0, 5)$, $C(-1, 4)$ et $D(0, 1)$.

1) Vérifie, par dessin et par calcul, que ABCD est un parallélogramme.

2) Calcule la coordonnée de M, milieu de [AC], et de N, milieu de [BD].

3) Que constates-tu ? Quelle propriété as-tu ainsi vérifiée ?

188. Dans le dessin ci-dessous, on donne le triangle ABC :

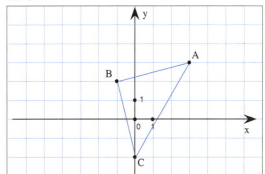

1) Détermine la coordonnée de

M, milieu de [AB],

N, milieu de [AC],

P, milieu de [BC].

2) Écris une équation de chaque côté du triangle MNP et du triangle ABC.

3) Montre que les côtés du triangle MNP sont respectivement parallèles aux côtés du triangle ABC. Précise les côtés parallèles.

189. Détermine une amplitude de α, si α est l'angle orienté de côté origine situé sur l'axe des abscisses et de côté extrémité situé sur la droite m,

1) $m \equiv y = x + 3$;

2) $(1, 2)$, $(3, 4)$ sont les coordonnées de deux points de m;

3) $-\dfrac{2}{3}$ est le coefficient angulaire de m;

4) $(1, 3)$ est la coordonnée d'un point de m, m // p et $p \equiv 2x - y = 0$;

5) m // x;

6) m // y.

190. Détermine une équation de d dans les situations suivantes :

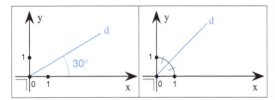

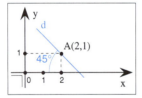

5.3

191. Observe le dessin ci-dessous et démontre par un calcul judicieux que les droites AB et CD sont perpendiculaires :

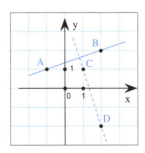

192. Recherche une équation de la droite p comprenant P et perpendiculaire à la droite d lorsque :

1) $P(0, 0)$; $d \equiv x + 2y + 3 = 0$

2) $P(3, -1)$; $d \equiv y = -x$

193. Démontre que les coefficients angulaires de deux droites perpendiculaires (non parallèles aux axes) ont un produit égal à -1.

194. Recherche une équation de la médiatrice de [AB] lorsque :

1) $A(3, -5)$ et $B(2, -1)$

2) $A\left(\dfrac{1}{2}, \dfrac{1}{3}\right)$ et $B\left(\dfrac{3}{5}, -\dfrac{4}{3}\right)$

3) Les points A et B sont donnés dans le dessin :

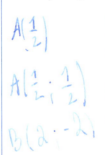
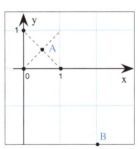

195. Soit les points $A(1, 2)$, $B(4, -2)$, $C(-1, -2)$, $D(-4, 2)$.

Vérifie par calcul que le quadrilatère ABCD est un losange.

196. Le triangle ABC est donné par la coordonnée de chaque sommet : $A(2, 1)$, $B(5, 3)$, $C(3, -1)$:

1) trouve l'équation de la hauteur h_A issue de A et celle de la hauteur h_B issue de B;

2) calcule la coordonnée du point H, intersection des hauteurs h_A et h_B;

3) vérifie que le point H ainsi trouvé appartient à la troisième hauteur du triangle.

197. En reprenant le triangle ABC donné dans le n° 196,

1) trouve l'équation de la médiatrice m_{AB} relative au côté [AB] et la médiatrice m_{BC} relative au côté [BC];

2) calcule la coordonnée du point M, intersection des médiatrices m_{AB} et m_{BC};

3) vérifie que le point M ainsi trouvé appartient à la troisième médiatrice du triangle.

EN CAS DE NÉCESSITÉ

198. Détermine une équation et représente dans le plan cartésien les droites suivantes :

a, si $(1, -4)$ est la coordonnée d'un point de a, a // c, c $\equiv$ y = 2x − 3 ;

b, si $(0, 0)$ est la coordonnée d'un point de b, b // f, f $\equiv$ 2x − y + 3 = 0 ;

c, si $(2, -3)$ est la coordonnée d'un point de c, c $\perp$ g, g $\equiv$ y = 2x ;

d, si d est parallèle à l'axe des x et coupe l'axe des y au point de coordonnée $(0, -3)$;

e, si e passe par l'origine du repère et est perpendiculaire à k, k $\equiv$ 2x − 3y = 7.

199. Calcule la coordonnée du point de l'intersection de la droite d_1 qui comprend les points de coordonnée $(2, 0)$ et $(-1, 2)$ et de la droite d_2 qui comprend le point de coordonnée $(1, 1)$ et qui est perpendiculaire à la droite d_3, $d_3 \equiv$ 2x − 5y + 1 = 0.

200. Calcule la coordonnée de l'orthocentre du triangle dont les côtés ont respectivement pour équation 3x − 2y = 0, 2x + 5y − 3 = 0 et 2x + y = 0.

201. Les points A et B et la droite d sont donnés dans le dessin ci-après :

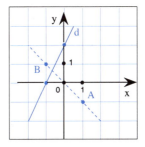

1) Calcule la coordonnée du point K d'intersection des droites AB et d

2) Calcule la coordonnée du point A′, point symétrique du point A par rapport au point K.

3) Fais de même qu'en 2) pour le point B et son symétrique B′ par rapport à K.

POUR CHERCHER

202. 1) On donne : a $\equiv$ y = 2x + 3 et b $\equiv$ y = kx + t.

Quelle(s) valeur(s) attribuer à k et à t

a) pour que les droites a et b soient confondues ?

b) pour que les droites a et b soient parallèles distinctes ?

c) pour que les droites a et b soient perpendiculaires ?

2) On donne : $\begin{vmatrix} d \equiv 2x + 3y + 5 = 0 \\ e \equiv ax + by + c = 0. \end{vmatrix}$

Quelle(s) valeur(s) attribuer à a, à b et à c

a) pour que les droites d et e soient confondues ?

b) pour que les droites d et e soient parallèles distinctes ?

c) pour que les droites d et e soient perpendiculaires ?

3) À quelle(s) condition(s) peux-tu dire :

r // s ?   r = s ?   r $\cancel{/\!/}$ s ?   r $\perp$ s ?

a) si r $\equiv$ y = kx + t et s $\equiv$ y = k′x + t′ ;

b) si r $\equiv$ ax+by+c = 0 et s $\equiv$ a′x+b′y+c′ = 0.

203. Calcule m pour que les droites r et s soient parallèles lorsque

r $\equiv$ mx + y − 5 = 0 et s $\equiv$ mx + 2y = x + 2

204. Trouve l'équation de chacune des bissectrices des angles formés par la droite k, k $\equiv$ x$\sqrt{3}$ − y + 2 = 0 et par l'axe des x.

205. On donne, dans un repère orthonormé du plan, la droite d et la droite d′ (a et b sont des réels non nuls, simultanément) :

d $\equiv$ ax + by + c = 0, d′ $\equiv$ bx − ay + c′ = 0

Démontre que les droites d et d ' sont perpendiculaires.

206. Soit m et n, deux droites non parallèles aux axes du repère :

m $\equiv$ ax + by + c = 0 et n $\equiv$ rx + sy + t = 0.

Si elles sont parallèles entre elles, alors les coefficients de x et de y , dans les deux équations, sont proportionnels.

1) Écris les données et la thèse issues de cet énoncé.

2) Démontre.

207. Écris l'énoncé réciproque de celui de l'exercice précédent.

S'il te semble vrai, tente une démonstration, sinon trouve un contre-exemple.

208. En utilisant le code mathématique, résume les deux propriétés énoncées dans les exercices précédents en une équivalence, pour autant qu'elles soient vraies toutes les deux.

209. Calcule la coordonnée de point M′, symétrique du point M par rapport à la droite t, dans les cas suivants :

1) $M(2,0)$ et $t \equiv x + y - 1 = 0$

2) le point M et la droite t sont donnés dans le dessin ci-dessous :

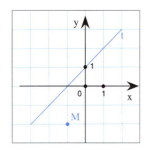

210. $d \equiv 2mx + (m-3)y + 1 = 0$. Calcule le paramètre réel m afin que

1) d comprenne le point de coordonnée $(-1,3)$;

2) d coupe l'axe des x au point d'abscisse -1 ;

3) d soit parallèle à l'axe des x ;

4) d soit parallèle des y.

211. Soit $A(-1,-2)$, $B(2,3)$, $C(6,5)$.

1) Détermine : a) la coordonnée de D pour que le quadrilatère ABCD soit un parallélogramme.

b) la coordonnée de M, milieu de $[BD]$.

2) Donne une équation cartésienne de AC.

3) Vérifie, par calcul, que M est un point de AC.

212. On donne l'équation $(m-1)x + (m-2)y = m$.

1) Démontre que, pour toute valeur du réel m, cette équation est celle d'une droite du plan.

2) Calcule m pour que la droite obtenue soit parallèle à l'axe des y.

3) Calcule m pour que la droite obtenue soit parallèle à l'axe des x.

4) Calcule m pour que la droite obtenue soit parallèle à la droite d, $d \equiv 2x - 5y = 0$.

5) Calcule m pour que le coefficient angulaire de la droite obtenue soit égal à -2.

6) Calcule m pour que la droite obtenue comprenne l'origine du plan.

7) Calcule m pour que la droite obtenue comprenne le point $A(4,-5)$.

8) Calcule m pour que la droite obtenue comprenne le point de l'intersection des droites a et b, $a \equiv x - 2y + 5 = 0$ et $b \equiv y = -5x + 1$.

213. Les points suivants sont-ils alignés ? Justifie par un calcul adéquat.

1) $A(0,-2)$, $B(1,-1)$, $C(2,0)$;

2) $A(1,2)$, $B(-2,1)$, $C(3,-1)$;

3) $A\left(\dfrac{3}{2}, 1\right)$, $B\left(\dfrac{5}{2}, \dfrac{3}{2}\right)$, $C\left(-\dfrac{7}{2}, -\dfrac{3}{2}\right)$.

214. Soit les droites a et b, $a \equiv 2mx + (m-3)y + 1 = 0$ et $b \equiv mx + y = p$, dans les équations desquelles m, p sont des paramètres réels.

1) Calcule la ou les valeurs de m telles que :

a) le point de coordonnée $(-1,3)$ appartienne à la droite a ;

b) la droite a coupe l'axe des abscisses au point de coordonnée $(-1,0)$;

c) la droite a soit parallèle à l'axe des abscisses ;

d) la droite a soit parallèle à la droite d'équation $x + 2y + 5 = 0$;

e) la droite a soit parallèle à l'axe des y.

2) Pour quelle(s) valeur(s) de m et p les droites a et b se coupent-elles au point de coordonnée $(1,3)$?

3) Pour quelle(s) valeur(s) de m les droites a et b sont-elles parallèles ?

4) Pour quelle(s) valeur(s) de m et p sont-elles confondues ?

215. Détermine une équation de la diagonale et de chacun des côtés non donnés du rectangle dont une diagonale a pour équation cartésienne
$$3x + 7y - 10 = 0$$
et dont deux côtés ont respectivement pour équation $5x + 2y - 7 = 0$ et $5x + 2y = 36$.

216. Déterminer une équation cartésienne de chacun des côtés d'un triangle dont on donne le sommet $(-4, -5)$ et deux hauteurs qui ont respec- tivement pour équation $3x + 8y + 13 = 0$ et $5x + 3y - 4 = 0$.

POUR ALLER PLUS LOIN

217. On donne le triangle ABC dans le dessin ci-dessous :

1) Calcule la coordonnée du point M, centre de gravité du triangle ABC.

   (Deux droites particulières suffisent pour déterminer M).

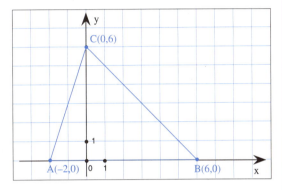

2) Calcule la coordonnée des point P, centre du cercle circonscrit au triangle ABC.

3) Calcule la coordonnée du point H, orthocentre du triangle ABC.

4) Vérifie que les points M, P et H sont alignés (ou colinéaires).

REMARQUE

On admet l'énoncé que tu viens de vérifier dans un cas particulier :

Le centre de gravité, le centre du cercle circonscrit et l'orthocentre de tout triangle sont trois points alignés : la droite qui comprend ces trois points remarquables a été appelée la *droite d'Euler*.

Leonhard Euler

VENU D'AILLEURS...

218. Dans un repère orthonormé, on donne trois points par leur coordonnée :

A$(0, 2)$, B$(-1, 0)$ et C$(2, 0)$.

Donne la coordonnée :

– du centre de gravité G,

– de l'orthocentre H,

– du centre O du cercle circonscrit au triangle ABC.

(Liège, 1995)

6. LA TRIGONOMÉTRIE DU TRIANGLE QUELCONQUE

POUR APPLIQUER

6.1

219. Recherche la valeur des réels suivants, s'ils existent sans utiliser de calculatrice :

1) $\sin \dfrac{5\pi}{4}$ 9) $\cos \dfrac{9\pi}{2}$

2) $\tan \dfrac{2\pi}{3}$ 10) $\sin \dfrac{7\pi}{6}$

3) $\cos \left(-\dfrac{5\pi}{6}\right)$ 11) $\cot \left(-\dfrac{\pi}{3}\right)$

4) $\sin \dfrac{5\pi}{6}$ 12) $\sin \left(-\dfrac{4\pi}{3}\right)$

5) $\cos \left(-\dfrac{5\pi}{3}\right)$ 13) $\sin \dfrac{2\pi}{3}$

6) $\sin \dfrac{7\pi}{4}$ 14) $\cot 3\pi$

7) $\tan \dfrac{7\pi}{6}$ 15) $\tan \dfrac{7\pi}{4}$

8) $\sin \dfrac{3\pi}{2}$ 16) $\cos \dfrac{13\pi}{6}$

220. Calcule la valeur des nombres trigonométriques suivants, sans utiliser de calculatrice :

1) $\sin 225°$ 7) $\tan 240°$ 12) $\sin(-240°)$

2) $\cos(-45°)$ 8) $\cos(-300°)$ 13) $\cot(-150°)$

3) $\tan 120°$ 9) $\tan(-45°)$ 14) $\tan 135°$

4) $\sin(-60°)$ 10) $\cos 300°$ 15) $\tan 300°$

5) $\cos 135°$ 11) $\tan 210°$ 16) $\sin 330°$

6) $\sin 150°$

221. Résous dans $\mathbb{R}$ (sans calculatrice) :

1) $\cos x = 0{,}5$ 5) $\sin x = \dfrac{1}{2}$

2) $\tan x = -\dfrac{\sqrt{3}}{3}$ 6) $\tan x = -1$

3) $\tan x = \sqrt{3}$ 7) $\sin x = \dfrac{\sqrt{2}}{2}$

4) $\cos x = -0{,}5$ 8) $\sin x = -1$

Porte les solutions sur le cercle trigonométrique en donnant à k les valeurs $-1, 0, 1, 2, \ldots$

222. Résous dans $\mathbb{R}$ (en mode radians) :

1) $\sin x = 0{,}2$ 5) $\cos x = -0{,}6$

2) $2\sin x = 1$ 6) $\cos x = 0{,}8$

3) $\tan x = 4{,}1$ 7) $\tan x = -1{,}2$

4) $\sin x = 1{,}2$ 8) $\cot x = 1{,}2$

223. Résous dans $\mathbb{R}$ (en mode degrés) :

1) $\sin x = 1{,}54$ 5) $\tan x = 1{,}56$

2) $\sin x = -0{,}7$ 6) $\tan x = -2$

3) $\cos x = 0{,}485$ 7) $\cot x = 1{,}56$

4) $\cos x = -0{,}7$ 8) $\cot x = -1{,}5$

224. Résous dans $\mathbb{R}$.

Donne les solutions en radians.

1) $\sin 2x = 0{,}45931$ 4) $2\cos \dfrac{x}{2} = \sqrt{3}$

2) $\tan 3x = 3{,}21456$ 5) $\sin \dfrac{x}{3} - 1 = 0$

3) $\cos 4x = -0{,}49$ 6) $\sqrt{3} + \tan \dfrac{x}{4} = 0$

6.2

De nombreux exercices font intervenir les triangles rectangles. Souviens-toi et réécris les formules de trigonométrie propres à ces triangles.

225. Dans le triangle ci-dessous, quelles formules utilises-tu pour calculer tous les côtés et tous les angles, si on te donne :

1) a, α, $\gamma = 90°$?
2) a, c, $\gamma = 90°$?

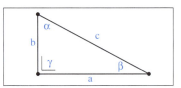

226. L'ombre d'un arbre mesure 18 mètres lorsque le soleil est à 32° au-dessus de l'horizon.

Quelle est la hauteur de l'arbre ?

227. Calcule, à l'intention du couvreur, la surface totale de la toiture de cette maison.

228. Détermine la hauteur d'un arbre dont l'ombre s'allonge de 12 mètres lorsque le soleil passe de 52° à 30° au-dessus de l'horizon.

229. Un touriste, pour mesurer la hauteur d'un édifice en Inde, s'est placé au point B et a mesuré l'angle β.

Il s'est ensuite reculé de d mètres jusqu'au point A, d'où il a mesuré l'angle α.

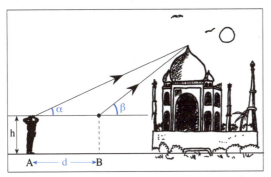

Quelle hauteur a-t-il calculée si les mesures effectuées sont les suivantes :

h = 1,8 m, α = 38°, β = 54°, d = 40 m ?

230. Voici le schéma d'une ferme entrant dans la construction d'une toiture :

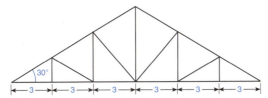

Sachant que le toit a une longueur de 20m et que la charpente se compose de cinq fermes identiques, calcule :

1) la longueur totale des poutres nécessaires à la construction des fermes ;

2) la surface totale de bois nécessaire pour couvrir le toit.

231. Les diagonales d'un losange mesurent respectivement 15 et 20 cm. Calcule l'amplitude des angles et la longueur des côtés du losange.

232. On donne un cercle de centre O et de rayon 5 cm. Une corde [MP] mesure 6 cm.

Calcule la distance du centre à la corde ainsi que l'angle au centre $\widehat{MOP}$.

233. Les côtés parallèles d'un trapèze isocèle mesurent respectivement 8 et 20 cm et la hauteur 7 cm. Calcule la longueur des deux autres côtés, ainsi que l'amplitude des angles du trapèze.

234. Voici un étau dont les deux mâchoires identiques enserrent un tube métallique

($\widehat{BAC} = \widehat{B'A'C'} = 120°$)

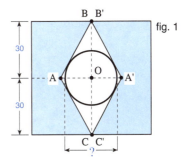

fig. 1

1) Calcule le diamètre extérieur du tube que l'on peut serrer lorsque les mâchoires sont en contact (B = B' ; C = C') (fig. 1).

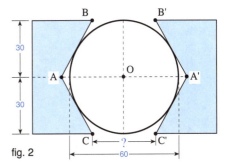

fig. 2

2) Quel est l'écartement $\overline{CC'}$ qui correspond au serrage d'un tube de 60 mm de diamètre extérieur (fig. 2) ?

235. Je dois crépir le pignon de ma maison dont voici le schéma :

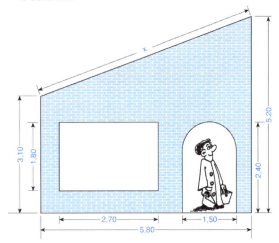

1) Calcule l'aire de la surface à crépir.

2) Calcule la longueur x de la toiture.

236. Pour résoudre un triangle, quelles formules utilise-ras-tu, si on te donne :

1) a, b, c ?   3) a, b, β ?   5) a, α, β ?

2) a, b, γ ?   4) a, β, γ ?   6) b, c, α ?

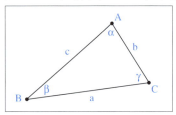

237. Résous les triangles dans lesquels on te donne :

1) $a = 10$; $\beta = 30°$; $\gamma = 45°$

2) $\alpha = \dfrac{\pi}{3}$; $b = 10$; $c = 20$

3) $a = 10$; $b = 20$; $c = 15$

4) $a = 25$; $b = 13$; $\gamma = \dfrac{2}{9}\pi$

5) $b = 100$; $\alpha = 71°$; $\gamma = 26°15'$

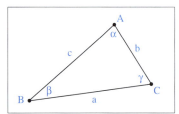

238. Résous les triangles suivants, sachant que :

1) $a = 12,71$, $\beta = 49,28°$, $\gamma = 65,39°$

2) $b = 41,72$, $\alpha = 17,34°$, $\gamma = 64,26°$

3) $\alpha = 0,7$ rad, $b = 18,5$, $c = 43,17$

4) $\gamma = 48,1°$, $a = 31,73$, $b = 60,04$

5) $a = 12,25$, $b = 17,25$, $c = 24,42$

6) $a = 15,31$, $b = 21,92$, $c = 24,42$

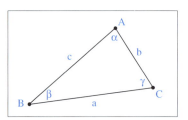

239. Détermine les angles et la longueur des diagonales du parallélogramme MNPQ donné dans le dessin :

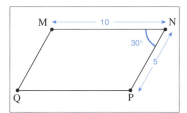

240. Calcule la longueur et les angles du trapèze MNPQ, d'après les données figurant dans le dessin.

Calcule l'aire de ce trapèze.

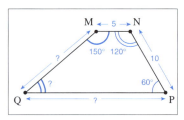

241. Dans le parallélogramme MNPQ, les diagonales [MP] et [NQ] mesurent respectivement 6 cm et 10 cm.

L'angle aigu des diagonales (qui se coupent en K) a une amplitude de 30°.

Calcule les angles, les longueurs des côtés et l'aire de ce parallélogramme.

242. Deux touristes sont distants de 2 km, l'un est placé au point K, l'autre au point L. Tous les deux observent le sommet M du coq de l'église du village.

Le touriste en K le voit sous un angle de 18° et le touriste en L sous un angle de 14°.

Évalue la hauteur de la tour de l'église (coq compris !) sachant que son sommet est dans le plan vertical de base [KL] d'observation.

Le résultat est-il plausible ? Les touristes ont-il correctement mesuré les angles ainsi que la distance qui les sépare ?

EN CAS DE NÉCESSITÉ

243. Recherche la valeur des réels suivants sans utiliser de calculatrice :

1) $\cos\left(-\dfrac{3\pi}{2}\right)$ 5) $\tan\left(-\dfrac{9\pi}{4}\right)$

2) $\cot\dfrac{3\pi}{4}$ 6) $\tan\dfrac{4\pi}{3}$

3) $\cos\dfrac{7\pi}{6}$ 7) $\sin\dfrac{7\pi}{3}$

4) $\sin\left(-\dfrac{3\pi}{4}\right)$ 8) $\cot\dfrac{11\pi}{6}$

244. Calcule la valeur des nombres trigonométriques suivants, sans utiliser de calculatrice :

1) $\sin 210°$ 6) $\sin 270°$ 11) $\cos(-210°)$

2) $\cos 330°$ 7) $\tan 240°$ 12) $\cot(-120°)$

3) $\sin(-225°)$ 8) $\tan 150°$ 13) $\sin(-150°)$

4) $\tan(315)$ 9) $\cos(-240°)$ 14) $\cot(-315°)$

5) $\sin(-135°)$ 10) $\cot(-30°)$

245. Résous, dans $\mathbb{R}$ et porte les solutions sur le cercle trigonométrique :

1e série

1) $\sin x = 0{,}73201$ 4) $\cot x = 1{,}23456$

2) $\cos x = 0{,}24693$ 5) $\tan x = -1{,}25630$

3) $\tan x = 1{,}45597$ 6) $\cot x = -2{,}34683$

2e série

1) $\sin 2x = 0{,}5$ 4) $\tan 3x = 1$

2) $\cos 2x = \dfrac{\sqrt{3}}{2}$ 5) $\cot 2x = \dfrac{\sqrt{3}}{3}$

3) $\sin 4x = -\dfrac{\sqrt{2}}{2}$ 6) $\tan x \sin x = 0$

246. Complète le tableau suivant, sachant que $\alpha = 90°$.

a	b	c	β	γ
100	?	?	45°	?
?	?	40	29°30′	?
?	10	25	?	?
75	25	?	?	?

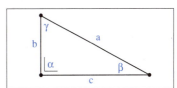

247. Un observateur voit un obstacle vertical sous un angle de 32°. Quelle est la hauteur de cet obstacle, sachant que l'observateur voit à l'horizontale le pied de l'obstacle dont il est éloigné de 60 mètres ?

248. On donne $\overline{AB} = 10$, $\overline{DC} = 15$, $\overline{AM} = 8$, $\overline{DM} = \overline{NC}$.

Calcule $\overline{AD}$, $\overline{BD}$, $\widehat{ADM}$.

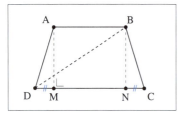

249. Calcule l'amplitude des angles et la longueur des côtés du triangle ABC, rectangle en A, si

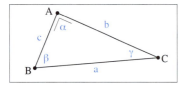

1) $a = 12$, $\beta = 30°15'25''$

2) $a = 30$, $\gamma = 25°27'46''$

3) $b = 10$, $\beta = 70°24'30''$

4) $b = 20$, $\gamma = 40°10'16''$

5) $c = 15$, $\beta = 62°15'12''$

6) $c = 20$, $\gamma = 51°24'17''$

7) $b = 20$, $c = 10$

8) $a = 12$, $b = 8$

250. Dans les situations suivantes, calcule :

1) $\overline{AD}$ et $\overline{AC}$

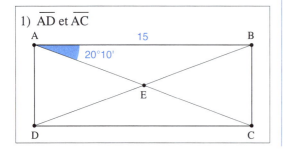

2) $\overline{DC}$ et $\overline{AD}$ (= $\overline{BC}$)

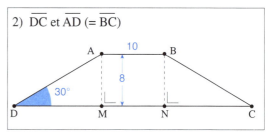

3) $\overline{AC}$ et $\widehat{BEC}$

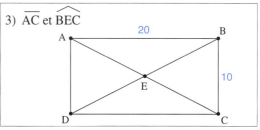

251. Un soudeur doit confectionner une plaque de forme trapézoïdale surmontée d'un demi-disque suivant le schéma suivant :

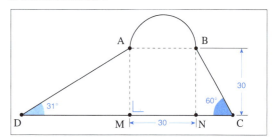

1) Calcule les angles $\widehat{BAD}$ et $\widehat{CBA}$.

2) Calcule $\overline{BM}$, $\overline{AD}$, $\overline{DM}$, $\overline{NC}$ et $\overline{BC}$.

3) Calcule l'aire de la plaque à confectionner.

252. Un arpenteur a mesuré
$\overline{AB} = 100$ m,
$\alpha = 32°$,
$\beta = 78°$.

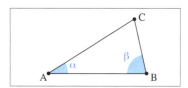

Calcule $\overline{AC}$ et $\overline{BC}$.

POUR CHERCHER

253. Résous, dans $\mathbb{R}$, les équations suivantes :

1) $\sin(x - \dfrac{\pi}{3}) + 1 = 0$

2) $2\cos(x + \dfrac{\pi}{6}) - \sqrt{3} = 0$

3) $\tan^2 x = 1$

4) $3\tan 2x = 1$

5) $3\tan(2x - \dfrac{\pi}{3}) - \sqrt{3} = 0$

6) $4\sin^2 x = 1$

254. Les maisons A et B séparées par une rivière, doivent être reliées par un fil téléphonique aérien. On demande de calculer la distance $\overline{AB}$. Le géomètre propose de fixer deux points C et D dont la distance est facilement mesurable.

Il propose de mesurer $\widehat{CDB}$, $\widehat{CDA}$, $\widehat{DCA}$, $\widehat{DCB}$.

Quels calculs trigonométriques doit-il ensuite réaliser pour obtenir la distance $\overline{AB}$?

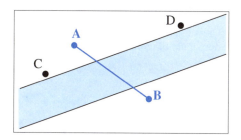

Applique au cas numérique suivant :

$\overline{CD} = 100$ m; $\widehat{CDB} = 120°$; $\widehat{DCA} = 108°45'$; $\widehat{CDA} = 24°10'$; $\widehat{DCB} = 47°50'$.

255. Je suis placé au bord d'une rivière. Je vois sous un angle de 65° un arbre planté sur la rive opposée et je vois son pied à l'horizontale. Je recule de 20 m, dans une direction perpendiculaire à la rivière et je vois encore le pied de l'arbre à l'horizontale, et l'arbre entier sous un angle de 40°. Quelle est la hauteur de l'arbre et quelle est la largeur de la rivière ?

256. Vérifie que, dans tout triangle :
$$\alpha = 60° \iff a^2 + bc = b^2 + c^2.$$

257. Calcule les angles β et γ du triangle ABC sachant que $b = 2c$ et que $\alpha = 60°$.

258. Les longueurs des côtés d'un triangle sont respectivement $x^2 + x + 1$, $2x + 1$ et $x^2 - 1$ (x étant un réel strictement plus grand que 1).

Calcule l'angle opposé au premier côté.

259. Calcule les angles d'un triangle, sachant que les longueurs de ses côtés sont proportionnelles aux réels 2, 3 et 4.

260. Calcule l'aire de la plus petite partie d'un disque de rayon 15 cm comprise entre son cercle et une corde de longueur 20 cm.

261. Calcule l'aire de la partie commune à deux disques sécants, l'un de rayon 10 cm et l'autre de rayon 8 cm, sachant que la corde commune [AB] mesure 5 cm.

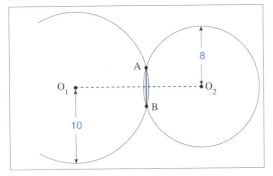

262. Construis et mesure, en newtons, l'intensité de la force résultante dans chacun des cas suivants :

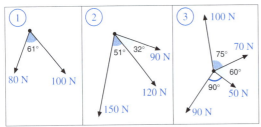

263. Un promeneur souhaite connaître la distance de la berge d à l'arbre A, sans avoir à traverser la rivière.

Applique la proposition faite à l'exercice 254 en fixant des points B et C sur d, lorsque

$$\overline{BC} = 100 \text{ m} \,;\, \widehat{ABC} = 34°10' \text{ et } \widehat{ACB} = 67°20'.$$

264. Calcule la petite base et l'angle des diagonales d'un trapèze dont les diagonales mesurent 10 m et 6 m ; la grande base 9 m et l'aire $15\sqrt{3}$ m².

265. Calcule la longueur des côtés et l'amplitude des angles du trapèze MNPQ, sachant que les bases [MN] et [QP] mesurent respectivement 10 cm et 20 cm, que la hauteur de ce trapèze mesure $\sqrt{20}$ cm.

De plus, les côtés non parallèles se coupent au point R et l'angle que forment ces deux côtés non parallèles mesure 60°.

266. Considère le quadrilatère MNPQ inscrit dans la cercle $\mathbb{C}$ de centre O.

$$\overline{MQ} = 10,$$

$$\overline{QP} = 8,$$

$$\overline{QN} = 16,$$

$$\widehat{MPN} = 30°.$$

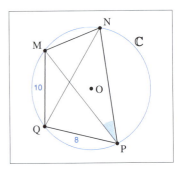

Calcule les angles, les longueurs des côtés et de la deuxième diagonale de ce quadrilatère.

POUR ALLER PLUS LOIN

MANIPULATIONS DE FONCTIONS TRIGONOMÉTRIQUES

267. Au départ du graphe cartésien de la fonction f, dans $\mathbb{R}$, $x \to x^2$, on te demande de construire le graphe cartésien de la fonction g, dans $\mathbb{R}$, $x \to (2x + 6)^2$.

a) Ernest propose la succession de manipulations suivantes :

- passer de f(x) à f(x − 6) nommée h(x);

- passer de h(x) à h($\frac{x}{2}$) nommée g(x).

b) Mariette propose elle la succession suivante :

- passer de f(x) à f(x − 3) nommée k(x);

- passer de k(x) à k($\frac{x}{2}$) nommée g(x).

c) Matia prétend que la bonne successions est :

- passer de f(x) à f(x + 6) nommée i(x);

- passer de i(x) à i(2x) nommée g(x).

c) Camille affirme qu'il faut :

- passer de f(x) à f(2x) nommée j(x);

- passer de j(x) à j(x + 3) nommée g(x).

e) Quelle est selon toi la bonne succession ? Justifie !

---

268. Au départ du graphe cartésien de la fonction f, dans $\mathbb{R}$, $x \to \sin x$,
ⓒ construis, en t'inspirant de l'exercice précédent, le graphe cartésien de la fonction g, dans $\mathbb{R}$,
$x \to \sin\left(2x - \dfrac{\pi}{4}\right)$.

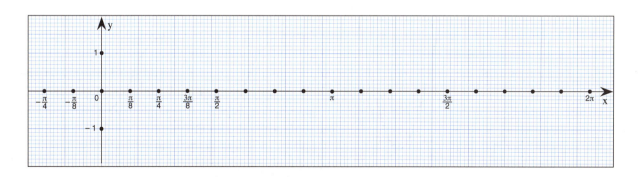

Rappelle quelle est la plus petite période strictement positive de la fonction f et celle de la fonction g.

269. Associe chaque graphe cartésien à une ou plusieurs des fonctions proposées :

A) $x \to 2\cos 2x$

B) $x \to \cos\left(2x - \dfrac{\pi}{4}\right)$

C) $x \to \cos 2x$

D) $x \to \cos(-2x)$

E) $x \to |\cos 2x|$

F) $x \to \cos 2x - 1$

G) $x \to -\cos 2x$

H) $x \to \cos(2x + \pi)$

I) $x \to \cos\left(\dfrac{\pi}{2} - 2x\right)$

J) $x \to \cos(\pi - 2x)$

K) $x \to \cos(2\pi - 2x)$

L) $x \to \cos(2\pi + 2x)$

NOTE

Pour réaliser cette correspondance entre les « formules » des fonctions et leur graphe cartésien, il sera utile de tenir compte des propriétés trigonométriques d'angles associés ainsi que des exercices 267 et 268.

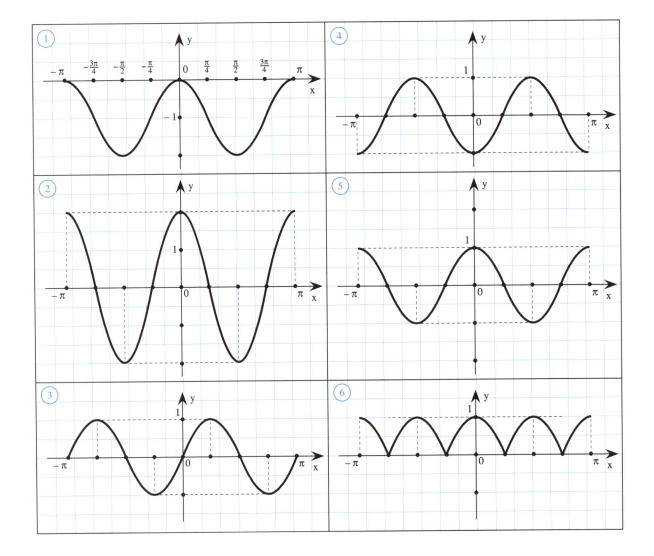

270. Associe chaque graphe cartésien à une ou plusieurs des fonctions proposées :

A) $x \to \tan(-2x)$ D) $x \to \tan 2x$ G) $x \to -\tan 2x$ J) $x \to -|\tan 2x|$

B) $x \to \tan(\pi - 2x)$ E) $x \to \tan(2\pi + 2x)$ H) $x \to |\tan 2x|$ K) $x \to \tan 2x + 1$

C) $x \to \tan|2x|$ F) $x \to \tan(2x - \dfrac{\pi}{2})$ I) $x \to \tan(2\pi - 2x)$ L) $x \to \tan(\pi + 2x)$

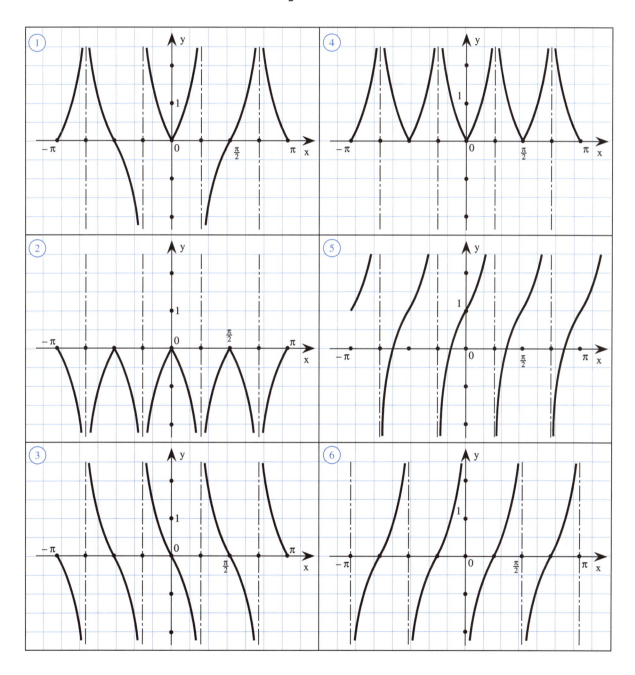

RELATION AU SINUS :
une autre démonstration !

271. *Les propriétés des angles inscrits dans un cercle permettent une autre démonstration des relations aux sinus :*

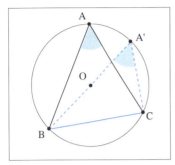

1) Sur le dessin ci-dessus :

– compare $\widehat{A}$ et $\widehat{A'}$. Justifie !

– Quelle est l'amplitude de $\widehat{BCA'}$? Justifie !

– Dans le triangle BCA', si le cercle est de rayon r, quelle est la valeur de $\sin A'$?

– Quelle est alors la valeur de $\dfrac{a}{\sin A}$?

2) Fais de même afin d'obtenir $\dfrac{b}{\sin B}$.

3) Dessine de même et trouve ce que vaut $\dfrac{c}{\sin C}$.

4) Conclus !

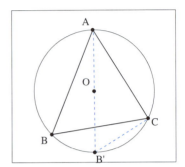

UN PETIT BOUT D'HISTOIRE

FONCTIONS PÉRIODIQUES : UNE AFFAIRE DE RYTHME

La notion de **périodicité** est déjà présente dans la trigonométrie des Arabes du 10e siècle de notre ère. Elle fut étudiée par le français François Viète (1540–1603) qui s'intéressera particulièrement à la trigonométrie.

Les *fonctions périodiques* datent surtout du physicien, mathématicien et astronome hollandais Christiaan Huygens (1629–1695), fils d'un ami de René Descartes.

Il transposa brillamment ses travaux sur les fonctions périodiques à la *mécanique* et à l'*optique*, sciences dans lesquelles il fit des découvertes appréciables.

Christiaan Huygens

VENUS D'AILLEURS …

272. À bord d'un satellite, un astronaute observe une planète, supposée parfaitement sphérique, sous un angle de 10°.

Après s'être déplacé en ligne droite vers le centre de cette planète, d'une distance de 10 000 km , il l'observe sous un angle de 11°.

Calcule le rayon de cette planète.

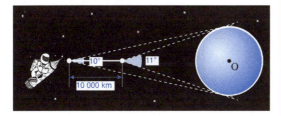

(Liège, 1995)

273. a) Trouve l'aire S d'un triangle en fonction de deux côtés et de l'angle compris entre ces côtés.

b) Sachant que b = c = 2, S = 1, calcule les angles du triangle et le côté a.

(Liège, 1991)

274. Dans le trapèze ABCD, les bases parallèles sont [AD] et [BC],

[AD] mesure 15 m;   [BC] mesure 10 m;

[AB] mesure 8 m;   [DC] mesure 7 m.

calcule les angles et l'aire du trapèze.

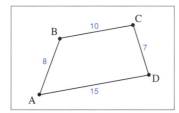

(Mons, Bruxelles 1994, Liège 1992 et … N.-J. Schons, Traité de Trigonométrie, Éd. La Procure, 1942)

275. Dessine les graphes des fonctions définies par

1) $y = |\sin x|$, $-\pi \leqslant x \leqslant 2\pi$;

2) $y = \sin |x|$, $-\pi \leqslant x \leqslant 2\pi$.

(Bruxelles, 1993)

276. Connaissant $\sin(60° + a)$, calcule $\cos(30° - a)$

Connaissant $\tan(120° + a)$, calcule $\tan(60° - a)$

$\cos(a - 50°)$ $\qquad$ $\cos(410° - a)$

$\sin(a - 50°)$ $\qquad$ $\sin(410° - a)$

$\sin(a + 30°)$ $\qquad$ $\sin(330° - a)$

(Louvain-la-Neuve, 1996)

7. DISTANCES, CERCLES ET PARABOLES

POUR APPLIQUER

Dans les exercices qui suivent, le plan est muni d'un repère orthonormé.

7.1

277. Voici une carte au $\dfrac{1}{250\,000}$, détermine sur la carte et dans la réalité :

1) la distance à vol d'oiseau entre les localités de Lousville et de Astat ;

2) la distance à vol d'oiseau de la localité de Lousville à la route (imaginée à vol d'oiseau) qui relie le château d'eau et le centre culturel ;

3) $d(B, C)$;

4) $d(C, a)$, a étant le segment reliant le château d'eau à la localité de Astat.

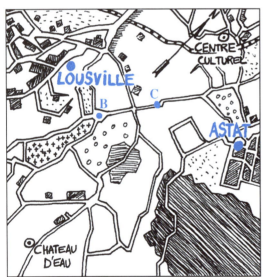

278. On donne les points A, B, C, par leur coordonnée, dans le dessin suivant. Calcule :

1) $d(A, B)$;

2) le périmètre du triangle ABC ;

3) le rayon du cercle centré en D de coordonnée $(2, 3)$ et qui passe par E de coordonnée $(-3, 4)$,

4) l'aire du triangle ABC, après avoir vérifié la perpendicularité des droites AB et AC.

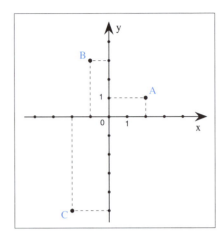

279. Calcule la distance du point P à la droite a dans chaque situation :

1) $P(2, 3)$ et a est l'axe des abscisses ;

2) $P(2, 3)$ et a est l'axe des ordonnées ;

3) $P(2, 3)$ et a est parallèle à l'axe des abscisses, en passant par $A(0, 4)$;

4) $P(2, 3)$ et a est parallèle à l'axe des ordonnées, en passant par $B(-2, 0)$.

280. On donne le triangle ABC :

$A(2, 3)$, $B(-3, 1)$, $C(0, -2)$. En calculant des distances,

1) vérifie que le triangle est isocèle ;

2) vérifie que les médianes issues respectivement de B et de C ont même longueur.

281. Observe le quadrilatère MNPQ.

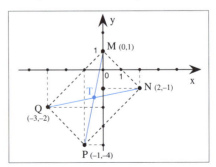

1) Est-il un parallélogramme ? Justifie !

2) Est-il un rectangle ? Justifie :

    a) en utilisant la notion de coefficient angulaire;

    b) en utilisant le théorème de Pythagore.

3) Calcule la coordonnée du milieu T de la diagonale [QN].

    a) Vérifie que le point T est confondu avec le milieu T' de [MP].

    b) Vérifie que le diagonales se coupent en leur milieu.

4) Calcule les longueurs des diagonales.

    Que constates-tu ?

    Ta constatation est-elle confirmée par tes conclusions fournies en 1) et 2) ?

282. On donne un quadrilatère STAR :

$$S(-2,2),\ T(4,2),\ A\left(5,-\frac{3}{2}\right),\ R\left(-3,-\frac{3}{2}\right).$$

1) Ce quadrilatère est-il un trapèze ?

    Vérifie par calcul.

2) S'il s'agit d'un trapèze, est-il isocèle ?

    Vérifie par calcul.

7.2.

283. Recherche une équation cartésienne du cercle de centre C et de rayon r :

1) $C(1,2)$ et $r = 4$

2) $C(0,0)$ et $r = \sqrt{3}$

3) $C(3,5)$ et $r = 6$

4) $C(1,0)$ et $r = 3$

5) $C(0,-1)$ et $r = 2$

6) $C(6,-3)$ et $r = \sqrt{2}$

7) $C\left(-\frac{1}{2}, \frac{3}{4}\right)$ et $r = \frac{\sqrt{2}}{2}$

284. Recherche une équation cartésienne du cercle $\mathbb{C}$ comprenant les points :

1) $A(1,2)$, $B(0,1)$, $C(1,0)$

2) $A(2,2)$, $B(-2,5)$, $C(0,5)$

Piste :

Les trois points forment un triangle.

– Le *centre* du cercle est le point équidistant des trois sommets. Comment le trouver ?

– Comment trouver le *rayon* du cercle ?

---

*Dans les exercices qui suivent, pour trouver une équation de cercle, il y aura lieu de déterminer le **centre** et le **rayon** du cercle cherché.*

285. Trouve une équation du cercle $\mathbb{C}$ tangent à l'axe des x au point K et à l'axe des y au point T.

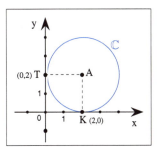

286. On donne le carré SPIT dont les diagonales se coupent au point M. Trouve la coordonnée de chacun de ces points en observant le dessin ci-dessous.

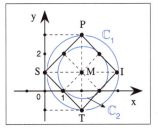

Recherche des équations cartésiennes du cercle $\mathbb{C}_1$ circonscrit au carré et du cercle $\mathbb{C}_2$ inscrit au carré.

287. Trouve une équation cartésienne du cercle $\mathbb{C}$ circonscrit au rectangle SPOT si $S(1,5)$, $P(-2,2)$, $O(0,0)$, $T(3,3)$. Dessine la situation.

7.3 - 7.4

288.

1) Dans le plan muni d'un repère orthonormé, construis la droite d d'équation $y = -1$ et le point F de coordonnée $(0,1)$.

    Construis et détermine une équation du lieu des points du plan situés à égale distance du point F et de la droite d donnés.

2) Fais de même si la droite d a pour équation $y = 2$ et F a pour coordonnée $(0,-2)$.

289. Détermine

1) le foyer,

2) la directrice,

3) l'axe de symétrie,

4) le sommet

des courbes suivantes :

$P_1 \equiv x^2 = 8y$ $P_3 \equiv y = x^2$

$P_2 \equiv y = \dfrac{x^2}{10}$ $P_4 \equiv 2y = 3x^2.$

290. Observe les paraboles suivantes.

Tente de leur associer une équation.

Trouve la coordonnée de leur foyer et une équation de leur directrice.

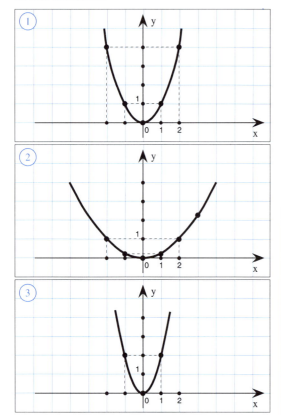

291. a) À partir du graphe cartésien de la fonction f, dans $\mathbb{R}$, $x \to x^2$, construis celui de

$g : x \to x^2 - 1$ $i : x \to -x^2 + 1$

$k : x \to (x - 1)^2$ $j : x \to (x - 1)^2 + 3$

b) Pour chacune de ces paraboles, donne la coordonnée du sommet.

292. Voici une deuxième série de graphes cartésiens à construire à partir de celui de la fonction f, dans $\mathbb{R}$, $x \to x^2$, et pour lesquels tu détermineras l'axe et le sommet de la parabole.

$k : x \to x^2 - 4$ $m : x \to -x^2 + 4$

$l : x \to (x - 4)^2$ $n : x \to (x - 4)^2 + 1$

293. Dessine le graphe cartésien des fonctions f, dans $\mathbb{R}$, définies par :

1) $f(x) = x^2 + 1$

2) $f(x) = -4 - x^2$

3) $f(x) = x^2 - 25$

4) $f(x) = -4x^2 + 9$

5) $f(x) = 3x^2 - 9x$

6) $f(x) = 4x^2 + 20x + 25$

294. Parmi les paraboles $\mathbb{P}$ d'équation $y = x^2 + 2px + 8$ ($p \in \mathbb{R}$), détermine celle qui comprend le point de coordonnée $(-2, 3)$. Trace ensuite cette parabole.

295. Parmi les paraboles $\mathbb{P}$ d'équation $y = x^2 + mx + p$ ($m, p \in \mathbb{R}$), détermine celle qui coupe l'axe des x aux points de coordonnée $(-2, 0)$, et $(1, 0)$.

Trace ensuite la parabole trouvée.

296. Parmi les fonctions, dans $\mathbb{R}$, $x \to 3x^2 + 4mx - m$ ($m \in \mathbb{R}$), détermine celle qui admet

1) un minimum d'abscisse -3;

2) un minimum d'ordonnée 0.

Dans chaque cas, dessine la parabole.

297. Considère les paraboles $\mathbb{P}$ d'équation $y = 3x^2 - (m + 1)x - 2m.$

Détermine le paramètre m pour que :

1) l'axe de symétrie de $\mathbb{P}$ ait $x = -5$ comme équation;

2) l'abscisse du sommet de $\mathbb{P}$ soit -2;

3) l'ordonnée du sommet de $\mathbb{P}$ soit -2.

298. Observe les dessins suivants et tente de donner une
équation de la parabole dessinée :

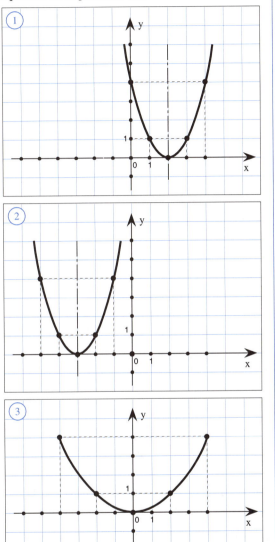

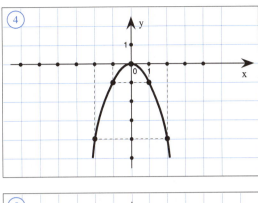

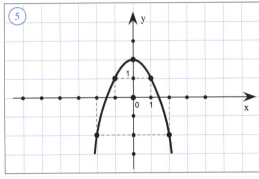

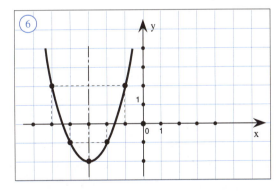

EN CAS DE NÉCESSITÉ

299. Complète le tableau

ⓒ Au besoin, construis le graphe cartésien des différentes fonctions au départ de celui de f.

fonction dans $\mathbb{R}$	Équation du graphe cartésien $\mathbb{P}$ de la fonction	Équation de l'axe de symétrie de $\mathbb{P}$	coordonnée du point minimum de $\mathbb{P}$	coordonnée du point maximum de $\mathbb{P}$
$f : x \to x^2$	$y = x^2$			
$g : x \to -x^2$				
$h : x \to (x+3)^2$				
$i : x \to (x-2)^2$				
$j : x \to x^2 + 2$				
$k : x \to -x^2 + 2$				
$l : x \to (x-1)^2 + 2$				
$m : x \to -2(x+1)^2 - 3$				

300. Parmi les paraboles d'équation

$y = 3x^2 - 2mx + m$ $(m \in \mathbb{R})$, détermine celle qui comprend le point de coordonnée $\left(\dfrac{1}{2}, \dfrac{1}{3}\right)$. Trace ensuite cette parabole, si, du moins, elle existe.

301. Parmi les paraboles $\mathbb{P}$ d'équation $y = 2x^2 + mx + 1$ $(m \in \mathbb{R})$, détermine celle qui a un sommet

1) dont l'abscisse est -2;

2) dont l'ordonnée est 4.

POUR CHERCHER

302. Voici le triangle CIA donné par les coordonnées de ses sommets :

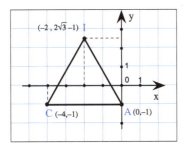

1) Vérifie que les médianes de ce triangle ont même longueur.

2) Calcule la coordonnée du centre de gravité G de ce triangle ou point d'intersection des médianes du triangle. Construis G.

3) Vérifie que le point G est situé sur chaque médiane aux deux-tiers de chacune d'elles à partir du sommet.

4) Le point G est-il aussi le centre du cercle circonscrit au triangle ?

Vérifie par calcul.

5) Si G est le centre du cercle circonscrit au triangle CIA, trouve une équation cartésienne du cercle $\mathbb{C}_1$ circonscrit à ce triangle.

Trace le cercle $\mathbb{C}_1$.

6) G est-il aussi le centre du cercle inscrit au triangle CIA ?

(La justification se fera géométriquement)

Si oui, trouve une équation cartésienne du cercle $\mathbb{C}_2$ inscrit au triangle.

Dessine ce cercle $\mathbb{C}_2$.

303. Soit le triangle BAC : B(−2, 3), C(2, −1), A(1, 6).

1) Quelle est la nature de ce triangle ?

Justifie par calcul !

2) Rappelle une propriété qui lie la longueur de la médiane issue du sommet B, relative à la longueur de l'hypoténuse.

3) Vérifie cette propriété par calcul.

4) En t'inspirant de la réponse fournie en 2) trouve rapidement : le centre, le rayon, une équation du cercle circonscrit au triangle BAC.

304. Trouve dans un repère orthonormé du plan, les points d'abscisse 3 du cercle $\mathbb{C}$ lorsque :

1) $\mathbb{C}$ est centré à l'origine et a un rayon égal à 2;

2) $\mathbb{C}$ est centré à l'origine et a un rayon égal à 3;

3) $\mathbb{C}$ est centré à l'origine et a un rayon égal à 4;

4) $\mathbb{C}$ est centré en K(1, 3) et a un rayon égal à 7;

5) $\mathbb{C}$ passe par les points de coordonnées respectives (1, 3), (5, −1) et (−2, −3).

305. Représente graphiquement la fonction f, dans $\mathbb{R}$,

1) $x \rightarrow |x^2 - 3x|$ 3) $x \rightarrow |4 - x^2| - 2$

2) $x \rightarrow |-x^2 + 3x - 2|$

306. Parmi les paraboles $\mathbb{P}$ d'équation

$y = 2x^2 + mx + p$ $(m, p \in \mathbb{R})$,

détermine celle qui comprend les points de coordonnée :

1) $(2, -1)$ et $(3, 2)$ 2) $(3, -1)$ et $(2, -3)$

307. Parmi les paraboles $\mathbb{P}$ d'équation

$y = x^2 + mx + p$ $(m, p \in \mathbb{R})$,

détermine celle qui a un sommet de coordonnée $(-2, 5)$.

308. Parmi les paraboles $\mathbb{P}$ d'équation

$y = ax^2 + bx + c$ $(a, b, c \in \mathbb{R}, a \neq 0)$,

détermine celle qui comprend les points de coordonnée :

1) $(-1, 0)$, $(0, -1)$ et $(2, 0)$

2) $(1, 0)$, $(0, -2)$ et $(-2, 1)$

309. Deux élèves artilleurs ont calculé l'équation de la trajectoire d'un obus tiré au canon.

Jacques a trouvé $y = -x^2 + 1200x$.

Pierre a trouvé $y = -0,0001x^2 + 1,2x$.

1) Pour chacun d'eux, calcule ce qui suit sachant que l'unité de mesure est le mètre.

    a) En quel point l'obus atteint-il la hauteur maximale ?

    b) Quelle est cette hauteur ?

    c) À quelle distance du point de départ, l'obus touchera-t-il le sol ?

2) Quel est, d'après toi, l'élève le plus réaliste ?

310. Un canon placé sur une colline à 600 m d'altitude tire à sa distance maximale.

L'équation du mouvement est
$$y = -0,000106x^2 + x + 600.$$

Esquisse la parabole.

a) Calcule la portée (distance de tir).

b) Quelle est la hauteur maximale atteinte par l'obus ?

311. Pour les douze mois de l'année 2000 l'avoir d'une société, exprimé en millions d'euros, est donné par la formule $f(t) = t^2 - 6t + 8$, l'unité de temps étant le mois.

Le premier janvier 2000, t égale 0.

1) Dessine une douzaine de points.

    Compte tenu de l'énoncé peux-tu les relier ?

2) Quand l'avoir de la société est-il positif ?

3) Quand la société a-t-elle contracté des dettes ?

4) À quelle date s'est-elle trouvée le plus endettée ? De quelle somme ?

312. Une bille est lancée verticalement vers le haut, avec une certaine vitesse initiale et à partir d'une certaine hauteur. La bille est soumise à la pesanteur.

Décris le mouvement de cette bille :

– comment évolue sa vitesse lorsque la bille monte ?

– que dire de son accélération au cours de la montée ?

– une fois arrivée à une hauteur maximale, comment évolue sa vitesse en tombant ? et son accélération ?

Tu aimerais certainement connaître

– la hauteur maximale atteinte par la bille;

– le temps de l'ascension;

– le temps nécessaire à la retombée;

– sa vitesse maximale; sa vitesse minimale;

– le moment où elle atteint ces vitesses ...

Voici un exemple de loi horaire décrivant un tel mouvement :

– **l'espace parcouru en fonction du temps :**

$$e(t) = -\frac{1}{2} \cdot \boxed{10} \cdot t^2 + \boxed{8}\, t + \boxed{1} \longrightarrow \text{hauteur initiale}$$

espace au temps t   accélération (arrondie) due à la pesanteur   vitesse initiale

– **la vitesse en fonction du temps :**

$$v(t) = -\boxed{10}\, t + \boxed{8}$$

vitesse au temps t   accélération (arrondie) due à la pesanteur   vitesse initiale

a) Complète le tableau suivant :

$t(\text{sec.})$	$e(t)(m)$	$v(t)(\frac{m}{s})$
0		
0,2		
0,4		
0,6		
...		
	0	

b) Représente graphiquement les fonctions « espace-temps » et « vitesse-temps ».

c) Quelle est la forme des dessins obtenus ?
   Caractérise-les (éléments de symétrie, sommet intersection avec les axes.)

d) Observe sur les graphiques et vérifie par calcul :

   – la hauteur maximale atteinte par la bille;

   – le temps nécessaire à l'ascension;

   – le temps nécessaire à la retombée au sol;

   – la vitesse maximale et la vitesse minimale de la bille;

   – le moment où ces vitesses sont atteintes.

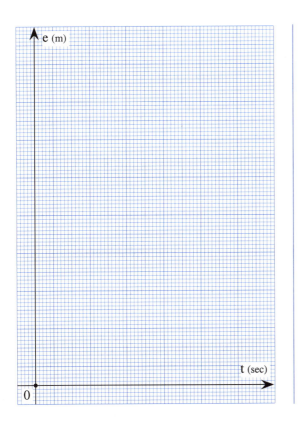

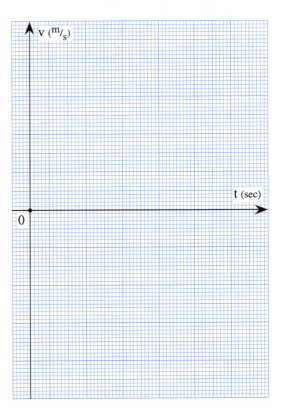

313. Un train roule à une vitesse de 108 km/h.

Pour s'arrêter à la gare suivante, il freine à partir d'un point déterminé avec une décélération uniforme de −0,5m/s².

1) Quel temps lui faudra-t-il pour s'arrêter ?

2) À quelle distance du point d'arrêt commence-t-il à freiner ?

314. Jean tire à l'arc à la verticale.

À quelle hauteur montera la flèche si la vitesse

initiale est 30m/s (a = −10m/s²) ?

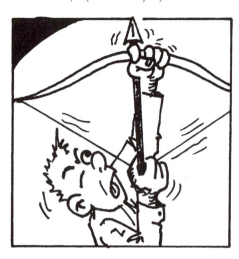

315. 1) Trouve la coordonnée du sommet S', celle du foyer F' et une équation de la directrice d' de la parabole $\mathbb{P}'$ d'équation $y = \frac{1}{2}x^2$.

2) Déduis-en la coordonnée du sommet S, celle du foyer F et une équation de la directrice d de

a) la parabole $\mathbb{P}$ d'équation $y = \frac{1}{2}x^2 - 3$;

b) la parabole $\mathbb{P}''$ d'équation $y = 2(x-1)^2 + 2$.

POUR ALLER PLUS LOIN

Les exercices qui suivent sont toujours à réaliser dans un repère orthonormé du plan.

DISTANCE D'UN POINT À UNE DROITE

316. On te demande de calculer la distance du point $P(-1, 4)$ à la droite m d'équation $y = 2x - 4$.

Dessine la situation.

Indication :

1) Trouve une équation de la droite m' passant par P et perpendiculaire à la droite m.

2) Cherche ensuite la coordonnée du point P', intersection des droites m et m'.

3) Il est alors aisé de calculer $d(P, m)$.

317. Fais de même pour les situations suivantes :

1) $P(2, 3)$ et $m \equiv y = 5x - 1$;

2) $P(-5, 6)$ et $m \equiv 2x - 3y + 6 = 0$;

3) $P(-1, 2)$ et la droite m comprend les points $A(1, -5)$ et $B(3, 4)$;

4) $P(-1, 5)$ et m est la médiatrice de [PQ], avec $Q(2, 4)$.

318. 1) Décris une stratégie permettant de trouver la distance d'un point P du plan à une droite m de ce plan, lorsque (p_1, p_2) est la coordonnée de P et $ax + by + c = 0$ est l'équation de m.

2) Mets en œuvre la stratégie mise en place pour établir la formule suivante :

$$d(P, m) = \frac{|a p_1 + b p_2 + c|}{\sqrt{a^2 + b^2}}$$

319. On donne $A(2, 2)$, $B(-3, 1)$ et $C(1, -3)$.

Calcule l'aire du triangle ABC en reprenant les étapes de la stratégie mise en place pour le calcul de la distance d'un point à une droite ou en utilisant directement la formule proposée dans l'exercice précédent.

ÉQUATION DE CERCLES (VARIANTE)

320. 1) Écris une équation du cercle $\mathbb{C}$ de centre $C(-1, 2)$ et de rayon 3.

2) Développe cette équation en élevant les binômes au carré.

Tu obtiens ce qu'on a appelé une *équation développée* de ce cercle.

3) Voici une équation développée d'un cercle :
$$x^2 + y^2 - 4x - 6y + 9 = 0$$

Transforme-la en une équation de la forme
$$(x - a)^2 + (y - b)^2 = r^2$$

Dégages-en la coordonnée du centre et le rayon.

4) Fais de même pour les équations suivantes :

a) $x^2 + y^2 + 4x - 2y - 4 = 0$

b) $x^2 + y^2 - 3x + 6y - \dfrac{55}{4} = 0$

c) $x^2 + y^2 + x - 3y - 2 = 0$

d) $x^2 + y^2 - 2x + 3 = 0$

321. 1) En utilisant les idées de l'exercice 320, détermine une équation du cercle passant par les points A, B et C de coordonnées respectives $(2, 0)$, $(0, 3)$ et $(-3, 0)$.

2) Fais de même pour le cercle passant par les points $A(2, 1)$, $B(-1, 2)$, $C(-1, 1)$.

ÉQUATION D'UNE TANGENTE À UN CERCLE

322. Dans un repère orthonormé du plan,

1) représente le cercle $\mathbb{C}$ de centre $K(2, 3)$ et passant par $A(5, 4)$;

2) trace la tangente au cercle passant par le point A;

3) détermine une équation du diamètre passant par le point A;

4) détermine une équation de la tangente au cercle lorsque la tangente passe par ce point.

323. Généralise la démarche de l'exercice précédent et décrit une stratégie qui permet de trouver l'équation d'un tangente à un cercle en un point de celui-ci.

324. Trouve une équation des tangentes au cercle dans les cas suivants (la tangente passe par P) :

1) Le cercle est centré en $C(1, 2)$ et de rayon 4, les points de tangence ont pour abscisse 3.

2) Le cercle est centré en $C(1, 2)$ et passe par le point $A(-3, 4)$, les points de tangence ont pour ordonnée 4.

3) $\mathbb{C} \equiv (x - 1)^2 + (y + 2)^2 = 4$; $P(1, 0)$;

4) $\mathbb{C} \equiv (x - 5)^2 + (y - 3)^2 = 11$; la coordonnée de P a pour abscisse 4 et son ordonnée est supérieure à 3;

5) $\mathbb{C} \equiv (x + 6)^2 + (y - 7)^2 = 16$;
P a pour abscisse -5;

6) $\mathbb{C} \equiv (x - 4)^2 + (y - 9)^2 = 20$;
P a pour ordonnée 8.

PUISSANCE D'UN POINT PAR RAPPORT À UN CERCLE

325. Dans la situation ci-dessous, démontre :
$$\overline{PA} \cdot \overline{PB} = \overline{PC}^2 - \overline{AC}^2$$

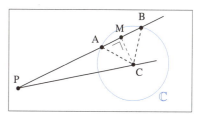

Piste :

1) écris $\overline{PA}$ en utilisant $\overline{PM}$ et $\overline{AM}$;

2) fais de même avec $\overline{PB}$;

3) utilise judicieusement le théorème de Pythagore !

326. a) En trouvant des triangles semblables judicieux, démontre que toute sécante à un cercle $\mathbb{C}$, issue du point P, découpe sur le cercle des points A_i et B_i ($i = 1, 2, 3, \ldots$) tels que

$$\overline{PA_1} \cdot \overline{PB_1} = \overline{PA_2} \cdot \overline{PB_2}$$
$$= \ldots = \overline{PA_i} \cdot \overline{PB_i} = \ldots$$

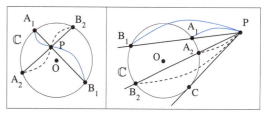

b) Si C est le point de tangence d'une tangente issue de P au cercle,

alors $\overline{PA} \cdot \overline{PB} = \overline{PC}^2 = \overline{PA_i} \cdot \overline{PB_i}$.

VOCABULAIRE

L'énoncé de l'exercice 326 permet de déduire que le produit $\overline{PA} \cdot \overline{PB}$ est un **réel constant**, quelle que soit la sécante au cercle $\mathbb{C}$, issue du point P.

L'énoncé de l'exercice 325 annonce que ce réel constant $\overline{PA} \cdot \overline{PB}$ est égal à $d^2(P, C) - r^2$, pour un cercle de centre C et de rayon r.

> Le produit $\overline{PA} \cdot \overline{PB}$ est un nombre qui ne dépend que du point P et du cercle (c'est-à-dire de son centre et de son rayon).
>
> Ce produit est appelé **puissance du point P** par rapport au cercle $\mathbb{C}$.

327. 1) On donne C, centre d'un cercle de rayon r et un point P. Calcule la puissance de P par rapport au cercle, lorsque

    a) $C(1, 2)$; $r = 3$; $P(-1, 5)$

    b) $C(4, -8)$; $r = \sqrt{5}$; $P(3, -7)$

    c) $C(-1, 6)$; $r = 0{,}8$; $P(1, 3)$

2) On donne une équation du cercle $\mathbb{C}$ et un point P. Calcule la puissance de P par rapport au cercle $\mathbb{C}$, lorsque

    a) $\mathbb{C} \equiv (x - 2)^2 + (y - 5)^2 = 3$; $P(2, 0)$

    b) $\mathbb{C} \equiv (x + 1)^2 + (y - 3)^2 = 16$; $P(2, -7)$

    c) $\mathbb{C} \equiv (x - 26)^2 + (y - 41)^2 = 92$; $P(2, 0)$

    d) $\mathbb{C} \equiv x^2 + y^2 = 5$; $P(\sqrt{5}, 0)$

MAXIMUM ET MINIMUM DE FONCTIONS DU SECOND DEGRÉ

328. 1) Écris un nombre réel *variable* et positif.

2) Exprime un deuxième nombre réel variable et positif, si on te dit que leur somme est 123.

3) Écris ensuite le produit de ces deux nombres variables.

4) Pour quelle valeur de x, ce produit est-il *maximum* ?

5) Compare alors les deux nombres, lorsque le produit est maximum.

x	?
fonction produit	↗ ? ↘

6) le résultat de ta comparaison est-il généralisable à deux nombres variables positifs dont la somme est le réel constant k ? Justifie ta réponse par un calcul.

7) Comment adapterais-tu la stratégie utilisée en 2) et 6) pour démontrer l'énoncé suivant :

> *« Parmi tous les rectangles ayant un périmètre identique, c'est le carré qui a la plus grande aire »* ?

Pour les exercices qui suivent, il y aurait lieu de suivre une démarche analogue à celle de l'exercice 328 :

– choisir une variable ;

– exprimer une fonction de cette variable (dans les exercices qui suivent, les fonctions sont du second degré) ;

– chercher son extremum (maximum ou minimum).

329. Quelle est l'aire du *plus grand* rectangle inscrit dans un cercle de rayon 5 cm.

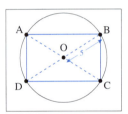

330. Construis le carré d'aire *minimum* inscrit dans un carré donné.

Calcule le côté de ce carré d'aire minimum.

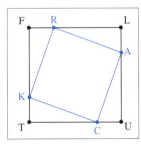

331. Sur un segment [ST] pris comme diamètre, on construit le demi-cercle $\mathbb{C}_1$.

Un point K est *variable* sur [ST].

On construit le demi-cercle supérieur $\mathbb{C}_2$ de diamètre [SK] et le demi-cercle supérieur $\mathbb{C}_3$ de diamètre [KT].

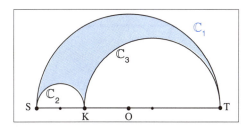

Si $\overline{ST} = 10$, quelle doit être la position du point K sur le segment [ST] pour que l'aire de la surface comprise entre les trois demi-cercles soit *maximale*? Calcule cette aire maximale.

332. Considère le point A de coordonnée $(7, 3)$ et la droite m d'équation $y = x$.

a) Soit K, un *point variable* sur la droite m.

Exprime la coordonnée générale d'un tel point K en fonction de son abscisse z.

b) Calcule la distance d du point A au point K.

Exprime d^2.

c) Pour quelle valeur de la variable z la fonction d^2 est-elle *minimum*?

d) Déduis-en la coordonnée du point K pour que la distance $d(A, K)$ soit la plus courte.

VENUS D'AILLEURS ...

333. Soit deux courbes $\mathbb{C}_1$ et $\mathbb{C}_2$ d'équations

$$x^2 + y^2 - 4x - 6y - 36 = 0 \quad (\mathbb{C}_1)$$
$$x^2 + y^2 - 10x + 2y + 22 = 0 \quad (\mathbb{C}_2)$$

a) Détermine de quelles courbes il s'agit.

b) Démontre que $\mathbb{C}_1$ et $\mathbb{C}_2$ sont tangentes entre elles.

c) Détermine la coordonnée du point de contact T entre $\mathbb{C}_1$ et $\mathbb{C}_2$.

d) Établis l'équation cartésienne de leur tangente commune (comprenant le point T).

(Mons)

Voici quelques précisions et rappels :

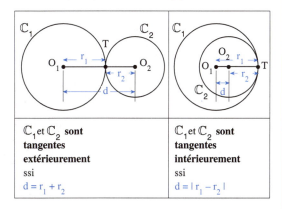

334. Dans un repère orthonormé, on considère un triangle de sommets $A(0, 0)$, $B(1, 1)$ et $C(2, -1)$.

a) Quelle est la coordonnée du centre de gravité du triangle?

b) Quelle est l'équation du cercle circonscrit au triangle?

c) Quelle est l'aire du triangle?

(Liège, 1992)

335. Dans un système d'axes perpendiculaires xOy, on donne le cercle

$$\mathbb{C} \equiv 4x^2 + 4y^2 - 32x - 24y + 75 = 0$$

1. Détermine le centre P et le rayon r. Représente le cercle.

2. Détermine l'équation de la droite d passant par le point $A(3, -5/2)$ et de coefficient angulaire $4/3$. Calcule la distance du centre P à la droite d. Quelle conclusion peut-on en déduire?

3. Calcule la distance O à P. Compare cette distance à la valeur du rayon r et déduis-en par considération de triangles rectangles l'amplitude de l'angle formé par les deux tangentes au cercle OT et OT'.

4. Calcule l'aire de la partie de plan comprise entre les tangentes OT, OT' et le petit arc $\overset{\frown}{TT}$'.

(Examen de géomètre-expert-immobilier, Jury Central, 1995)

UN PETIT BOUT D'HISTOIRE

DIOPHANTE, AMATEUR D'ÉQUATIONS !

Considéré comme le « *Père de l'Algèbre* », Diophante fut le premier à introduire de façon plus systématique des symboles simplificateurs relatifs aux résolutions d'équations du premier et du second degré.

Mathématicien grec de l'École d'Alexandrie, il serait né vers 325 de notre ère.

Sa date de naissance est incertaine.

Toutefois, un de ses disciples nous a laissé une « *énigme* » afin de connaître la durée de sa vie : *84 ans.*

« *Les Arithmétiques* »
de *Diophante* (2ᵉ ou 3ᵉ siècle ap. J.-C.);
*Fac-similé de la page de garde
de l'édition de 1670.*

Voici cette « énigme » :

la jeunesse de Diophante occupa le sixième de sa vie;

le douzième de sa vie plus tard, il porta la barbe;

après une nouvelle période égale au septième de sa vie, il se maria;

cinq ans plus tard, il eut un fils;

la vie de son fils dura exactement la moitié de celle de son père;

Diophante mourut quatre ans après la mort de son fils.

Combien d'années vécut Diophante ?

Cette énigme se résout par le traitement d'une *équation du premier degré* ... très simple : $\dfrac{x}{6} + \dfrac{x}{12} + \dfrac{x}{7} + 5 + \dfrac{x}{2} + 4 = x$

8. LE SECOND DEGRÉ

POUR APPLIQUER

8.1

336. Résous, dans $\mathbb{R}$, les équations suivantes en ne manquant pas d'utiliser la méthode la plus rapide :

Série 1

1) $x^2 + \dfrac{x}{4} - \dfrac{3}{8} = 0$

2) $x^2 = x$

3) $4y^2 = 16$

4) $4y^2 = 16y$

5) $y^2 = 5$

6) $(x - 3)(x - 2) = (x - 3)(x + 1)$

7) $3x(x + 2) = 5x(x + 3) - 7x(2x - 1)$

8) $(4y - 3)^2 = 4y - 3$

9) $25t^2 - 70t + 49 = 0$

10) $(t + 3)^2 - 12(t + 3) + 36 = 0$

Série 2

1) $x^2 - 2x - 8 = 0$

2) $x^2 - 6x + 8 = 0$

3) $3x^2 - 4x + 2 = 0$

4) $y + 6y^2 = 1$

5) $\dfrac{4}{5}x + 7 = 2x^2$

6) $x^2\sqrt{2} + 3x\sqrt{3} - \sqrt{6} = 0$

7) $-40x^2 + 200x - 250 = 0$

8) $36x + 12 = 6x^2 - 6$

337. Résous, dans $\mathbb{R}$, les équations suivantes en ne manquant pas d'utiliser la méthode la plus rapide :

1) $2x^2 - 4x = 3$

2) $x^2 + 4 = 0$

3) $3x^2 - 9 = 0$

4) $4m^2 + 9 = 0$

5) $4x^2 - 6x = 7 - 6x$

6) $x^2 + 2x\sqrt{2} + 2 = 0$

7) $3x^2 - \pi = 0$

8) $\dfrac{1}{x} - \dfrac{1}{x - 1} = \dfrac{1}{3}$

9) $\dfrac{2}{x - 1} - \dfrac{3x}{x + 1} = 1$

10) $2x - \dfrac{x}{x - 1} = x + 1$

338. En utilisant les formules du produit et de la somme des racines de l'équation du second degré, résous dans $\mathbb{R}$:

1) $x^2 - 5x + 6 = 0$ 5) $x^2 - 3x - 18 = 0$

2) $x^2 + 6x + 8 = 0$ 6) $x^2 + 9x + 14 = 0$

3) $x^2 - 5x + 4 = 0$ 7) $x^2 - 4x - 21 = 0$

4) $x^2 - x - 6 = 0$ 8) $x^2 - 3x - 4 = 0$

339. Trouve, si possible, deux réels dont la somme est s et le produit p lorsque

1) $s = 1$ et $p = -6$

2) $s = 3\sqrt{3}$ et $p = 6$

3) $s = 4a$ et $p = 4a^2 - 4b^2$ (a, b $\in \mathbb{R}$)

4) $s = m + ma + b$ et $p = m^2a + mab$

$(m, a, b \in \mathbb{R})$

340. Écris le nombre 17 comme somme de deux nombres dont le produit égale 60.

341. Écris le nombre -60 sous la forme d'un produit de deux facteurs dont la somme égale 7.

342. Donne une équation du second degré en l'inconnue x, qui admet :

1) -2 et 3 comme racines;

2) 5 comme seule racine.

343. Calcule la coordonnée des éventuels points de l'intersection avec l'axe des x des paraboles $\mathbb{P}$ dont l'équation est :

1) $y = -15x^2 - 16x + 7$

2) $y = 9x^2 + 24x + 16$

3) $y = 2x^2 + 3x + 4$

4) $y = \dfrac{x^2}{2} - 2x - \dfrac{1}{4}$

344. Calcule les racines de la fonction f, dans $\mathbb{R}$, définie par :

1) $f(x) = (x - 3)^2 - 2(x - 1)$

2) $f(x) = \dfrac{x}{2} - x(x - 1) - 3x^2$

3) $f(x) = (3x - 1)(1 - 2x) - (x + 1)^2$

4) $f(x) = \dfrac{(x - 1)}{2} - \dfrac{x}{3}(1 - 2x)$

345. Détermine une équation cartésienne de la parabole qui coupe l'axe des x en des points d'abscisse 2 et 4 et qui comprend le point A $\left(\dfrac{5}{2}, -1\right)$.

Représente ensuite cette parabole.

346. Détermine une équation cartésienne de la parabole de sommet S $(-2, 3)$ et qui coupe l'axe des x en un point d'abscisse 3. Représente ensuite cette parabole.

347. Quelles sont les dimensions d'un rectangle dont on connait le périmètre 6 et l'aire 4 ?

348. Trouve deux nombres consécutifs dont la somme des carrés égale 841.

349. Véronique rêve d'acheter la collection des CD de son chanteur favori Arthuro Lousbergues. Chaque disque coûte le même prix et le prix total est 180 €. Si chaque disque coûtait 2 € de plus, elle serait privée d'un disque pour la même somme. Combien de disques forment la collection ?

350. Dans le triangle BAC, on donne $\overline{AB} = 50$, $\overline{BC} = 30$, $\widehat{BCA} = 60°$. Calcule $\overline{AC}$.

8.2

351. Factorise les trinômes suivants :

1) $6x^2 - 11x + 3$
2) $4x^2 + 7x + 3$
3) $4y^2 - 20y + 25$
4) $z^2 + 2z - 1$
6) $x^2 + 2x - 8$
7) $x^2 - 10x + 16$
8) $2x^2 + 4x - 3$
9) $2x^2 + x - 1$

5) $1 - 3u - \dfrac{u^2}{4}$
10) $6x^2 + 5x - 1$

352. Simplifie, s'il y a lieu, en indiquant les conditions d'existence et de simplification.

1) $\dfrac{x^2 + x - 6}{x^2 - x - 2}$

2) $\dfrac{u^2 + 4u + 3}{u^2 + 5u + 4}$

3) $\dfrac{2t^2 - t - 1}{2t^2 - 5t - 3}$

4) $\dfrac{x^2 + 3x - 18}{2x^2 - 3x - 9}$

5) $\dfrac{2x^2 + x - 6}{6x^2 - 7x - 3}$

6) $\dfrac{x^2 + x + 1}{x^2 - 1}$

7) $\dfrac{x^2 + 25x + 100}{x^2 + 50x + 625}$

8) $\dfrac{y^2 - 9}{y^2 - 5y + 6}$

9) $\dfrac{(x^2 + 4x + 3)(2x - x^2)}{(2x^2 - 5x - 3)(x^2 + 5x + 4)}$

10) $\dfrac{(6x^2 + 7x - 3)(8x^2 - 6x - 5)}{(15x^2 - 11x + 2)(2x^2 + 7x + 3)}$

353. Résous, dans $\mathbb{R}$, les équations suivantes :

1) $x(x^2 - 2x - 15) = 0$
2) $x(2x^2 - 7x + 3)(x^2 - x + 1) = 0$
3) $(x - 1)(3 - 5x)(x^2 - 1)(x^2 + x + 7) = 0$
4) $x(x^2 + 1)(3 - x)^2(x^2 - x - 3)(x^2 - 7) = 0$
5) $(x^2 - x - 6)(x^2 - 1)(x^2 + x + 1) = 0$
6) $(x^3 - 1)(x^3 + 1) = 0$
7) $x^4 - 16 = 0$
8) $(x^2 - 5x + 4)(7x - 3x^2 - 2)(6x - x^2) = 0$
9) $(x^2 + 7x)(x^2 - x + 4) = 0$
10) $(x^2 - 4x - 5)(3x - 6x^2)x(x + 3) = 0$

354. Résous, dans $\mathbb{R}$, sans oublier au préalable les conditions d'existence :

1) $\dfrac{2}{x - 1} - \dfrac{3x}{x + 1} = 1$

2) $2y - \dfrac{y}{y - 1} = y + 1$

3) $\dfrac{3z - 1}{z - 2} + \dfrac{2z - 1}{z + 1} = \dfrac{1}{z^2 - z - 2}$

4) $\dfrac{u - 2}{3(u - 1)} + \dfrac{u - 1}{4u - 8} = \dfrac{u + 2}{2 - 3u + u^2}$

5) $\dfrac{x + a}{x - a} + \dfrac{x - a}{x + a} = 1 \ (a \in \mathbb{R})$

8.3

355. Dessine rapidement le graphe cartésien des cinq fonctions suivantes :

$f_1 : x \to x^2 - 4$ $\qquad$ $f_4 : x \to -x^2 + 2x + 3$

$f_2 : x \to -4x^2 + 4x - 1$ $\qquad$ $f_5 : x \to -1 - x^2$

$f_3 : x \to x^2 + x + 1$

Dégage maintenant le signe des trinômes

1) $x^2 - 4$; $\qquad$ 4) $-x^2 + 2x + 3$;

2) $-4x^2 + 4x - 1$; $\qquad$ 5) $-1 - x^2$.

3) $x^2 + x + 1$;

356. Soit la fonction, dans $\mathbb{R}$, $x \to x^2 - 6x + 5$

À l'aide du tableau du signe, détermine rapidement le signe de l'image par f de :

$-2 \quad 0 \quad 4 \quad 7 \quad 2 \quad 0{,}6 \quad 6 \quad \dfrac{2}{3} \quad -\dfrac{5}{6} \quad 3\pi.$

357. Étudie le signe des expressions suivantes :

1) $2x^2 - 5x - 1$ $\qquad$ 4) $-4x^2 + 4x - 1$

2) $3 - x^2$ $\qquad$ 5) $4x^2 + x + 3$

3) $5x - 25x^2$ $\qquad$ 6) $x^2 - x\sqrt{3} - 2$

358. Résous, dans $\mathbb{R}$, les inéquations :

1) $25x^2 \leqslant 49$

2) $x^2 - \dfrac{x}{2} > x + 1$

3) $x^2 - x\sqrt{3} + 1 < 0$

4) $-5x(x - 2) \geqslant 0$

5) $x^2 - 7x + 12 \geqslant 0$

6) $(x^2 - 3x + 5)(x^2 - 1) \geqslant 0$

7) $x^2 - x\sqrt{3} - 2 > 0$

8) $5x^2 - 2 \geqslant 0$

9) $(x^2 + x + 1)x > 0$

10) $(x^2 - x + 1)(9 - x^2) \leqslant 0$

359. Recherche le domaine des fonctions, dans $\mathbb{R}$, suivantes :

$f_1 : x \to \sqrt{(x - 2)(x + 1)}$

$f_2 : x \to \sqrt{x^2 + 1}$

$f_3 : x \to \sqrt{(x^2 - 9)(x^2 - 8x + 12)}$

$f_4 : x \to \sqrt{(x^2 + x + 1)(x^2 - 16)}$

$f_5 : x \to \sqrt{(x - 2)(4 - x)}$

360. Sans effectuer le produit, donne immédiatement le signe de :

$f(x) = (4x - 1)(2x + 3)$ $\quad$ $h(x) = (1 - 5x)(3 - 2x)$

$g(x) = (1 - 3x)(x + 1)$

361. Sans passer par l'étude du signe des binômes du premier degré, donne immédiatement le signe de :

$f(x) = \dfrac{3 - 2x}{x + 1}$;

$g(x) = \dfrac{3 - 5x}{4 - 3x}$;

$h(x) = \dfrac{-5x}{2x + 3}$.

Souviens-toi que le quotient et le produit de deux nombres non nuls ont le même signe.

362. Résous dans $\mathbb{R}$: (Présente des tableaux comprenant le moins possible de lignes)

1) $x^2 - 7x + 12 > 0$

2) $x^2 - 7x > -10$

3) $9t^2 > 16$

4) $16 \geqslant 25v^2$

5) $16u \geqslant 25u^2$

6) $x^2 - \dfrac{x}{2} > x + 1$

7) $-r^2 + 6r - 9 \leqslant 0$

8) $(x - 2)(3x - 1) > 0$

9) $-7a(1 - 4a) \geqslant 0$

10) $4b(1 - 2b)(3 - 5b) > 0$

11) $-5x(4 - x^2)(x^2 - 4x + 4) \leqslant 0$

12) $\dfrac{y - 3}{2 - y} < 0$

13) $\dfrac{-5x}{5 - x} \geqslant 0$

14) $\dfrac{3z(z - 1)}{4 - z} \geqslant 0$

15) $\dfrac{-5k(k - 2)}{25 - k^2} < 0$

16) $\dfrac{2x(25x^2 - 16)}{(4x^2 - 1)(-x^2 + 6x - 9)} \leqslant 0$

17) $\dfrac{(3A^2 + A - 4)(2 - A^2)}{(3A^2 + 2A - 5)(-A^2 - 5)} \geqslant 0$

363. Résous, dans $\mathbb{R}$:

1) $\dfrac{4\alpha}{\alpha - 2} < 1$

2) $3 \leqslant \dfrac{2 - x}{x + 2}$

3) $5 < \dfrac{4 - z}{2z}$

4) $5y \geqslant \dfrac{2}{y}$

5) $5x - 1 \leqslant \dfrac{2x - 1}{x + 1}$

6) $\dfrac{W - 1}{W + 2} > \dfrac{W + 1}{W - 2}$

7) $\dfrac{2x - 1}{x + 2} - \dfrac{1}{x} \leqslant 1$

8) $\dfrac{m - 3}{m^2 - 4} - \dfrac{m}{m - 2} \geqslant \dfrac{m - 1}{m + 2}$

EN CAS DE NÉCESSITÉ

364. Résous, dans $\mathbb{R}$, les équations suivantes. Utilise la méthode la plus rapide.

1) $(z + 1)(z + 2) = z + 1$

2) $9u^2 + 4 = 12u$

3) $4x^2 - 4x + 1 = 0$

4) $(2x - 5)^2 - (4x + 7)^2 = 0$

5) $4x^2 - 5x - 2 = 0$

6) $(4u - 7)^2 = 25$

7) $(9d - 4)^2 = 5d^2$

8) $(\dfrac{y}{2} - 3)^2 = (2 - \dfrac{y}{4})^2$

9) $\dfrac{x^2}{4} - \dfrac{x}{3} = \dfrac{1}{9}$

10) $(2v - 1)^2 - (3v + 1)(2v - 1) = 2v - 1$

365. Factorise les polynômes suivants :

1) $a^2 - 16$

2) $x^2 - 10x + 21$

3) $a^2 - a + \dfrac{1}{4}$

4) $x^2 + 3x + 2$

5) $2x^2 + 9x + 7$

6) $4z^2 + z - 5$

7) $a(x - 1) + b(1 - x)$

8) $a^4z^2 - z^2$

9) $(z - 2)z - a(2 - z)$

10) $a(b^2 + c^2) - b^2 - c^2$

11) $2x^2 + 100x + 50$

12) $5x^2 - 125$

13) $x^3 - 3x^2 + 4x$

POUR CHERCHER

366. Résous les équations suivantes dans $\mathbb{R}$:

(m, a, b désignent des réels; x, y, z, u désignent l'inconnue)

1) $x^2 - mx - 2m^2 = 0$

2) $y^2 + 3m = (3 + m)y$

3) $(x - 2m)^2 = (3x + 2m)^2$

4) $u^2 - 2abu + a^2b^2 = 0$

5) $a^2x^2 = b^2$

6) $2x^2 + (5 - 2a)x - 5a = 0$

7) $my^2 + (2bm - a)y - 2ab = 0$

8) $a^2 - 3ax + 2x^2 = 0$

9) $(\dfrac{z}{4} - a)^2 = 5(\dfrac{z}{4} - a)$

10) $49m^2u^2 + 1 = 14mu$

367. Pour quelles valeurs réelles de m le trinôme

1) $3x^2 - 2x + m - 1$ a-t-il deux racines distinctes ?

2) $2mx^2 + x - 3$ a-t-il deux racines égales ?

368. Par quel nombre positif faut-il diviser 148 pour obtenir un quotient entier, triple du reste et égal au diviseur ?

369. Forme une équation du second degré en l'inconnue x, dont les racines sont

1) opposées de celles de $3x^2 - 2x - 1 = 0$;

2) triples de celles de $4x^2 + 5x - 2 = 0$;

3) égales à $2\alpha + 3$ et $2\beta + 3$, α et β étant racines de $7x^2 + 4x - 1 = 0$.

(Si tu veux être expéditif, évite de calculer les racines des équations données).

370. Détermine la(les) valeur(s) réelle(s) de α pour qu'une parabole $\mathbb{P}$ d'équation $y = x^2 + \alpha x + 3$, soit tangente à l'axe des x. Précise ensuite le point de tangence de chacune des paraboles trouvées.

371. Esquisse le dessin d'une parabole qui serait le graphe cartésien d'une fonction f, dans $\mathbb{R}$,

$$x \rightarrow ax^2 + bx + c$$

pour laquelle on te donne des renseignements dans les tableaux suivants.

Dans les situations 4-5-7-9-10-11, il manque un renseignement. Découvre-le à partir de ceux qui sont donnés.

	a	$\dfrac{c}{a}$	$b^2 - 4ac$	$-\dfrac{b}{a}$
1	$+$	$+$	$+$	$+$
2	$-$	$+$	0	$+$
3	$+$	$+$	$-$	$+$
4	$+$	$-$		$-$
5	$-$	0		$-$
6	$-$	$+$	$-$	$-$
7	$-$	$-$		$+$
8	$-$	$+$	$+$	$-$
9	$+$	$-$		0
10	$+$	0		$+$
11	$-$	0		0
12	$-$	$+$	0	$-$

372. Détermine l'ensemble des réels m tels que les équations suivantes admettent deux racines réelles distinctes :

1) $mx^2 - x + m = 0$

2) $x^2 - (m-1)x + 3 = 0$

3) $(2m-1)x^2 - mx + m = 0$

4) $(m+1)x^2 + 3mx - (m-1) = 0$

373. Détermine l'ensemble des réels m tels que les équations suivantes n'admettent aucune racine réelle :

1) $(m-1)y^2 + my + 2m = 0$

2) $z^2 - (2m-1)z + 3m = 0$

374. Pour quelles valeurs réelles de m le trinôme $x^2 + x + m - 1$ admet-il :

1) deux racines distinctes strictement négatives ?

2) une racine nulle ?

3) deux racines inverses l'une de l'autre ?

375. Si x' et x'' sont les racines de l'équation $12x^2 + 17x - 21 = 0$, calcule les expressions suivantes, en ne déterminant ni x', ni x'' :

1) $\dfrac{1}{x'} + \dfrac{1}{x''}$ 2) $x'^2 + x''^2$

376. Détermine l'ensemble des réels m, tels que les inéquations suivantes admettent $\mathbb{R}$ comme ensemble des solutions :

1) $mx^2 + (2m+1)x + m + 2 < 0$

2) $2mx^2 + (m-1)x + 3 > 0$

3) $(m-4)y^2 - (m-6)y + m - 5 < 0$

4) $(m-1)z^2 - 2(m+1)z + m > 3$

5) $(m-1)x^2 - 4mx - 2(m+2) < 0$

6) $mx^2 + (m-1)x + m - 1 < 0$

377. Factorise les polynômes suivants ($m \in \mathbb{R}$)

1) $4x^2 - 2mx + m - 1$

2) $9x^2 - 3mx + m - 1$

3) $9x^2 + 6mx + 2m - 1$

4) $2x^2 - (4m-1)x + 2m - 1$

378. Résous et discute dans $\mathbb{R}$ les équations en x :

1) $\dfrac{2a}{x - a} = \dfrac{x - a}{2a}$

2) $\dfrac{x - a}{x - b} - \dfrac{7}{2} = \dfrac{b - x}{x - a}$

379. Je veux consacrer $15\,000\,€$ à acheter un terrain rectangulaire et à le clôturer. Influencé par un ami helléniste, je désire que la longueur soit égale à la largeur multipliée par $\dfrac{1 + \sqrt{5}}{2}$.

Sachant que le mètre carré de terrain coûte $7\,€$ et que le mètre courant de clôture revient à $2\,€$, quelles sont les dimensions du terrain que je vais pouvoir acheter ?

Résous le même problème si, en plus, les frais de notaire se montent à 17% de la valeur du terrain.

380. Calcule le réel m pour que les droites d'équation

$$2mx + (m - 3)y + 1 = 0$$

et

$$mx + y - 3 = 0$$

soient perpendiculaires.

CONDITION NÉCESSAIRE ET SUFFISANTE

Soit | **P** et **Q**, des propositions,
     | **non P** et **non Q**, la négation de ces propositions.

1. L'implication P $\Rightarrow$ Q

a) *Si **P** se réalise, alors **Q** se réalise* se traduit par :

*Il suffit que **P** soit vrai pour que **Q** le soit*

ou aussi

*La véracité de **P** suffit à la véracité de **Q***

ou finalement

***P** est une condition suffisante de **Q**.*

b) On admet que

«**P** $\Rightarrow$ **Q**» équivaut à «**non Q** $\Rightarrow$ **non P**».

Or, «**non Q** $\Rightarrow$ **non P**» signifie :

*Si **Q** ne se réalise pas, **P** ne se réalise pas non plus*

ou encore

*Pour que **P** se réalise,
il est impératif que **Q** se réalise aussi*

ou

*Pour que **P** soit vrai,
il est nécessaire que **Q** le soit*

ou finalement

***Q** est une condition nécessaire de **P**.*

c) Dès lors, en rassemblant **a)** et **b)**,

> $\boxed{\textbf{P} \Rightarrow \textbf{Q}}$ se traduit par
>
> **P** est une condition suffisante de **Q**,
> **Q** est une condition nécessaire de **P**.

2. L'équivalence P $\Longleftrightarrow$ Q

Puisque «**P** $\Longleftrightarrow$ **Q**» signifie que «**P** $\Rightarrow$ **Q** et **Q** $\Rightarrow$ **P**», et compte tenu de ce qui précède,

> $\boxed{\textbf{P} \Longleftrightarrow \textbf{Q}}$ se traduit par
>
> **P** est une condition nécessaire et suffisante de **Q**,
> **Q** est une condition nécessaire et suffisante de **P**.

À titre d'exemple de ce qui précède, considère les équivalences des exercices 381, 382, 383.

381. Le trinôme $ax^2 + bx + c$ admet deux racines réelles distinctes *de même signe*.

$\Updownarrow$

$\rho > 0$ et les coefficients a et c sont de même signe.

1) La proposition $\rho > 0$ est-elle
  – une condition nécessaire,
  – une condition suffisante,
  – une condition nécessaire et suffisante

  de la proposition « le trinôme $ax^2 + bx + c$ admet deux racines réelles distinctes de même signe » ?

2) Mêmes questions qu'en 1) pour la proposition « a et c sont de même signe ».

382. Le trinôme $ax^2 + bx + c$ admet deux racines réelles distinctes *de signes contraires*.

$\Updownarrow$

Les coefficients a et c sont de signes contraires.

Réponds aux mêmes questions que celles de l'exercice précédent pour la proposition « a et c sont de signes contraires ».

383. Énonce les conditions nécessaires et suffisantes pour qu'un trinôme du second degré en la variable réelle x admette :

1) deux racines distinctes strictement positives ;

2) deux racines de signes contraires, la plus grandes en valeur absolue étant la négative.

■ POUR ALLER PLUS LOIN ■

SYSTÈME D'INÉQUATIONS

VOCABULAIRE   (repris de EM3, p. 272)

- Un système d'inéquation est un ensemble d'inéquations dont on cherche les solutions communes.
- Résoudre un tel système, c'est trouver les réels qui sont solutions communes aux inéquations.

RÉSOLUTION

– On résout séparément chaque inéquation (la méthode dépend du degré de l'inéquation).

– On détermine sur une droite graduée chaque ensemble des solutions.

– On détermine l'ensemble des solutions du système qui est l'intersection des différentes ensembles obtenus.

EXEMPLE
$$\begin{cases} 2x - 6 < 4 \\ x^2 - 5x + 6 \geqslant 0 \end{cases}$$

1e *inéquation :* $2x - 6 < 4$
$$2x < 10$$
$$x < 5 \quad \rightarrow \quad S_1$$

2e *inéquation :* $x^2 + 5x + 6 \geqslant 0$ racines 2 et 3

x	2		3	
f(x)	+	0	−	0	+

$x \leqslant 2$ ou $x \geqslant 3$ → S_2

Détermination des solutions du système

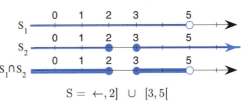

$$S = \leftarrow, 2] \ \cup \ [3, 5[$$

384. Résous, dans $\mathbb{R}$, les systèmes d'inéquations suivants :

1) $\begin{cases} 3 - 2z < 0 \\ z^2 - 5z + 6 > 0 \end{cases}$

2) $\begin{cases} 2a^2 - 5a - 3 > 0 \\ a^2 - 4a \leqslant 32 \end{cases}$

3) $\begin{cases} 0{,}5x(1 - 3x) \geqslant 0 \\ 25x^2 < 9x \end{cases}$

4) $\begin{cases} \dfrac{(t - 1)(3 - t)}{2t(t^2 - 4)} < 0 \\ \dfrac{10t(t - 3)}{4t^2 - 5t + 1} > 0 \end{cases}$

5) $\begin{cases} \dfrac{2x}{x - 1} < 3 \\ -1 < \dfrac{2x}{x - 1} \end{cases}$

309

6) $-2 < \dfrac{k^2}{k+1} \leqslant 4$

7) $-2r < \dfrac{r-1}{r} \leqslant 1-r$

8) $\dfrac{7x^2 - 14x}{12x^2 - 7x + 1} \leqslant 0 \leqslant \dfrac{3x^2 - 7x + 2}{2x(x^2 - 1)}$

9) $\dfrac{x-1}{x^2 + x - 6} \leqslant 0 \leqslant \dfrac{-x(x^2 + 1)}{x^2 - 2x - 3}$

10) $\dfrac{10x^2 - 30x}{4x^2 - 5x + 1} \leqslant 0 \leqslant \dfrac{-x^2 + 4x - 3}{2x(x^2 - 4)}$

ÉQUATIONS BICARRÉES

VOCABULAIRE

Une **équation bicarrée** est une équation du type $ax^{2n} + bx^n + c = 0$ (a est un réel non nul, b et c sont des réels, n est naturel non nul).

EXEMPLES

$x^4 - 5x^2 + 4 = 0$

$2x^6 - 5x^3 + 4 = 0$

RÉSOLUTION

– On pose $x^n = y$.

   L'équation bicarrée devient : $ay^2 + by + c = 0$.

– On résout l'équation du second degré en y.

– On résout l'équation $x^n = y$ après avoir remplacé y par les valeurs trouvées.

EXEMPLE

Soit à résoudre $x^4 - 5x^2 + 3 = 0$ (1), dans $\mathbb{R}$

– On pose $x^2 = y$ (2);

   l'équation (1) devient $y^2 - 5y + 4 = 0$ (3).

– On résout l'équation (3) : $y = 4$ ou $y = 1$.

– On résout les équations (2) en x :
$$x^2 = 4 \text{ ou } x^2 = 1$$

Les solutions de (1) sont $1, -1, 2, -2$.

385. Résous dans $\mathbb{R}$:

1) $x^4 - 5x^2 + 6 = 0$ 4) $w^6 - 7w^3 = 8$

2) $t^4 + 15 = 8t^2$ 5) $x^6 = 2 - x^3$

3) $v^4 + 5v^2 + 6 = 0$ 6) $15\theta^4 + 16 = \theta^8$

7) $x^8 - 3x^4 - 4 = 0$

8) $(x^4 - 2x^2 + 1)(x^{10} + 5x^5 + 6) = 0$

ÉQUATIONS IRRATIONNELLES

VOCABULAIRE

Une équation qui comprend des expressions de l'inconnue sous un radical est appelée équation irrationnelle.

RÉSOLUTION d'une équation irrationnelle ne contenant qu'un seul radical.

– On isole dans un membre l'expression contenant le radical : $f(x) = \sqrt{g(x)}$.

– On donne les conditions d'existence de cette équation (tenir compte des signes des deux membres de l'équation : les signes des deux membres doivent être les mêmes).

– On chasse le radical en élevant les deux membres au carré.

– On résout l'équation obtenue.

– On écarte les réponses qui ne satisfont pas aux conditions d'existence.

EXEMPLE

$2x + 6 = \sqrt{x^2 + 2x - 3}$

• Conditions d'existence :
$$\begin{cases} x^2 + 2x - 3 \geqslant 0 \\ 2x + 6 \geqslant 0 \end{cases}$$
ou
$$\begin{cases} x \leqslant -1 \quad \text{ou} \quad x \geqslant 3 \\ x \geqslant -3 \end{cases}$$

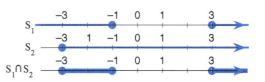

Conditions d'existence : $-3 \leqslant x \leqslant -1$ ou $x \geqslant 3$

• On élève les deux membres (positifs) au carré :
$$4x^2 + 24x + 36 = x^2 + 2x - 3$$
$$3x^2 + 22x + 39 = 0$$
$$x = -\frac{13}{3} \quad \text{ou} \quad x = -3.$$

• On écarte les valeurs de x qui ne répondent pas aux conditions d'existence : $-\dfrac{13}{3}$ est à éliminer.

D'où, $S = \{-3\}$.

386. Résous dans $\mathbb{R}$:

    1) $x = \sqrt{2x + 15}$

    2) $x + \sqrt{2x + 15} = 0$

    3) $x = \sqrt{-5x - 6}$

    4) $x + \sqrt{-5x - 6} = 0$

    5) $x = \sqrt{6x - 8}$

    6) $x = -\sqrt{6x - 8}$

    7) $2x - \sqrt{3x^2 - x + 2} = 0$

    8) $\sqrt{3x^2 - x + 2} + 2x = 0$

    9) $\sqrt{3x + 1} = 2$

    10) $2 = x + \sqrt{x + 3}$

    11) $\sqrt{x^2 - 3} = x + 3$

    12) $\sqrt{2x - 1} = 2$

387. Résous dans $\mathbb{R}$:

    1) $x + \sqrt{2x + 3} = 6$ 4) $\sqrt{x^2 - 4} = 2 - x$

    2) $2x - \sqrt{x + 4} = 7$ 5) $\sqrt{25 - x^2} = 7 - x$

    3) $\sqrt{10 - 3x} + x = 2$ 6) $\sqrt{2x^2 + 2} = 2x + 2$

UN PETIT BOUT D'HISTOIRE

A. LE NOMBRE D'OR DANS L'ANTIQUITÉ

Nous avons évoqué le **nombre d'or** cher aux architectes de l'Antiquité grecque et aux artistes de la Renaissance. (voir EM2, pages 47 à 51 et 57 à 60).

Pythagore

Euclide

Mis en place par l'école de Pythagore (6ᵉ s. av. J.-C.), connu probablement des Égyptiens pour la construction de leurs pyramides, le **nombre d'or** a été étudié par les disciples d'Euclide (3ᵉ s. av. J.-C.).

Dans les « *Éléments* » d'Euclide, le nombre d'or

$$1,6180339887498948\ldots,$$

noté Φ en hommage au sculpteur grec Phidias (5ᵉ s. av. J.-C.), apparaît comme un nombre non entier, dont l'écriture irrationnelle ne pouvait que préoccuper les mathématiciens grecs qui n'en ont pas trouvé la réponse.

Plus intéressés par la géométrie que par l'algèbre, ils lieront ce nombre sacré au problème classique de la **division d'un segment en moyenne et extrême raison**.

Ce problème consiste à trouver sur un segment [AB] *un point* qui découpe sur [AB] deux segments de longueurs respectives a et b telles que $\dfrac{a + b}{a} = \dfrac{a}{b}$.

Les Anciens avaient découvert que le partage asymétrique le plus harmonieux du segment [AB] est celui qui est tel que $\dfrac{a}{b}$ égale le nombre d'or regardé par eux comme un véritable objet divin.

(Suite en page 315.)

NOMBRE D'OR ET ÉQUATION DU SECOND DEGRÉ

388. Voici un segment [AB]

> **Partager [AB] en moyenne et extrême raison**, à la manière d'Euclide, c'est trouver un point M sur [AB] (ou sur son prolongement) tel que $\dfrac{\overline{AB}}{\overline{AM}} = \dfrac{\overline{AM}}{\overline{MB}}$

Si l'on suppose : $\overline{MB} = 1$ et $\overline{AM} = x$, résous *l'équation du second degré* ainsi obtenue.

Reconnais-tu une des deux racines ?

CONSTRUCTION EUCLIDIENNE DE LA «SECTION DORÉE»

389. Combien existe-t-il de points M sur [AB] (ou sur son prolongement) tels que $\dfrac{\overline{AB}}{\overline{AM}} = \dfrac{\overline{AM}}{\overline{MB}}$?
©

Considère la droite AB et un point M variable sur AB. M occupe toutes les positions possibles : à gauche de A, en A, entre A et B, en B, à droite de B (Figure 1).

1) Que deviennent les rapports $\dfrac{\overline{AB}}{\overline{AM}}$ et $\dfrac{\overline{AM}}{\overline{MB}}$,

   a) lorsque le point M s'écarte de plus en plus de A vers la gauche ?

   b) lorsque le point M s'écarte de plus en plus de B vers la droite ?

2) Complète le tableau suivant (Figure 2) en notant les valeurs remarquables des rapports sous les points particuliers et en dessinant une flèche (↘ ou ↗) de variation des rapports pour les positions entre les points particuliers :

3) Combien de positions peut occuper le point M pour que les rapports $\dfrac{\overline{AB}}{\overline{AM}}$ et $\dfrac{\overline{AM}}{\overline{MB}}$ soient égaux ?

   Situe-les avec précision par rapport à A et à B.

(Figure 1)

$$\overline{PL} = \overline{LA} = \overline{AB} = 2\,\overline{AK} = 2\,\overline{KB}$$

POSITIONS du point M sur AB		P		L		A	K	B	
$\dfrac{\overline{AB}}{\overline{AM}}$	...		...		...		...	...		...
$\dfrac{\overline{AM}}{\overline{MB}}$	...		...		...		...	...		...
POSITIONS de M lorsque les 2 rapports sont égaux									

(Figure 2)

390. Pour construire

le point M sur [AB],

tel que $\dfrac{\overline{AB}}{\overline{AM}} = \dfrac{\overline{AM}}{\overline{MB}}$

ou, puisque $\overline{MB} = \overline{AB} - \overline{AM}$,

tel que $\dfrac{\overline{AB}}{\overline{AM}} = \dfrac{\overline{AM}}{\overline{AB} - \overline{AM}}$

ou tel que $\overline{AB}^2 - \overline{AB} \cdot \overline{AM} = \overline{AM}^2$

ou tel que $\overline{AB}^2 = \boxed{\overline{AM}}\left(\overline{AB} + \overline{AM}\right)$,

le point M′ sur le prolongement de [AB],

tel que $\dfrac{\overline{AB}}{\overline{AM'}} = \dfrac{\overline{AM'}}{\overline{M'B}}$

ou, puisque $\overline{MB'} = \overline{M'A} + \overline{AB}$,

tel que $\dfrac{\overline{AB}}{\overline{AM'}} = \dfrac{\overline{AM'}}{\overline{AB} + \overline{M'A}}$

ou tel que ...

ou tel que $\overline{AB}^2 = \boxed{\overline{M'A}}\left(\overline{M'A} - \overline{AB}\right)$,

il faut déterminer deux segments dont la **différence** des longueurs vaut $\overline{AB}$

et le **produit** des longueurs vaut $\overline{AB}^2$,

puisque

$\left(\overline{AB} + \overline{AM}\right) - \overline{AM} = \overline{AB}$

et

$\left(\overline{AB} + \overline{AM}\right)\overline{AM} = \overline{AB}^2$

$\overline{M'A} - \left(\overline{M'A} - \overline{AB}\right) = \overline{AB}$

et

$\overline{M'A}\left(\overline{M'A} - \overline{AB}\right) = \overline{AB}^2$

---

1) Soit $\overline{AB} = 3$ cm et la droite OB perpendiculaire à AB.

Trace le cercle $\mathbb{C}$ de centre O et de diamètre $\overline{AB}$.

Trace la sécante s au cercle $\mathbb{C}$ passant par A et O.

s coupe $\mathbb{C}$ en R et R′.

2) Justifie : $\begin{cases} \overline{AR} \cdot \overline{AR'} = \overline{AB}^2 \\[2mm] \overline{AR'} - \overline{AR} = \overline{AB} \end{cases}$

(Inspire-toi des exercices réalisés aux n°s 325 et 326 relatifs à la puissance d'un point par rapport à un cercle).

LE NOMBRE D'OR DANS LES PENTAGONES ET LES DÉCAGONES RÉGULIERS
391.

1) Sur le cercle $\mathbb{C}$ de diamètre [AA′] et de centre O, détermine le point B tel que l'angle $\widehat{AOB}$ mesure 36°.

Reporte neuf fois consécutivement cet angle de 36° à partir de [OB].

Le point A′ sera-t-il un des points obtenus sur le cercle, par ce procédé ? et le point A ? Justifie.

Relie deux à deux les points successifs obtenus par ce procédé.

Tu obtiens le décagone régulier convexe inscrit au cercle $\mathbb{C}$; notons $\mathbb{C}_{10,1}$ la longueur de son côté.

2) Porte sur un cercle $\mathbb{C}'$ de même diamètre et de centre O′, les dix sommets du décagone régulier convexe inscrit à $\mathbb{C}'$.

Relie-les deux à deux en sautant chaque fois deux sommets consécutifs. Tu obtiens le décagone régulier étoilé inscrit au cercle $\mathbb{C}'$; notons $c_{10,3}$ la longueur de son côté.

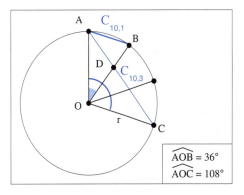

$\widehat{AOB} = 36°$
$\widehat{AOC} = 108°$

3) Soit $\overline{AB} = c_{10,1}$

$\overline{AC} = c_{10,3}$

$\overline{AO} = \overline{OB} = \overline{OC} = r$.

Mesure $\widehat{BOC}$, $\widehat{OAB}$, $\widehat{ABO}$.

Caractérise la position des droites AB et OC. Justifie !

Tires-en deux égalités de rapports qui doivent te permettre de justifier les égalités suivantes :

$$\frac{r}{c_{10,1}} = \frac{c_{10,1}}{r - c_{10,1}} \quad \text{et} \quad \frac{c_{10,3} + r}{c_{10,3}} = \frac{c_{10,3}}{r}$$

Compare ces deux égalités à la définition de partage d'un segment de droite en moyenne et extrême raison (**Ex. 388**).

Que sont, dès lors, $c_{10,1}$ et $c_{10,3}$ par rapport au rayon du cercle circonscrit aux deux décagones réguliers ?

4) Au départ des sommets du décagone régulier convexe inscrit à un cercle $\mathbb{C}$, construis le pentagone régulier convexe, de côté $c_{5,1}$ et le pentagone régulier étoilé, de côté $c_{5,2}$ inscrits au même cercle.

À LA DÉCOUVERTE D'UNE CONSTRUCTION DE $c_{5,1}$ ET DE $c_{5,3}$

392.

1) Construis dans le cercle $\mathbb{C}$ de centre O et de rayon r l'angle au centre $\widehat{AOB}$ de 36°. Caractérise $\overline{AB}$.

2) Sur la droite AB, porte le point C tel que $\overline{AC} = \overline{OA} = r$

Trace [OA], [OB] et [OC].

3) Existe-t-il un cercle de centre A et comprenant les points O et C ?

   – Si oui, trace ce cercle $\mathbb{C}'$ et mesure $\widehat{CAO}$.

   – Compare les cercles $\mathbb{C}$ et $\mathbb{C}'$. Caractérise, dès lors, $\overline{OC}$.

4) De C, trace la tangente t au cercle $\mathbb{C}$.
Soit T, le point de tangence de la droite t et du cercle $\mathbb{C}$.

5) Démontre : $c_{5,1}$ est l'hypoténuse d'un triangle rectangle dont les côtés de l'angle droit ont pour longueur r et $c_{10,1}$.

6) Refais une démarche analogue pour démontrer un lien entre $c_{5,3}$, r et $c_{10,3}$.

393. Reprends la construction de l'exercice 390 de la division du segment [AB] en moyenne et extrême raison :

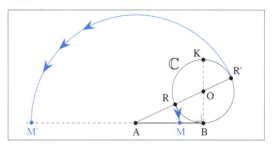

1) Démontre : a) $\overline{AO} = \frac{1}{2} \overline{AB} \cdot \sqrt{5}$

              b) $\overline{AM} = \frac{1}{2} \overline{AB} \left(\sqrt{5} - 1 \right)$

              c) $\overline{AM'} = \frac{1}{2} \overline{AB} \left(\sqrt{5} + 1 \right)$

2) Reconnais-tu le nombre $\frac{1}{2} \left(\sqrt{5} + 1 \right)$?

3) Soit $\overline{AB}$, le rayon r d'un cercle $\mathbb{C}$ dans lequel on veut inscrire des décagones réguliers, l'un convexe, l'autre étoilé.

Démontre : a) $c_{10,1} = \frac{1}{2} r \left(\sqrt{5} - 1 \right)$

              b) $c_{10,3} = \frac{1}{2} r \left(\sqrt{5} + 1 \right)$

394. On donne :

  – le cercle $\mathbb{C}$ de diamètre [KM] et de rayon r ;

  – le rayon [OL] perpendiculaire à la droite KM ;

  – Q, le milieu de [KO].

Trace [QL] et l'arc de cercle de centre Q et de rayon [QL].

Cet arc coupe [OM] en P.

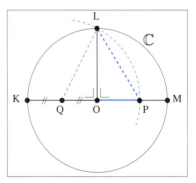

Démontre, par calcul et en t'inspirant de l'exercice 393, que

1) $\overline{OP}$ est $c_{10,1}$;

2) $\overline{LP}$ est $c_{5,1}$.

395. En observant les pentagones convexe et étoilé, les décagones convexe et étoilé inscrits dans un cercle de rayon 1, le nombre d'or apparaît à plusieurs reprises.

1) Tâche de déterminer certains de segments dont la longueur est le nombre d'or.

2) Vérifie dans la figure ①:

$$\frac{d}{c} = \frac{c}{b} = \frac{b}{a} = \Phi.$$

3) Vérifie dans la figure ②:

$$\frac{b}{c} = \frac{c}{a} = \Phi.$$

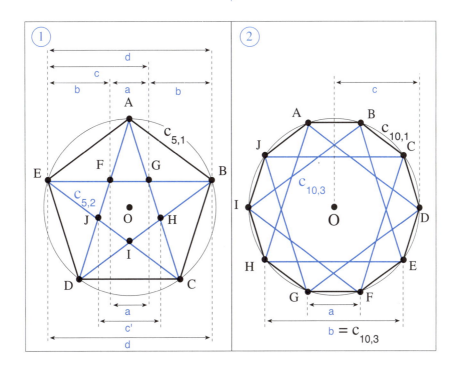

UN PETIT BOUT D'HISTOIRE (suite)

B. LE NOMBRE D'OR AU MOYEN ÂGE

L'héritage mathématique grec sera sauvé de l'oubli par les Arabes et transmis aux savants occidentaux du Moyen Âge.

Léonard de Pise, dit Fibonacci, (1180–1250) contribua largement à répandre dans le monde occidental les connaissances mathématiques des Arabes ainsi que l'utilisation des chiffres dits arabes.

Léonard de Pise

(Suite en page 316.)

396. Voici comment le nombre d'or est évoqué dans le « *Liber abaci* » de Fibonacci, publié vers 1200 de notre ère.

L'auteur y présente le problème de la reproduction des lapins :

« Un couple de lapins, nés au début du premier mois, se reproduit à partir du deuxième mois *écoulé* et donne alors naissance chaque mois à un couple de lapins. Chaque nouveau couple se reproduit alors de la même manière ».

Il crée ainsi une suite donnant le nombre de couples après chaque mois.

	succession des lapins	suite de Fibonacci
après le 1er mois :	couple k$_1$	1
après le 2e mois :	k$_1$	1
après le 3e mois :	k$_1$ k$_2$	2
après le 4e mois :	k$_1$ k$_3$ k$_2$	3
après le 5e mois :	k$_1$ k$_5$ k$_3$ k$_2$ k$_4$	5
etc.		

1) Poursuis le diagramme en arbre jusqu'au 10e terme de la suite.

2) Quelle propriété lie un terme (à partir du 3e) et les deux qui le précèdent ?

À l'aide de la réponse fournie, écris la suite jusqu'au 16e terme.

3) Dans cette suite, calcule le rapport d'un terme et de celui qui le précède :

suite de Fibonacci	$\dfrac{t_n}{t_{n-1}}$
t$_1$	
t$_2$ =	$\dfrac{t_2}{t_1}$ =
t$_3$ =	$\dfrac{t_3}{t_2}$ =
. . .	. . .

4) Vers quel nombre *tend* le rapport $\dfrac{t_n}{t_{n-1}}$, lorsque l'indice naturel n augmente de plus en plus ?

397. Reprenant le *nombre d'or* Φ, vérifie les propriétés suivantes :

1) Le carré du nombre d'or s'obtient en lui ajoutant 1.

2) L'inverse du nombre d'or s'obtient en lui ôtant 1.

UN PETIT BOUT D'HISTOIRE (suite)

C. LE NOMBRE D'OR À LA RENAISSANCE

- Luca Pacioli (Borgo San Sepolcro 1445 – Rome 1510), moine franciscain, professa les mathématiques dans plusieurs universités italiennes.

Luca Pacioli

Il est l'auteur d'un ouvrage qui résume l'ensemble des connaissances mathématiques de l'époque de la Renaissance.

Il parle du nombre d'or dans son livre « *De divina proportione* » qui eut, paraît-il, le mérite d'être illustré par un artiste ami . . . Leonard de Vinci (1452–1519).

Leonard de Vinci

Ce dernier semble avoir été influencé dans ses œuvres picturales par les rectangles de dimensions proportionnelles à 1 et 1,618, harmonieux à l'œil d'un occidental.

- Le peintre et graveur allemand Albrecht Dürer (1471–1528) rendit visite au moine Pacioli, à Bologne (Italie).

Albrecht Dürer

Selon les propres termes de Dürer, il s'initia chez son ami toscan à la « perspective secrète ».

Cette dernière n'était peut-être pas étrangère au fameux nombre d'or.

- Avant de tomber dans un certain oubli pour quelques siècles, le nombre d'or est encore cité comme un bijou mathématique par l'astronome allemand Johannes Kepler (1571–1630). Il énonça surtout les lois célèbres qui régissent le mouvement des planètes.

Johannes Kepler

D. LE NOMBRE D'OR CONTESTÉ AU 20ᴱ SIÈCLE

Actuellement, des historiens prétendent que l'on a donné au *nombre d'or* une importance usurpée.

Dans la revue « Science et Vie, Junior », le dossier hors série sur les Nombres évoque, preuve à l'appui, l'arnaque du nombre d'or, ce nombre « plaqué or ».

Après Kepler, il faut attendre le 19ᵉ siècle pour le voir resurgir en force. Pour la première fois, on essaie de démontrer que le *nombre d'or*, devenu entretemps la *section dorée*, est étroitement lié à l'esthétique.

La défense est assurée par Matila Ghyka, diplomate roumain féru d'art et de mathématiques, dans son livre « *Le nombre d'or* » régulièrement réédité aux Éditions Gallimard. L'auteur débusque le nombre d'or dans la plupart des domaines artistique, architectural et musical . . .

Alors, arnaque . . . ? Le débat est ouvert entre les admirateurs de la *section dorée* qui l'observent partout et les détracteurs qui renvoient à Euclide une proportion — qui n'est pas divine, pour eux — qui permet tout au plus d'effectuer quelques constructions géométriques.

VENUS D'AILLEURS …

398. Détermine les réels a et b pour que

g(x) = x² + ax + b divise f(x) = x⁴ + 2x² + 9.

Factorise ensuite f(x)

(Bruxelles, 1994)

(Bien que g(x) soit un trinôme du second degré, cet exercice concerne la division des polynômes (voir unité 1).

On utilisera à cet égard la méthode des coefficients indéterminés (page 13).)

399. Détermine les valeurs réelles de x pour lesquelles

$$\frac{x - 2}{x^2 - 9x + 20} > 0$$

(Bruxelles, 1991)

400. Calcule les dimensions d'un rectangle d'aire a² et de périmètre 4p.

(Bruxelles, 1993)

401. Un jardin de forme rectangulaire a pour dimensions 10 mètres sur 15 mètres. On y trace des allées de largeurs égales : une en fait le tour à l'intérieur, tandis que deux autres divisent le jardin en quatre parties cultivables identiques. Quelle doit être la largeur des allées, si on veut disposer d'une surface utile de 104 m².

(Bruxelles, 1993)

402. Si on augmente la dimension d'un côté d'un carré de 2 cm et l'autre de 3 cm, on obtiendra un rectangle d'aire de 56 cm² Quel est le côté du carré ?

(Bruxelles, 1994)

403. Résous $\dfrac{2x^2 - 10x + 14}{x^2 - 3x + 2} > 1$ (Bruxelles, 1995)

404. Dans un triangle ABC, on donne

$\left|\begin{array}{l} a = 7\text{cm}, \\ b + c = 11 \text{ cm}, \\ \alpha = 60°. \end{array}\right.$

Calcule la longueur des côtés b et c, ainsi que les angles β et γ.   (Liège, 1992)

405. Résous l'inéquation

$$\frac{2x^2 - x - 3}{3x^2 - 2x - 5} \leqslant 5 \quad (x \in \mathbb{R},\ x \neq -1)$$

(Mons)

406. Résous dans $\mathbb{R}$ le système :

$$\begin{cases} (x + 1)(x^2 + 2x - 1) > 0 \\ -(x + 1)(x^2 + x - 2) < 0 \end{cases}$$

(Louvain-la-Neuve, 1994)

407. a) Les propriétés suivantes sont-elles vraies ou fausses ? Justifie !

1) Il est nécessaire que «x > 1»

pour que «x² − 1 > 0».

2) Il est suffisant que «x > 1»

pour que «x² − 1 > 0».

3) La condition «x > 1»

implique que «x² − 1 > 0».

4) La condition «x² − 1 > 0»

implique que «x > 1».

b) Complète la proposition suivante par «il faut» ou «il suffit» :

«pour que −x soit strictement positif, … que x soit négatif ou nul».

(Louvain-la-Neuve, 1996)

9. LIEUX GÉOMÉTRIQUES

POUR APPLIQUER

Pour les exercices 408, 409 et 410, on se limitera aux situations graphiques proposées.

408. Quel est le lieu 𝕃 des points du plan, équidistants
ⓒ de deux points **A** et **B** donnés, situés sur

1) une droite **a** donnée ?

2) deux droites **a** et **b** données ?

3) un cercle ℂ donné ?

4) un parallélogramme **P** donné ?

5) un losange **L** donné ?

6) un rectangle **R** donné ?

7) un carré **C** donné ?

Dans chaque cas :

a) utilise la méthode des deux lieux pour établir le lieu 𝕃 demandé ;

b) construis chaque lieu.

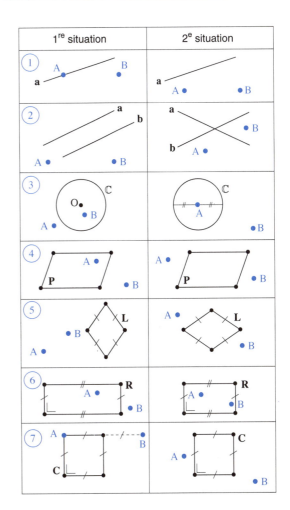

409. Quel est le lieu $\mathbb{L}$ des points du plan équidistants
ⓒ de deux droites **a** et **b** données, situés sur

1) une droite **m** donnée ?

2) deux droites $\mathbf{d_1}$ ou $\mathbf{d_2}$ données ?

3) un cercle $\mathbb{C}$ donné ?

4) un parallélogramme **P** donné ?

5) un losange **L** donné ?

6) un rectangle **R** donné ?

7) un carré **C** donné ?

Dans chaque cas :

a) utilise la méthode des deux lieux pour établir
le lieu $\mathbb{L}$ demandé; ;

b) construis chaque lieu.

410. Quel est le lieu $\mathbb{L}$ des points du plan équidistants
ⓒ d'un point **K** donné et d'une droite **d** donnée,
situés sur

1) une droite **a** donnée ?

2) deux droites **a** et **b** données ?

3) un cercle $\mathbb{C}$ donné ?

4) un parallélogramme **P** donné ?

5) un losange **L** donné ?

6) un rectangle **R** donné ?

7) un carré **C** donné ?

Dans chaque cas :

a) utilise la méthode des deux lieux pour établir
le lieu $\mathbb{L}$ demandé; ;

b) construis chaque lieu.

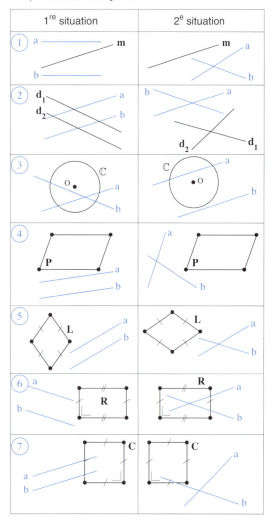

411. Soit $\mathbb{L}$, le lieu des points du plan qui sont les milieux des cordes parallèles à une droite m fixe, dans un cercle $\mathbb{C}$ de centre O et de rayon 4 cm.

1) Construis quelques points du lieu.

2) Recherche intuitivement la nature du lieu.

3) Énonce la condition nécessaire et la condition suffisante liées à ce lieu.

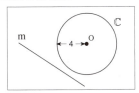

412. Quel est lieu des points du plan qui sont les centres des cercles tangents à deux demi-droites données de même origine ?

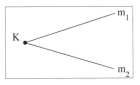

Réalise les mêmes démarches que dans l'exercice précédent.

413. Généralise l'énoncé précédent au cas de deux droites sécantes.

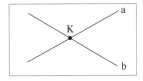

414. Une perche rigide de 10 m est posée sur un mur vertical.

Quel est le lieu du milieu de la perche lorsqu'elle glisse sur le sol et sur le mur ?

1) Traite ce problème par *la méthode synthétique*, après avoir construit quelques points du lieu.

2) Construis avec précision le lieu demandé.

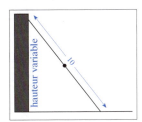

CONSTRUCTIONS

415. Construis, dans chaque situation, le (ou les) cercle(s) tangent(s) à la droite d_1 au point T et tangent à la droite d_2.

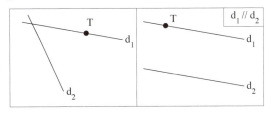

416. Construis un cercle de rayon 3 cm passant par le point P et coupant la droite d selon une corde de longueur 2 cm.

Quelle devrait être la position de P par rapport à d pour obtenir 0, 2 ou 4 solutions ?

417. On donne une droite d et un point M extérieur à d.

1) Construis un cercle passant par M et tangent à d.

2) Quel est le lieu des centres de ces cercles ?

Justifie !

418. On donne :

– la droite a,

– le cercle $\mathbb{C}$ de centre O,

– le point P de $\mathbb{C}$.

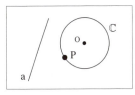

Détermine le point M de a tel que MP soit tangente à $\mathbb{C}$.

419. On donne deux droites a et b sécantes en S.

Construis un cercle de rayon 3 tangent à ces deux droites. Combien de solutions y a-t-il ?

420. On donne un cercle $\mathbb{C}$ de centre O et deux points A et B : A est un point du cercle et B est extérieur au cercle.

Construis un cercle passant par B et tangent à $\mathbb{C}$ en A.

321

421. Les droites a et b sont parallèles. Construis une droite d passant par P telle que la partie de droite comprise entre a et b mesure 4 cm.

Combien existe-t-il de solutions si la distance de a à b est │ inférieure à 4 cm ?
│ égale à 4 cm ?
│ supérieure à 4 cm ?

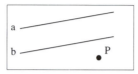

422. Construis la bissectrice de l'angle dont le sommet est en dehors des limites de l'épure.

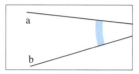

423. Construis un cercle tangent à d_1 et à d_2 et dont le centre se trouve sur a.

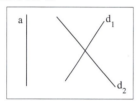

424. On donne deux droites parallèles a et b et un point M qui ne leur appartient pas.

Construis un cercle tangent à ces deux droites et passant par M.

Combien y a-t-il de solutions ?

425. Dans le triangle ABC, on désigne par

- a, b et c les longueurs des côtés opposés respectivement aux sommets A, B et C;

- h_A, la longueur de la hauteur issue de A (h_B et h_C les longueurs des autres hauteurs);

- m_A, la longueur de la médiane issue de A (m_B et m_C les longueurs des autres médianes).

Construis le triangle ABC lorsqu'on donne :

1) a, b et m_A ;

2) a, h_A et m_A ;

3) $\widehat{A}$, h_A et m_A.

POUR CHERCHER

---

426. Quel est le lieu $\mathbb{L}$ des points du plan situés sur une ellipse $\mathbb{E}$ et qui sont équidistants de :

1) deux droites données d_1 et d_2 ?

2) deux points donnés P_1 et P_2 ?

3) un point donné P est une droite donnée d ?

Dans chaque cas :

a) analyse et recherche le lieu;

b) démontre l'exactitude de ta découverte après avoir énoncé la condition nécessaire et la condition suffisante;

c) construis chaque lieu.

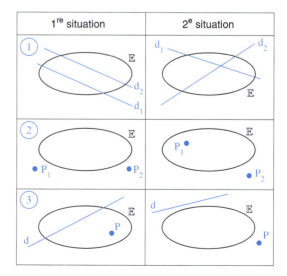

427. Soit | le cercle $\mathbb{C}$ de centre S(3, 0) et de rayon 2, | le point K de coordonnée (0, 0).

On demande le lieu $\mathbb{L}$ des milieux des cordes découpées par le cercle $\mathbb{C}$ sur les droites issues de K.

1) Construis $\mathbb{C}$ et K dans un repère orthonormé du plan.

   Construis quelques points du lieu $\mathbb{L}$ afin d'en imaginer la nature.

2) Démontre l'exactitude de ta découverte en 1), par *la voie synthétique*.

3) Construis ensuite le lieu par la *méthode des deux lieux*.

4) Par *la méthode analytique*, traduis en équation la propriété géométrique mise en évidence ci-dessus et qui lie les points M, K et S.

   Construis avec précision l'ensemble des points dont les coordonnées vérifient l'équation trouvée.

   Parmi les points construits, sélectionne ceux qui forment le lieu demandé.

428. Quel est lieu $\mathbb{L}$ des points du plan tels que le rapport des distances à deux points fixes R et S est la constante 3 ?

Utilise *la méthode analytique*.

1) Choisis un repère orthonormé du plan tel que RS soit l'axe des x et que la coordonnée de R soit (2, 0) et que $\overline{RS} = 4$.

   Trouve alors la coordonnée de S.

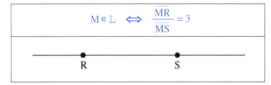

2) Traduis ensuite la propriété : $\overline{MR} = 3\,\overline{MS}$ si M, un point du lieu demandé, a comme coordonnée (x, y).

   Quelle est la nature du lieu ? Construis-le avec précision.

UN PETIT BOUT D'HISTOIRE

LES SECTIONS CONIQUES D'APOLLONIUS

Le lieu que tu viens de découvrir à l'exercice 428 est appelé du nom de son inventeur le cercle d'Apollonius.

Apollonius de Perga, géomètre et astronome grec florissait à Alexandrie (260–200 av. J.-C.).

Disciple d'Archimède, il est un des créateurs des mathématiques dans l'Antiquité.

Il a écrit un célèbre traité des *«Sections coniques»*.

Il y développe la propriété :

«la section par un plan d'un cône à base circulaire engendre des courbes appelées coniques» (ellipses, hyperboles, paraboles)

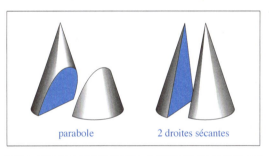

parabole   2 droites sécantes

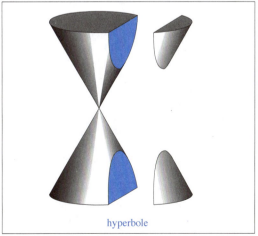

hyperbole

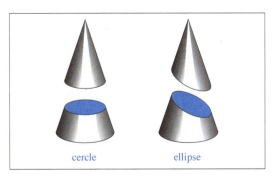

cercle   ellipse

CONSTRUCTIONS

Dans chaque cas, justifie la construction effectuée et discute les éventuelles possibilités à envisager.

429. On donne un cercle $\mathbb{C}_1$ et un segment [ST]. Construis un cercle $\mathbb{C}_2$ qui coupe $\mathbb{C}_1$ aux points A et B de telle manière que AB et ST soient parallèles.

430. On donne un cercle $\mathbb{C}$ et deux points A et B intérieurs à $\mathbb{C}$. Construis un triangle rectangle inscrit au cercle de telle sorte que les points A et B appartiennent chacun à un côté de l'angle droit.

431. Construis un cercle qui passe à égale distance de quatre points donnés.

432. On donne quatre points : A, B, M, N. Construis un cercle passant par A et B de telle sorte que les tangentes issues de M et N limitées aux points de tangence aient une longueur donnée.

433. On donne un point P et un cercle $\mathbb{C}$. Mène par P une sécante à $\mathbb{C}$ de telle manière qu'elle détermine avec le cercle une corde de longueur donnée.

(Distingue deux cas : P est *intérieur* au cercle $\mathbb{C}$

P est *extérieur* au cercle $\mathbb{C}$)

Cet énoncé est à mettre en rapport avec la notion de puissance d'un point par rapport à un cercle, évoquée dans les exercices 325 et 326.

434. On donne deux cercles de rayons différents r et r′, la distance entre les centres étant plus grande que r et que r′. Trace les tangentes communes à ces deux cercles.

POUR ALLER PLUS LOIN

435. Reprends le problème de la perche évoqué au n° 414.

Tente de le résoudre par *la méthode analytique* en suivant les étapes décrites ci-après

1) Choisis un repère orthonormé du plan tel que
   - AC soit l'axe des x,
   - AB soit l'axe des y.

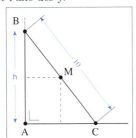

2) Exprime en fonction des données du problème la coordonnée des points A, B et C.

3) Si (x, y) est la coordonnée du point M du lieu demandé $\mathbb{L}$, exprime x et y en fonction du *paramètre* h.

4) Dans le système obtenu, élimine le paramètre h en tirant une expression de h dans une des deux équations et en la portant dans l'autre équation. L'équation en (x, y) est celle du lieu demandé.

5) Quelle est la nature du lieu ? Construis-le avec précision.

436. Voici l'équation d'une famille $\mathcal{F}$ de paraboles :
$$y = x^2 + 2mx + 3,\ \text{où m est un } \textit{paramètre}\ \text{réel.}$$

1) Dans l'équation générale d'une parabole, $y = ax^2 + bx + c$, quelle est pour la famille évoquée la valeur de a, de b et de c ?

2) Représente dans le plan cartésien une parabole $\mathbb{P}_1$ de la famille obtenue en remplaçant m par 1.

3) Représente $\mathbb{P}_2$ en remplaçant m par 2, $\mathbb{P}_3$ en remplaçant m par 3, …

Dessine suffisamment de paraboles pour visualiser l'ensemble des sommets de cette famille.

4) Calcule la coordonnée du sommet de chaque parabole (utilise l'équation de départ).

5) Le lieu $\mathbb{L}$ de ces sommets est l'ensemble des couples de réels qui vérifient deux équations, l'une en x, l'autre en y. Lesquelles ?

6) Dans le système écrit en 5), *élimine le paramètre m*, comme cela a été proposé dans l'exercice 435.

Tu obtiens une équation en x et y.

C'est celle du lieu $\mathbb{L}$ demandé.

Quelle est la nature de ce lieu ?

Décris-le et compare-le avec la réponse donnée en 3).

437. Réponds aux mêmes questions pour les familles
$$\mathcal{F}_1 : y = x^2 + mx + 1;$$
$$\mathcal{F}_2 : y = mx^2 + x + 1;$$
$$\mathcal{F}_3 : y = x^2 + x + m.$$

438. Dans un repère orthonormé du plan, recherche, analyse et construis le lieu $\mathbb{L}$ des points K du plan tels que $\overline{KA}^2 + \overline{KB}^2 = \dfrac{5}{4}\,\overline{AB}^2$, lorsque

1) A(2, 0), B(6, 0);
2) A(−3, 0), B(0, 2);
3) A(2, 5), B(4, 7).

439. Deux droites a et b sont perpendiculaires en O. Soit A et B les projections orthogonales d'un point M respectivement sur a et sur b.

Recherche, analyse et construis le lieu des points M du plan tels que

$$\overline{OA} + \overline{OB} = 1$$

Piste :

Soit (x, y) la coordonnée du point M dans un repère orthonormé du plan

– d'axe des x égal à a,
– d'axe des y égal à b.

Calcule la coordonnée de A et de B en fonction de celle de M. Discute suivant le signe de x et celui de y :

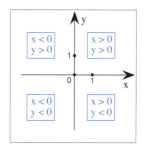

440. Mêmes questions qu'à l'exercice précédent, mais pour $\overline{OA} - \overline{OB} = 2$.

VENUS D'AILLEURS …

441. Dans un système d'axes perpendiculaires, on donne O(0, 0), A(2, 0) et B(1, 3).

1) Détermine le lieu géométrique des points X(x, y) du plan, si $\overline{OX}^2 + \overline{AX}^2 + \overline{BX}^2 = 4$.

2) Construis ce lieu.

(Géomètre - Expert - Immobilier, Jury central, 1991)

442. Dans un système d'axes rectangulaires, on donne A(2, 0) et B(−2, 0).

1) Calcule les coordonnées de C si le triangle ABC est équilatéral et la 2ᵉ coordonnée de C est positive.

2) Détermine l'équation du cercle circonscrit au triangle ABC.

3) Détermine et construis le lieu géométrique des points X (x,y) du plan,

si $\overline{AX}^2 + \overline{BX}^2 + \overline{CX}^2 = 9$.

(Géomètre - Expert - Immobilier, Jury central, 1992)

443. Dans un système d'axes perpendiculaires, on donne A(3, 2) et B(9, 8).

1) Donne l'équation du lieu géométrique des centres des cercles passant par A et par B.

2) Détermine l'équation du cercle $\mathbb{C}$ passant par A et par B et dont le centre C se trouve sur l'axe y.

3) Détermine l'équation de chacune des tangentes au cercle $\mathbb{C}$ aux points A et B.

4) Calcule à $\dfrac{1}{1000}$ près l'amplitude de l'angle aigu formé par ces deux tangentes à leur point d'intersection.

(Géomètre - Expert - Immobilier, Jury central, 1995)

10. CONSTRUCTION DANS L'ESPACE

POUR APPLIQUER

10.1.

444. Les tabourets utilisés pour traire les vaches n'ont que trois pieds ! Pourquoi pas quatre ?

445. Si une chaise à quatre pieds est bancale, combien de pieds faut-il raccourcir pour qu'elle devienne stable ?

446. Voici trois dessins. Que représentent-ils ?

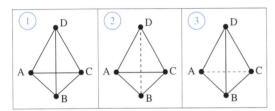

447. Dessine deux pyramides à base carrée de mêmes dimensions, sachant que, pour la première, l'il de l'observateur est situé au-dessus du plan de base ; tandis que, pour la deuxième, l'il est placé au-dessous de la base.

448. Suivant l'endroit où se trouve l'observateur, précise les parties vues et cachées de la figure suivante de l'espace qui représente un prisme triangulaire.

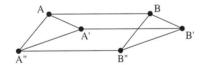

Deux positions différentes sont à envisager. La position de l'observateur sera chaque fois décrite.

449. On demande de dessiner un plan β, de part et d'autre du plan α, sachant qu'il coupe le plan α suivant la droite a. On précisera la position de l'observateur par rapport à β.

l'il de l'observateur est situé au-dessus de α l'il de l'observateur est situé au-dessous de α

450. Données :   a, b, c sont des droites,
α, β, γ sont des plans,
$\alpha \cap \beta = a$,
$\alpha \cap \gamma = b$,
$\beta \cap \gamma = c$.

Dessine cette situation de l'espace suivant différentes positions de l'il de l'observateur.

451. Données :

α et β sont des plans : $\alpha \,/\!/\, \beta$ et $\alpha \neq \beta$,
a est une droite,
$a \cap \alpha = \{A\}$,
$a \cap \beta = \{B\}$.

Dessine cette situation de l'espace suivant différentes positions de l'il de l'observateur.

452. Données : α, β sont des plans,
$\alpha \cap \beta = i$, i est une droite,
a est une droite,
a perce α en A,
a perce β en B.

Dessine cette situation suivant que l'«ouverture» des représentations des deux plans est «rentrante» ou «saillante» pour l'observateur.

453. Voici quatre situations de l'espace.

Associe à chacune d'elles une des quatre notations :

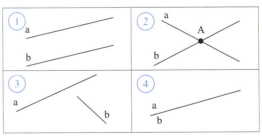

1) $a \cap b = \{A\}$,

2) $a \,\not/\!\!/\, b$ et $a \cap b = \phi$,

3) $a \,/\!/\, b$ et $a \cap b = \phi$,

4) $a \,/\!/\, b$ et $a = b$.

454. Soit la droite a et le plan α.

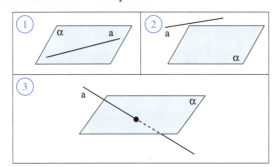

Associe une notation à chacune des situations :

1) a ∩ α = φ,

2) a ∩ α ≠ φ et a ⊂ α,

3) a ∩ α ≠ φ et a ⊄ α.

455. Soit les droites a et b et le plan α

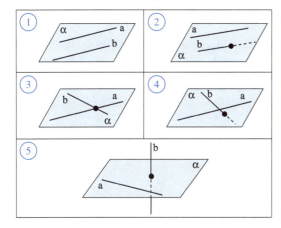

Associe une notation à chacune des situations :

1) a ⊂ α, b ⊄ α

   a ∩ b = φ et b ∩ α ≠ φ,

2) a ⊂ α, b ⊂ α, a ∩ b ≠ φ,

3) a ⊂ α, b ⊂ α, a ∩ b = φ.

456. Soit les plans α et β.

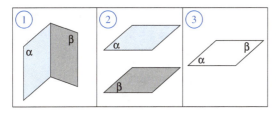

Associe une notation à chacune des situations :

1) α = β,

2) α ∩ β ≠ φ et α ≠ β,

3) α ∩ β = φ.

457. Dans le cube suivant et le tétraèdre suivant, détermine une droite gauche par rapport à la droite XY, une droite parallèle à XY et une droite sécante à XY (utilise les sommets des solides) :

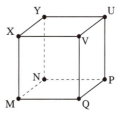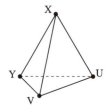

458. Soit le cube ARTHUBOS.
ⓒ
1) Recherche l'intersection de la droite RK avec le plan URO (K est un point de HS).

2) Recherche le point de percée de la droite KC avec le plan UOB (C est un point de RT).

3) Recherche le point de percée de la droite KC avec le plan URO (C est un point du plan UAH et K est un point de RA).

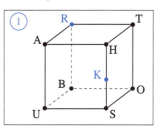

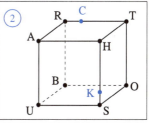

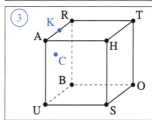

459. Dans chaque situation, détermine graphiquement
ⓒ le point de percée de la droite XY dans le plan
ABC :

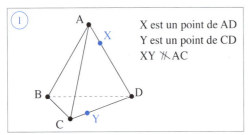

① X est un point de AD
Y est un point de CD
XY ⊁ AC

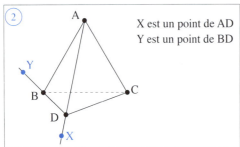

② X est un point de AD
Y est un point de BD

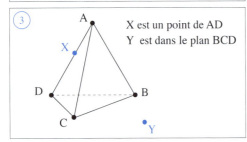

③ X est un point de AD
Y est dans le plan BCD

460. Soit la pyramide à base carrée de sommet s.
ⓒ

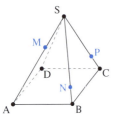

Construis :

1) le point de percée de la droite MN dans le plan
ABC ;

2) l'intersection des plans SMP et ABC ;

3) le point de percée de la droite MP dans le plan
ABC ;

4) l'intersection avec la pyramide du plan α passant par P et parallèle à ABC.

461. Voici trois plans α, β, γ sécants deux à deux et la
ⓒ droite d incluse dans α.

Soit M un point de β.

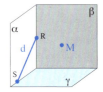

Construis l'intersection du plan déterminé par d
et M avec α, β et γ.

462. On donne le cube :
ⓒ

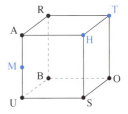

Recherche

1) l'intersection du plan THM avec le plan BOS ;

2) l'intersection du plan THM avec le cube.

463. On donne le cube MNPQRSTU et le plan passant
ⓒ par A, B et C. Dans les différents cas, recherche
l'intersection de ce plan avec le cube, en justifiant
les différentes étapes.

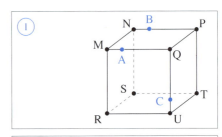

①

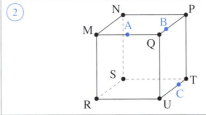

②

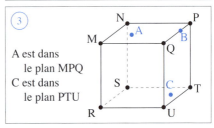

③ A est dans
le plan MPQ
C est dans
le plan PTU

464. Soit | la pyramide triangulaire SABC,
ⓒ | M est sur SA,
| N est sur BC,
| P est sur SB.

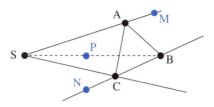

Construis en justifiant, l'intersection du plan MNP avec les quatre faces de la pyramide. Hachure le polygone d'intersection.

465. Détermine la section du tétraèdre et de plan α
ⓒ déterminé par les points X, Y et Z :

| X est sur AB,
| Y est sur AC,
| Z est sur BD.

Hachure la section obtenue et justifie les étapes.

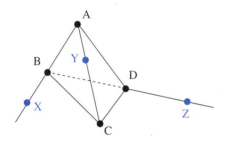

466. Dans les situations suivantes, détermine l'intersec-
ⓒ tion du plan ABC avec le tétraèdre RSTU :

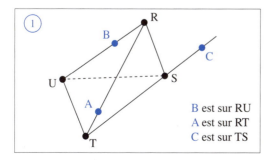

①
B est sur RU
A est sur RT
C est sur TS

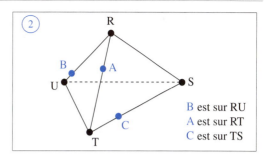

②
B est sur RU
A est sur RT
C est sur TS

467. Si l'on dit que les droites a, b et c sont non coplanaires mais se coupent deux à deux, dessine une situation possible et justifie. Y a-t-il d'autres situations possibles ?

10.2.

468. Compare, au point de vue de la longueur, les segments déterminés, sur deux droites parallèles par deux plans parallèles.

469. Si trois plans distincts se coupent deux à deux, alors les intersections ont un point commun, sont parallèles deux à deux en étant distinctes ou sont confondues.

Démontre.

470. Soit d et d' deux droites parallèles et X un point n'appartenant pas à ces deux droites. Quel est l'ensemble des plans comprenant X et parallèles aux deux droites données ? Justifie.

471. Soit d et d' deux droites gauches et la droite x distincte des deux précédentes. Construis la droite y parallèle à x et qui s'appuie sur les deux droites gauches.

472. A, B, C, D sont quatre points d'un plan α, tels que ABCD soit un parallélogramme.

Par chaque sommet du parallélogramme, trace une droite : | a par A,
| b par B,
| c par C,
| d par D, telles qu'elles soient parallèles et non parallèles au plan ABC.

Le plan α' coupe ces quatre droites :

| a en A',
| b en B',
| c en C',
| d en D'.

Caractérise le quadrilatère A'B'C'D' et justifie.

EN CAS DE NÉCESSITÉ

473. Détermine de manière justifiée le point de percée
ⓒ de la droite XY dans le plan ADC.

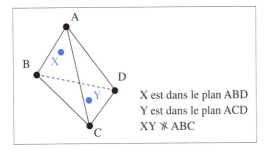

X est dans le plan ABD
Y est dans le plan ACD
XY ∦ ABC

474. Soient | les droites m et n, gauches;
A, B ∈ m;
A′, B′ ∈ n

Dessine cette situation et examine les positions des
droites AA′ et BB′. Discute.

475. Soit le tétraèdre ABCD.
ⓒ

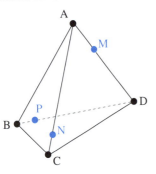

1) Recherche le point de percée de la droite MN
dans le plan BDC.

2) Recherche l'intersection du plan MNP avec
BCD.

476. Construis la section plane dans le cube dessiné
ⓒ ci-dessous par le plan contenant la droite AB′ et
parallèle au plan DBC′.

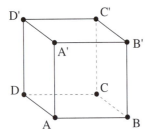

477. Recherche en justifiant l'intersection du plan ABC
ⓒ avec le cube MNPQRSTU,

– A est sur MQ,

– B est sur PQ,

– C est sur PT.

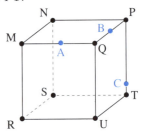

478. Soit Q un point de la droite BC.
ⓒ

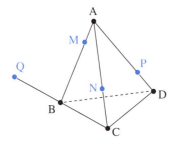

Détermine

1) l'intersection du plan QPN avec le tétraèdre
ABCD;

2) l'intersection du plan QPN avec le plan BCD;

3) le point de percée de la droite QN dans le plan
ABD;

4) le point de percée de la droite QM dans le plan
ACD.

Justifie tes différentes réponses.

POUR CHERCHER

479. Soit   le tétraèdre ABCD,
ⓒ   Q, un point de BC;
         S, un point de BD;
         R, un point de CD;
         M, un point de AB.

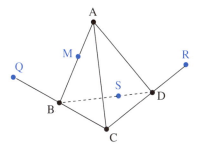

1) Détermine l'intersection du plan MQR avec le tétraèdre.
2) Détermine le point de percée de la droite AS dans le plan MQR.

480. On donne le parallélépipède ABCDA′B′C′D′.
ⓒ

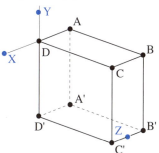

Trouve la section du plan XYZ avec ce parallélépipède, si
– X est un point de AD,
– Y est un point de DD′,
– Z est un point de B′C′.
Justifie les étapes.

481. Construis la section du plan réalisée par le plan
ⓒ ABC dans le cube QPNMTSOR, lorsque
– A est sur QM,
– B est sur PS,
– C est sur OR.
Justifie les étapes.

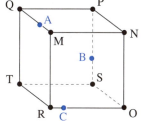

482. Construis la section réalisée par le plan MNP dans
ⓒ le tétraèdre SABC lorsque

– M est un point de la face SAB;
– P est un point de la face ABC;
– N est un point de la face SAC.

Justifie les étapes.

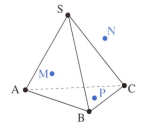

483. Sachant que les côtés d'une section plane dans
ⓒ un cube forment un **polygone** dont le nombre de côtés est égal au nombre de faces coupées par le plan sécant, dessine dans le cube ci-dessous toutes les sortes de sections et critique leur plausibilité :

– **triangles** (acutangle, isocèle, équilatéral, rectangle, obtusangle);

– **quadrilatères** (carré, rectangle non carré, parallélogramme, losange, trapèze, quadrilatère quelconque);

– **pentagones** (régulier, quelconque);

– **hexagones** (régulier, quelconque).

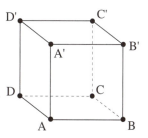

484. Voici une représentation spatiale bizarre : les côtés AD, BE et CF étant prolongés en pointillé :

$\{P\} = AD \cap BE,$

$\{M\} = AD \cap CF,$

$\{N\} = BE \cap CF.$

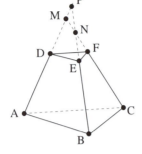

1) Démontre que si M, N et P sont trois points distincts, il est impossible que ABCDEF soit un solide.

2) Quelle doit être la condition minimale pour que ABCDEF soit un solide ?

485. Les figures hachurées sont-elles planes ?

© Justifie par une construction.

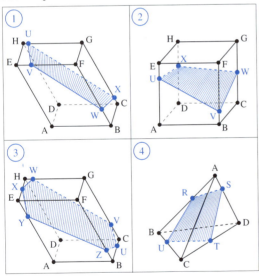

486. Soient | les droites sécantes a et b,
| $A \in a$ et $A' \in a$,
| $B \in b$ et $B' \in b$.

O n'appartient pas au plan déterminé par a et b.

Dessine cette situation et détermine l'intersection des plans OAA′ et OBB′.

487. Soient | les droites gauches a et b,
| $A \in a$,
| $B \in b$.

Dessine cette situation et détermine l'intersection du plan α déterminé par A et b et du plan β déterminé par B et a.

488. Soient | A, B, C trois points non alignés d'un
| plan α,
| $D \notin \alpha$,
| $M \in AB$ $\}$ avec MN ∦ BC.
| $N \in AC$

Dessine cette situation et détermine l'intersection de la droite BC avec le plan DMN.

489. Soit | le cube ABCDA′B′C′D′,
| M est le milieu de [A′D′],
| N celui de [D′C′],
| S celui de [AB],
| T celui de [BC].

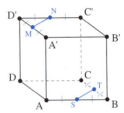

Démontre que les droites MN et ST sont parallèles.

490. Soit a et b deux droites gauches. Démontre qu'il existe une seule paire de plans parallèles α et β, tels que a soit incluse dans α et b dans β.

Indique un procédé de construction.

491. Dans le tétraèdre SABC,

soit | M, le milieu de [SA],
| N, celui de [SC],
| P, celui de [BC],
| Q, celui de [AB].

Quelle est la nature du quadrilatère MNPQ ? Démontre !

492. Construis un plan comprenant le point P donné et parallèle aux deux droites gauches x et y. Justifie. Combien y a-t-il de solutions suivant les positions de P, x et y ?

11. CALCUL VECTORIEL

POUR APPLIQUER

11.1 et 11.2

493. On donne le parallélogramme ABCD et le triangle BEC.

(BE // AC et CF // DB).

Trouve les vecteurs égaux.

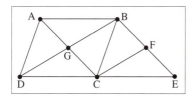

494. Construis les vecteurs $\overrightarrow{CV}$, $\overrightarrow{XD}$, $\overrightarrow{EY}$, $\overrightarrow{ZF}$ afin qu'ils
ⓒ soient égaux à $\overrightarrow{AB}$.

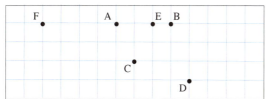

495. Démontre : si A, B et X sont des points du plan,
alors $\overrightarrow{AB} = \overrightarrow{XB} \implies A = X$.

496. Dans le repère ci-dessous, calcule les composantes
des vecteurs : $\overrightarrow{AB}$, $\overrightarrow{AC}$, $\overrightarrow{EF}$, $\overrightarrow{GE}$, $\overrightarrow{OD}$, $\overrightarrow{OE}$, $\overrightarrow{OF}$.

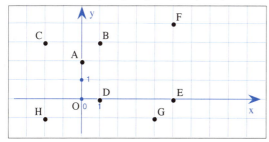

497. Dans un repère, on donne les points et leur coordonnée :

A(2, 3), B(−4, 5), C(−3, −4), D(5, −1).

Calcule les composantes des vecteurs :

$\overrightarrow{AB}$, $\overrightarrow{AC}$, $\overrightarrow{AD}$, $\overrightarrow{BC}$, $\overrightarrow{BD}$, $\overrightarrow{CD}$, $\overrightarrow{BB}$.

498. ABCD est un parallélogramme

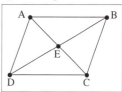

En choisissant,

– le point C comme origine,

– la droite CD comme axe des abscisses ($\overline{CD}$ est
l'unité sur cet axe) orienté de C vers D,

– la droite CB comme axe des ordonnées ($\overline{CB}$ est
l'unité sur cet axe)orienté de C vers B,

quelles sont les composantes de chacun des vecteurs :

1) $\overrightarrow{DB}$?   3) $\overrightarrow{DE}$?   5) $\overrightarrow{EA}$?

2) $\overrightarrow{DB} + \overrightarrow{DB}$?   4) $\overrightarrow{AC}$?   6) $\overrightarrow{BC}$?

11.3 à 11.6

499. On donne le parallélogramme ABCD et ses diagonales qui se coupent en E.

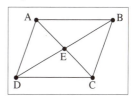

Recherche le vecteur dont la somme vaut :

1) $\overrightarrow{AE} + \overrightarrow{EC}$ 4) $\overrightarrow{AE} + \overrightarrow{CE}$ 7) $\overrightarrow{EC} + \overrightarrow{DE}$

2) $\overrightarrow{AC} + \overrightarrow{CE}$ 5) $\overrightarrow{CD} + \overrightarrow{AB}$ 8) $\overrightarrow{AB} + \overrightarrow{ED}$

3) $\overrightarrow{AE} + \overrightarrow{ED}$ 6) $\overrightarrow{EB} + \overrightarrow{CE}$

500. On donne les points A, B, C, D, E et F.
ⓒ

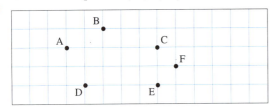

Représente et recherche le vecteur dont la somme vaut :

1) $\overrightarrow{AB} + \overrightarrow{BD}$ 4) $\overrightarrow{AC} + \overrightarrow{BC}$ 7) $\overrightarrow{AE} + \overrightarrow{BD}$

2) $\overrightarrow{DE} + \overrightarrow{EF}$ 5) $\overrightarrow{AC} + \overrightarrow{BE}$ 8) $\overrightarrow{AD} + \overrightarrow{DA}$

3) $\overrightarrow{AB} + \overrightarrow{FE}$ 6) $\overrightarrow{AB} + \overrightarrow{EF}$

501. Les points A, B, C, D, E et F sont alignés.
ⓒ

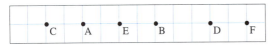

Procède comme à l'exercice précédent.

502. DÉFINITION
ⓒ

> La différence de deux vecteurs est le vecteur égal à la somme du premier et de l'opposé du second.

EXEMPLE : $\overrightarrow{RS} - \overrightarrow{TV} = \overrightarrow{RS} + (-\overrightarrow{TV}) = \overrightarrow{RS} + \overrightarrow{VT}$.

On donne les points A, B, C, D.

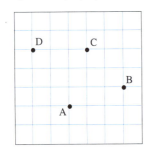

Recherche les vecteurs définis par :

1) $\overrightarrow{AB} - \overrightarrow{CB}$ 3) $\overrightarrow{AB} - \overrightarrow{AC}$

2) $\overrightarrow{AB} - \overrightarrow{CD}$ 4) $\overrightarrow{AB} - \overrightarrow{CB} - \overrightarrow{DC}$

503. Dans les dessins suivants, $\overline{AB} = 1$ et $\overline{CD} = 3$.

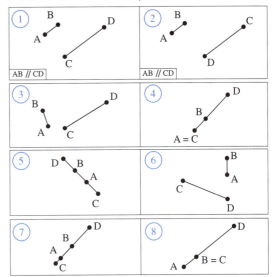

Dans quels cas est-il exact d'affirmer :
$$\overrightarrow{CD} = 3\,\overrightarrow{AB} ?$$

504. Construis chacun des vecteurs
ⓒ

1) $2\,\overrightarrow{AB}$ 5) $2\,\overrightarrow{ED} + 3\,\overrightarrow{EF}$

2) $-3\,\overrightarrow{AC}$ 6) $-2\,\overrightarrow{DE} - 2\,\overrightarrow{AB}$

3) $\dfrac{3}{2}\,\overrightarrow{AD}$ 7) $2\,\overrightarrow{ED} - 3\,\overrightarrow{FE}$

4) $2\,\overrightarrow{AB} + \overrightarrow{AD}$ 8) $3\,\overrightarrow{FB} - 2\,\overrightarrow{DE}$

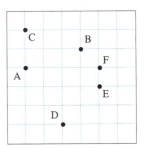

505. Si $\overrightarrow{AB} = \dfrac{7}{4}\,\overrightarrow{CD}$,

complète : 1) $\overrightarrow{CD} = \boxed{...}\,\overrightarrow{AB}$

2) $\overrightarrow{DC} = \boxed{...}\,\overrightarrow{AB}$

3) $\overrightarrow{CD} = \boxed{...}\,\overrightarrow{BA}$

4) $\boxed{...}\,\overrightarrow{AB} + \boxed{...}\,\overrightarrow{CD} = \overrightarrow{O}$

334

506. Vrai ou faux ? Justifie !

1) Deux vecteurs opposés sont parallèles.

2) Deux vecteurs parallèles sont opposés.

3) Deux vecteurs égaux sont parallèles.

507. Simplifie en utilisant les propriétés des opérations sur les vecteurs du plan :

1) $2\overrightarrow{AB} + 3\overrightarrow{CD} - \overrightarrow{AB} + 4\overrightarrow{CD}$

2) $\left(2 + \dfrac{1}{2}\right)\overrightarrow{AB} - \left(4\overrightarrow{CD} - 5\overrightarrow{AB}\right)$

3) $(2 + 3)\left(\overrightarrow{AB} - 6\overrightarrow{AC}\right)$

4) $2\left(\overrightarrow{AB} + \overrightarrow{CD}\right) - 3\left(\overrightarrow{AB} - \overrightarrow{CD}\right)$

5) $2\overrightarrow{AB} + 2\overrightarrow{CD} + 2\overrightarrow{BC}$

6) $2\left(\overrightarrow{AM} + \overrightarrow{BM}\right) + 2\left(\overrightarrow{BM} - \overrightarrow{CM}\right)$

508. A, B et C sont trois points non alignés.

Les vecteurs suivants sont-ils parallèles ? Pourquoi ?

1) $\overrightarrow{AB}$ et $\overrightarrow{AC}$

2) $\overrightarrow{AA}$ et $\overrightarrow{AB}$

3) $\overrightarrow{AB}$ et $\overrightarrow{BC}$

4) $\overrightarrow{AB}$ et $\overrightarrow{BA}$

5) $\overrightarrow{AB}$ et $-\overrightarrow{AB}$

6) $\overrightarrow{AB} + \overrightarrow{AC}$ et $\overrightarrow{AB} - \overrightarrow{AC}$

509. Dans un repère du plan, on donne les points A et B.

Détermine dans chaque cas la coordonnée de C pour que

a) OACB soit un parallélogramme;

b) OABC soit un parallélogramme,

lorsque 1) A(1, 3) et B(4, 1)

2) A(1, 3) et B(4, −2)

3) A(1, 3) et B(2, −6)

510. 1) Calcule le réel a pour les vecteurs de composantes $\left(-\dfrac{2}{5}, \dfrac{1}{3}\right)$ et $\left(-\dfrac{3}{4}, a\right)$ soient parallèles.

2) Quelle est la valeur du réel a pour que le vecteur de composantes $\left(-5\sqrt{2}, a\right)$ et celui de composantes $\left(3\sqrt{2}, -\sqrt{3}\right)$ soient des vecteurs parallèles ?

511. Un canot à moteur traverse une rivière dans la
ⓒ direction AB. Il est soumis aux forces de son moteur et du courant. Détermine l'endroit où il abordera la berge opposée.

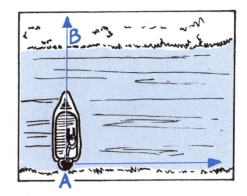

512. Dans un repère du plan, on donne les vecteurs $\overrightarrow{OA}(2, -3)$, $\overrightarrow{OB}(2w, 3)$, $\overrightarrow{OC}(3, k)$, $\overrightarrow{OD}(4, -2)$.

1) Calcule le réel k, si l'on te dit que $\overrightarrow{OC}$ est parallèle à $\overrightarrow{OA}$.

2) Calcule le réel w, si l'on te dit que $\overrightarrow{OD}$ est parallèle à $\overrightarrow{OB} + 2\overrightarrow{OA}$.

3) Soit $\overrightarrow{OE}$ de composantes (r, s). Détermine les réels r et s, si l'on sait que le point A est le milieu du segment [ED].

513. Dans le plan cartésien, on donne

$A\left(-4, \dfrac{1}{2}\right)$, $B\left(3, -\dfrac{1}{3}\right)$, $C\left(-\dfrac{1}{2}, 0\right)$, $D(-3, -2)$.

Calcule la coordonnée de

Z tel que $\overrightarrow{OZ} = \overrightarrow{AC}$;

U tel que $\overrightarrow{OU} = -\overrightarrow{BC}$;

V tel que $\overrightarrow{OV} = 2\overrightarrow{BD}$;

W tel que $\overrightarrow{OW} = \overrightarrow{AB} + \overrightarrow{CD}$;

R tel que $\overrightarrow{OR} = \overrightarrow{AD} - 2\overrightarrow{BD}$.

514. Dans le parallélogramme ABCD, construis M tel que $\overrightarrow{BM} = \overrightarrow{AB}$. Démontre : $\overrightarrow{DB} = \overrightarrow{CM}$.

515. On donne le parallélogramme ABCD,

F est le milieu de [CD],

G est le milieu de [AB].

Démontre que [AC] et [FG] ont même milieu.

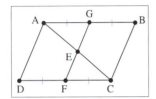

516. Démontre, par calcul vectoriel, qu'en joignant les milieux des côtés consécutifs d'un quadrilatère, on obtient un parallélogramme.

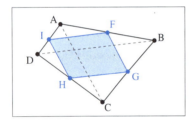

517. Dans le parallélogramme ABCD,

M est le milieu de [AB],

N est le milieu de [DC].

Démontre : $\overrightarrow{DM} = \overrightarrow{NB}$

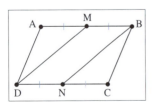

518. Démontre, par calcul vectoriel, que tout quadrilatère dont les diagonales se coupent en leur milieu est un parallélogramme.

519. Dans le parallélogramme ABCD, on donne les milieux M, N, P, Q de chaque côté.

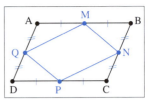

Démontre que le quadrilatère MNPQ est un parallélogramme.

520. Observe le parallélogramme ABCD et les points M, N, P, Q.

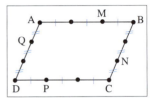

Peux-tu tirer la même conclusion que dans l'exercice 519.

Justifie ta réponse !

521. On donne le parallélogramme ABCD.
©

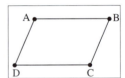

1) Construis la droite a comprenant A et parallèle à la diagonale DB.

2) Détermine X et Y, sachant que

X est l'intersection de a et de CD et que

Y est l'intersection de a et de CB.

3) Démontre que A est le milieu de [XY].

522. Dans le parallélogramme ABCD les points M, N,
©   P et Q sont tels que $\left| \begin{array}{l} \overrightarrow{AM} = \overrightarrow{MN} = \overrightarrow{NB}, \\ \overrightarrow{DP} = \overrightarrow{PQ} = \overrightarrow{QC}. \end{array} \right.$

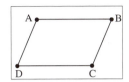

1) Construis M, N, P, Q.

2) Démontre : a) DN // PB;

              b) PM // QN.

3) Détermine R et S, sachant que {R} = PB∩QN, {S} = PM ∩ DN.

4) Démontre que le quadrilatère PRNS est un parallélogramme.

EN CAS DE NÉCESSITÉ

523. On donne le parallélogramme ABCD.

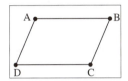

Représente et recherche le vecteur égal à

1) $\overrightarrow{AB} + \overrightarrow{BD}$ 4) $\overrightarrow{AC} + \overrightarrow{CD}$ 7) $\overrightarrow{AB} + \overrightarrow{CD}$

2) $\overrightarrow{AB} + \overrightarrow{BC}$ 5) $\overrightarrow{CA} + \overrightarrow{BC}$ 8) $\overrightarrow{DB} + \overrightarrow{BC}$

3) $\overrightarrow{AD} + \overrightarrow{DB}$ 6) $\overrightarrow{AB} + \overrightarrow{AD}$

524. On donne le parallélogramme ABCD et ses diagonales qui se coupent en E.

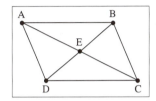

Représente et recherche le vecteur défini par :

1) $\overrightarrow{AB} + \overrightarrow{BD} + \overrightarrow{DC}$ 5) $\overrightarrow{AD} - \overrightarrow{CB}$

2) $\overrightarrow{AB} + \overrightarrow{BC} + \overrightarrow{CD}$ 6) $\overrightarrow{AC} - \overrightarrow{DC}$

3) $\overrightarrow{AD} + \overrightarrow{DB} + \overrightarrow{BC}$ 7) $\overrightarrow{AD} - \overrightarrow{BD}$

4) $\overrightarrow{AE} + \overrightarrow{BC} + \overrightarrow{EB}$ 8) $\overrightarrow{AD} - \overrightarrow{ED}$

POUR CHERCHER

525. Sachant que $\left| \begin{array}{l} \text{O, A et B sont alignés,} \\ \text{O, M et P sont alignés,} \\ \text{O, R et S sont alignés,} \\ \text{AM // BP et MR // PS,} \end{array} \right.$

démontre que AR et BS sont parallèles.

526. On donne le triangle ABC.

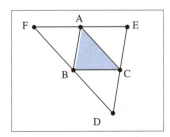

Par $\left| \begin{array}{l} \text{A, on mène la parallèle à BC;} \\ \text{B, on mène la parallèle à AC;} \\ \text{C, on mène la parallèle à AB.} \end{array} \right.$

On détermine de la sorte le triangle DEF (voir figure).

1) Démontre : a) $\overrightarrow{ED} = 2\,\overrightarrow{AB}$;

              b) $\overrightarrow{FD} = 2\,\overrightarrow{AC}$;

              c) $\overrightarrow{FE} = 2\,\overrightarrow{BC}$.

2) Que déduis-tu de ces informations quant aux périmètres des deux triangles ?

337

527. Dans le triangle XYZ, soit le point K tel que $\overrightarrow{XK} = \dfrac{3}{7}\overrightarrow{XY}$.

Construis ce point K et la parallèle m à YZ par K. La droite m coupe XZ au point L.

Démontre : $\overrightarrow{KL} = \dfrac{3}{7}\overrightarrow{YZ}$.

528. Quelle est la coordonnée de B si l'on sait que M est le milieu de [AB] et que A et M ont respectivement pour coordonnée $(-5, 3)$ et $\left(\dfrac{3}{2}, -1\right)$?

529. Même question si A et M ont respectivement pour coordonnées $\left(\sqrt{5}, -3\right)$ et $\left(\dfrac{3\sqrt{5}}{2}, -2\right)$.

530. Dans un repère du plan, on donne

$$R(-2, 4),\ S(1, -3),\ T(2, 0).$$

Trouve les composantes de $\overrightarrow{OU}$, si l'on sait :

$$\overrightarrow{RU} + 2\overrightarrow{SU} + 3\overrightarrow{TU} = \overrightarrow{O}$$

531. Dans tout trapèze, les diagonales se coupent chacune dans le rapport des bases.

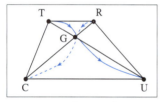

En d'autres mots, si $\overrightarrow{TR} = k\overrightarrow{CU}$,

alors $\overrightarrow{TG} = k\overrightarrow{GU}$ et $\overrightarrow{RG} = k\overrightarrow{GC}$.

Démontre.

532. On donne le triangle TWA.

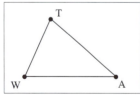

1) Fixe dans le plan les points X, Y et Z de telle manière que
  • $\overrightarrow{WX} = 3\overrightarrow{WA}$,
  • $\overrightarrow{WY} + 3\overrightarrow{WT} = \overrightarrow{O}$,
  • $\overrightarrow{TZ} - 2\overrightarrow{TA} = \overrightarrow{O}$.

2) Démontre que les points X, Y et Z sont alignés.

533. On donne le triangle équilatéral TOF.

Construis le point K tel que $\overrightarrow{FK} = \overrightarrow{OT}$.

1) Quel est la nature du quadrilatère TKFO ?

2) Recherche et analyse le lieu $\mathbb{L}$ des points M du plan tels que $\overrightarrow{FM} = \overrightarrow{OT}$.

3) Construis avec précision le lieu $\mathbb{L}$, si l'on sait que le côté du triangle équilatéral mesure 5 cm.

4) Démontre que K est un point du lieu $\mathbb{L}$.

534. On donne | le triangle ABC,
K, le milieu de [CB],
L, le milieu de [AC],
M, le milieu de [AB].

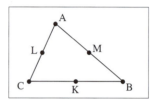

1) Trace A′ tel que $\overrightarrow{AK} = \overrightarrow{KA'}$.

  Trace B′ tel que $\overrightarrow{BL} = \overrightarrow{LB'}$.

  Trace C′ tel que $\overrightarrow{CM} = \overrightarrow{MC'}$.

2) Évalue la somme vectorielle $\overrightarrow{AA'} + \overrightarrow{BB'} + \overrightarrow{CC'}$.

3) Si G est le centre de gravité du triangle ABC, vérifie :
  a) $\overrightarrow{GA} = \dfrac{2}{3}\overrightarrow{KA}$; $\overrightarrow{GB} = \dfrac{2}{3}\overrightarrow{LB}$; $\overrightarrow{GC} = \dfrac{2}{3}\overrightarrow{MC}$.
  b) $\overrightarrow{GA} + \overrightarrow{GB} + \overrightarrow{GC} = \overrightarrow{O}$.

VECTEURS - FORCES

535. Construis la résultante des systèmes de forces suivants :
ⓒ

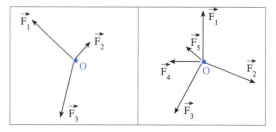

536. Au cours de physique on t'a peut-être dit qu'un solide soumis à un système de forces concourantes est en équilibre lorsque la résultante des forces du système est **nulle**. Dessine la force $\overrightarrow{F_5}$ que l'on doit ajouter au système de forces du schéma suivant pour que le point O soit en équilibre ?

Calcule l'intensité de $\overrightarrow{F_5}$.

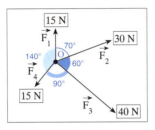

537. Une masse est suspendue en un point M d'un câble fixé à ses deux extrémités A et B. L'effet du poids $\overrightarrow{P}$ de cette masse est d'exercer une traction sur les deux brins de câble AM et BM qui constituent les droites d'action des forces $\overrightarrow{F_1}$ et $\overrightarrow{F_2}$. Si on connaît l'angle $\widehat{AMB}$ et l'intensité des forces $\overrightarrow{F_1}$ et $\overrightarrow{F_2}$, détermine l'intensité de la force $\overrightarrow{P}$.

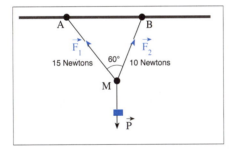

538. Un solide est placé sur un plan incliné faisant avec l'horizontale un angle α.

Son poids $\overrightarrow{P}$ peut être décomposé en deux forces, telles que $\overrightarrow{P} = \overrightarrow{F_1} + \overrightarrow{F_2}$:

- $\overrightarrow{F_1}$ de direction parallèle au plan ($\overrightarrow{F_1}$ tend à entraîner le solide vers le bas),

- $\overrightarrow{F_2}$ perpendiculaire au plan ($\overrightarrow{F_2}$ maintient le solide contre le plan)

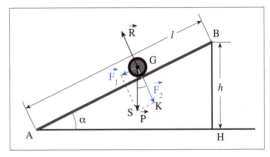

1) Si | F_1 est l'intensité de $\overrightarrow{F_1}$,

   | F_2 est l'intensité de $\overrightarrow{F_2}$,

   | P est l'intensité de $\overrightarrow{P}$,

   démontre les relations des plans inclinés :

   a) $F_1 = \dfrac{h}{\ell} \cdot P = P \sin \alpha$

   (Utilise des triangles semblables);

   b) $F_2 = \sqrt{P^2 - F_1^2}$.

2) On appelle **réaction**, la force $\overrightarrow{R}$ exercée par le plan sur l'objet. Elle est opposée à $\overrightarrow{F_2}$.

   Calcule l'intensité de $\overrightarrow{R}$ dans le cas où l'objet a un poids de 100 N, le plan incliné a une hauteur de 3 m et une longueur de 10 m.

12. STATISTIQUE ET PROBABILITÉ

POUR APPLIQUER

12.1

539. Voici des résultats !

a) Relevé durant 30 jours de la température extérieure à midi (en degrés centigrades) :

12	10	11	13	15	12	16	17	19	18
19	17	16	15	14	17	19	18	19	21
22	21	21	23	22	24	25	27	26	27

b) Résultats de Noël en première année de l'enseignement supérieur pour l'épreuve de statistiques :

A = Institut Supérieur du Condroz;

B = Institut Supérieur de Lesse :

Résultats	Nombres d'élèves	
	de A :	de B :
0	0	0
1	0	0
2	2	0
3	0	1
4	1	1
5	2	2
6	6	2
7	11	8
8	16	18
9	19	21
10	29	37
11	18	32
12	13	16
13	10	5
14	7	4
15	2	1
16	2	2
17	1	0
18	0	0
19	1	0
20	0	0

Dans chaque énoncé :

1) détermine la population, l'effectif et le type de diagramme le plus adéquat pour traduire ces résultats;

2) dresse ce diagramme;

3) calcule la moyenne, l'écart moyen, la variance, l'écart type, l'intervalle interquartile.

540. Une série d'observations concernant les tailles d'un groupe d'adolescents de 11 à 14 ans a donné les résultats suivants :

Plus de 140 et au plus 144 cm	3
Plus de 144 et au plus 148 cm	17
Plus de 148 et au plus 152 cm	63
Plus de 152 et au plus 156 cm	82
Plus de 156 et au plus 160 cm	69
Plus de 160 et au plus 164 cm	31
Plus de 164 et au plus 168 cm	20
Plus de 168 et au plus 172 cm	4
Plus de 172 et au plus 176 cm	1
Plus de 176 et au plus 180 cm	1

1) Dresse : a) le polygone des fréquences;

b) l'histogramme des effectifs;

c) le diagramme des fréquences cumulées.

Déduis la classe dominante.

2) Détermine la classe moyenne.

3) Calcule l'écart-type de la série, la variance, ainsi que l'intervalle interquartile.

Note : Tous les élèves ont une taille supérieure au mètre. Tu peux simplifier les calculs en en tenant compte.

541. La revue Test-Achats a relevé 29 devis de réparation d'un véhicule accidenté.

1) Calcule la moyenne des coûts de réparation et l'écart type.

2) Réduis le tableau à 2 classes et effectue les mêmes calculs.

3) Compare les résultats de 1) et de 2), ainsi que ceux obtenus par des élèves ayant choisis d'autres classes en 2).

				ENQUETE AUPRES DES CARROSSIERS									PRIX (€, sans TVA)		
				DEVIS											
			Ecrit												
CODE POSTAL	NOM et adresse	Type	Label	Spontanément par écrit	Prix (€)	Aspect formel	Contenu	Mention de garantie	TOTAL	Durée de la réparation (jours)	Garantie (mois)	Réparation	Véhicule de remplacement par jour	TOTAL
BRABANT WALLON + BRUXELLES														
1210	CITROEN, place de l'Yser 7, Bruxelles	2		s	0	⊞	□		⊞	2	n.m.	349	0	349
1200	VANDERVEKEN, chaussée de Roodebeek 19-25, Bruxelles	1	E	s	0	□	—		+	2	n.m.	178	11	200
1420	JANSSENS, Avenue Maréchal Ney 17, Braine l'Alleud	1	E	s	0	□	□		+	2	n.m.	340	0	340
1060	FRIULI, chaussée de Forest 63, Bruxelles	1		s	0	□	◐		□	1	n.m.	175	0	175
1420	ROCHE-MINNE, Rue Vallée Bailly 81, Braine l'Alleud	1		s	0	—	—		□	2	n.m.	200	0	200
1030	CARSON rue de la Consolation 13, Bruxelles	4		s	0	—	◐	x	□	1	36	258	0	258
1300	ETABL. DU GRAND TOUR, Chemin du Vieusart 58, Wavre	1		s	0	—	—		□	2,5	n.m.	291	0	291
1300	STYLE AUTO, Avenue des Déportés 45, Wavre	1		s	0	□	—		□	2	n.m.	353	0	353
1160	HAINAUT, chaussée de Wavre 1468-1472, Bruxelles	1	E,A	n.s.	0	—	◐	x	—	1	60	100	36	136
1160	HANKAR, chaussée de Wavre 1228, Bruxelles	1	E	n.s.	0	—	◐		—	2	n.m.	250	0	250
1020	PANNENHUIS, avenue R. Neybergh 185-187, Bruxelles	1		n.s.	0	—	—		—	2 à 3	n.m.	225	25	300
1180	STYLING CARS, rue Vanderkindere 207, Bruxelles	4		n.s.	0	◐	□		—	2	n.m.	275	29	333
1050	JB COURONNE, avenue de la Couronne 496, Bruxelles	1	E,3	n.s.	0	—	◐		—	2	n.m.	297	35	367
1180	BROSENS & FILS, chaussée de Neerstalle 49b, Bruxelles	1	E,A	n.s.	0	◐	◐		◐	1,5	n.m.	170	0	170
1030	BERNAERD, G. avenue Rodenbach 56, Bruxelles	4		n.s.	0	—	◐		◐	2	n.m.	150	12	174
PROVINCE DE LIEGE														
4100	K.M. CARS, Rue Puits-Marie 70, Seraing	2		s	0	□	—		+	2	n.m.	178	0	178
4800	PAULY, Place Sommeville 32, Verviers	1	E,A	s	0	⊞	—		+	1	n.m.	250	0	250
4801	KREMER, Rue de Hevremont 31, Stembert	1		s	0	—	◐		□	2,5	n.m.	125	0	125
4020	CARROSSERIE DES ARDENNES, Boulevard de Douai 18, Liège	1		s	0	—	◐		□	2	n.m.	200	0	200
4020	TECNIC CAR, Rue Winston Churchill 271, Bressoux	1		s	0	—	◐		□	2	n.m.	200	0	200
4000	FRAGNEE ALEX, Rue de Fragnée 165-167, Liège	1	E,A	s	0	□	◐		□	2	n.m.	245	0	245
4100	JACKY, Molinay 67, Seraing	1	E,A	s	0	—	◐		□	2	n.m.	250	0	250
4100	ORMENESE, Rue Morchamps 214, Seraing	1	A	s	0	⊞	◐		□	2	n.m.	250	0	250
4031	CARBATTES, Quai des Ardennes 117, Liège	1	E	s	0	⊞	◐		□	2	n.m.	260	0	260
4420	ZENNARO, Rue F. Lefebvre 23, Rocourt	1	E	s	0	—	◐		□	2	n.m.	300	0	300
4000	DEHON, Avenue Olympe Gilbart 1a, Liège	2		s	0	+	◐		□	2	n.m.	280	29	338
4032	LEMAL ANCIA, Rue Verte Houmeresse 86, Chênée	1		n.s.	0	◐	◐		◐	2	n.m.	290	0	290
PROVINCE DE NAMUR														
5100	MARTIN et DELPORTE, Chaussée de Liège 40, Jambes	1	E,A	s	0	□	—		+	1	n.m.	171	0	171

Test Achats, n°395, Janvier 1997; les prix ont été convertis en euros.

542. Dans la revue Test-Achats, on a également relevé le prix des voitures neuves et des patins en ligne. Dans chaque cas :

1) Recherche le prix de vente moyen, l'écart moyen et l'écart type.

2) Examine la dispersion des prix par rapport à cette moyenne.

RESULTAT DE LA PREMIERE VISITE (sans reprise de l'ancien véhicule)					
VOITURE	Prix catalogue	Ristourne moyenne obtenue	PRIX PROPOSE PAR LES VENDEURS		écart entre le min. et le max.
			minimum	maximum	
CITROEN ZX Reflex 1,4l (5 p.)	11 816 €	8,5 %	10 491 €	11 191 €	6%
FIAT Brava 1,4s (5 p.)	11 625 €	8,7 %	9 925 €	11 625 €	15%
FORD Escort 1,4i CL (5 p.)	11 800 €	6,3 %	10 475 €	11 800 €	11%
MAZDA 323 Familia 1300 si (4 p.)	12 738 €	5 %	11 464 €	12 738 €	10%
NISSAN Almera 1,4 GX (4 p.)	12 325 €	8,4 %	10 969 €	12 089 €	9%
OPEL Astra 1,4 XE GL (5p.)	12 773 €	11,4 %	11 000 €	11 878 €	7%
PEUGEOT 306 Reference 1,4 (5 p.)	12 843 €	12,3 %	10 800 €	11 815 €	9%
RENAULT Megane RL 1,4e (5 p.)	12 225 €	8 %	10 875 €	11 875 €	8%
TOYOTA Corolla 1300 Xli (5 p.)	12 100 €	8,7 %	10 769 €	11 550 €	7%
VW Golf 1,4 CL (5 p.)	12 738 €	7,3 %	11 350 €	12 113 €	6%

Test Achats, n°397, Mars 1997; les prix ont été convertis en euros.

PATINS EN LIGNE SYNTHESE DES RESULTATS ET PRIX					
MARQUE et modèle (et point de vente exclusif)	Poids (kg)	Tests techniques	Test pratique	APPRE-CIATION GLOBALE	PRIX (€) de - à
ROLLERBLADE Fusion MX (Makro)	4,2	▨/+	▨	▨	250
TECHNICA CT7	3,9	▨/+	▨	▨/+	200 - 300
OXYGEN XE 3.1	3,2	▨/+	▨/+	▨/+	125 - 225
K2 Reflex	3,0	▨/+	/+	▨/+	117 - 146
ROLLERBLADE Spiritblade ABT	3,1	▨/+	▨/+	▨/+	111 - 125
ROCES FCO Rome	3,1	▨/+	+	+	95 - 121
ULTRA WHEELS Ultra-extreme	2,6	▨/+	+/□	+	135 - 162
ROLLERBLADE Spiritblade Standard	3,0	+	+	+	70 - 100
RISPORT Positron	2,6	+	+	+	125
BAUER V2 Velocity	2,9	+	+/□	+	90 - 120
ROXA America	2,8	+	□	+/□	100
ULTRA WHEELS Sting	3,5	+	□	+/□	122 - 142
BAUER Classic	3,0	+	□	+/□	90 - 160
ROLLER DERBY The Rail	2,8	+/	□	+/□	91 - 106
A titre de comparaison : modèles bon marché sans marque ou de marque inconnue					
SANS MARQUE A3 RM 657 774 (Makro)	2,5	+/	+	+	65
CHICANE (Scapino)	2,4	□/–	–	–	27
FRANKLIN SH Comp 7055 (GB);	2,6	□/–	–/●	-	50

Test Achats, n°398, Avril 1997; les prix ont été convertis en euros.

543. Un propriétaire terrien reçoit de son garde-forestier le recensement suivant concernant une forêt de conifères :

hauteur (en m)	nombre
10–11	25
11–12	38
12–13	62
13–14	98
14–15	142
15–16	118
17–18	42
18–19	24
19–20	8

Recherche la hauteur moyenne du peuplement. Simplifie tes calculs en tenant compte que la hauteur de chaque arbre est supérieure à 10 mètres.

12.2

544. On lance une pièce de monnaie et on regarde le côté apparent.

Quels sont les événements élémentaires ?

Sont-ils équiprobables ?

545. On donne un *phénomène fortuit* et des *événements* de chacun. Calcule la probabilité de chacun de ces événements :

Phénomène	Événement
1) lancer une pièce de monnaie	– obtenir pile
2) tirer une carte dans un jeu de 52 cartes	– obtenir un as – obtenir un cœur – obtenir une carte rouge – obtenir un «15» – obtenir une paire d'as – obtenir une paire quelconque
3) tirer une lettre de l'alphabet	– obtenir une voyelle – obtenir une consonne
4) tirer une boule dans une urne contenant 5 boules rouges et 4 vertes	– obtenir une boule rouge – obtenir une boule verte – obtenir une boule bleue

546. On jette un dé non pipé. Quelle est la probabilité qu'apparaisse :

1) un nombre non strictement inférieur à 4 ?

2) un nombre non strictement supérieur à 5 ?

3) un nombre pair ?

4) un nombre impair supérieur à 2 ?

547. On fait trois parties consécutives de «pile ou face». Quelle est la probabilité d'obtenir :

1) plus de faces que de piles ?

2) exactement deux fois pile ?

3) pile au troisième jet ?

4) trois fois la même face ?

Utilise un diagramme en arbre.

548. Quelle est la probabilité d'obtenir exactement trois fois «face» dans quatre parties consécutives de «pile ou face» ?

549. Un sac contient des boules de même rayon ; il y a trois boules blanches et cinq boules noires. On tire au hasard simultanément deux boules du sac.

Quelle est la probabilité pour que les deux boules tirées soient de même couleur ?

550. Un dé non pipé est lancé deux fois de suite. On note la somme des points obtenus aux deux jets.

Quelles sont les sommes qui ont

a) la plus forte probabilité d'apparaître ?

b) la plus faible probabilité d'apparaître ?

POUR CHERCHER

551. Effectue les relevés statistiques dans les situations suivantes :

   a) la population est l'ensemble des élèves de la classe, le caractère est le mois de la naissance;

   b) la population est la classe, le caractère est l'initiale du prénom de l'élève;

   c) la population est le poème : «Le lac» de Lamartine, le caractère est le nombre de lettres par vers;

   d) la population est le texte : «Le cancre» de Prévert, le caractère est le nombre de mots par vers.

     1) Qualifie le caractère étudié (quantitatif, qualitatif, discret, continu).

     2) Dans chacune des situations, quelle serait la valeur centrale la plus indicative ?

552. Les salaires horaires bruts des ouvriers d'une usine se répartissent comme suit :

   – de 10 à 12 € : 4 ouvriers

   – de 13 à 15 € : 20 ouvriers

   – de 16 à 17 € : 107 ouvriers

   – de 18 à 19 € : 168 ouvriers

   – de 20 à 21 € : 122 ouvriers

   – de 22 à 24 € : 48 ouvriers

   – de 25 à 26 € : 122 ouvriers

   – de 27 à 29 € : 48 ouvriers

   1) Dresse : a) les polygones des fréquence et des effectifs;

            b) le diagramme des fréquences cumulées;

            c) l'histogramme des effectifs et des fréquences.

   2) Calcule la moyenne, le mode et la médiane de ce tableau.

   3) Quelle valeur centrale utilises-tu

     a) pour déterminer le salaire le plus fréquent dans cette usine ?

     b) pour calculer approximativement la somme nécessaire pour effectuer la paie ?

     c) pour avoir une chance sur deux que le salaire d'un ouvrier pris au hasard ne dépasse pas la valeur centrale ?

   4) Calcule l'écart moyen et l'écart type par rapport à la moyenne.

     N.B. : les méthodes simplifiées de calcul peuvent être utiles.

DES INTERPRÉTATIONS ...

553. Voici une infographique d'une fiche d'actualité du Soir (5/95) décrivant l'évolution des emplois en Belgique durant ces vingt dernières années :

   1) Quel est le secteur qui occupe actuellement le plus de personnes ?

   2) Décris l'évolution des emplois par secteur.

   3) En 1994 quels sont le secteur et le type d'emploi qui semblent avoir le plus d'avenir ?
Et le moins ?

   4) Une moyenne serait-elle calculable ? Pourquoi ?

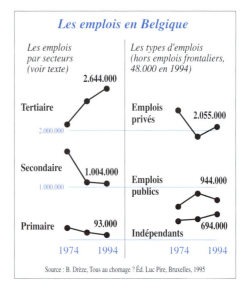

Source : B. Drèze, Tous au chomage ? Éd. Luc Pire, Bruxelles, 1995

554. Voici quelques graphiques tirés d'un article du Vif/L'Express
à propos de ... «*Les Belges et leurs revenus*».

Observe ces graphiques et réponds aux questions suivantes :

1) Quel est le pourcentage de la population représentée qui gagne
   - de 5000 à 9999 € parmi les hommes salariés ?
   - plus de 25 000 € parmi les femmes salariées ?

2) Quel est le revenu moyen des hommes et celui des femmes ?

3) Calcule pour les hommes salariés, les hommes indépendants, d'une part,
   pour les femmes salariées, les femmes indépendantes, d'autre part,
   l'écart-type et la variance si la valeur centrale de la dernière classe est 52 500 € .

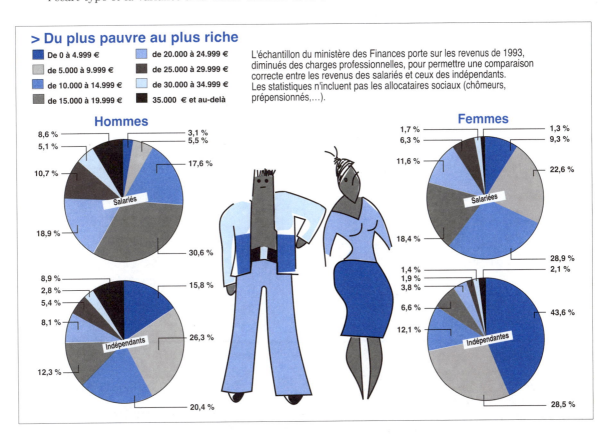

INFORMATIONS

La plupart des **calculatrices** sur lesquelles les calculs de la *variance* et de l'*écart-type* sont pré-programmés utilisent une formule donnant l'écart-type et la variance de la population à partir d'un échantillon de celle-ci.

Pour obtenir les résultats décrits ci-dessus, il faut multiplier par $\dfrac{n-1}{n}$ l'écart-type donné par la calculatrice.

On constate donc, que plus n est grand, plus $\dfrac{n-1}{n}$ est proche de 1.

Ainsi donc, les valeurs données par la calculatrice sont d'autant plus proches de V et de σ que n est grand.

À titre d'exemple, voici un ordinogramme permettant aux spécialistes de la programmation de créer leur programme.

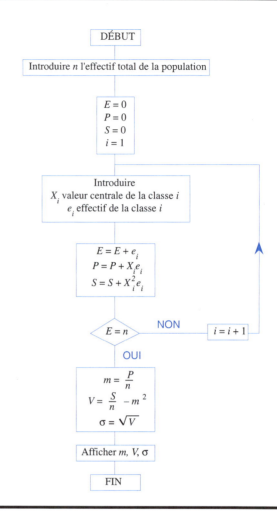

---

555. La 1re activité de l'unité 12 (page 219) a été réalisée ici avec Excel (tableur de Microsoft).

Tu trouves aux pages suivantes :

1) **des tableaux**

- le **tableau 1**, p. 347, reprenant les *résultats* et les *moyennes*;
- le **tableau 2**, p. 347, reprenant les écarts et les carrés des écarts;
- le **double tableau 3**, p. 348, reprenant les mêmes éléments en faisant apparaître les *formules utilisées* :

  pour les résultats concernant les écarts, un double calcul est réalisé :

  – utilisation de la formule (fonction d'Excel),

  – élaboration de la formule (calcul).

2) **les graphiques** demandés à la 1re activité de l'unité 12 :

G1. population masculine, p. 349;

G2. population féminine, p. 349;

G3. population totale, p. 349;

G4. populations comparées, p. 350;

G5. naissance et décès, p. 350;

G6. solde migratoire, p. 350.

Si tu disposes d'un tableur, réalise de la même manière, l'un des exercices de ton choix à prendre dans les pages de statistiques qui précèdent.

Tableau 1   LES RESULTATS

	A	B	C	D	E	F	G	H	J
1	ANNEE	H	F	TOTAL	NAISS	DECES	DIFF N/D	DIFF TOTAL	SOLDE MIG
2	1973	4774	4982	9756					
3	1974	4792	4996	9788	122	115	7	32	25
4	1975	4805	5008	9813	119	119	0	25	25
5	1976	4808	5015	9823	120	118	2	10	8
6	1977	4814	5023	9837	121	112	9	14	5
7	1978	4814	5028	9842	122	115	7	5	−2
8	1979	4819	5036	9855	124	112	12	13	1
9	1980	4824	5044	9868	125	112	13	13	0
10									
11	MOYENNE	4806,25	5016,5	9822,75					
12	MODE	sans objet							
13	MEDIANE	sans objet							

Tableau 2

	A	B	C	D	E	F	G	H	J
15	A	B	C	D	E	F	G	H	J
16			ECARTS				CARRES ECARTS		
17	ANNEE	H	F	T		H	F	TOT	
18	1973	32,25	34,5	66,75		1040,06	1190,25	4455,56	
19	1974	14,25	20,5	34,75		203,06	420,25	1207,56	
20	1975	1,25	8,5	9,75		1,56	72,25	95,06	
21	1976	1,75	1,5	3,25		3,06	2,25	10,56	
22	1977	7,75	6,5	14,25		60,06	42,25	203,06	
23	1978	7,75	11,5	19,25		60,06	132,25	370,56	
24	1979	12,75	19,5	32,25		162,56	380,25	1040,06	
25	1980	17,75	27,5	45,25		315,06	756,25	2047,56	
26									
27	MOYENNE	11,94	16,25	28,19		par fonction			
28		11,94	16,25	28,19		par calcul			
29									
30	VARIANCE	230,69	374,50	1177,44		par fonction			
31		230,69	374,50	1177,44		par calcul			
32									
33	ECART-TYPE	15,19	19,35	34,31		par fonction			
34		15,19	19,35	34,31		par calcul			
35									

Tableau 3   LES FORMULES

	A	B	C	D	E	F	G	H	J
1	**ANNEE**	**H**	**F**	**TOTAL**	**NAISS**	**DECES**	**DIFF N/D**	**DIFF TOT**	**SOLDE MIG**
2	1973	4774	4982	=SOMME(B2:C2)					
3	1974	4792	4996	=SOMME(B3:C3)	122	115	=E3–F3	=D3–D3	=H3–G3
4	1975	4805	5008	=SOMME(B4:C4)	119	119	=E4–F4	=D4–D4	=H4–G4
5	1976	4808	5015	=SOMME(B5:C5)	120	118	=E5–F5	=D5–D5	=H5–G5
6	1977	4814	5023	=SOMME(B6:C6)	121	112	=E6–F6	=D6–D6	=H6–G6
7	1978	4814	5028	=SOMME(B7:C7)	122	115	=E7–F7	=D7–D7	=H7–G7
8	1979	4819	5036	=SOMME(B8:C8)	124	112	=E8–F8	=D8–D8	=H8–G8
9	1980	4824	5044	=SOMME(B9:C9)	125	112	=E9–F9	=D9–D9	=H9–G9
10									
11	MOYENNE	=MOYENNE(B2:B9)	=MOYENNE(C2:C9)	=MOYENNE(D2:D9)					
12	MODE	sans objet							
13	MEDIANE	sans objet							
14									

	A	B	C	D	E	F	G	H
15	A	B	C	D	E	F	G	H
16			**ECARTS**			**CARRES ECARTS**		
17	**ANNEE**	**H**	**F**	**T**		**H**	**F**	**TOT**
18	1973	=ABS(B$11-B2)	=ABS(B$11-C2)	=ABS(B$11-D2)		=PUISSANCE(B18;2)	=PUISSANCE(C18;2)	=PUISSANCE(D18;2)
19	1974	=ABS(B$11-B3)	=ABS(B$11-C3)	=ABS(B$11-D3)		=PUISSANCE(B19;2)	=PUISSANCE(C19;2)	=PUISSANCE(D19;2)
20	1975	=ABS(B$11-B4)	=ABS(B$11-C4)	=ABS(B$11-D4)		=PUISSANCE(B20;2)	=PUISSANCE(C20;2)	=PUISSANCE(D20;2)
21	1976	=ABS(B$11-B5)	=ABS(B$11-C5)	=ABS(B$11-D5)		=PUISSANCE(B21;2)	=PUISSANCE(C21;2)	=PUISSANCE(D21;2)
22	1977	=ABS(B$11-B6)	=ABS(B$11-C6)	=ABS(B$11-D6)		=PUISSANCE(B22;2)	=PUISSANCE(C22;2)	=PUISSANCE(D22;2)
23	1978	=ABS(B$11-B7)	=ABS(B$11-C7)	=ABS(B$11-D7)		=PUISSANCE(B23;2)	=PUISSANCE(C23;2)	=PUISSANCE(D23;2)
24	1979	=ABS(B$11-B8)	=ABS(B$11-C8)	=ABS(B$11-D8)		=PUISSANCE(B24;2)	=PUISSANCE(C24;2)	=PUISSANCE(D24;2)
25	1980	=ABS(B$11-B9)	=ABS(B$11-C9)	=ABS(B$11-D9)		=PUISSANCE(B25;2)	=PUISSANCE(C25;2)	=PUISSANCE(D25;2)
26								
27	MOYENNE	=ECART-MOYEN(B2-B9)	=ECART-MOYEN(C2-C9)	=ECART-MOYEN(D2-D9)		par fonction		
28	ECARTS	=SOMME(B18:B25)/8	=SOMME(C18:C25)/8	=SOMME(D18:D25)/8		par calcul		
29								
30	VARIANCE	=VAR.P(B2:B9)	=VAR.P(C2:C9)	=VAR.P(D2:D9)		par fonction		
31		=SOMME(F18:F25)/8	=SOMME(G18:G25)/8	=SOMME(H18:H25)/8		par calcul		
32								
33	ECART-TYPE	=ECARTYYPEP(B2:B9)	=ECARTYYPEP(C2:C9)	=ECARTYYPEP(D2:D9)		par fonction		
34		=RACINE(B31)	=RACINE(C31)	=RACINE(D31)		par calcul		
35								

G₁. ÉVOLUTION DE LA POPULATION MASCULINE

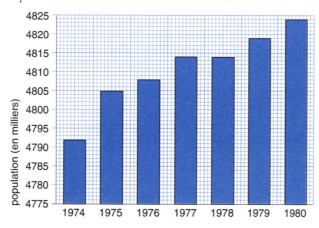

G₂. ÉVOLUTION DE LA POPULATION FÉMININE

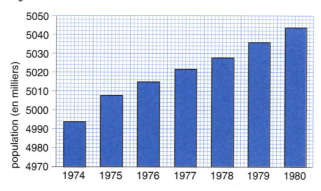

G₃. ÉVOLUTION DE LA POPULATION TOTALE

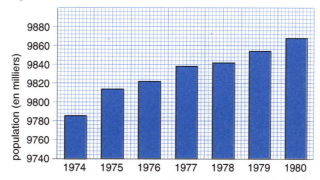

G$_4$. POPULATIONS COMPARÉES

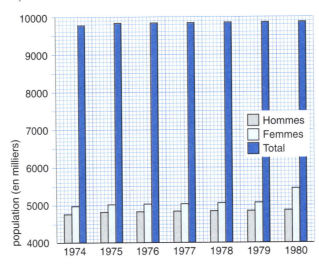

G$_5$. NAISSANCES ET DÉCÈS

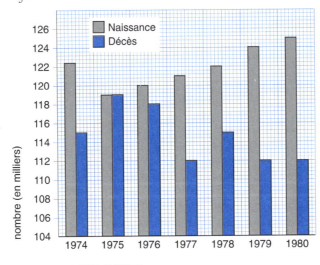

G$_6$. SOLDE MIGRATOIRE

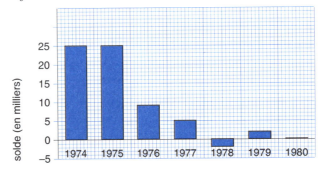

INFORMATIONS

À QUOI SERT LA GESTION DE LA DETTE PUBLIQUE ?

En lui demandant de remplir une déclaration d'impôts, le ministère des Finances envoie à chaque contribuable des informations reprenant des graphiques.

Vos impôts servent aussi à payer les intérêts sur la dette publique. Cette dette a considérablement augmenté en raison des déficits annuels du budget de l'État (le déficit, c'est la différence entre les recettes et les dépenses ... qu'il faut bien emprunter). Les intérêts à payer sur cette dette ont eux-mêmes contribué à augmenter nos dépenses. En 1995 encore, les intérêts de la dette représentaient un quart du montant de vos impôts.

Diminution du coût

Pour diminuer le poids de l'endettement public, diverses mesures ont été prises au cours des dernières années. Au début des années 90, l'introduction de nouvelles formules d'emprunts publics a permis de diminuer le coût du financement et le montant des commissions payées aux intermédiaires financiers. Ces réformes, associées à la baisse des taux d'intérêt, ont permis de diminuer les intérêts payés sur la dette publique. Rapportés au produit intérieur brut, ces intérêts ne représentaient plus en 1996 que 7,8% contre 9,5% en 1993.

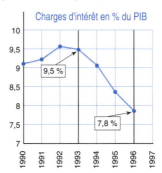

Charges d'intérêt en % du PIB

Diminution du risque

Dans le même temps, l'endettement en devises (monnaies) étrangères est passé de 17% en 1993 à 9% en 1996 et les emprunts à court terme (moins d'un an) ont été ramenés de 28% du total de la dette en 1993 à 22% en 1996.

Le financement de notre dette est ainsi devenu moins sensible aux variations intempestives des taux de change ou des taux d'intérêt à court terme. On a réduit à la fois le risque de change et le risque d'intérêt.

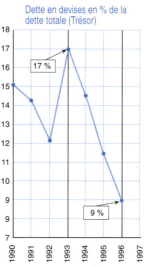

Dette en devises en % de la dette totale (Trésor)

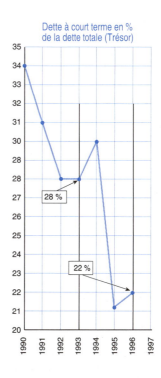

Dette à court terme en % de la dette totale (Trésor)

(Ministère des Finances)

556. Utilise un tableur ou une feuille de papier et réponds aux questions suivantes :

1) À partir de quelle année les charges d'intérêt ont-elles diminuée de manière significative ?

2) Si le montant du PIB (produit intérieur brut) est de 250 000 € et la charge d'intérêt de 7% par rapport à ce PIB, quel montant correspond à ce pourcentage ?

3) Si le PIB diminue et que la charge de la dette est stable, quel mouvement effectuera la charge de la dette en pourcent du PIB ?

4) Quel est la charge des intérêts exprimée en % du PIB en 1996 ?

5) À partir de quelle année le pourcentage en devises étrangères a-t-il diminué de manière significative.

6) Même question pour les dettes à court terme (M% de la dette totale) ?

7) Quels sont les factures qui sont à l'origine, selon le ministère des Finances, de ces diminutions relatives ?

INFORMATIONS

À QUOI SERVENT VOS IMPÔTS ?

Autorité fédérale

Il s'agit des dépenses nécessaires au fonctionnement de la vie en commun, en particulier la sécurité interne et externe : Justice, Gendarmerie, Défense nationale en font partie comme les Affaires Étrangères et les Finances. L'augmentation de ces dépenses couvre les efforts faits en particulier dans les domaines de la Justice et de la Sécurité.

Régions et Communautés

Les Régions et les Communautés de notre pays règlent des aspects importants de notre vie quotidienne : enseignement, audiovisuel, culture, économie, emploi, urbanisme, aménagement du territoire, environnement, logement, travaux publics, transports publics régionaux, tutelle sur les Provinces et les Communes, etc.

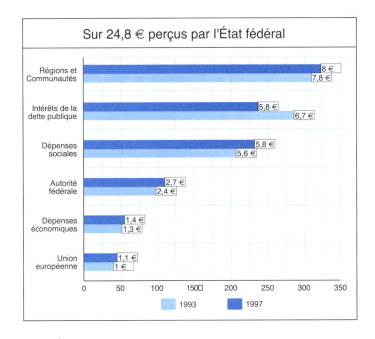

Sur 24,8 € perçus par l'État fédéral

	1993	1997
Régions et Communautés	7,8 €	8 €
Intérêts de la dette publique	6,7 €	5,8 €
Dépenses sociales	5,6 €	5,8 €
Autorité fédérale	2,4 €	2,7 €
Dépenses économiques	1,3 €	1,4 €
Union européenne	1 €	1,1 €

Intérêts de la dette publique

Il s'agit des intérêts payés sur les emprunts contractés par l'État pour couvrir son déficit (voir graphique).

Dépenses sociales

La sécurité sociale comprend les pensions, les allocations de chômage, les allocations familiales, les soins de santé et les indemnités d'invalidité. Si la majeure partie de ces dépenses est encore financée par les cotisations sociales payées par les employeurs et les travailleurs, le budget de l'État prend toutefois une part croissante dans ce financement. Outre une dotation versée annuellement à charge de son budget, l'État transfère en effet une partie des recettes fiscales à la sécurité sociale (± 2 milliards 880 millions d'euros en 1997).

Dépenses économiques

Concernent essentiellement les subsides aux entreprises publiques fédérales : la SNCB, La Poste.

Union européenne

Comme les autres membres de l'Union, la Belgique participe au financement du budget européen qui sert à des politiques importantes pour chacun de nous : agriculture, aide aux régions en grandes difficultés, programmes européens de recherche, etc.

(Ministère des Finances)

557.
1) Y a-t-il d'autres impôts que ceux perçus par l'État fédéral ?

2) Si, en 1997, je paie 10 000 € d'impôts, quel montant sera affecté à chacun des postes ?

3) Si j'ai un revenu taxable de 25 000 € , je suis imposé en moyenne de 33%. Quel sera le montant de l'impôt que je paie, affecté à chaque poste ?

4) Entre 93 et 97 toutes les affectations ont varié. Dans quel sens chacune a-t-elle varié ?

5) La variation d'intérêt de la dette publique est-elle favorable ou non pour l'État Fédéral ?

6) Quel est l'utilisation des sommes versées par l'État Fédéral à l'Union européenne ?

Petite synthèse d'algèbre

$a^r \cdot a^s = a^{r+s}$	$\dfrac{a^r}{a^s} = a^{r-s}$	$(a^r)^s = a^{rs}$	$\left(\dfrac{a}{b}\right)^r = \dfrac{a^r}{b^r}$	$(ab)^r = a^r \cdot b^r$

Division euclidienne par x − a	p.10	Effectuer la division euclidienne du polynôme A(x) par le polynôme (x − a), c'est déterminer les polynômes quotient Q(x) et reste R(x) tels que

$$A(x) = (x − a)Q(x) + R(x)$$
R(x) est constant.

p.10   Le polynôme A(x) est divisible par (x − a) lorsque le reste de la division est égal à 0, c'est-à-dire lorsque $A(x) = (x − a)Q(x)$.

p.11   Le reste de la division du polynôme A(x) par x − a est la valeur numérique de ce polynôme en a. (Loi du reste)

p.11   Le polynôme A(x) est divisible par x − a lorsque A(a) = 0.

Équation du second degré

p.142   Résoudre une équation du second degré dans $\mathbb{R}$, c'est trouver les réels qui, lorsqu'ils remplacent x, annulent $ax^2 + bx + c$.

p.142   Les racines de l'équation $ax^2 + bx + c = 0$ sont les réels qui sont les abscisses de points de la parabole $\mathbb{P}$ d'équation $y = ax^2 + bx + c$ dont l'ordonnée est nulle.

p.143   L'équation du second degré $ax^2 + bx + c = 0$ admet
− deux racines réelles, si $b^2 − 4ac > 0$;
− une racine réelle, si $b^2 − 4ac = 0$;
− aucune racine réelle, si $b^2 − 4ac < 0$.

p.144   Lorsque l'équation du second degré $ax^2 + bx + c = 0$ admet des racines réelles,

leur somme S est égale à $-\dfrac{b}{a}$; leur produit P est égal à $\dfrac{c}{a}$.

On peut alors écrire $ax^2 + bx + c = a(x^2 − Sx + P)$.

p.145   Deux nombres dont la somme est S et le produit est P sont racines de l'équation $x^2 − Sx + P = 0$.
Pour que ces nombres existent, il faut que $S^2 − 4P \geqslant 0$.

Trinôme du second degré

p.150   Le trinôme $ax^2 + bx + c$ où $a \in \mathbb{R}_0$, $b \in \mathbb{R}$, $c \in \mathbb{R}$,
- se factorise sous la forme $a(x − x_1)(x − x_2)$, si $\rho > 0$, x_1 et x_2 étant ses racines;
- se factorise sous la forme $a(x − x_1)^2$, si $\rho = 0$, x_1 étant sa racine;
- ne se factorise pas, si $\rho < 0$.

p.153 $\boxed{\text{Si } \rho > 0}$, le trinôme $ax^2 + bx + c$ prend le signe
. de a pour les valeurs de x extérieures aux racines;
. contraire de celui de a pour les valeurs de x intérieures aux racines.

p.154 $\boxed{\text{Si } \rho = 0}$, le trinôme $ax^2 + bx + c$ prend le signe
. de a pour les valeurs de x différentes de la racine;
. ne prend jamais le signe contraire de celui de a.

p.155 $\boxed{\text{Si } \rho < 0}$, le trinôme $ax^2 + bx + c$ prend le signe
. de a pour toutes les valeurs de x;
. ne prend jamais le signe contraire de celui de a.

Petite synthèse de géométrie, géométries analytique et vectorielle

p.73   Dans un repère du plan, le coefficient angulaire de la droite non parallèle à l'axe des ordonnées, passant par les points A de coordonnée (x_A, y_A) et B de coordonnée (x_B, y_B), est donné par $k = \dfrac{y_B - y_A}{x_B - x_A}$.

p.75   Dans un repère du plan, si (x_A, y_A) et (x_B, y_B) sont les coordonnées de deux points d'une droite et si $x_B - x_A = 1$, alors le coefficient angulaire de la droite est $y_B - y_A$.

p.80   La droite d'équation $y = kx + t$ est parallèle à la droite passant par l'origine, d'équation $y = kx$.

p.82   Deux droites non parallèles à l'axe des ordonnées sont parallèles entre elles

si et seulement si

les coefficients angulaires des droites sont égaux.

p.83   Dans un repère orthonormé du plan, le coefficient angulaire d'une droite non parallèle aux axes du repère est égal à la tangente de l'angle orienté dont le côté origine est situé sur l'axe des abscisses et dont le côté extrémité est situé sur la droite.

p.87   Deux droites non parallèles aux axes, sont perpendiculaires

si et seulement si

le coefficient angulaire d'une des deux droites est l'opposé de l'inverse de l'autre.

Distances dans le plan

p.120   Dans un repère orthonormé du plan, la distance entre les points $A(x_A, y_A)$ et $B(x_B, y_B)$ est égale à
$$d(A, B) = \sqrt{(x_B - x_A)^2 + (y_B - y_A)^2}$$
$$= \sqrt{(x_A - x_B)^2 + (y_A - y_B)^2}$$

p.121   Dans un repère orthonormé du plan, la distance entre le point $A(x_A, y_A)$ et la droite a d'équation $y = k$ est égale à $|y_A - k|$.

p.122   Dans un repère orthonormé du plan, la distance entre le point $A(x_A, y_A)$ et la droite a d'équation $x = k$ est égale à $|x_A - k|$.

p.123   Dans un repère orthonormé du plan, l'équation du cercle $\mathbb{C}$ de centre $A(x_A, y_A)$ et de rayon r est $(x - x_A)^2 + (y - y_A)^2 = r^2$

Paraboles dans le plan

p.123   Une parabole est le lieu des points du plan situés à égale distance d'un point donné et d'une droite donnée qui ne comprend pas le point donné.
- Le point donné est le foyer de la parabole.
- La droite donnée est la directrice de la parabole.
- L'intersection de l'axe de symétrie avec la parabole est appelé sommet de la parabole.

p.126 Dans un repère orthonormé du plan, la courbe d'équation

$$x^2 = 2py \quad \text{ou} \quad y = \frac{x^2}{2p}$$

est une parabole $\left|\right.$ de foyer $F(0, \frac{p}{2})$;

de directrice d d'équation $y = -\frac{p}{2}$;

d'axe de symétrie d'équation $x = 0$;
de sommet $(0, 0)$.

p.127 Dans un repère orthonormé du plan, la courbe d'équation $y = x^2$ est une parabole,

de foyer $F(0, \frac{1}{4})$;

de directrice d'équation $y = -\frac{1}{4}$;

d'axe de symétrie d'équation $x = 0$;
de sommet $(0,0)$.

Lieux géométriques

p.161 Le lieu des points du plan, situés à une distance donnée r d'un point A, est le cercle $\mathbb{C}$ de centre A et de rayon r.

p.161 Le lieu des points de l'espace, situés à une distance donnée r d'un point donné A, est la sphère $\mathbb{S}$ de centre A et de rayon r.

p.161 Le lieu des points du plan, équidistants des extrémités d'un segment, est la médiatrice m de ce segment.

p.161 Le lieu des points du plan, équidistants des sommets d'un triangle, est le centre du cercle circonscrit au triangle.

p.162 Le lieu des points du plan, équidistants des côtés d'un angle ou équidistants de leurs prolongements, est la bissectrice de cet angle.

p.162 Le lieu des points du plan, équidistants de deux droites sécantes, est la réunion des bissectrices des angles formés par ces droites.

p.162 Le lieu des points du plan, équidistants des côtés d'un triangle ou de leurs prolongements, est formé des centres des cercles inscrit et exinscrits à ce triangle.

p.163 Le lieu des points du plan, d'où un segment donné [AB] est vu sous un angle donné α, est constitué de deux arcs de cercle sous-tendus par la corde [AB] et symétriques par rapport à la droite AB, à l'exception des points A et B. Ces arcs de cercle sont les arcs capables de l'angle α construits sur le segment [AB].

p.163 Le lieu des points du plan, d'où un segment donné [AB] est vu sous un angle droit, est le cercle de diamètre [AB] privé des points A et B.

p.171 La droite est le lieu des points du plan cartésien dont la coordonnée (x, y) vérifie une des équations $y = ax$; $\quad y = mx + p$; $\quad x = h$; $\quad \dots$.

p.171 Le cercle est le lieu des points du plan cartésien dont la coordonnée (x, y) vérifie une des équations $x^2 + y^2 = r^2$; $(x - a)^2 + (y - b)^2 - r^2 = 0$; ....

p.171 La parabole est le lieu des points du plan cartésien dont la coordonnée (x, y) vérifie une des équations $y = x^2$; $x = y^2$; $y = ax^2 + bx + c$; ....

p.172 Le lieu des points du plan situés à distance d d'une droite donnée est constitué de la réunion des deux droites parallèles à la droite donnée, situées de part et d'autre de la droite donnée, à la distance d de celle-ci.

p.173 Le lieu des points du plan situés à la même distance de deux droites parallèles données est constitué de la droite parallèle aux deux droites données, située entre celles-ci, à mi-distance de celles-ci.

Géométrie

dans l'espace

p.178 Dans l'espace, une droite est déterminée par deux points distincts.

p.178 Dans l'espace, un plan est déterminé par
- trois points non alignés,
- deux droites sécantes,
- deux droites parallèles distinctes.

p.179 Dans l'espace, toute droite ayant deux points communs avec un plan, est entièrement incluse au plan.

p.179 Dans l'espace, deux droites distinctes sont
- soit sécantes,
  si elles sont sécantes, elles ont un seul point commun et elles sont coplanaires, ce qui signifie qu'elles sont incluses dans un même plan;
- soit parallèles,
  si elles sont parallèles, elles n'ont aucun point en commun et elles sont coplanaires;
- soit gauches.
  si elles sont gauches, elles n'ont aucun point en commun et ne sont pas coplanaires.

p.180 Dans l'espace, deux plans distincts sont
- soit sécants,
  s'ils sont sécants, ils ont une seule droite en commun, appelée intersection des deux plans;
- soit parallèles,
  s'ils sont parallèles, ils n'ont aucun point en commun.

p.184 Le point de percée P d'une droite a dans un plan α appartient à l'intersection b de α avec un plan quelconque β qui contient a.

p.188 Deux plans parallèles distincts sont coupés par un autre plan suivant des droites parallèles.

p.189 Une condition nécessaire et suffisante pour qu'une droite soit parallèle à un plan est qu'elle soit parallèle à une droite de ce plan.
(Critère de parallélisme d'une droite et d'un plan)

p.190 Une condition nécessaire et suffisante, pour que deux plans distincts soient parallèles est que l'un soit parallèle à deux droites sécantes, incluses dans l'autre.
(Critère de parallélisme de deux plans)

359

Vecteurs

p.199 Soit A, B, C et D quatre points du plan non alignés trois à trois.

ABDC est un parallélogramme $\Leftrightarrow \overrightarrow{AB} = \overrightarrow{CD}$ et $\overrightarrow{AC} = \overrightarrow{BD}$.

p.200 Dans un repère du plan, une condition nécessaire et suffisante pour que deux vecteurs soient égaux est qu'ils aient les mêmes composantes :

$$\overrightarrow{AB} = \overrightarrow{CD} \Longleftrightarrow (x_B - x_A = x_D - x_C \text{ et } y_B - y_A = y_D - y_C).$$

p.203 Les composantes du vecteur nul sont nulles : $\overrightarrow{0} = (0, 0)$.

p.203 $\overrightarrow{AB} = \overrightarrow{CD} \quad \Leftrightarrow \quad \overrightarrow{CA} = \overrightarrow{DB}$.

p.203 Pour tous points A, B et C du plan : $\overrightarrow{AB} + \overrightarrow{BC} = \overrightarrow{AC}$.
(Loi de Chasles)

p.204 Pour tous points A, B, C, D,..., M, N du plan :
$$\overrightarrow{AB} + \overrightarrow{BC} + \overrightarrow{CD} + ... + \overrightarrow{MN} = \overrightarrow{AN}.$$

p.206 Si A, B et C sont trois points non alignés du plan, alors
$$\overrightarrow{AB} + \overrightarrow{AC} = \overrightarrow{AD}$$
où D est le point du plan tel que ABDC soit un parallélogramme.
(Propriété du parallélogramme)

p.207 Quels que soient les points A, B, C, D, E, F du plan :
$$(\overrightarrow{AB} + \overrightarrow{CD}) + \overrightarrow{EF} = \overrightarrow{AB} + (\overrightarrow{CD} + \overrightarrow{EF})$$
$$\overrightarrow{AB} + \overrightarrow{CD} = \overrightarrow{CD} + \overrightarrow{AB}.$$

p.208 $\overrightarrow{AB}$ et $\overrightarrow{CD}$ sont opposés $\quad \Longleftrightarrow \quad \overrightarrow{CD} = \overrightarrow{BA} \quad \Longleftrightarrow \quad \overrightarrow{AB} = \overrightarrow{DC}$.

p.208 Les composantes de deux vecteurs opposés sont opposées.

p.209 Le vecteur non nul $\overrightarrow{CD}$ est parallèle au vecteur non nul $\overrightarrow{AB}$ si les composantes de $\overrightarrow{CD}$ sont multiples de celles de $\overrightarrow{AB}$.

p.211 Si r et s sont des réels, quels que soient les points A, B, C et D du plan,
alors
$$\begin{array}{l} r\overrightarrow{AB} + s\overrightarrow{AB} = (r + s)\overrightarrow{AB} \\ r(\overrightarrow{AB} + \overrightarrow{CD}) = r\overrightarrow{AB} + r\overrightarrow{CD} \\ r(s\overrightarrow{AB}) = (rs)\overrightarrow{AB} \\ r\overrightarrow{AB} = \overrightarrow{0} \quad \Longleftrightarrow \quad r = 0 \text{ ou } \overrightarrow{AB} = \overrightarrow{0}. \end{array}$$

p.211 Si les deux droites distinctes d et d' sont coupées par les droites parallèles a, b, c respectivement en A et A', B et B', C et C',

alors il existe un réel k tel que $\overrightarrow{AC} = k\,\overrightarrow{AB}$ et $\overrightarrow{A'C'} = k\,\overrightarrow{A'B'}$.

p.213 M est le milieu de [AB] $\iff \overrightarrow{AM} = \overrightarrow{MB}$

$\iff \overrightarrow{AM} + \overrightarrow{BM} = \overrightarrow{0}$

$\iff \overrightarrow{AM} = \dfrac{1}{2}\,\overrightarrow{AB}$.

Petite synthèse d'analyse

p.52 Une fonction est croissante sur un intervalle ou une demi-droite I de son domaine, lorsque x_1 et x_2 étant des éléments quelconques de I, si $x_1 < x_2$, alors $f(x_1) \leqslant f(x_2)$.

p.52 Une fonction est décroissante sur un intervalle ou une demi-droite I de son domaine, lorsque, x_1 et x_2 étant des éléments quelconques de I, si $x_1 < x_2$, alors $f(x_1) \geqslant f(x_2)$.

p.52 Une fonction est strictement croissante sur un intervalle ou une demi-droite I de son domaine, lorsque, x_1 et x_2 étant des éléments quelconques de I, si $x_1 < x_2$, alors $f(x_1) < f(x_2)$.

p.52 Une fonction est strictement décroissante sur un intervalle ou une demi-droite I de son domaine, lorsque x_1 et x_2 étant des éléments quelconques de I, si $x_1 < x_2$, alors $f(x_1) > f(x_2)$.

p.52 f est paire lorsque, x étant un élément quelconque de son domaine, $f(-x) = f(x)$.

p.52 f est impaire lorsque, x étant un élément quelconque de son domaine, $f(-x) = -f(x)$.

p.54 Une fonction admet un maximum en a lorsqu'en a, elle cesse de croître pour commencer à décroître.

p.54 Une fonction admet un minimum en a lorsqu'en a, elle cesse de décroître pour commencer à croître.

p.54 Une fonction définie dans $\mathbb{R}$ et dont les images sont aussi dans $\mathbb{R}$ est appelée fonction numérique d'une variable réelle.

p.54 Une fonction numérique d'une variable réelle est périodique, de période p non nulle, si quel que soit le réel $x : f(x + p) = f(x)$

p.127 Tout trinôme du second degré $ax^2 + bx + c$ peut s'écrire sous la forme $a(x + m)^2 + q$

avec $\quad m = \dfrac{b}{2a} \quad$ et $\quad q = \dfrac{4ac - b^2}{4a}$.

p.133 Le graphe cartésien de toute fonction du second degré
$f : x \rightarrow ax^2 + bx + c$ où $a \in \mathbb{R}_0$, $b \in \mathbb{R}$, $c \in \mathbb{R}$,
est une parabole.

Son sommet a pour coordonnée $\left(-\dfrac{b}{2a} , \dfrac{4ac - b^2}{4a} \right)$.

Son axe de symétrie a pour équation $x = -\dfrac{b}{2a}$.

Si $a > 0$, le sommet est le point le plus bas de la parabole.
Si $a < 0$, le sommet est le point le plus haut de la parabole.

p.133 Le tableau de variation de la fonction du second degré
$f : x \rightarrow ax^2 + bx + c$ où $a \in \mathbb{R}_0$, $b \in \mathbb{R}$, $c \in \mathbb{R}$,
se dresse comme suit :

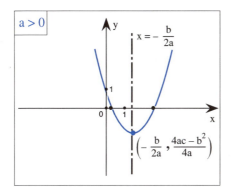

a > 0	
valeurs de x	$-\dfrac{b}{2a}$
variations de f(x)	$\searrow$ $\dfrac{4ac - b^2}{4a}$ $\nearrow$

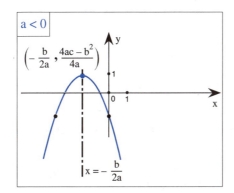

a < 0	
valeurs de x	$-\dfrac{b}{2a}$
variations de f(x)	$\nearrow$ $\dfrac{4ac - b^2}{4a}$ $\searrow$

363

Petite synthèse de trigonométrie

p.21 En radians et dans un cercle de rayon 1, tout angle au centre et l'arc intercepté ont même mesure.

p.21 La conversion du système « radian » au système « degré » se fait par la simple proportionnalité donnée par le tableau :

degrés	180	d
radians	π	r

dans lequel le même angle mesure d degrés ou r radians.

p.24 Tout point du cercle trigonométrique détermine un seul angle orienté et tout angle orienté détermine un seul point du cercle trigonométrique.

p.26 Tout angle orienté a un cosinus et un sinus.
Seuls l'angle droit positif et l'angle droit négatif n'ont pas de tangente.
Seuls l'angle nul et l'angle plat n'ont pas de cotangente.

p.27 Quel que soit l'angle orienté α, $\begin{vmatrix} -1 \leqslant \cos \alpha \leqslant 1 \\ -1 \leqslant \sin \alpha \leqslant 1 \\ \cos^2 \alpha + \sin^2 \alpha = 1 \end{vmatrix}$

p.58 Le sinus d'un réel est le sinus de l'angle orienté qui est mesuré en radians par ce réel.

p.58 Le cosinus d'un réel est le cosinus de l'angle orienté qui est mesuré en radians par ce réel.

p.59 La tangente d'un réel est la tangente de l'angle orienté qui est mesuré en radians par ce réel.

p.95 Les réels 1 et -1 sont chacun le sinus d'un seul angle orienté.
Tout réel strictement compris entre -1 et 1 est le sinus de deux angles orientés distincts supplémentaires.

p.95 Les réels 1 et -1 sont chacun le cosinus d'un seul angle orienté.
Tout réel strictement compris entre -1 et 1 est le cosinus de deux angles orientés distincts opposés.

p.96 Tout réel est la tangente de deux angles orientés distincts antisupplémentaires.

p.103 Dans tout triangle, les longueurs des côtés sont proportionnelles aux sinus des angles opposés.
(Relations aux sinus).

p.106 Dans tout triangle, le carré d'un côté est égal à la somme des carrés des deux autres côtés diminuée du double produit de ces deux côtés et du cosinus de l'angle compris entre ces côtés.
(Relations aux cosinus ou théorème d'Al Kashi).

p.107 L'aire de tout triangle est égale à la moitié du produit de la longueur de deux côtés par le sinus de l'angle compris entre ces côtés.

Index des notations

$A(x), B(x), \dots P(x)$	polynôme en la variable réelle x
$P(a)$	valeur numérique du polynôme $P(x)$ pour x = a ou image du réel a par la fonction polynôme P associée au polynôme $P(x)$
ax^0 ou a	monôme constant
ax	monôme du 1er degré en la variable x (coefficient a non nul)
$ax + b$	binôme du 1er degré en la variable x (coefficients a et b non nuls)
$ax^2 + bx + c$	trinôme du 2e degré en la variable x (coefficients a, b et c non nuls)
ρ	réalisant $b^2 - 4ac$ de l'équation dans $\mathbb{R}$, $ax^2 + bx + c = 0$
$ax^3 + bx^2 + cx + d$	polynôme du 3e degré $(a \neq 0)$

a et b étant des réels,

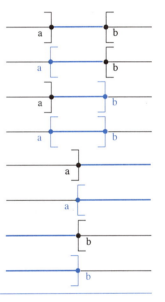

$a < x < b$	x est un réel de *l'intervalle*]a; b[*de réels*
$a \leqslant x < b$	x est un réel de *l'intervalle* [a; b[*de réels*
$a < x \leqslant b$	x est un réel de *l'intervalle*]a; b] *de réels*
$a \leqslant x \leqslant b$	x est un réel de *l'intervalle* [a; b] *de réels*
$a < x$	x est un réel de la *demi-droite*]a; $\rightarrow$ *de réels*
$a \leqslant x$	x est un réel de la *demi-droite* [a; $\rightarrow$ *de réels*
$x < b$	x est un réel de la *demi-droite* $\leftarrow$; b[*de réels*
$x \leqslant b$	x est un réel de la *demi-droite* $\leftarrow$; b] *de réels*

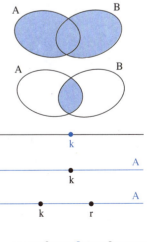

$A \cup B$	la *réunion* des ensembles A et B l'ensemble des éléments qui appartiennent à l'ensemble A *ou* à l'ensemble B
$A \cap B$	l'*intersection* des ensembles A et B ou l'ensemble des éléments qui appartiennent à l'ensemble A *et* à l'ensemble B
$\{k\}$	l'ensemble comprenant le seul réel k ou *singleton* k
$\mathbb{R} \setminus \{k\}$ ou $\leftarrow, k[\cup]k, \rightarrow$	l'ensemble des réels privé du réel k
$\mathbb{R} \setminus \{k, r\}$ ou $\leftarrow, k[\cup]k, r[\cup]r, \rightarrow$	l'ensemble des réels privé des réels k et r
$]a - r; a + r[$	l'intervalle ouvert centré en le réel a et de rayon r $(r > 0)$

367

GEOMETRIE

$A \in MN$	A est un point de la droite comprenant M et N
$\widehat{A}$	l'angle de sommet A
$\alpha, \beta, \gamma, \dots$	des angles
$\widehat{AOB}$	l'angle de côtés [OA et [OB
$\widehat{A} = 25°$	une amplitude de l'angle de sommet A est 25°
$\widehat{A} = \widehat{B}$	l'angle $\widehat{A}$ et l'angle $\widehat{B}$ ont même amplitude
$\alpha = \beta$	l'angle α et l'angle β ont même amplitude

l'angle au centre $\widehat{AOB}$ intercepte sur le cercle $\mathbb{C}$ les arcs $\overset{\frown}{ASB}$ et $\overset{\frown}{ATB}$

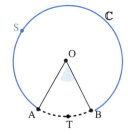

$d(A, B)$ ou $\overline{AB}$	distance entre les points A et B
$d(P, d)$	distance entre le point P et la droite d
$\mathbb{C}_{(A;r)}$	cercle de centre A et de rayon r
$\mathbb{P}$	parabole
$A(a, b)$	dans un repère du plan, la coordonnée du point A est le couple de réels a et b : a est son abscisse, b est son ordonnée
$d = AB$	la droite déterminée par deux points distincts A et B
$\alpha = \text{plan FGH}$	le plan α déterminé par trois points non alignés F, G et H
$\alpha = \text{plan } (a, b)$	le plan déterminé par deux droites sécantes a et b ou par deux droites parallèles et distinctes a et b
$\alpha \mathbin{/\!/} \beta$	le plan α est parallèle au plan β
$a \mathbin{/\!/} b$	la droite a est parallèle à la droite b
$a \mathbin{/\!/} \alpha$	la droite a est parallèle au plan α
$a \mathbin{\not/\!\!/} b$	les droites a et b sont sécantes (non parallèles)
$a \subset \alpha$	la droite a est incluse dans le plan α
$\alpha \cap \beta = \{d\}$	l'intersection des plans α et β est la droite d
$a \cap b = \{D\}$	l'intersection des droites a et b est le point D
$d \cap \alpha = \{D\}$	D est le point de percée de la droite d dans le plan α

CALCUL VECTORIEL

$\overrightarrow{AB}$	le vecteur d'origine A et d'extrémité B
$\overrightarrow{0}$	le vecteur nul (ou $\overrightarrow{AA}$)
$\overrightarrow{AB} = (a, b)$	les composantes du vecteur $\overrightarrow{AB}$ sont les réels a et b
$\overrightarrow{AB} = \overrightarrow{CD}$	les vecteurs $\overrightarrow{AB}$ et $\overrightarrow{CD}$ sont égaux
$\overrightarrow{AB} + \overrightarrow{BC} = \overrightarrow{AC}$	la somme des vecteurs $\overrightarrow{AB}$ et $\overrightarrow{BC}$ est le vecteur $\overrightarrow{AC}$
$\overrightarrow{AB}$ et $\overrightarrow{BC}$	$\overrightarrow{AB}$ et $\overrightarrow{BC}$ sont deux vecteurs consécutifs
$\overrightarrow{BA} = -\overrightarrow{AB}$	$\overrightarrow{BA}$ est l'opposé du vecteur $\overrightarrow{AB}$
$\overrightarrow{AB}$ et $k\overrightarrow{AB}$	$\overrightarrow{AB}$ et $k\overrightarrow{AB}$ sont des vecteurs parallèles ou multiples l'un de l'autre
$k\overrightarrow{AB} = \overrightarrow{CD}$	$\overrightarrow{CD}$ est le produit de $\overrightarrow{AB}$ par le réel k

TRIGONOMETRIE

$\mathbf{a} + 2k\pi$	les mesures en radians d'un angle orienté
	si $\mathbf{a} \in]-\pi, \pi]$, alors $\mathbf{a}$ est la mesure principale de l'angle orienté

$\sin \alpha$	le sinus de l'angle orienté α
$\cos \alpha$	le cosinus de l'angle orienté α
$\tan \alpha$	la tangente de l'angle orienté α différent des deux angles droits
$\cot \alpha$	la cotangente de l'angle orienté α différent de l'angle nul et de l'angle plat
$\sin 17°$	le sinus de l'angle d'amplitude $17°$
$\cos^2 \alpha$	$(\cos \alpha)^2$, le carré du cosinus de α
$\sin \dfrac{\pi}{3}$	le sinus du réel $\dfrac{\pi}{3}$ ou le sinus d'un angle de $\dfrac{\pi}{3}$ radian

LOGIQUE

ssi	si et seulement si
$\Longrightarrow$	si ..., alors ...
	... implique ...
$\Longleftrightarrow$	ssi
	... est équivalent à ...

STATISTIQUE ET PROBABILITE

m	moyenne d'une série statistique
e	écart moyen d'une série statistique
V	variance d'une série statistique
σ	écart-type d'une série statistique
$\displaystyle\sum$	symbole sommatoire
$\displaystyle\sum_{i=1}^{n} x_i e_i$	somme, pour i allant de 1 à n (entiers), des produits de la i^e valeur numérique du caractère par l'effectif correspondant à cette i^e valeur numérique
$P(A)$	probabilité de l'événement A d'un phénomène fortuit

FONCTIONS

$f : x \rightarrow f(x)$	f est une fonction de variable x réelle dont l'image par f est le réel $f(x)$
$\text{dom } f$	domaine de la fonction f

NOMENCLATURE DES FONCTIONS

$x \rightarrow x$	la fonction identique
$x \rightarrow \lvert x \rvert$	la fonction valeur absolue
$x \rightarrow x^2$	la fonction carré
$x \rightarrow x^3$	la fonction cube
$x \rightarrow \sqrt{x}$	la fonction racine carrée positive
$x \rightarrow \sqrt[3]{x}$	la fonction racine cubique
$x \rightarrow \dfrac{1}{x}$	la fonction inverse
$x \rightarrow \sin x$	la fonction sinus
$x \rightarrow \cos x$	la fonction cosinus
$x \rightarrow \tan x$	la fonction tangente
$x \rightarrow \cot x$	la fonction cotangente
$x \rightarrow ax^2 + bx + c$ $(a \in \mathbb{R}_0, b \in \mathbb{R}, c \in \mathbb{R})$	la fonction trinôme du second degré

Répertoire des savoir-faire

Répertoire des constructions

Répertoire des notes historiques

Petite bibliographie

- *Histoire générale des Sciences*, trois tomes, Presses universitaires de France, Paris, 1958.
- *Les Nombres*, numéro spécial de La Recherche, juillet 1995.
- *Les Nombres*, Science et vie Junior, n° 26, octobre 1996.
- *Petite Encyclopédie des Mathématiques*, Éd. K. Pagoulatos, Paris-Athènes, 1980 (traduction française).
- M. Ballieu, *Comment procédaient-ils?*, Mathématique et Pédagogie, n° 112, pages 5 à 30.
- D. Bergamini, *Les Mathématiques*, Life, Le Monde des Sciences, 1965
- M. Boll, *Les étapes des mathématiques*, Presses Universitaires de France, Paris, 1953.
- Cojerem, *Des situations pour enseigner la géométrie 1re/4e, Guide pédagogique.* De Boeck-Wesmael, Bruxelles, 1995.
- Cojerem, *Géométrie en situations, 1re/4e*, notions pour l'élève, De Boeck-Wesmael, Bruxelles, 1995.
- Ph. Davis et R. Hersh, L'*Univers Mathématique*, Paris, Éd. Gauthier-Villars, 1985 (traduction française).
- P. Guenancia, *Descartes « Bien conduire sa raison »*, Découvertes Gallimard, 1996.
- C. Houzel, *De Diophante à Fermat*, Pour la science, janvier 1996.
- G. Ifrah, *Histoire universelle des chiffres*, Laffont, Collection Banquiers, deux tomes, Paris, 1994.
- J.-P. Maury, *Newton et la mécanique céleste*, Découvertes, Gallimard, 1990.
- M. Queysanne et A. Delachet, L'*Algèbre moderne*, Presses Universitaires de France, Paris, 1961.

Index alphabétique